भारत में साक्षरता अभियान

Publications
कल्पज़ पब्लिकेशन्स
दिल्ली-110052

भारत में साक्षरता अभियान

रुपये 670

ISBN: 81-7835-492-6

प्रकाशन वर्ष 2006
कल्पज़ पब्लिकेशन्स
सी–30, सत्यवती नगर, दिल्ली–110052
ई–मेल : kalpaz@hotmail.com

अक्षर मुद्रांकन : मास्टर कम्प्यूटर्स, दिल्ली
सालासर ऐमेजिंग सिस्टम, दिल्ली

समर्पित

यह पुस्तक मैं अपने पूज्य पिताजी श्री श्रीचंद शर्मा एवं पूज्नीय माताजी श्रीमती तारावती को समर्पित करता हूं। जिनके शुभ आर्शीवाद एवं प्रेरणा से मैं इस पुस्तक को लिखने में समर्थ बन सका।

विषय सूची

आमुख

साक्षरता को निःसन्देह मानव विकास एवं स्वस्थ लोकतन्त्र की मुख्य धुरी अथवा केन्द्र बिन्दु कहा जा सकता है। क्योंकि लोकतंत्र की सफलता एवं लोकतान्त्रिक देशों में लोगों का जीवन उत्कर्ष, जीवन स्तर साक्षरता से ही निर्धारित हो सकता है। मानव विकास की समस्त प्रक्रिया में साक्षरता ने अत्यन्त महत्वपूर्ण भूमिका निभाई है। एक देश जिसमें निरक्षरों की जनसंख्या अधिक हो, वह प्रगति नहीं कर सकता। सामान्यतः निरक्षरता को आर्थिक विकास और जीवन के निम्न स्तर के साथ सम्बद्ध किया जाता है। साक्षरता मानव जीवन में शारीरिक, बौद्धिक, आर्थिक, सांस्कृतिक व आध्यात्मिक सभी प्रकार से समृद्ध और श्रेष्ठ से श्रेष्ठतर बनाने की प्रक्रिया है। मानव जीवन में शिक्षा का एक महत्वपूर्ण स्थान है। शिक्षा व्यक्ति में ज्ञान तथा कौशल का विकास कर उसकी कार्यक्षमता में वृद्धि करती है, अपनी कमजोरी पर विजय प्राप्त कर उसे श्रेष्ठ जीवन जीने हेतु प्रोत्साहित करती है।

आज विश्व के सभी राष्ट्रों का ध्यान सभी बच्चों, युवकों एवं प्रौढ़ों को प्राथमिक स्तर की शिक्षा प्रदान करने के उद्देश्य की ओर केन्द्रित हुआ है। पिछले कुछ वर्षों में बहुत से देशों ने निरक्षरता से सम्बन्धित मुद्दों समस्याओं को उठाया है और कुछ ने निरक्षरता को दूर करने की दिशा में महत्वपूर्ण प्रगति की है।

भारत में पिछले लगभग छः दशकों से स्वतंत्रता प्राप्ति के उपरान्त पूर्ण साक्षरता के लक्ष्य को पाने हेतु नए मार्गों पर चला गया है। मानवीय

प्रतिबद्धता और अनुभव का गहराईयों का पता लगाया गया, रूढ़िवादी अन्धविश्वासों पर आक्रमण करके उन्हें नष्ट करने के लिए सामाजिक रूपान्तरण किए गए। भारत की निरक्षरता की समस्या सचमुच बहुत बड़ी समस्या है। केवल 1991 में पहली बार निरक्षरों से साक्षरों की संख्या अधिक हो गई। साक्षरता की यात्रा में हम महत्वपूर्ण मोड़ पर पहुंच गए और उसे पार गए किन्तु साक्षरता का सन्तोषजनक स्तर अभी भी दूर का सपना है। भारत में 1993 के शुरुआत में विद्यालयी शिक्षा तथा विशेष तौर पर प्राथमिक शिक्षा पर अभूतपूर्व ध्यान दिया गया। उच्चतम न्यायालय द्वारा उन्नीकृष्णन केस के निर्णय में शिक्षा के अधिकार को जीवन के अधिकार का एक हिस्सा बना दिया है। आज सभी बच्चों को शिक्षा प्रदान करना मौलिक अधिकार का एक भाग है। सूचना और नई तकनीक, संचार के इस आधुनिक युग में निरक्षर रहना विकास के मार्ग में बहुत बड़ी बाधा है। इसमें केवल व्यक्ति के विकास पर ही प्रतिकूल प्रभाव पड़ता है अपितु राष्ट्र के विकास का मार्ग भी अवरुद्ध होता है। राष्ट्र के सभी लोगों को पूर्णतः साक्षर बनाने की तात्कालिक आवश्यकता को महसूस करते हुए सरकार जहां एक ओर "सर्व शिक्षा अभियान" के माध्यम से प्राथमिक शिक्षा को सर्वसुलभ बनाने के लिए प्रयासरत है। जो कि एक केन्द्रीय प्रायोजित कार्यक्रम है, जिसका उद्देश्य प्रत्येक बच्चे को शिक्षित करने में राज्यों का सहयोग करना है वहीं दूसरी ओर निरक्षरता रूपी रुग्णता से युद्ध स्तर पर संघर्ष करने की आवश्यकता को महसूस करते हुए राष्ट्रीय साक्षरता मिशन को आरंभ किया गया।

राष्ट्रीय साक्षरता मिशन ने 2005 तक 75 प्रतिशत साक्षरता के पोषणक्षम प्रभाव सीमा को प्राप्त करने का लक्ष्य रखा। तथापि सरकार द्वारा किए जा रहे यह प्रयास तभी पूरे हो सकते हैं जब इनमें समाज के सभी वर्गों अर्थात सरकारी ऐजेन्सी, गैर–सरकारी ऐजेन्सी, गैर–सरकारी संगठनों, धार्मिक तथा सांस्कृतिक निकायों, छात्रों तथा युवा संगठनों, जन प्रचार माध्यमों तथा व्यापारी वर्ग की समन्वित और संगठित भागीदारी हो। जब तक समाज के सभी वर्ग मिलकर इस दिशा में काम नहीं करेंगे तब तक भारत में पूर्ण साक्षरता का लक्ष्य पूर्ण होना कठिन है। साक्षरता आन्दोलन

के मूल्यांकन से इस बात का भान होता है कि हमनें अपने लक्ष्यों को कहां तक प्राप्त कर लिया है तथा उन्हें प्राप्त करने के लिए अभी कितनी ओर प्रगति करनी है। विश्लेषण से हमें अपने प्रयासों की प्रभावकारिता को परखने का अवसर ही नहीं मिलता अपितु अपनी सफलताओं से सबक लेने का मौका भी मिलता है। ताकि हम अपने लक्ष्य की प्राप्ति की ओर उचित उपायों को अपनाकर तीव्रता से अग्रसर हो सकें। साक्षरता कार्यक्रम की सफलता को इस तथ्य से आंका जा सकता है कि 2001 की जनगणना रिपोर्ट के अनुसार आज हमारी समस्त साक्षरता दर 65.38 प्रतिशत है और इसमें पिछली जनगंणना के आधार पर साक्षरता दर में 13 प्रतिशत की वृद्धि हुई है। आज 75.85 प्रतिशत पुरुष तथा 54.16 प्रतिशत महिला साक्षर हैं। ग्रामीण साक्षरता में वृद्धि होने के साथ–साथ महिला साक्षरता में भी पर्याप्त वृद्धि, महिलाओं को अधिकार दिलाना, स्वास्थ्य और साक्षरता, स्वच्छता, वातावरण संरक्षण, प्रजातान्त्रिक अधिकारों की जानकारी आदि उद्देश्यों की प्राप्ति में भी महत्वपूर्ण सफलता प्राप्त हुई है।

डकार सम्मेलन ने साक्षरता अभियान नियोजन की नवीन अवधारणा को जन्म दिया है। सर्वशिक्षा अभियान, आज भारत के कल्याण करने की दिशा की ओर चलायमान है। इस पुस्तक के माध्यम से भारत में संचालित साक्षरता अभियान की नीति एवं क्रियान्वयन की सफलताओं तथा असफलताओं का मूल्यांकन किया गया है।

यह पुस्तक डा॰ राम किशन द्वारा रचित प्रथम पुस्तक है जिसे कल्पज़ पब्लिकेशन्स द्वारा प्रकाशित किया जा रहा है। इस पुस्तक में भारत में संचालित साक्षरता अभियान से सम्बंधित नीति क्रियान्वयन एवं मूल्यांकन संबंधी मुद्दों पर गहन चिंतन, अवलोकन एवं विश्लेषण किया गया है। आशा है, पाठकों के लिए यह पुस्तक ज्ञानर्वद्धक एवं रुचिकारक सिद्ध होगी।

डा॰ राम किशन

1

साक्षरता अभियान एक परिचयात्मक अध्ययन

प्रस्तावना

मानव विकास के इतिहास में साक्षरता का सम्प्रत्यय आधुनिक युग में काफी तेजी से विकसित हुआ है। यद्यपि इससे पूर्व प्राचीन काल से ही मानव में व्यवहारिक नियमों के पालन करने की शिक्षा का ज्ञान रहा है। जैसे प्राचीन समय में भी लोग आपस में लेन–देन करने, व्यापार करने, एक स्थान से दूसरे स्थान, पर सुदूर प्रदेशों में जाकर व्यापारिक सम्बन्ध बनाने के कार्यों में लगे रहे। इन सुदूर प्रदेशों की भाषाओं संस्कृति व सभ्यता में काफी अंतर था। विभिन्न प्रदेशों के लोगों के खान–पान, पहनावें, रीति–रिवाजों इत्यादि में काफी विभिन्नताएँ विद्यमान थीं लेकिन इन सब के बावजूद मानव को नैतिक नियमों, व्यवहारिक बातों तथा शिक्षाओं की जानकारी थी और सभी लोग इन सभी बातों का अपने दैनिक जीवन में सामान्यता प्रयोग करते थे इसे हम प्राचीन काल में लोगों को प्राप्त व्यवहारिक शिक्षा के रूप में परिभाषित कर सकते हैं।

धीरे–धीरे मानव सभ्यता के विकास से मानव समाज में परिवर्तन आए और समय के साथ–साथ बदलती परिस्थितियों के अनुरूप मानव ने कुछ महत्वपूर्ण संकेतों को अक्षरों के रूप में लिपिबद्ध करना, प्रारंभ कर

दिया और यह महत्वपूर्ण अक्षर रूप में लेखन लिपिबद्ध शब्द भण्डार बनते चले गए और इससे भाषा का जन्म एवं उत्तरोत्तर विकास, पदावत रूप से होता चला गया। हड़प्पा, मोहनजोदड़ो की प्राचीन सभ्यता, संस्कृति में चित्र रूप में बनी अक्षर आकृति की खोज की जा चुकी है। प्राचीन काल में शिक्षा मौखिक रूप में केवल सीमित वर्ग तक प्रचलित थी जो कि लिपिबद्ध रूप में विकसित होने के साथ–साथ विभिन्न वर्गों तक फैलती चली गई।

हमारा भारत देश शिक्षा के क्षेत्र में आरंभ से ही विश्व गुरू की उपाधि से विभूषित रहा है। सर्वप्रथम हमारे देश में ही विभिन्न विषयों पर आधारित प्राचीन ग्रंथों के ज्ञान का प्रचार–प्रसार हुआ। यहाँ के शासकों द्वारा भी इस के प्रचार में सहयोग किया गया। विश्व के अन्य देश जो कि अज्ञात थे वहाँ पर शिक्षा, सभ्यता, संस्कृति का विकास काफी कम था। धीरे–धीरे विज्ञान के विकास से नए–नए देशों की खोजें हुई। विभिन्न देशों में संपर्क बढ़ा जिससे विभिन्न देशों के मध्य शिक्षा, संस्कृति का प्रचार–प्रसार परस्पर पहुँचा। दूसरे देशों से भी अनेक प्रकार के ज्ञान–विज्ञान, शिक्षा, संस्कृति, व्यापार इत्यादि का आगमन हुआ।

पढ़ लिख लेने की योग्यता एंव क्षमता साक्षरता कहलाती है। साक्षरता ज्ञान कला कौशल एवं व्यक्ति के साम्यर्थ को बढाने वाली निरंतर चलित प्रक्रिया है। अतः उसके अभाव में शिक्षा प्राप्ति की कल्पना निराधार है किसी भी बात को सोचने, समझने की क्षमता एवं उसके अनुरूप जीवन को परिवर्तित करने की जितना साम्यर्थ मनुष्य व उसके समाज में उपलब्ध है, वह अन्य किसी चेतन–अचेतन समाज में नहीं, साक्षरता का उद्देश्य व्यक्ति का सर्वागींण विकास करना है। साक्षरता केवल शिक्षा नहीं अपितु व्यक्ति में बदलाव का एक सुनियोजित ढंग है जो कि व्यक्ति के हालात को सुधार कर उसे सक्षमता प्रदान करता है। *स्वामी विवेकानन्द का कहना है* "हमारी समस्त राजनीति उस समय तक विफल रहेगी जब तक भारत में जनसाधारण को शिक्षित नहीं कर लिया जाएगा"।

भारत में प्रौढ़ शिक्षा का प्रचलन उतना ही पुराना है जितनी स्वयं भारत की संस्कृति है। सामाजिक, धर्मिक, संस्थाओं यथा 'कथाकार'

'रामलीला' भागवत–प्रवचन, कीर्तन व नाटक आदि के माध्यम से प्रौढ़ शिक्षा के प्रचार की महत्ता, ज्ञान व परम्परागत मूल्यों की जानकारी हमें विरासत में मिली है। अशोक के समय के धर्मिक शिलालेख इस बात के प्रमाण हैं कि उस समय भी लोग साक्षर थे।

हमारे देश में प्राचीनकाल के ज्ञात इतिहास से मुगल सल्तनत तक शिक्षा के क्षेत्र में औपचारिक शिक्षा व्यवस्था पर वर्ग विशेष का अधिपत्य रहा। ब्रिटिश युग में लार्ड मैकाले की शिक्षा नीति ने निरक्षरता मिटाने में महत्वपूर्ण योगदान दिया। ब्रिटिश काल के प्रौढ़ शिक्षा आन्दोलन को पाँच भागों में विभाजित किया जा सकता है। (1) 1854–1918, (2) 1918–1927, (3) 1927–1937, (4) 1937–42, (5) 1942–47 तक। भारत की स्वंतत्रता के बाद शिक्षा के अधिकार को संवैधानिक मौलिक अधिकार के रूप में मान्यता मिलने के उपरांत भारत में शिक्षा के प्रचार–प्रसार हेतु तरह–तरह की योजनाएँ एवं कार्यक्रम संचालित किए गए।

संपूर्ण साक्षरता का संप्रत्यय राष्ट्रीय साक्षरता नामक सामाजिक मिशन से 5 मई 1988 को भारत सरकार द्वारा प्रारंभ किया गया जिससे साक्षरता को थ्री आर (3R) (1) लिखना (2) पढ़ना तथा (3) अंकगणित से बढाकर थ्री एच (3H) (1) हाथ, (2) मस्तिष्क तथा (3) हृदय तक बढ़ाकर प्रौढ़ शिक्षा में कार्यात्मक साक्षरता के माध्यम से इस बात पर अधिक जोर दिया जा रहा है। आधुनिक समय में मानव विकास के सभी क्षेत्र साक्षरता से अभिन्न रूप से जुड़े हुए हैं।

'साक्षरता' को आर्थिक परिभाषिक शब्दावली के रूप में मानव ज्ञान की पूंजी, संयम एवं निवेशकारी वृद्धिदायक प्रक्रिया के रूप में परिभाषित किया जा सकता है। साक्षरता के दम पर ही व्यक्ति व समाज सबल एवं सक्षम बनता है। साक्षरता से ही व्यक्ति में उचित एवं रचनात्मक दृष्टिकोण का निर्माण होता है। साक्षरता हम सभी की आधार भूत एवं अनिवार्य आवश्यकता है। निरक्षर व्यक्ति जीवन की बहुत सी महत्वपूर्ण बातों के ज्ञान से वंचित रह जाता है। इसलिए साक्षरता, शिक्षा प्राप्ति की महत्वपूर्ण एवं पहली सीढ़ी कहलाती है।

साक्षरता संप्रत्यय एवं इसका महत्व

मानव एक सामाजिक प्राणी है। वह प्राणी जगत से संबंध रखते हुए पशु जाति से बहुत भिन्न है। सांसारिक व सांस्कृतिक ढंग से उसका अपना विशेष महत्व है पशु अपनी अर्न्तजात प्रवृति के अनुसार कार्य करते है, परन्तु मानव में मस्तिष्क बहुत उन्नत है। इसकी सोचने समझने की क्षमता बहुत अधिक है। मस्तिष्क की शक्ति के सहारे ही मानव ने इस सभ्यता और संस्कृति को उन्नति की इस सीमा तक ला दिया है। *अरस्तु का मानना है* ''शिक्षा द्वारा स्वस्थ शरीर में स्वस्थ मस्तिष्क का निर्माण होता है।'' मानव विकास की प्रगति में हजारों सालों के सूक्ष्म तथा संचित अनुभव संनिहित हैं। जिससे यह मानव सभ्यता धीरे–धीरे विकसित होती रही और प्रत्येक पीढ़ी अपनी अगली पीढ़ी को इसे सौंपती रही है। इस संबंध में *लाक का मत है,* ''जिस प्रकार जुताई, निलाई से पेड़–पौधे बढ़ते हैं इसी प्रकार शिक्षा से मनुष्य का विकास होता है।'' मानव सभ्यता के विकास में शिक्षा की भूमिका अति महत्वपूर्ण रही है। *मनु का कहना है,* ''शिक्षा के बिना मनुष्य पशु के समान होता है'' *अरस्तु* ने भी शिक्षित मनुष्य को अशिक्षित मनुष्य की तुलना में उतना ही श्रेष्ठ माना है जितना एक जीवित मनुष्य मृत से होता है।

शिक्षा के महत्व के बारे में *प्लेटो ने कहा है,* ''शिक्षा से बालकों में नैतिकता एवं अच्छी आदतों का विकास होता है'' इसी संबंध में *सुकरात का मानना है,* ''शिक्षा से तात्पर्य संसार के सर्वमान्य विचारों को जो कि प्रत्येक मनुष्य के मन में स्वभावतः निहित होते हैं, उन्हें प्रकाश में लाना है।'' शिक्षा माता के समान पालन–पोषण करती है, पिता के समान उचित मार्गदर्शन द्वारा अच्छे एवं उचित कार्यों में लगाती है और पत्नी की भाँति सांसारिक चिन्ताओं को दूर करके प्रसन्नता प्रदान करती है। *प्रो. जेम्स का कहना है,* ''शिक्षा कार्य, सम्बन्धित अर्जित ज्ञान व आदतों का संगठन है, जो व्यक्ति को उसके सामाजिक और भौतिक वातावरण के योग्य बनाती है। अर्थात शिक्षा के द्वारा ही व्यक्ति की कीर्ति का प्रकाश चारों और फैलता है तथा शिक्षा ही हमारी समस्याओं को सुलझाती है एवं हमारे

जीवन को सुसंस्कृत बनाती है। *रॉस का मानना* है, "शिक्षा का उद्देश्य सुयोग्य व्यक्तित्व तथा आत्मिक वैयक्तिकता का विकास करना है।"—

शिक्षा देश–विदेश में प्रत्येक स्थान पर हमारी सहायता करती है शिक्षा के प्रकाश को पाकर प्रत्येक व्यक्ति कमल के फूल की भाँति खिल उठता है तथा अशिक्षित रहने पर दरिद्रता, शोक एवं कष्ट के अंधकार में डूबा रहता है। *महात्मा गाँधी का कहना है,* "शिक्षा से मनुष्य के शारीरिक, मानसिक तथा आत्मिक गुणों का सर्वोत्तम विकास होता है।" शिक्षा समाज में परिवर्तन के यंत्र के रूप में कार्य करती है। *ब्राऊन का कहना है,* "शिक्षा चैतन्य रूप में एक नियंत्रित प्रक्रिया है, जिसके द्वारा व्यक्ति के व्यवहार में परिवर्तन किए जाते हैं"। शिक्षा द्वारा व्यक्ति समाज का एक उत्तरदायी घटक एवं राष्ट्र का प्रखर चरित्र सम्पन्न नागरिक बनकर समाज की सर्वांगीण उन्नति में अपनी शक्ति प्रयोग करता है। तथा मानव सभ्यता एवं संस्कृति के लिए पुनर्जीवन, पुनर्स्थापना हेतु वह प्रेरित हो जाता है। *पेस्टालाजी का मानना है,* "शिक्षा का मूल उद्देश्य व्यक्ति की शक्तियों का स्वाभाविक, सर्वांगीण एवं प्रगतिशील विकास में निहित है।"

शिक्षा एक ओर व्यक्ति का सर्वांगीण विकास करके उसे तेजस्वी, बुद्धिमान, चरित्रवान, विद्वान और वीर बनाती है, दूसरी ओर शिक्षा समाज की उन्नति के लिए भी एक आवश्यक तथा शक्तिशाली साधन है। *प्रो. जेम्स का मानना है,* "शिक्षा कार्य संबंधित अर्जित ज्ञान व आदतों का संगठन है, जो कि व्यक्ति को उसके सामाजिक और भौतिक वातावरण के योग्य बनाती है।" व्यक्ति की भाँति समाज भी शिक्षा के चमत्कार से लाभाविन्त होता है। *प्रो. वौसिंग का कहना है,* "शिक्षा का कार्य व्यक्ति को वातावरण में इस सीमा तक व्यवस्थित करना है जिससे वह व्यक्ति और समाज दोनों के लिए महान संतोषजनक लाभ प्राप्त कर सके।" शिक्षा के द्वारा समाजभावी पीढ़ी के बालकों को उच्च आदर्शों, आशाओं, आंकाक्षाओं, विश्वासों तथा परम्पराओं आदि सांस्कृतिक सम्पत्ति को हस्तांतरित करता है, और उनके हृदय में देश प्रेम, त्याग की भावना पैदा करता है। इस प्रकार व्यक्ति तथा समाज दोनों के विकास के लिए शिक्षा परम आवश्यक

है। *रेमॉण्ड का कहना है,* "शिक्षा उस विकास का नाम है जो शैशव अवस्था के प्रौढ़ अवस्था तक होता ही रहता है अर्थात् शिक्षा वह क्रम है जिससे मानव अपने को आवश्यकतानुसार भौतिक, सामाजिक तथा आध्यात्मिक वातावरण के अनुकूल बना लेता है।" *रिऑरगेनिजेशन ऑफ सकेण्ड्री स्कूल रिर्पोट्स (यू.एस.ए.)* के अनुसार, "शिक्षा का उद्देश्य प्रत्येक व्यक्ति के ज्ञान, रूचि, आदर्शों, आदतों तथा शक्तियों का विकास करना है, जिसके द्वारा उसे अपना उचित स्थान प्राप्त हो सके तथा वह इस स्थान का सदुपयोग कर स्वयं तथा समाज को उच्च एंव पवित्र उद्देश्यों की ओर ले जायें।"

साक्षरता का अर्थ

साक्षरता केवल पुस्तकीय ज्ञान मात्र की शिक्षा नहीं है, और न ही शिक्षा का अर्थ साक्षरता मात्र है। तथापि दोनों के बीच में महत्वपूर्ण गहरा अंतर्संबंध है। शिक्षा के लिए साक्षरता अति महत्वपूर्ण एवम् अनिवार्य शर्त है। सातवीं पंचवर्षीय योजना की प्रस्तावना में *राजीव गांधी ने कहा,* "विकास का संबंध केवल कल कारखानों, बाँधें तथा सड़कों से नही है इसका संबंध बुनियादी तौर पर लोगों के जीवन से है। लोगों की भौतिक, सांस्कृतिक और आध्यात्मिक उन्नति, मानवीय पक्ष और इससे जुड़ी हुई बातें सबसे महत्वपूर्ण हैं। भविष्य में हमें इन सब बातों पर ध्यान देना होगा। साक्षरता मानव विकास का एक अत्यंत आवश्यक अंग है। यह अपनी बातों को दूसरों तक पहुँचाने का, नई बातें सीखने का और ज्ञान–विज्ञान के आदान–प्रदान का प्रबल साधन है। अतः साक्षरता व्यक्ति की उन्नति और राष्ट्र के उत्थान की पहली शर्त है।"

साक्षरता का अर्थ एवं परिभाषा

'साक्षरता' का सकुचित शब्दिक अर्थ अक्षर ज्ञान से युक्त होने की स्थिति है। इस स्थिति में व्यक्ति या समाज को किसी भी भाषा के अक्षरों में निर्मित शब्दों के समूहों में बने वाक्यों को समझने और पढ़ने लिखने की प्रारम्भिक जानकारी होना साक्षरता है। जिसमें व्यक्ति अक्षर ज्ञान सहित

साक्षर बन जाता है, यह ज्ञान की पहली सीढ़ी है। 'साक्षरता' का सकुचित शब्दिक अर्थ अक्षर ज्ञान से युक्त होने की स्थिति हैं। बारह खड़ी (वर्णमाला) जानने वाला व्यक्ति भी इस अर्थ में साक्षर है।

आर. एस. पीटर्स ने शिक्षा को परिभाषित करते हुए कहा है कि ''यह मानव द्वारा सार्थकता खोजने का सूत्रपात है जिसके माध्यम से मानव विकास प्रक्रिया में मुख्यतः तीन घटक–पढ़ना, लिखना और गणना करना संबंधित रहते है। यदा–कदा कुछ विद्वान इसके बहुत अधिक महत्व को स्वीकार नहीं करते। परन्तु निर्विवाद रूप से महत्वपूर्ण तथ्य यही है कि इसकी भूमिका विलक्षण एवं अत्यंत प्रभावी है। जो व्यक्ति पढ़ने–लिखने, जोड–घटा करने में असमर्थ है। दैनिक जीवन में बहुत सी कठिनाईयों का सामना करते हुए अपना जीवन व्यतीत करता है। वह अनेक स्थितियों से अनभिज्ञ रहता है। ऐसा व्यक्ति जबकि पढने–लिखने एवं ज्ञानवर्द्धन से साक्षर व्यक्ति निरन्तर, उत्तरोउत्तर प्रगति के पथ पर अग्रसर रहता है।''

राष्ट्रीय साक्षरता मिशन के भावार्थ अनुसार

साक्षर होने का तात्पर्य अक्षर सहित ज्ञान से है, अक्षरभाव अभिव्यक्ति के लिए प्रयुक्त सर्वमान्य प्रतीक है मानव अपने आदि काल से ही अपने भावों को व्यक्त करने के लिए इसका प्रयोग कर रहा है। साक्षरता अपने आप को जानने का एक साधन है, द्वार है, और एक ऐसा मार्ग है जो सामाजिक और आर्थिक जीवन की मुख्य धारा में जा मिलता हैं। वह समय के अनुरूप प्रतीकों का प्रयोग करता रहा है। अक्षर ज्ञान ही भाषा और साहित्य का आधार है। साक्षरता एक प्रेरणात्मक शक्ति बन सकती है। यदि यह सामाजिक बढ़ोत्तरी एवं सुधार के लिए सकारात्मक कार्य योजना के अनुरूप कार्य करे।

एल. मिश्र के अनुसार ''साक्षरता अक्षर ज्ञान से भिन्न है। यह संप्रेषण तथा सीखने का, सूचना तथा ज्ञान को अर्जित करने तथा उसे फैलाने का अनिवार्य उपकरण है। साथ ही यह मानव विकास के साथ–साथ राष्ट्र के विकास की पूर्व शर्त है। इससे व्यक्ति की विवेचन शक्ति बढ़ती है तथा वर्तमान परिस्थिति को समझने तथा सवाल उठाने की तार्किक शक्ति पैदा

होती है। शिक्षित व्यक्ति स्वयं को असहाय नहीं पाता है। इससे व्यक्ति में वस्तुनिष्ठता, स्पष्टता, बोधगम्यता, तर्कशक्ति एवं सुसंगत, विश्लेषणात्मक शक्ति का विकास होता है।''

इस प्रकार साक्षरता से व्यक्ति आत्मनिर्भर एवं आत्मविश्वासी बन कर दैनिक जीवन की कठिनाईयों को सुलझाने में समर्थ बन जाता है।

फेडरीको मेयर (महानिदेशक, यूनेस्कों) के भावानुसार

आज साक्षरता का अर्थ केवल लिखना–पढ़ना और गणित तथा कुछ सीमित परमपरागत कौशल सीख लेना ही नहीं है, बल्कि इसमें भी अधिक सीखना शामिल है। साक्षरता व्यापक अर्थ में, जीवन के कौशलों का आधार है। यह निश्चित सामाजिक–सांस्कृतिक संदर्भ में जीवन की बदलती मांगों से जुड़ी है। यह कौशल बुनियादी, मौखिक और लिखित विनिमय से लेकर वैज्ञानिक, और सामाजिक समस्याएं सुलझाने की क्षमता तक फैले हुए हैं। साक्षरता कोई शासन–व्यवस्था नहीं जिसका अर्थ आसान व स्टीक बनाया जा सकें।

साक्षरता-व्यापक अर्थ में

साक्षरता अर्थात् लिटरेसी शब्द लिटरेचर से बना है। लिटरेचर का अर्थ ज्ञान के संचित कोष (साहित्य) से होता है, और जो ऐसी ज्ञान राशि को ग्रहण कर चुका है वह साक्षर या पढ़ा–लिखा विद्वान है। 'साक्षरता' का व्यापक अर्थ पढ़ा–लिखा विद्वान होता है। यहाँ साक्षर शब्द का लाक्षणिक व्यापक अर्थ लिया जाता है। इस अर्थ में साक्षरता का आशयः अक्षरों, शब्दों और उनके अर्थ से लिया जाता है, अर्थात व्यापक साहित्यिक ज्ञान से परिपूर्ण होता है।

आधुनिक परिपेक्ष्य में साक्षरता एक ऐसा मूलमंत्र, एक ऐसा जन जागरण है कि हमारी सामाजिक, राजनैतिक एवं सांस्कृतिक उन्नति के लिए नितांत आवश्यक है। साक्षरता के सम्बंध में कई अलग–अलग मत है। साक्षरता का अर्थ अक्षर ज्ञान नहीं अपितु साक्षरता जीवन का मधुर संगीत है, सफलता का राज है। साक्षरता से ऐसी चेतना का विकास और

पुर्ननिर्माण होता है, जिसमें अधिकारों के साथ–साथ कर्तव्य का बोध प्राप्त करता है एवं स्थानीय शिक्षा, स्वास्थ्य, सिंचाई, जल–आपूर्ति, स्वच्छता एवं सफाई, विद्युत व्यवस्था, सड़क निर्माण ढांचागत प्रबंधन आदि सभी विकास कार्यों में सक्रिय भागीदारी निभाता है। यह मनुष्य की खुशहाली एवं उन्नति का मार्ग है। साक्षरता जीवन को व्यवहारिक पहलुओं से जोड़ती है। साक्षरता की सीमा अक्षर ज्ञान प्राप्त करना नहीं है; साक्षरता से शिक्षा का मार्ग प्रशस्त होता है, विकास का द्वार खुलता है।

भारत में साक्षरता के लिए संवैधानिक व्यवस्था

भारतीय संविधान में नागरिकों के लिए शिक्षा (साक्षरता) प्राप्त करने एवं सीखने के अधिकार को सुनिश्चित किया गया है। भारतीय संविधान के निर्माताओं ने व्यक्ति एवं राष्ट्र के विकास में साक्षरता के महत्व की अनिवार्यता को स्वीकृति प्रदान करते हुए भारत के सभी लोगों को समान रूप से शिक्षा प्रदान करने का प्रावधन संविधान में रखा है। भारतीय संविधान की अनुसूचि–4 में राज्य के नीति–निर्धरक तत्वों के अंतर्गत इस संबंध में पर्याप्त संवैधानिक व्यवस्था की गई है। अनुच्छेद 41 में शिक्षा को नीति निर्देशक तत्वों के रूप में समान रूप से स्वीकार किया गया है।

इसी प्रकार भारत में नागरिकों को मौलिक अधिकारों के तहत् अनुच्छेद 29 व 30 के अनुसार सभी नागरिकों को संस्कृति एवं शिक्षा का मौलिक अधिकार प्रदान किया गया है।

इस प्रकार संविधान निर्माताओं ने साक्षरता (शिक्षा) को देश के विकास एवं उन्नति के लिए आवश्यक मानते हुए, इसकी आवश्यकता प्रतिपादित करते हुए संवैधानिक व्यवस्थाओं में इसका उल्लेख किया गया है। अनुच्छेद 45 में यह व्यवस्था कि गई है कि संविधान के लागू होने की तिथि से 10 वर्ष के भीतर (अन्दर) 14 वर्ष की आयु के सभी बच्चों को निशुल्कः एवं अनिवार्य शिक्षा प्रदान की जाएगी लेकिन बड़ी चिन्ताजनक बात है कि संविधान के लागू होने के 52 वर्ष बाद भी, 14 वर्ष की आयु के बच्चों को अनिवार्य शिक्षा प्रदान करने का लक्ष्य अभी तक भी प्राप्त नहीं किया जा सका है।

मानव को साक्षरता की आवश्यकता क्यों है?

आज प्रत्येक व्यक्ति को साक्षर होना आवश्यक है पर क्यों? इसके लिए निम्नलिखित प्रश्न उठाए जा सकते हैं?

(1) एक निरक्षर व्यक्ति के लिए साक्षर होना क्यों आवश्यक है?

(2) एक साक्षर व्यक्ति को यह बोध कराना क्यों आवश्यक है कि दूसरे लोग भी साक्षर हों?

(3) सारा समाज एवं राष्ट्र यह कैसे समझे कि साक्षरता संभी के लिए क्यों आवश्यक है?

हर अनपढ़ व्यक्ति, (निरक्षर) को दिन–प्रतिदिन के कार्यों में कदम–कदम पर कठिनाई का सामना करना पड़ता है। हमारा देश एक कृषि प्रधान देश है जो कि पूर्ण विकसित राष्ट्रों की श्रेणी में खड़ा नहीं होता है, जबकि आज का युग विज्ञान का युग है। विज्ञान ने जीवन के हरक्षेत्र में पर्याप्त उन्नति की है। खेती के लिए बीज खाद, औजार आदि की नई–नई तकनीकें विकसित हो गई हैं। शिक्षित व्यक्ति इन नवीन खोजों से लाभ उठाकर अपना एवं राष्ट्र का विकास कर सकता है, जबकि निरक्षर व्यक्ति ऐसा नहीं कर पाता है। निरक्षर व्यक्ति को दैनिक जीवन में अनेक बार कठिनाईयों का सामना करना पड़ता है जब तक उसे कानून की जानकारी नहीं हो पाती, तब तक वह न तो सरकार की विकास योजना को समझ पाता है, न ही उनसे लाभ उठा पाता है, और न ही पुस्तक या नवीन समाचार पढ़ सकता है। कहीं भी आने–जाने में, बस या रेल आदि से यात्रा करने में उसे काफी दिक्कतों का सामना करना पड़ता है। इससे निरक्षर के मन में अपनी बदहाली के कारणों को खोजने, अपनी समस्याओं को सुलझाने के लिए संगठित हो कर प्रयास करने का विश्वास पैदा नहीं हो पाता।

निरक्षर व्यक्ति अपनी अज्ञानता, निरक्षरता के कारण दफ्तरों, अदालतों में ठगा जाता है, उसे बार–बार अपमानित होना पड़ता है, उसे हर जगह पढ़े–लिखे व्यक्ति पर निर्भर होना पड़ता है। उसका लगातार शोषण होता रहता है। निरक्षर–अनपढ़ व्यक्ति अपने व अपने परिवार की उन्नति तथा विकास के लिए ठीक प्रकार से सोच–समझ नहीं पाता। वह अपने बच्चों

के पालन–पोषण शिक्षा व्यवस्था एवं परिवार कल्याण, स्वास्थ्य जैसी समस्याओं को ठीक ढंग से निपटा नहीं पाता। इससे निरक्षर व्यक्ति का अपने आप पर भरोसा कम होता जाता है, और वह अपने आपको समाज में अन्य लोगों से छोटा व हीन समझने लगता है। यदि वह पढ़ना व लिखना सीख ले, साक्षर बन जाये तो उसकी निर्भरता दूसरों पर कम हो जायेगी। उसे स्वयं पर भरोसा होने लगेगा और वह आत्मनिर्भर और आत्म विश्वासी बन जाएगा। दूसरे लोग उसकी अज्ञानता का फायदा उठाकर उसे ठग नहीं सकेंगे। वह समाज के साथ सामंजस्य बैठाने एवं सम्मान के साथ जीने लायक बन जाएगा। वह समाज में अपनी उपयोगिता को समझ कर समाज और राष्ट्र के विकास के लिए अपना योगदान करने में समर्थ बन सकेगा। यह सब समझने और अपने जीवन को उत्तम बनाने, तथा समाज एवं राष्ट्र की प्रगति के लिए हर निरक्षर व्यक्ति को साक्षर होना जरूरी है।

साक्षरता की आवश्यकता

एक शिक्षित और अशिक्षित व्यक्ति के काम करने के तौर–तरीकों में फर्क होता है, दोनों की सोच में विविधता आ जाती है। एक निरक्षर व्यक्ति, विकास की समस्त योजनाओं, आयोजन व सूचना के सभी शासकीय व अशासकीय प्रयासों के लाभ से सर्वथा वंचित रहता है। परिणामतः एक 'सभ्य समाज' एक विकसित समाज राष्ट्र की मुख्य धारा से कट जाता है। निरक्षर व्यक्ति को आसानी से धोखा देकर गुमराह किया जा सकता है, उन्हें सरलता से ठगा जा सकता है। निरक्षरता के लिए व्यक्ति समाज एवं राष्ट्र को बड़ी कीमत–चुकानी पड़ती है। शिक्षित लोग विनम्र होते हैं। किसी कार्य को करने के लिए सही रास्ते का अनुसरण करते हैं। वह कम समय में, कम लागत से, कुशलता पूर्वक किसी कार्य को करने में सक्षम होते हैं जबकि अशिक्षित इसके विपरित होते हैं निरक्षरता के लिए व्यक्ति, समाज एवं राष्ट्र को बड़ी कीमत चुकानी पड़ती है। जब यूरोप के लोग जंगली जीवन व्यतीत कर रहे थे, तब भारत की महान संस्कृति और सभ्यता फल फूल रही थी।

हमारे समाज में साक्षर लोगों की संख्या कम तथा निरक्षरों की संख्या अधिक है। अतः साक्षरो लोगों को वे काम भी करने पड़ते होंगे जिनमें निरक्षर लोग उनसे मदद चाहते होंगे। निरक्षर व्यक्ति ऐसे विकलांग के समान होता है जिसे पग–पग पर सहारे के लिए साक्षर व्यक्ति की जरूरत होती है। अतः साक्षर व्यक्ति को अपने समय और शक्ति का निरक्षरों की समस्याओं को सुलझाने हेतु प्रयोग करना पड़ता है। इस अतिरिक्त कार्यभार से साक्षर लोगों की कार्यक्षमता कम होती है और उनकी कार्य करने को गति में भी व्यवधन पड़ता है। आम लोगों के हित के लिए बनाई गई सरकारी योजनाओं और कानूनी अधिकारों का लाभ निरक्षर लोग इसलिए नहीं उठा पाते क्योंकि वे सही प्रकार से समझायी नहीं जाती है। इस नासमझी का लाभ कुछ पढ़े–लिखे चालाक व्यक्ति उठाने से नहीं चूकते हैं। वे इन निरक्षरों की अज्ञानता का लाभ उठाकर भ्रष्टाचार, रिश्वत के माध्यम से इनका शोषण करते हैं। इन सब बुराईयों से बचने के लिए और समाज में सामनता व न्याय की व्यवस्था की स्थापना के लिए साक्षरों द्वारा निरक्षरों को पढ़ना–लिखना, सिखाना अत्यंत आवश्यक है ताकि निरक्षर व्यक्ति भी साक्षर बनकर अपने कार्यों को स्वयं ठीक ढंग से करने में समर्थ बन सकें और समाज एवं राष्ट्र हेतु अपने उपयोगी उत्तरदायित्व को भली भाँति निभाने में सफल हो सकें।

संयुक्त राष्ट्र शैक्षिक, वैज्ञानिक एवं सांस्कृतिक संगठन की रिपोर्टनुसार भारत सबसे अधिक निरक्षरता वाला देश है। क्या यह वही भारत है जो विश्व की प्रथम सुसंस्कृत संस्कृति का जनक माना जाता रहा है। आर्य भट्ट, ब्रहमगुप्त, वराह मिहिर, चरक, कालीदास और भास जैसे विद्वानों ने इसी पावन भारत भूमि में जन्म लिया था। लगभग 4000 वर्ष पूर्व हमारे पूर्वजों ने हड़प्पा और मोहन जोदड़ो जैसे सुन्दर, सुनियोजित व सुव्यवस्थित शहर बनाए। जहाँ ज्योतिष–गणित, औषधि विज्ञान और धातु विज्ञान के नए–नए आयाम स्थापित किए गए। साक्षरता के लिए ही विभिन्न देशों से विद्वान नालन्दा एवं तक्षशिला विश्वविद्यालयों में आते थे।

यदि निरक्षर व्यक्ति शिक्षा के महत्व को नहीं समझता है, शिक्षा की उपयोगिता को नहीं जानता है तो वह अपनी संतान को भी पढ़ाने–लिखाने,

में रूचि नहीं लेगा। इसके फलस्वरूप वह समाज में चल रहे अन्याय, शोषण व भेदभाव को दूर करने की जगह इसे कायम रखने में सहायता प्रदान करेगा। निरक्षरता वाले, अशिक्षित परिवार में अभिभावक बच्चों की पढ़ाई–लिखाई में रूचि नहीं लेते बल्कि लड़कियों की पढ़ने की इच्छा पर तो वह तरह–तरह से अंकुश भी लगाते हैं जिससे निरक्षरता (अशिक्षा) जैसी सामाजिक बुराई एवं अन्य तरह–तरह की कुरीतियों को बढ़ावा मिलता है। एक अनपढ़ स्त्री को समाज में तरह–तरह की अपमानजनक स्थितियों का सामना करना पड़ता है। परिवार के सदस्यों की निरक्षरता अक्सर विचारों में टकराव और मतभेदों का कारण बनती है। निरक्षर व्यक्ति द्वारा अच्छे–बुरे कार्य के बीच भेद करना कठिन होता है। अतः ऐसी स्थिति में बेरोजगारी के कारण यह लोग जीवन–यापन अनुचित माध्यमों का सहारा लेकर अपना जीवन–यापन करते हैं। जिससे समाज में लूटमार, चोरी–डकैती, हत्या जैसी सामाजिक एवं आर्थिक बुराईयाँ पैदा होती हैं, तथा बढ़ती हैं।

साक्षर स्त्री–पुरूष समाज में फैली कुरीतियो का विरोध करते हैं और पुरानी गलत मान्यताओं तथा पुरानी गलत परम्पराओं का विरोध करते हैं उन्हें अस्वीकृत करके उन्हें तोड़ते भी हैं। वे समाज में सकारात्मक दिशा में बदलाव लाना चाहते हैं। वे इसके लिए प्रयास करते हैं लेकिन अनपढ़–निरक्षर रूढिवादी लोग जो कि समाज में अधिक संख्या में हैं वे इन बातों को गलत मानते हुए इनका विरोध करते हैं। परिणामतः समाज में आपसी कटुता, मतभेद बढ़ते हैं। सामाजिक वातावरण कलुषित हो जाता है। यदि समाज में लोग पढ़े–लिखे, साक्षर हों तो वे अपने जीवन में सकारात्मक बदलाव लाने के इच्छुक होंगे। जिससे समाज हर दृष्टि से उन्नत व खुशहाल बन सकेगा। इस प्रकार साक्षरता आम आदमी को आत्मनिर्भर, आत्म–विश्वासी, उन्नतिशील बनाती है। साक्षरता व्यक्ति को अन्याय के विरूद्ध सामाजिक न्याय दिलवाने के लिए किए जा रहे संघर्ष में अपना सहयोग प्रदान करती है और समाज को वर्तमान दुर्व्यवस्था, (कुव्यवस्था) से उभारने में अपना महत्वपूर्ण योगदान एवं पर्याप्त बल प्रदान करती है।

साक्षरता की अनिवार्य आवश्यकता एक व्यक्ति, राज्य, देश ही नहीं वरन सम्पूर्ण विश्व विकास के लिए, संक्षेप में निम्नलिखित कारणों से होती है।

1. अधिकारों व कर्तव्यों के प्रति जागरूकता पैदा करने हेतु।
2. अपना सामाजिक विकास करने हेतु।
3. अपना संपूर्ण विकास करने हेतु।
4. अन्याय के विरूद्ध आवाज उठाने व ज्ञान और कौशल सीखने हेतु।
5. निरक्षरता से उत्पन्न समस्याओं से मुक्ति हेतु।
6. लोकतंत्र को सफल बनाने के लिए।
7. विकास योजनाओं को समझने व उनमें सहभागिता हेतु।
8. उचित–अनुचित में भेद करने की विवेक शक्ति जगाने हेतु।
9. प्रत्येक क्षेत्र में राष्ट्र की विकासोन्नति हेतु।
10. राष्ट्रीय व अन्तर्राष्ट्रीय समस्याओं का संगठित होकर सामना करने के लिए।
11. राष्ट्र के पिछड़ेपन से मुक्ति हेतु।
12. व्यक्ति को जागरूक एवं नागरिक नागरिकता उत्पन्न करने हेतु।

साक्षरता के उद्देश्य एवं लक्ष्य

1. देश की सांस्कृतिक विरासत, परम्पराओं तथा व्यवसायों के प्रति लोगों का रूझान पैदा करना।
2. लोगों को अपने परिवेश के प्रति संवेदनशील एवं जागरूक बनाना।
3. गाँव के झगड़े गांव में निर्विवाद रूप से सुलझाने हेतु प्रोत्साहन, गाँव की सफाई, लघु व कुटीर उद्योग, वृक्षारोपण आदि का नियोजन एवं क्रियान्वयन करना।
4. राष्ट्रीय एवं सामाजिक मूल्यों का बोध कराकर उन्हें व्यवहार में लाना व सिखाना।

5. साक्षरता अभियान में अनुकूल शैक्षिक वातावरण का सृजन करना तथा कार्यक्रम में लोगों की सहभागिता सुनिश्चित करना।
6. राष्ट्र में सम्पूर्ण साक्षरता के लक्ष्य को प्राप्त करना।
7. साक्षरता कार्यक्रमों में विभिन्न श्रव्य दृश्य सामग्री द्वारा प्रचार–प्रसार करना।
8. गरीब वर्ग के विद्यार्थियों को अनौपचारिक व प्राथमिक शिक्षा देना।
9. व्यवहारिक साक्षरता द्वारा आत्मनिर्भरता उत्पन्न करना।
10. पढ़ने हेतु उचित माहौल पैदा करना।

शिक्षा तथा अन्य विकास के लक्ष्य

यदि सभी लोगों को शिक्षा का अधिकार है, और इसका लोगों की क्षमताओं पर प्रभाव पड़ता है, तो इससे स्पष्ट है कि सभी लोगों के लिए बुनियादी शिक्षा के प्रावधान को सर्वसार्विक बना दिया जाना चाहिए। यह स्थिति स्पष्ट तथा दृढ़ है: देशों की विकास रणनीतियों का सबके लिए शिक्षा के बिना सफल मूल्यांकन नहीं किया जा सकता।

फिर भी, यह तर्क इस प्रश्न का हल नहीं बताते कि कितनी शिक्षा सर्वसार्विक/सर्वव्यापी रूप में उपलब्ध करायी जानी चाहिए। मानव अधिकारों पर सर्वसार्विक घोषणा तथा डकार प्रारूप सहित इसके प्रत्येक परवर्ती प्रयासों ने जान–बूझकर शिक्षा की प्राथमिक अवधि की परिभाषा को अछूता छोड़ दिया। अभी विश्व भर में प्राथमिक शिक्षा तन्त्रों की अवधि चार से सात वर्ष की है। इस प्रकार सर्वसार्विक प्राथमिक शिक्षा (यू.ई.ई.) की प्राप्ति हेतु कुछ देशों की अपेक्षा अन्य देशों में शिक्षा प्रावधान की अवधि लगभग दुगनी होती प्रतीत होगी। अतः न्यूनतम स्तरीय प्रावधान क्या चार वर्ष, छः वर्ष अथवा इससे भी लम्बा होना चाहिए? इसके अतिरिक्त, विभिन्न माध्यमों तथा शिक्षा की पद्धतियों की किस प्रकार तुलना की जानी चाहिए? क्या पूर्व–स्कूली व्यवस्थाएं साक्षरता कार्यक्रमों से अधिक महत्वपूर्ण मानी जाएं, तथा इन दोनों की, राष्ट्रीय व्यय प्राथमिकताओं के परिप्रेक्ष्य में, प्राथमिक शिक्षा के साथ तुलना कैसे की जानी चाहिए?

इन प्रश्नों के न ही सरल और न ही सर्वसम्मत उत्तर उपलब्ध हैं, क्योंकि इनका समाधान केवल उस देश–विशेष के संदर्भ में किया जाना चाहिए जहां इनको उठाया जाता है। नए शैक्षिक प्रावधान की प्राथमिकताएं निश्चित रूप से दो तथ्यों, अर्थात् पहले से ही उपलब्ध क्या है तथा देश के विकास का स्तर क्या है, पर निर्भर करता है। फिर भी, साहित्य के उस बड़े संग्रह, जिसने शिक्षा तथा अन्य विकास लक्ष्यों की प्राप्ति के बीच के सम्बन्धों की समीक्षा की है, के आधार पर कुछ अन्तर्दृष्टि प्राप्त की जा सकती है। इसमें से अधिकांश 'मानव पूंजी' परम्परा की ही है। इसने आर्थिक शोध तकनीक के आधार पर यह जानने का प्रयास किया है कि क्या शिक्षा उत्पादक है, तथा किस प्रकार इस प्रावधान के लाभों तथा लागतों की तुलना शिक्षा के विभिन्न स्तरों तथा पद्धतियों के साथ की जा सकती है।

औपचारिक शिक्षा के लाभ

काफी समय से यह स्वीकार किया जा चुका है कि स्कूली शिक्षा का उत्पादक मूल्य है। फिर भी, इसकी उत्पादकता किस सीमा तक अन्य निवेशों से मेल खाती है तथा शिक्षा के प्रत्येक स्तर पर संगत निजी एवं सामाजिक लाभों में विरोध अत्यन्त बड़े विवादास्पद क्षेत्र बने हुए हैं। विकासशील देशों के उपलब्ध लाभ दरों के अनुमान निरन्तर यह प्रदर्शित करते हैं कि प्राथमिक स्कूली शिक्षा के दोनों निजी एवं सामाजिक लाभ माध्यमिक तथा तृतीयक स्तरों की अपेक्षा अधिक हैं। उनकी मात्राएं प्रायः अन्य आर्थिक क्षेत्रों में पूंजी से विशिष्ट लाभों की अपेक्षा अधिक होती हैं। बयालीस देशों के लिए ऐसी दरों की अत्याधुनिक तुलना यह इंगित करती है कि सभी देशों में शिक्षा के प्रत्येक अगले वर्ष में लगभग 10 प्रतिशत का औसत लाभ होता है। फिर भी, ये लाभ ओ ई सी डी देशों की अपेक्षा विकासशील देशों में अत्यन्त ऊंचे हैं। उदाहरणार्थ, प्राथमिक शिक्षा से अनुमानित सामाजिक लाभों का विस्तार एशिया, मध्यपूर्व, उत्तरी अमरीका तथा लैटिन अमरीका में 16 प्रतिशत से लेकर उप–सहारा अफ्रीका में लगभग 25 प्रतिशत तक रहा।

इन परिणामों की व्याख्या में कई प्रकार की वैधानिक समस्याएं बाधक बनती हैं। पहली, शिक्षा से सामाजिक लाभ दरों के अनुमान यह मानकर चलते हैं कि बाजार मजदूरी उत्पादकता के अंतरों को प्रतिबिंबित करती है। परन्तु श्रम बाजार तो पूर्ण रूप से कार्य नहीं करते, तथा मजदूरियां, विशेष रूप से उन देशों में, उत्पादकता के भ्रामक सूचक हैं, जहां–जैसा कि अनेक विकासशील देशों में–प्रशासित वेतनमान पर काम कर रहे अधिकांश लोग सार्वजनिक क्षेत्रों में हैं। द्वितीय, अधिकांश अनुमान योग्यता विषमताओं, अभिभावक पृष्ठभूमि, अथवा नमूनों में सम्मिलित कर्मियों के स्कूलों की गुणवत्ता, जहां उन्होंने शिक्षा ग्रहण की, आदि के अंतरों पर ध्यान नहीं देते हैं।

तृतीय, बच्चों को स्कूल भेजने में परिवारों द्वारा किए गए संपूर्ण खर्चे भी प्रायः कम आंके जाते हैं। उदाहरणार्थ, बच्चों द्वारा घर में अथवा घरेलू खेत में किए जाने वाले काम के मूल्य से वंचित रहना भी निर्धनतर घरों के लिए काफी अधिक कीमत का द्योतक हो सकता है। इन 'अवसर कीमतों' को शिक्षा के शुद्ध लाभों की गणना में प्रायः सम्मिलित न करने से शिक्षा के अनुमानित लाभ उच्चतर स्तरीय शिक्षा की अपेक्षा प्राथमिक स्तर पर कुछ अधिक दिखाए जाते हैं।

अन्ततः अनेक देशों में मजदूरों की कमियां माध्यमिक तथा तृतीयक शिक्षा स्तर पर अधिक हो गयी हैं। मजदूरी विषमताएं इसे अधिक परिलक्षित करती हैं, तथा अफ्रीका के कुछ दृष्टान्त यह सुझाते हैं कि अब प्राथमिक स्तर की अपेक्षा माध्यमिक तथा तृतीयक स्तरीय शिक्षा से निजी लाभ बढ़ रहे हैं। यह शोध निष्कर्ष अभी तक सुझावात्मक है तथा अन्य देशों के लिए किया जाने वाला शोध कार्य मूल्यवान हो सकता है।

साक्षरता के बाजार-निरपेक्ष प्रभाव संक्षेप में

शिक्षा के बहुत से महत्वपूर्ण लाभ बाजार मजदूरी द्वारा मापे नहीं जा सकते। उनके महत्व के बारे में बहुत अधिक प्रमाण उपलब्ध हैं। इन ब्यौरों को संक्षिप्त करने का यहां प्रयास नहीं किया जाएगा। फिर भी, निम्नलिखित सामान्यीकरणों के लिए व्यापक साक्ष्य हैं।

बहुत से अध्ययनों से यह पता चलता है कि स्कूली शिक्षा से ग्रामीण तथा नगरीय स्व–रोज़गार में उत्पादकता सुधरती है। पहले के अनुभवों से पता चलता है कि स्कूली शिक्षा का काल एक अति महत्वपूर्ण काल है। हाल ही के एक शोध कार्य से पता चलता है कि अतिरिक्त वर्ष इस अन्तर को निरन्तर बनाए रखते हैं। इनमें से बहुत से लाभ साक्षरता के परिणाम हैं जिनको स्थायी तौर पर अर्जित करने के लिए पांच से छः वर्ष की शिक्षा आवश्यक है। अनेक देशों में नगरीय असंगठित क्षेत्र के कार्य में प्राथमिक शिक्षा से भागीदारी बढ़ती है, तथा इससे अधिक शिक्षा इन कर्मियों के लिए बेहतर आय अर्जित कराती है। प्राथमिक शिक्षा से भागीदारी बढ़ती है, तथा इससे अधिक शिक्षा इन कर्मियों के लिए बेहतर आय अर्जित कराती है। प्राथमिक तथा माध्यमिक स्कूली शिक्षा में व्यतीत समय व्यापार कुशलता को प्रेरित अथवा सहज करता दिखाई देता है। इस प्रकार, स्कूली शिक्षा ग्रामीण तथा नगरीय दोनों असंगठित उत्पादन पर सकारात्मक प्रभाव डालती दिखाई देती है।

उत्पादकता पर इसके प्रत्यक्ष प्रभाव के अतिरिक्त, स्कूली शिक्षा के अन्य प्रभाव भी हैं, जैसे–जनसंख्या नियन्त्रण, स्वास्थ्य एवं पोषण तथा अन्य विकास सम्बन्धी लाभ। उदाहरणार्थ, यह भली–भांति सिद्ध हो चुका है कि प्राथमिक तथा माध्यमिक शिक्षा महत्वपूर्ण ढंग से जनसंख्या वृद्धि दरों को उच्च से मध्यम की ओर जनसांख्यिकीय परिवर्तन करता है। स्कूली शिक्षा न केवल महिलाओं में गर्भनिरोधन द्वारा प्रजनन क्षमता को नियन्त्रित करने की योग्यता बढ़ाता है, वरन् इसका सम्बन्ध तो शादी योग्य आयु में वृद्धि तथा गर्भ–धारण लागत से प्रत्यक्ष खर्च में वृद्धि से भी है–जो आंशिक रूप से स्कूली शिक्षा के आर्थिक लाभ को प्रकट करता है। विश्व प्रजनन क्षमता सर्वेक्षण से यह पता चलता है कि अफ्रीका, एशिया तथा लैटिन अमरीका में सात अथवा सात से अधिक वर्षों तक स्कूली शिक्षा पाने वाली महिलाओं में जनन क्षमता दरें (दो और तीन बच्चों की दर से) उनकी अपेक्षा कम है जिन्होंने केवल तीन वर्ष की स्कूली शिक्षा प्राप्त की है।

भारत में चलाये गये विभिन्न साक्षरता कार्यक्रम

संसार में सबसे अधिक निरक्षरों की संख्या भारत में है। संसार की कुल निरक्षर जनसंख्या का आधे से अधिक भाग भारत में निवास करता है।

कुछ वर्षों में साक्षरता के प्रतिशत में वृद्धि के साथ ही निरक्षरों में भी वृद्धि हुई है।

भारत सरकार द्वारा पीने का पानी, संचार, आक्रमण से मुक्ति, तिलहन, दुग्ध उत्पादन के समान तकनीकी कार्यक्रमों में साक्षरता को भी एक कार्यक्रम के रूप में स्वीकार किया गया है।

5 मई, 1988 को प्रधानमंत्री द्वारा राष्ट्रीय साक्षरता मिशन को प्रारंभ किया गया। साक्षरता को, तकनीकी कार्यक्रम में जाने से पूर्व निरक्षरता का उन्मूलन करने के लिए कई कार्यक्रम भारत सरकार द्वारा चलाये गये। इनमें से कुछ कार्यक्रम सरकारी विभागों द्वारा व कुछ समाजसेवी संस्थाओं द्वारा चलाये गये। स्वाधीनता से पूर्व और पश्चात्। भारत में प्रौढ़ों का साक्षर करने के लिए कई प्रयोग किये।

राष्ट्रीय साक्षरता मिशन–

डा. राव के शब्दों में–"राष्ट्रीय साक्षरता मिशन लोगों के साक्षर बनाने का समग्र प्रयास है। अगर इस जैसे कुछ और मिशन भी चलाए जाए तो वह दिन दूर नहीं जब भारत एक पूर्ण साक्षर देश बनकर विश्व पटल पर अपनी पहचान बना सकने में सक्षम हो सकेगा।" भारत सरकार ने 1988 में राष्ट्रीय साक्षरता मिशन आरंभ किया। राष्ट्रीय शिक्षा नीति के निर्देशों व कार्य योजना के तहत निर्धारित रणनीतियों के मुताबिक सरकार ने व्यस्क शिक्षा के क्षेत्र में एक व्यापक कार्यक्रम चलाया जो राष्ट्रीय साक्षरता मिशन के नाम से जाना जाता है। इस कार्यक्रम का लक्ष्य 1995 तक 15–35 आयु के 8 करोड़ निरक्षरों को कार्यात्मक साक्षरता प्रदान करना था। यह साक्षरता को बढ़ावा देने की दिशा में महत्वपूर्ण प्रयास रहा।

भारत में स्वतंत्रता से पूर्व प्रौढ़ शिक्षा

भारत में प्रौढ़ शिक्षा का प्रचलन उतना ही पुराना है, जितनी स्वयं की संस्कृति है। सामाजिक, धार्मिक संस्थाओं यथा 'कथाकार', 'रामलीला', भगवत प्रवचन, कीर्तन व नाटक आदि के माध्यम से प्रौढ़ शिक्षा के प्रचार की महत्ता, ज्ञान व परम्परागत मूल्यों की जानकारी हमें विरासत में मिली

है। अशोक के समय के धार्मिक शिलालेख दस बात के प्रमाण है कि दस समय भी लोग साक्षर थे।

ब्रिटिश युग में लार्ड मैकाले की शिक्षा नीति ने निरक्षरता मिटाने में महत्वपूर्ण योगदान दिया। ब्रिटिश काल के प्रौढ़ शिक्षा आन्दोलन को पाँच भागों में विभाजित किया जा सकता है:–

प्रथम काल (1854-1918)

ब्रिटिश काल में सर्वप्रथम चार्ल्स वुड ने सन् 1854 में अपने घोषणा पत्र में प्रौढ़ शिक्षा के लिए सिफारिश की, परन्तु कोई कदम नहीं उठाया गया। इसी समय नगरों में मध्यम वर्ग की उत्पत्ति, गांवों में सहकारिता और जनता में राजनीतिक चेतना के विकास ने कुछ कार्य किया और जन साधरण के लिए अनुकूल वातावरण तैयार किया।

मद्रास, बम्बई और बंगाल में कुछ रात्रि पाठशालाएं खोली गयीं। इनमें ऐसे बच्चों को शिक्षा दी जाती थी जो आर्थिक कारणों से मजदूरी करने के लिए विवश रहते थे।

सन् 1896 से 1917 तक के रात्रि विद्यालयों की स्थिति सारणी संख्या–5 द्वारा दर्शायी गयी है–

ब्रिटिश प्रान्तों में रात्रि विद्यालय (1896-1917)

प्रान्त	*विद्यालय*			*शिक्षार्थी*		
	1896–1897	1901–1902	1916–1917	1896–1897	1901–1902	1916–1917
मद्रास	1,437	775	707	25,424	14,212	17,606
बम्बई	239	107	111	5,408	2,380	3,197
बंगाल	1,587	1,082	886	–	19,516	18,563

द्वितीय काल (1981-1927)

मन्दी और राजनैतिक चेतना के जागरण ने भारतीयों को यह अनुभव करा दिया था कि बिना साक्षरता और प्रौढ़ शिक्षा के प्रसार से देश का कल्याण नहीं हो सकता। सन् 1921 में माउण्ट फोर्ड सुधारों के पश्चात् शिक्षा का संचालन निर्वाचित मंत्रियों के हाथों में आ गया। इसी समय

भारतीय सैनिक, सैनिक सेवाओं से मुक्त होकर लौटे। इन सैनिकों ने अपने अनुभवों को सुनाकर ग्रामीणों में नवजागृति पैदा की। पंजाब में सन् 1921 में प्रौढ़ शिक्षा आन्दोलन प्रारम्भ किया गया एवं रात्रि पाठशालायें आरंभ की गई।

तृतीय काल (1927-1937)

इस युग में देशव्यापी आर्थिक संकट ने व्यस्क शिक्षा को काफी प्रभावित किया क्योंकि सरकार का ध्यान प्रौढ़ शिक्षा से हटकर आर्थिक संकट दूर करने में लग गया। इस समय बम्बई, मध्यप्रदेश में नई संस्थाओं का जन्म हुआ। सन् 1925–26 में पंजाब में 3,206 प्रौढ़ कक्षाओं में 85,371 शिक्षार्थी अध्ययन करते थे जिसमें 58,800 कृषक थे।

सन् 1927 से 1937 तक भारत में प्रौढ़ विद्यालय एवं शिक्षर्थियों की स्थिति निम्नलिखित सारणी में दर्शायी गयी है–

सारणी

भारत में प्रौढ़ विद्यालय एंव शिक्षार्थी (1927-1937)

प्रान्त	*विद्यालय*		*शिक्षार्थी*	
	1927	1937	1927	1937
मद्रास	5,637	586	1,51,691	22,420
बम्बई	202	180	7,178	6,299
बंगाल	1,520	712	30,873	13,963
संयुक्त प्रोविंस	26	286	723	8,136
पंजाब	3,786	191	98,467	4,988
कुल	11,171	1,955	2,88,932	55,806

चतुर्थ काल (1937-1942)

1935 के एक्ट के अनुसार प्रान्तों में लोकप्रिय मंत्रिमण्डलों की स्थापना की गई। बिहार के शिक्षा मंत्री डॉ. सैयद महमूद ने स्वयं ग्रामों में जाकर अशिक्षित प्रौढ़ों को पढ़ाने का कार्य कियां। जिसके परिणामस्वरूप समस्त प्रान्त में प्रौढ़ शिक्षा का आन्दोलन प्रारम्भ हो गया। मद्रास के मुख्यमंत्री श्री राजगोपालचार्य ने तमिल में प्रौढ़ों के लिए पुस्तकें लिखी

और तीन माह के लिये साक्षरता अभियान चलाया। वर्ष 1940 में 'भारतीय प्रौढ़ शिक्षा संघ' की स्थापना की गई।

पंचम काल (1942-1947)

इस काल में प्रौढ़ शिक्षा कार्यक्रम में शिथिलता आई क्योंकि विश्वयुद्ध के अतिरिक्त भार के कारण भारत में प्रौढ़ शिक्षा के बजट में कमी कर दी गई, फिर भी प्रौढ़ शिक्षा में लोगों की रूचि के कारण प्रौढ़ शिक्षा आन्दोलन निरन्तर चलता रहा।

सन् 1944 में सार्जेण्ट योजना में प्रौढ़ शिक्षा के प्रश्न पर पुनः ध्यान दिया गया। इस योजना के द्वारा 22 वर्षों के अंदर संपूर्ण देश के लोगों को साक्षर बनाने का लक्ष्य निर्धारित किया। प्रौढ़ की आयु 10 से 40 वर्ष तक निश्चित की गई तथा प्रौढ़ शिक्षा में दृश्य श्रव्य उपकरणों के उपयोग का सुझाव दिया, परन्तु आर्थिक तंगी के कारण यह योजना क्रियान्वित न हो सकी।

स्वतंत्रता के बाद प्रौढ़ शिक्षा

सन् 1949 में शिक्षा के केन्द्रीय सलाहाकर बार्ड ने प्रौढ़ शिक्षा को समाज शिक्षा में बदलने का प्रस्ताव रखा। जिसे भारत सरकार ने स्वीकार किया।

कोठारी शिक्षा आयोग (1964) ने सिफारिश की, कि प्रौढ़ शिक्षा कार्यक्रम को प्रमुखता दी जानी चाहिए। उन्होंने यह आशा प्रकट की, कि प्रौढ़ों में अशिक्षा को किसी भी प्रकार 1986 तक दूर कर दिया जाना चाहिए।

भारतीय शिक्षा नीति (1968) ने भी इस ओर ध्यान आकर्षित किया कि व्यक्तियों को साक्षर होना आवश्यक है, यह केवल इसलिए आवश्यक नहीं है कि व्यक्ति प्रजातांत्रिक संस्थाओं एवम् कृषि उपज में उन्नति के कार्यक्रम में भाग लें, परन्तु इसलिये आवश्यक है कि यह राष्ट्रीय विकास के कार्यक्रमों में शीघ्र ही अपना स्थान बना सके। यह इस नीति का ही भाग था कि कृषक कार्यात्मक साक्षरता कार्यक्रम को प्रतिपादित किया गया।

सन् 1978 में राष्ट्रीय प्रौढ़ शिक्षा कार्यक्रम के नीतिगत विवरण में प्रौढ़ निरक्षरों को शिक्षित करने के लिये एक संगठित कार्यक्रम प्रारंभ करने की आवश्यकता को स्वीकृति प्रदान की।

2 अक्तूबर 1978 को राष्ट्रीय प्रौढ़ शिक्षा कार्यक्रम को प्रतिस्थापित किया गया। सरकार ने देश में 5 वर्ष (1978–83) की अवधि में 10 करोड़ निरक्षरों को इस कार्यक्रम में लाने के लिये एक अंतिम सीमा निर्धारित की।

केन्द्रीय सरकार ने इस उद्देश्य की पूर्ति के लिए कुछ प्रोजेक्ट प्रायोजित किये, जिन्हें ग्रामीण कार्यात्मक साक्षरता कार्यक्रम के नाम से जाना गया। यह कार्यक्रम विभिन्न राज्यों के चुने हुये खण्डों में क्रियान्वित किया गया।

सन् 1987 में केन्द्रीय सरकार ने 15–35 वर्ष की आयु समूह के 8 करोड़ प्रौढ़ निरक्षरों को 1995 तक शिक्षित करने के लिये राष्ट्रीय साक्षरता मिशन की गठन के घोषणा की 13 करोड़ निरक्षरों को 1990 तक इस कार्यक्रम में लाने का प्रस्ताव था।

राष्ट्रीय साक्षरता मिशन 5 मई 1988 को प्रारंभ हुआ था। इसने नई प्रौढ़ शिक्षा नीति को सुचारू रूप से क्रियान्वित करने के लिये आवश्यक निर्देश व सुझाव दिये तथा उद्देश्य की पूर्ति के लिए नए प्रशासनिक ढाँचे का सुझाव दिया।

भारत में निरक्षरता उन्मूलन हेतु किए गए प्रयास

राष्ट्रीय प्रौढ़-शिक्षा कार्यक्रम–

इस कार्यक्रम के तहत् स्त्रियों, अनुसूचित जातियों तथा समाज के अन्य वर्गों की शिक्षा पर विशेष बल दिया गया। इस कार्यक्रम के अंतर्गत 10 करोड़ व्यक्तियों को 5 वर्ष में शिक्षित करने का लक्ष्य रखा गया। इस कार्यक्रम को 2 अक्तूबर 1978 को आरंभ किया गया था। इसका उद्देश्य निरक्षर व्यक्तियों को, विशेषतः 15-35 वर्ष के आयु वर्ग के व्यक्तियों को शिक्षा प्रदान करना तथा साक्षरता के लिए प्रोत्साहित करना था। इस लक्ष्य की पूर्ति हेतु सन् 1988 में शुरू किए गए साक्षरता अभियान से प्राप्त

आँकड़ों के विवरणनुसार मार्च 1988 तक विभिन्न केन्द्रों पर 4 करोड़ 42 लाख लोगों के नाम दर्ज हुए।

ग्रामीण प्रकार्यवादी साक्षरता कार्यक्रम–

इस कार्यक्रम का मुख्य उद्देश्य सीखने वालों में पढ़ने और लिखने की क्षमता का विकास करना तथा उनमें जागरूकता उत्पन्न करना है ताकि वे अपने अधिकारों एवं कर्तव्यों को समझ सके तथा सरकार द्वारा कार्यान्वित आर्थिक विकास की विभिन्न परियोजनाओं से वे क्या–क्या लाभ प्राप्त कर सकते हैं, इसकी जानकारी प्राप्त कर सकें। यह कार्यक्रम एन. ई. पी. का उपकार्यक्रम है। जन संचार माध्यमों द्वारा कार्यक्रमों की सूचना व समर्थन दिया जाना व उसके व्यापक प्रभाव का विश्वविद्यालय के प्रौढ़ व सतत् विभागों द्वारा मूल्यांकन करना अत्यंत महत्वपूर्ण भाग रहा।

2

साक्षरता का महत्व

साक्षरता के महत्वपूर्ण विभिन्न कार्य

साक्षरता व्यक्ति को अपने अधिकारों की जानकारी देती है–

निरक्षर व्यक्ति अपने अधिकारों को उचित तरीके से प्रयोग में नहीं ला पाता। चाहे वह राजनैतिक हो, सामाजिक हों अथवा अन्य अधिकार। क्योंकि जानकारी के अभाव में वह हिचकिचाता है कहीं वह कुछ गलत तो नहीं कर रहा है आम चुनावों में वह किसी गलत व्यक्ति या असामाजिक तत्वों से प्रभावित होकर अथवा लोभ में आकर अपने मताधिकार का अनुचित प्रयोग कर बैठता है। फलस्वरूप गलत व्यक्ति चुन लिया जाता है और उस देश और क्षेत्र का विकास नहीं हो पाता। समाज में किस प्रकार का व्यवहार करना चाहिए, खाने पीने, कपड़े पहनने, घर का रहन–सहन आदि बातों से व्यक्ति के बारे में पता चलता है कि वह कितना सभ्य तथा साक्षर है। व्यक्ति की साक्षरता सम्बन्धित जानकारी प्राप्त करने का बोल–चाल भी अपने–आप में एक उचित माध्यम है। साक्षर व्यक्ति में विवेक होता है वह सही–गलत के निर्णय को विवेक की कसौटी पर कस कर अपने मताधिकार का प्रयोग एक सुयोग्य एंव ईमानदार प्रत्याशी को चुनने के लिए करता है। जिससे वह प्रत्याशी अपने क्षेत्र एंव देश के विकास में

जागरूक साक्षर व्यक्ति के निर्णय का सम्मान करते हुए सहायता प्रदान करता है। इसके फलस्वरूप देश, समाज एंव क्षेत्र के विकास के साथ–साथ वहाँ के निवासियों का भी विकास संभव होता है।

साक्षरता व्यक्ति को सभ्य समाज तथा उन्नत राष्ट्र के निर्माण के लिए प्रेरित करती है–

साक्षरता का मानव जीवन के विकासमें महत्वपूर्ण योगदान है। किसी भी राष्ट्र, देश, प्रान्त, प्रदेश के चतुर्मुखी विकास में साक्षरता अहम् भूमिका अदा करती है। समाज में व्याप्त अंधविश्वास, बुराईयाँ मुख्यतः निरक्षरता का परिणाम है। अशिक्षित मानव एंव समाज दासता की बेड़ियों में जकड़ा रहता है। यदि हम साक्षरता को एक आइना माने तो अतिश्योक्ति न होगी। इस साक्षरता रूपी आईने में हम विभिन्न देशों, प्रदेशों का विकास एवं पिछड़ेपन की तत्काल तुलना कर सकते हैं। अर्थात् किसी भी देश या प्रदेश की साक्षरता दर को देखकर हम अनुमान लगा सकते हैं कि हमें और कितनी मेहनत करनी चाहिए जिससे हमारा समाज एक सभ्य समाज तथा हमारा राष्ट्र एक उन्नत राष्ट्र बन सके। साक्षरता का विकास से सीधा संबध है। वह सभी राष्ट्र एवं राज्य जहाँ साक्षरता दर अधिक है वहाँ के लोगों का जीवन स्तर, औसत आयु, रहन सहन एवं आय का स्तर भी ऊंचा है। साक्षरता तथा विकास एक सिक्के के दो पहलु हैं जिनमें परस्पर महत्वपूर्ण सम्बंध हैं।

साक्षरता, व्यक्ति की शारिरिक एवं मानसिक शक्ति का विकास कर साम्यर्थ बढ़ाती है–

एक निरक्षर व्यक्ति की तुलना में साक्षर व्यक्ति अपने शरीर एवं स्वास्थ्य का अधिक ध्यान रखता है। साक्षर व्यक्ति अपने शरीर के हिसाब से उचित मात्रा में पोष्टिक तत्वों से भरपूर भोजन गृहण करता है। वह अपने लिए आवश्यक भोज्य पदार्थों को जुटा सकता है। साक्षर व्यक्ति ज्ञान प्राप्त करके विभिन्न रोगों से अपने शरीर की रक्षा करके स्वस्थ रहता है, जबकि निरक्षर व्यक्ति प्राय अज्ञानता के कारण तरह–तरह के रोगों से ग्रस्त रहता है। वह अज्ञानता वह अपना उचित इलाज भी नहीं करवा पाते

हैं। शिक्षित व्यक्ति जागरूक होता है उसमें मानसिक शक्तियों का स्वतः ही विकास हो जाता है। साक्षर व्यक्ति में सोच–समझ कर स्वतंत्र निर्णय लेने वाली विवेक शक्ति का विकास हो जाता है। साक्षर व्यक्ति धूर्तो द्वारा मूर्ख नहीं बनते। एक निरक्षर व्यक्ति की तुलना में एक साक्षर व्यक्ति की साम्यर्थ निश्चित रूप से बढ़ जाती है। साक्षर व्यक्ति में लेखन क्षमता और कार्य को अधिक कुशलता से करने की क्षमता बढ़ जाती है। इससे उत्पादकता स्तर में बढ़ोतरी होती है और व्यक्ति, समाज एवं राष्ट्र समृद्ध बन उन्नति की ओर अग्रसर होता है।

साक्षरता व्यक्ति को सक्षमता तथा शक्ति प्रदान करती है–

साक्षरता के माध्यम से ही मानव (व्यक्ति) जीवन के हर क्षेत्र में सक्षमता प्राप्त करता है। साक्षरता केवल एक आन्दोलन, अभियान अथवा कार्यक्रम का नाम नहीं अपितु एक शक्ति पुंज स्त्रोत है जो किसी भी मानव के जीवन को संवारने में सक्षम है। साक्षरता के अभाव में व्यक्ति पूंछ विहिन पशु तुल्य है। साक्षरता से व्यक्ति को आर्थिक, सामाजिक धार्मिक, शैक्षिक, सांस्कृतिक, नैतिक, व्यवसायिक आदि सभी क्षेत्रों में लाभ प्राप्त होते हैं। निरक्षरता से केवल हानियाँ ही प्राप्त होती हैं। मानव के सम्पूर्ण सामाजिक विकास की आधारशिला साक्षरता में निहित है। कुरीतियों का सम्पूर्ण मानव जीवन पर प्रभाव पड़ता है। समाज के साक्षर व्यक्ति ही अन्य व्यक्तियों को इन कुरितियों के उन्मूलन से संम्बधित नियमों एंव लक्ष्यों की जानकारी देकर इन्हें दूर करके लक्ष्य प्राप्ति में सहयोग दे सकते हैं।

साक्षरता, रूढ़िवादिता एवं अंधविश्वास से मुक्ति दिलाती है–

भारतीय समाज में अनेक एंव रूढ़ियाँ प्रचलित हैं। निरक्षर व्यक्तियों को यह अधिक प्रभावित करती हैं। साक्षर व्यक्ति इन अंधविश्वासों एवं रूढ़ियों की वास्तविक सच्चाई का ज्ञान प्राप्त करके उनसे अपने को एवं अपने परिवार को मुक्त कराने में सक्षम बन जाते हैं। हमारे समाज में जो अंधविश्वास प्रचलित हैं उनका कोई वैज्ञानिक आधार नहीं है। समाज में इनके प्रचलन एवं फलने फूलने का मुख्य कारण निरक्षरता व अज्ञानता है।

इन सब बुराइयों को दूर करने का सबसे अच्छा तरीका साक्षरता का प्रचार–प्रसार करना है। साक्षर व्यक्ति स्वयं को निरक्षर की तुलना में

अधिक सुदृढ़ बना लेता है। साक्षर व्यक्ति सरकार द्वारा दी गई सारी सुविधाओं का पूरा लाभ उठाकर आर्थिक दृष्टि से समृद्ध रहता है। जबकि निरक्षर व्यक्ति इन सबका सचुचित लाभ नही उठा पाता। साक्षरता से व्यक्ति में राष्ट्रीय मूल्यों के प्रति चेतना जागृत रहती है। वह अपने परिवेश से जुड़कर, सीमित छोटा परिवार रख उसे निरोगी एवं सुखमय जीवन प्रदान करता है। साक्षर समाज में सामाजिक सदभाव उत्पन्न होता है। उससे राष्ट्रीय एकता और अखंडता बढ़ती है, ऊंच–नीच, जातिगत भेदभाव खत्म होकर प्रेम और भाईचारे की भावना का विकास होता है।

किसी भी देश में उसके नागरिकों का शिक्षित होना आवश्यक है। भारत जैसे लोकतंत्र में यह और भी जरूरी है। शिक्षा के माध्यम से नागरिकों में राष्ट्रीय एकता का विकास होता है। जिससे देश बाहरी आक्रमण का सामना करने में सक्षम हो जाता है। जिस देश में जितनी अधिक एकता होगी, देश उतना ही मजबूत होगा। शिक्षित व्यक्ति, नागरिक ही देश के भविष्य के कर्णधार होते हैं।

साक्षरता, बेरोजगारी का उन्मूलन तथा रोजगार को बढ़ावा देती है–

निरक्षर व्यक्ति नौकरी प्राप्त करने तथा अपना निजी रोजगार (व्यवसाय) कर सकने में असमर्थ होता है। साक्षरता बेरोजगारी उन्मूलन की दिशा में समस्या का समाधान प्रस्तुत करती है। शिक्षित व्यक्ति को यदि रोजगार न मिले तो भी वह स्वंय का कोई लघु या कुटीर उधोग धंधा प्रारंम्भ करके अपनी निर्धनता एंव बेरोजगारी की समस्या को हल करने में सक्षम हो जाता है। साक्षर व्यक्ति ही समाचारों को पढ़कर, पत्राचार करके विभिन्न सूचनाओं को एकत्र कर विकास योजनाओं को प्राप्त कर सकता है जैसे ऋण प्राप्त करना, ब्याज देना, इत्यादि। ऐसी योजनाओं का अधिकांशतः लाभ पढ़े–लिखे लोग ही प्राप्त करने में सक्षम रहते हैं। जिससे वह अपने परिवार की जिम्मेवारी को उचित प्रकार से वहन करने में सफल रहते हैं।

साक्षरता व्यक्ति को समझदार, विनयवान बनाकर सकारात्मक व्यवहारिक परिवर्तन लाती है–

एक साक्षर व्यक्ति निरक्षर व्यक्ति की तुलना में विद्यमान परिस्थितियों का अपेक्षाकृत अधिक तर्कसंगत विश्लेषण कर पाने में समर्थ रहता है। वह

देशकाल, परिस्थिति को तुलनात्मक आधार पर अधिक अच्छे ढंग से सोच–समझकर तदनुसार कार्य करने में समर्थ बनाती है। पढ लिख कर व्यक्ति विनयवान बनता है। विनम्रता से योग्यता तदुपरांत धन उपार्जन की क्षमता बढ़ जाती है। एक निरक्षर की तुलना में साक्षर व्यक्ति अधिक व्यवहार कुशल होता है। कहां क्या बोलना है, कितना बोलना है, किन शब्दों में क्या बात कहनी है, किस अवसर पर क्या कार्य करना है, कैसे करना है, किस व्यक्ति से किस तरह निपटना है। यह व्यवहार कुशलता साक्षर व्यक्ति में निरक्षर की अपेक्षाकृत अधिक विकसित होती है। व्यवहार अथवा कौशल के बल पर साक्षर व्यक्ति अपना कार्य अधिक सफलतापूर्वक करने में सक्षम बन जाता है।

साक्षरता व्यक्ति को आत्मनिर्भर व उनकी वैयक्तिक आध्यात्मिक शक्ति का विकास करने में मदद पहुंचाती है–

निरक्षर व्यक्ति दूसरों पर आरक्षित रहता है जैसे पत्र पढ़ने लिखने में, रूपये–पैसे गिनने में, कौन सी कम्पनी का खाद उत्तम व कितनी मात्रा में डाला जाए। वह सबका अनुमान ही लगाया जा सकता है, और साक्षर लोगों पर आश्रित रहता है। साक्षर व्यक्ति अपने ऐसे सभी कार्यो को स्वयं करने में सक्षम होता है। किसी अन्य की सहायता की आवश्यकता उसे नहीं रहती। साक्षरता व्यक्ति को आत्मनिर्भर बनाती है, आत्म विश्वास की भावना पैदा करती है। साक्षर व्यक्ति स्वतः निर्णय लेने में स्वतंत्र होता है। वह अपने को दूसरों से पिछड़ा हुआ नहीं मानता बल्कि बराबर मानने लगता है।

इससे अंधविश्वासों एवं रूढ़िवादिता को समाप्त करने में मदद मिलती है। आधुनिक युग में विज्ञान, तकनीकी, औद्योगिकरण, कृषि एवं आधुनिक उपकरणों के प्रयोग के साथ–साथ पुराने भ्रमों से लोग दूर होते जा रहे हैं। यह सब साक्षरता की ही देन है।

साक्षरता कौशल वृद्धि एंव तकनीक में सुधार लाती है–

साक्षर किसान किसी भी देश की पहचान होते हैं। साक्षर किसान खेती में नए–नए वैज्ञानिक यंत्रों का प्रयोग करते हैं। सिंचाई के आधुनिक

तरीके अपनाते हैं जिससे देश में फसल अच्छी होती है। हमारा देश कृषि प्रधान देश है यदि फसल अच्छी होगी तो देश आर्थिक दृष्टि से सक्षम होगा।

साक्षरता के प्रभाव से व्यक्ति में कार्य करने की क्षमता के साथ–साथ कार्य कुशलता में भी वृद्धि होती है। एक निरक्षर की तुलना में साक्षर अधिक चतुराई एंव कुशलता से कार्य करने में सक्षम बन जाता है। कार्य करने और तकनीक में समय–समय पर परिवर्तन होता है। जिससे कार्य को करने में अधिक कार्य कौशल एवं सर्वोत्तम ढंग से करने की क्षमता बढ़ती है।

साक्षरता से ही आर्थिक, सामाजिक, राष्ट्रीय शक्ति एवं आध्यात्मिक विकास संभव है–

साक्षर व्यक्ति निरक्षर की तुलना में अपना विशिष्ट स्थान बना लेते हैं। उनके व्यवहार, क्रियाकलाप में शिष्टता दृष्टिगोचर होती है। साक्षर व्यक्ति किसी भी समस्या व आपदा/संकट का सामना मिल–जुल कर उचित माध्यम से कर लेते हैं। साक्षर व्यक्ति अपने आर्थिक पक्ष साक्षर व्यक्ति का बौद्धिक एवं मानसिक विकास हो जाता है जिसके बल पर वह आत्मविश्वास से परिपूर्ण होता है। प्रत्येक विपरीत स्थिति से निपटने और अनुकूल का लाभ उठाने का उसमें साहस आ जाता है। साक्षरता उसमें अदभुत ज्ञान, जानकारी, अनुभव एवं साहस का संचार कर देती है। अपनी बढ़ी हुई क्षमता के कारण वह अपने हाथ में लिया गया प्रत्येक कार्य करने में सफल रहता है।

शिक्षा प्राप्ति से उपरांत व्यक्ति का सम्पूर्ण व्यक्तिव निखर जाता है। उसकी जिंदगी सवंर जाती है। साक्षर व्यक्ति अपने अधिकारों के प्रति सजग हो जाता है। उसके अंदर आत्मशक्ति जागृत हो जाती है। एक साक्षर व्यक्ति विभिन्न प्रकार की ज्ञानवर्धक व धार्मिक पुस्तकें, पढ़ कर ज्ञानार्जन करके अपने आध्यात्मिक, नैतिक ज्ञान को बढ़ा सकता है। जबकि निरक्षर व्यक्ति केवल सुनी–सुनाई बातों पर अंधविश्वास करके अपना पतन कर लेता है।

साक्षरता उत्तम स्वास्थ्यवर्द्धन के लिए पर्यावरण संरक्षण के उत्तरदायित्वों का निर्वाह कराती है–

एक निरक्षर व्यक्ति उचित तरीकों से बीमारियों का मुकाबला कर पाने में असमर्थ रहता है। वह इन बीमारियों को दैवीय घटना या पूर्व जन्म का फल समझता है। इन अंधविश्वासों में फंसकर वह ढंग से बीमारियों का इलाज नहीं करवाता है। उचित समय पर इलाज न होने पर वे काल–कवलित हो जाते हैं। निरक्षर व्यक्ति को निरक्षरता के कारण जीवन में प्रत्येक जगह पर ठोकरें खानी पड़ती हैं। जबकि साक्षर व्यक्ति बीमारियों की जानकारी होने के कारण इन बीमारियों से मुकाबला करने में सक्षम बन जाता है। वह बीमारी का उचित समय पर ठीक इलाज करवाने में सक्षम रहता है।

साक्षरता विश्व के आधुनिक ज्ञान विज्ञान का आधार स्तंभ है–

आज का युग विज्ञान और कम्प्यूटर का युग है ऐसे माहौल में वैज्ञानिक तकनीक और कम्प्यूटर के ज्ञान की अपेक्षा की जाती है हम अपने गांव तथा क्षेत्र का समग्र विकास तभी कर सकते हैं, जब आज के आधुनिकतम वैज्ञानिक तकनीकों को अपने कार्य कलापों में स्वीकार करें। इसके लिए व्यक्ति का शिक्षित और साक्षर होना आवश्यक है। विज्ञान कम्प्यूटर की तकनीक को केवल अनुभव या विवेक के आधार पर ग्रहण नहीं किया जा सकता है। आधुनिक समाचार पत्र, पत्रिकाऐं, टेलीविजन आदि विश्व का ज्ञान पिलाने में सक्षम बनाते हैं। निरक्षर व्यक्ति इन सबको समझने में अक्षम होता है और इनसे मिलने वाले ज्ञान से वंचित रह जाता है। निरक्षर व्यक्ति पर्यावरण का महत्तव नहीं जानता इसलिए वह पर्यावरण की रक्षा नहीं करता है। लेकिन साक्षर व्यक्ति पर्यावरण के महत्व से परिचित होता है। जिससे वह उनका संरक्षण करने लगता है। साक्षर व्यक्ति पर्यावरण को प्रदुषित होने से बचाने के लिए विभिन्न प्रकार के उपाय करता है तथा पर्यावरण संरक्षण के लिए अन्य व्यक्तियों को भी प्रेरित करता है। इससे व्यक्ति में पर्यावरण के प्रति संवेदनशील होने की क्षमता का विस्तार होता है जो आज के युग में अनिवार्य और आवश्यक योग्यता है।

साक्षरता अधिकारों एंव कर्तव्यों के प्रति सजग एंव उनके उचित प्रयोग तथा सही निर्णय लेने की क्षमता का विकास करती हैं–

साक्षर व्यक्ति की तुलना निरक्षर व्यक्ति को अपने अधिकारों एवं देश के प्रति अपने कर्तव्यों का ज्ञान होता है। निरक्षर व्यक्ति प्रायः स्वार्थी होता है और वह केवल अपने बारे में ही सोचता है। उसके विचारों में थोड़ी वहुत संकिर्णता मिलती है साक्षरता, व्यक्ति को अपने संवैधानिक कर्तव्यों का प्रयोग करने में सक्षम बनाती है। साक्षरता व्यक्ति में सही समय पर उचित निर्णय लेने की क्षमता का विकास करती है। प्रजातांत्रिक समाज में रहने वाले प्रत्येक व्यक्ति में यह क्षमता होनी चाहिए की वह सही समय पर सही निर्णय ले सकें। इस प्रकार के निर्णय खेत जोतने से लेकर जन प्रतिनिधियों को चुनने तक हर सतह पर लेने पड़ते हैं। व्यवहारिक जीवन में प्रत्येक व्यक्ति को पग–पग पर अनेक प्रकार के निर्णय लेने पड़ सकते हैं। एक साक्षर व्यक्ति एक निरक्षर व्यक्ति की तुलना में उपस्थित तुलनात्मक विवेचना करके अधिक श्रेष्ठ विकल्प का चयन कर सकता है। साक्षर व्यक्ति हितकारी निर्णय लेने में समर्थ होता है। किसी भी मामले में निर्णय के सही या गलत होने का प्रभाव उसके लाभ हानी, जय–पराजय, दुख–सुख, उन्नति अथवा पतन पर पड़ता है।

साक्षरता, नवीन ज्ञान-विज्ञान एवं जानकारियों की प्राप्ति का महत्वपूर्ण साधन है–

साक्षरता से खेती–बाड़ी की उत्पादक क्षमता विकास. संभव है। जमीन–जायदाद, पुलिस, कानून आदि से सम्बंधित जानकारियां व उनका लाभ साक्षर होने पर ही संभव है। खेतों में बोये जाने वाले बीज व खाद के विषय में तकनीकी रूप से जानकारी लेकर साक्षर कृषक अपनी पैदावार बढ़ाने में समर्थ हो सकता है। पशुओं आदि की देखभाल, उनकी बिमारियों का समय पर उचित ईलाज उचित तरीके से करा सकता है पढ़े लिखे लोग ही शिक्षा के प्रभाव एंव तकनीकी जानकारियों से प्राकृतिक आपदाओं के प्रभाव को कम कर सकते हैं तथा उनके द्वारा कुछ आपदाओं के आने से पूर्व बचाव के उपाय भी किए जा सकते हैं।

साक्षरता से ही देश/राष्ट्र का नैतिक एवं सामाजिक पुर्ननिर्माण तथा लोकतांत्रिक व्यवस्था की सुस्थापना संभव है–

शिक्षकों द्वारा बच्चों में निहित शक्ति व योग्यताओं को विकास कर देने पर बच्चे अध्यापकों के प्रति श्रद्धा, प्रेम व विश्वास के साथ व्यवहार करने में समर्थ हो जाएगें। इसके अतिरिक्त उनमें राष्ट्रीय भावना का भी विकास होगा। भारत में लोकतांत्रिक शासन व्यवस्था के अंतर्गत जनता के शासन की प्रणाली प्रचलित है। उसमें सामान्य जन की भागीदारी को सर्वोपरि स्थान दिया गया है लेकिन साक्षरता के अभाव में सामान्य जन चुनाव प्रणाली में अपने वास्तविक योगदान नहीं दे पा रहा है। वह निरक्षरता के कारण उपयुक्त उम्मीदवार का चयन नहीं कर पाता जिससे हमारे देश का विकास अवरूद्ध हो जाता है। ऐसी स्थिति में प्रत्येक व्यक्ति का साक्षर होना आवश्यक है। स्वस्थ लोकतंत्र निर्माण के विकास में प्रत्येक की सक्रिय भागीदारी आवश्यक है और वह भागीदारी केवल साक्षरता से ही संभव है।

साक्षरता, धर्म एवं संस्कृति की रक्षा करने एवं मानव को विवेकशील बनाती है–

निरक्षर व्यक्ति साक्षर व्यक्ति की तुलना में धर्म एवं संस्कृति की रक्षा करने में असमर्थ रहता है इस कमजोरी के चलते वह बहकावे में आकर अपना धर्म परिवर्तन कर बैठता है। साक्षर व्यक्ति निरक्षर की तुलना में संस्कृति और विरासत का अच्छी प्रकार से संरक्षण कर सकते हैं। संस्कृति का यदि अच्छी तरह से प्रचार–प्रसार नहीं होता है तो लोगों में सांस्कृतिक प्रदूषण फैल जाता है। वे अपनी संस्कृति और धर्म को भूलकर अन्य संस्कृतियो को अपनाने लगते हैं। अच्छी पुस्तकें पढ़कर, पूर्व संचित अनुभवों का लाभ उठाकर मानव अपनी विचारात्मक विश्लेषण शक्ति को बढ़ाकर अच्छे गुणों का संग्रह और निष्कपटता का त्याग करके वह लाभाविन्त होता है।

साक्षरता प्रभावशाली नेतृत्व क्षमता बढ़ाकर कार्य विस्तार में सहायता प्रदान करती है–

जो व्यक्ति सही अर्थों में जितना अधिक साक्षर होगा उतना ही अधिक प्रभावी होगा। व्यवहारिक जीवन में हम देखते हैं कि कम पढ़ा–लिखा या

अनपढ़ व्यक्ति साधारण प्रभाव रखकर साधारण कार्य करता है अधिकांशतः चतुर्थ श्रेणी का कर्मचारी बनता है जबकि तुलनात्मक रूप से अधिक साक्षर व्यक्ति क्रमशः उच्च पदों को प्राप्त करके अधिक प्रभावशाली ढंग से कार्यो को निपटाने को साम्यर्थ प्राप्त कर लेता है। साक्षर व्यक्ति में दूसरों को प्रभावित करने की क्षमता कई गुना बढ़ जाती है। यही कारण है एक जिलाधीश, एक मैनेजर, एक प्राध्यापक, और एक मंत्री अपनी साक्षरता के कारण अन्य कम साक्षरों या अनपढ़ों की तुलना में अधिक प्रभावशाली सिद्ध होते हैं। साक्षर व्यक्ति में दूसरों को मार्गदर्शन, उन्हें इच्छित दिशा में प्रेरित करने और उनसे वांछित काम ले सकने की नेतृत्व क्षमता अधिक होती है। एक पढ़ा–लिखा व्यक्ति अपनी कार्यक्षमता को बढ़ाकर अपने कार्यक्षेत्र को विस्तार प्रदान करता है।

साक्षरता से जनसंख्या पर नियंत्रण रखना विकासात्मक कार्यों की उन्नति संभव है–

2001 की जनगणना के अनुसार भारत की आबादी एक अरब से अधिक हो चुकी है। यह विशाल जनसंख्या भारतीय समाज और नागरिकों के लिए चुनौती है। यह स्थिति निरक्षरता के कारण निर्मित हुई है। इसका मुख्य कारण जनसंख्या की निरक्षरता का बढा हुआ प्रतिशत होना है। यदि भारत की सम्पूर्ण जनसंख्या साक्षर होती तो संभवतः इस जनसंख्या विस्फोट का सामना नहीं करना पड़ता। आज के तकनीकी युग में शिक्षा और साक्षरता के संबंध को निश्चित रूप से कहीं न कहीं रोजगार से अवश्य जोड़ने की आवश्यकता है। नव–साक्षरों को तभी अपने साक्षर होने की सार्थकता का अहसास होगा जब वे सीखे हुए ज्ञान को अपने जीवन के विभिन्न पहलुओं से जोड़ने में सक्षम हो पाएंगे। तभी उन्हें यह ज्ञान प्राप्त होगा कि साक्षरता समस्त विकासात्मक कार्यों की आधार शिला है और साक्षरता के प्रचार–प्रसार से ही जनसंख्या पर नियंत्रण संभव है।

साक्षरता से ही विश्व में फैली आधुनिक समस्याओं का निराकरण सम्भव है–

आज सम्पूर्ण विश्व ऐसी समस्याओं से जूझ रहा है, जो उसके अस्तित्व के लिए खतरा बनती जा रही है, जैसे पर्यावरण प्रदूषण, जनसंख्या

वृद्धि, हथियारों की होड़, रासायनिक एवं, परमाणु आणविक आयुध भण्डारों का विस्तारण, वृक्षों की अंधाधुंध कटाई, ओजोन मण्डल में छिद्र आदि। इन सभी समस्याओं से अकेले किसी व्यक्ति या राष्ट्र द्वारा नहीं निपटा जा सकता। वस्तुतः साक्षरता का विकास कर हम न केवल जन सामान्य का ध्यान इन समस्याओं की तरफ आकृष्ट कर सकेंगे। अपितु इनके निवारण में उसकी भागीदारी भी सुनिश्चित कर सकेंगे। वास्तव में साक्षरता ही मानव विकास की कुंजी मानी जा सकती है।

साक्षरता से प्राप्त अन्य लाभ, संक्षेप में निम्नलिखित हैं:

1. प्रत्येक व्यक्ति के व्यक्तिव का पूर्ण विकास।
2. धार्मिक ग्रंथों का अध्ययन, आध्यात्मिक, नैतिक विकास सम्भव।
3. शिक्षा, कला, विज्ञान, अभिनय, नृत्य, खेल, गायन, वादन, संस्कृति आदि के क्षेत्र में नयी–नयी उपलब्धियाँ।
4. मादक वस्तुओं से होने वाली स्वास्थ्य संबंधी हानियों का ज्ञान होना।
5. बालिकाओं के शोषण पर नियंत्रण।
6. दैनिक जीवन में काम आने वाले सरकारी एवं प्राईवेट काम–काज का ज्ञान तथा किसी बैंक या दफ़्तर में, सरकारी कार्यालय में प्रार्थना पत्र देना, ऋण लेना इत्यादि।
7. पर्यावरण सुरक्षा।
8. सांम्प्रादायिक दंगो में कमी।
9. आत्मविश्वास में वृद्धि।
10. बालिकाओं को दहेज–समस्याओं का कुछ हद तक निदान।
11. समाज तथा सगे सम्बन्धियों में गौरव प्राप्त होना।
12. देश की सुरक्षा के प्रति सचेतना।
13. धन का लाभ।
14. देश की राजनीति को स्वच्छ बनाने के प्रयासों में तेजी।
15. आगे बढ़ने की ललक।
16. परिवार की आर्थिक स्थिति।

17. भृष्टाचार को नष्ट करने की प्रति जागरूकता।
18. अपराधों में कमी।
19. समय का सदुपयोग।
20. प्राचीन अंधविश्वास व कुरितियों का त्याग।
21. निठलेपन की पृवृति पर रोक।
22. फिजूल खर्ची पर रोक।
23. जनसंख्या वृद्धि पर रोक।
24. पर्दा प्रथा, बाल विवाह, सती प्रथा आदि का त्याग।
25. स्वास्थय संबधी पूर्व ज्ञान
26. प्राप्त धन का लाभदायक योजनाओं में निवेश।
27. बस स्टैंड रेलवे स्टेशन व अन्य सार्वजनिक स्थानों पर लिखी सूचनाओं को पढ़कर अपना कार्य सुलभ बनाना आदि का कार्य किया जा सकता है।
28. ज्ञान की सीमाऐं बढ़ जाने से आसपास व देश–विदेश की जानकारी।
29. साहित्य के पठन पाठन रूचि का विकसित होना।

मानव विकास में साक्षरता का महत्व

शिक्षा को निःसंदेह मानव विकास एंव किसी भी स्वस्थ लोकतंत्र की मुख्य धुरी अथवा केन्द्र बिंदु कहा जा सकता है क्योंकि लोकतंत्र की सफलता एवं लोकतांत्रिक देशों में लोगों का उत्कर्ष, जीवन स्तर शिक्षा से ही निर्धारित हो सकता है। मानव विकास की समग्र प्रक्रिया में साक्षरता ने अत्यंत महत्वपूर्ण भूमिका निभायी है।

डॉ॰ सर्वपल्ली राधकृष्णन का **''वसुधैव कुटुम्बकम''** का सिद्धांत संसार के सभी लोगों को एक ही परिवार के सदस्य के रूप में देखते हुए विश्व बन्धुत्व की भावना को बल प्रदान करता है। डॉ॰ शंकर दयाल शर्मा के अनुसार, ''शिक्षा शांति, समृद्धि और प्रगति की अनिवार्य शर्त है। यह मन को अज्ञानता, अन्ध विश्वास, संकीर्ण विचारों और पूर्वाग्रह की बेड़ियों से मुक्ति दिलाती है। **अरस्तु** के विचारानुसार शिक्षित मनुष्य अशिक्षित से

उतना श्रेष्ठ है जितना एक जीवित व्यक्ति मृत से, अर्थात शिक्षा जीवन है अशिक्षा मृत्यु। शिक्षा के प्रकाश से व्यक्ति की समस्त शारीरिक, मानसिक, सामाजिक तथा आध्यात्मिक शक्ति अर्थात सर्वांगीण शक्तियों का विकास होता है। **डॉ. राधकृष्णन् के अनुसार** ''शिक्षा का उद्देश्य केवल परीक्षा में उत्तीर्ण होना अथवा पुस्तकीय ज्ञान प्राप्त कर लेना ही नहीं अपितु शिक्षा का वास्तविक उद्देश्य मस्तिष्क की वास्तविक शक्तियों को विकसित, प्रशिक्षित एवं अनुशासित करने के साथ–साथ रूढ़िवादिता से मुक्त प्रकृति के निकट साहचर्य प्राप्त करने की शक्ति प्रदान करना है।''

साक्षरता के महत्व को एच.डी. देवगोड़ा के शब्दों में समझा जा सकता है उनके अनुसार ''शिक्षा एवं साक्षरता को बढ़ावा देने से ही राष्ट्र प्रगति कर सकता है। यह लोगों की बुनियादी जरूरत है। बुनियादी शिक्षा के लिए साधन मुहैया कराने की जिम्मेदारी पूरे देश की है। सभी प्रौढ़ व्यक्तियों को शिक्षित करना आज कल्पना मात्र नहीं है। बल्कि अब हम इस लक्ष्य को प्राप्त कर सकते हैं। इसके लिए बड़े पैमाने पर समाज की भागीदारी तथा सरकारी, गैर सरकारी संगठनों और स्वयं सेवियों के सहयोग की जरूरत है। तथा कि इसे विकास संबंधी अन्य विषयों के साथ जोड़ा जाना चाहिए।

साक्षरता बाल शिक्षा में महत्वपूर्ण–

असंख्य बाल मजदूर आज मजदूरी करके अपना पेट पालने को विवश है। सैकड़ों कारखानों में इनके जीवन के साथ खिलवाड़ किया जा रहा है। शिक्षा रूपी प्रकाश न मिलने के कारण वह बालक जीवन का बोझ उठाते–उठाते थक गए हैं। जिस प्रकार कच्ची नींव पर भवन नहीं टिकाया जा सकता, उसी प्रकार शिक्षा के अभाव में बच्चे का सम्पूर्ण जीवन विकसित नहीं हो सकता। अज्ञान और अशिक्षा के अंधकार में भटकते हुए उसका सम्पूर्ण जीवन व्यर्थ चला जाता है। असंख्य बाल मजदूर आज मजदूरी करके अपना पेट पालने को विवश है इनके चेहरे पर हताशा और निराशा के भावों को स्पष्ट रूप से देखा जा सकता है। इन्हें इस गर्त से निकाल कर अच्छा जीवन व्यतीत करने के लिए सरकार द्वारा विभिन्न कार्यक्रमों के माध्यम से प्रयास किए जा रहे हैं। ताकि यह बच्चे अपना

बचपन अनायास ही न खो दें। सर्वप्रथम इन बालकों की शिक्षा की उचित व्यवस्था की जाए। इसके लिए राष्ट्रव्यापी अभियान चलाने की आवश्यकता है जैसे पोलियो से मुक्त करने संबंधी नारा लगाया गया–'एक शिशु छुट गया, सुरक्षा चक्र टूट गया, कुछ ऐसा ही नारा 'एक भी निरक्षर रह गया, शिक्षा चक्र ढह गया' प्रचलित होना चाहिए और अबोध बालकों का शोषण करके उनके द्वारा मजदूरी करवाने के लिए दोषी मालिकों के विरूद्ध कठोर दंड की व्यवस्था होनी चाहिए। सरकार और प्रत्येक भारतवासी को यह मिल जुल कर प्रयास करना चाहिए। सभी शिक्षित होकर समाज में कन्धे से कन्धा मिलाकर चलें और देश की उन्नति में सहयोग दें। यह सपने तभी साकार हो सकते हैं जबकि सामान्य में चेतना जागृत की जाए।

साक्षरता, अनिवार्य मौलिक अधिकार रूप में–

व्यक्ति और राष्ट्र के विकास के लिए साक्षरता वास्तव में पहली शर्त है। क्योंकि साक्षरता संचार, शिक्षा और सूचना का महत्वपूर्ण साधन है। इस अर्थ में साक्षरता को एक अनिवार्य मौलिक अधिकार माना जा सकता है। मानव ज्ञान के विकास के संबंध में अनुसंधानों के अध्ययनों से यह बात सिद्ध होती है कि साक्षरता मानव की आलोचनात्मक प्रतिभा को बढ़ाती है और उन्हें इस योग्य बना देती है कि वे अपनी प्रतिक्रिया व्यक्त कर सकें। साक्षरता मानव विकास की महत्वपूर्ण अनिवार्य शर्त है। यह व्यक्ति को आत्मनिर्भर बना कर उसमें आत्मविश्वास की भावना पैदा करती है। यह मानव में विषय निष्ठता, स्पष्ट धारणा, विचार, तर्क संगत और सुसंगत विश्लेषण करने की क्षमता बढ़ाती है। यह मानव को इतिहास का बोध कराकर उसे समष्टि से जोड़ने में मदद पहुँचाती है। साक्षरता मानव में समाज व परिस्थितियों से सामंजस्य बैठाने एवं अपने अनुकूल वातावरण का निर्माण करने की कार्यकुशलता बढ़ा कर जीवन को सुखमय बनाने में मदद पहुँचाती है।

शिक्षा में निवेशः सर्वोत्तम निवेश–

ईसा के जन्म से सात सौ वर्ष पूर्व चीन को दार्शनिक कुआंग युंग चुंग ने भी मानव के विकास पर बल देते हुए कहा "यदि आप एक वर्ष के लिए

नियोजन करना चाहते हैं तो बीज बोइए, यदि आप दस वर्ष के लिए नियोजन करना चाहते हैं तो वृक्ष लगाइए, यदि आप जीवन भर के लिए नियोजन करना चाहते हैं तो मनुष्य में साक्षरता का विकास कीजिए।"

वस्तुतः राष्ट्र की सर्वश्रेष्ठ सम्पदा योग्य व प्रशिक्षित मानव–संसाधन है और प्रत्येक राष्ट्र अपनी सम्पदा को श्रेष्ठ से श्रेष्ठतर बनाने के लिए प्रयत्नशील रहता है। अतः बांधों, सड़कों, पुलों, कारखानों तथा अन्य मूर्त पूंजीगत साधनों पर धन व्यय करने की अपेक्षा नर को नारायण तथा पुरूष को पुरूषोत्त्म' बनाने वाली शिक्षा पर पूंजी निवेश करना समाज के उत्थान के लिए अनेक्षित ही नहीं अनिवार्य भी है।

साक्षरता, नियोजन साधन के रूप में–

शिक्षित व्यक्ति विवेचनात्मक रूप से सोचने, समझने, उसे व्यक्त करने तथा विश्लेषणात्मक विवेचन करने में समर्थ होता है तथा अपनी अभिरूचियों में सामंजस्य बैठाने, इन्हें उत्पन्न करने एवं बढ़ाने में सफल रहता है। शिक्षित व्यक्ति उचित समय एवं परिस्थितिनुसार अपने विविध विकल्पों में से सर्वोत्तम विकल्प चुनने तथा स्वविवेक प्रयोग करने में सक्षम होता है। साक्षरता व्यक्ति को व्यक्तिगत एवं सामूहिक आवश्यकताओं के अनुरूप, उपलब्ध संसाधनों और उपलब्ध अवसरों के साथ समुचित अवसर, उचित तालमेल पैदा करने में समर्थ बनाती है। इस प्रकार साक्षरता व्यक्ति के लिए नियोजन का एक उचित साधन (माध्यम) बन जाती है।

साक्षरता, विकास की पूर्व शर्त–

विकास का संबंध केवल कल–कारखानों, बांधों, सड़कों से नहीं है। इसका सम्बंध बुनियादी तौर पर लोगों के जीवन से है। साक्षरता मानव के विकास का एक बहुत आवश्यक अंग है। यह अपनी बातों को दूसरों तक पहुंचाने का नई बातें सीखने का और ज्ञान–विज्ञान के आदान–प्रदान का बहुत आवश्यक साधन है। इस प्रकार व्यक्ति की उन्नति तथा समायोजन की प्रथम अनिवार्यता का सशक्त माध्यम है।

राष्ट्र के विकास का संबंध आर्थिक, सामाजिक, राजनैतिक व सांस्कृतिक आयामों से है जिसमें प्राकृतिक सम्पदा, भौतिक सुविधाओं के साथ–साथ

मानव–संसाधन की महत्वपूर्ण व निर्णायक भूमिका होती है राष्ट्र के उत्थान व प्रगति में दीर्घकाल तक स्थायित्व रखने हेतु आवश्यक है कि मानव संसाधन का सम्पूर्ण विकास व उपयोग किया जाये क्योंकि एक समृद्ध जीवन स्तर की प्राप्ति तभी संबंध है जब प्रत्येक मानव ईकाई का उत्पादन प्रक्रिया में समुचित योगदान हो। आधुनिक काल में विकास की अवधारणा के सम्बंध में हेतु विश्वव्यापी परिवर्तन मनुष्य को विकास के केन्द्र स्थित करते हैं। जिसमें साक्षरता को अत्यधिक महत्व दिया गया है क्योंकि राष्ट्र निर्माण में सहभागिता हेतु नागरिकों में बुनियादी ज्ञान व कौशल होना आवश्यक है। भूतपूर्व प्रधानमंत्री श्री राजीव गांधी का यह कथन साक्षरता व विकास के संबंध को दृढ़तर करता है।

साक्षरता अन्ध धार्मिकता की भावना को समाप्त करने में महत्वपूर्ण–

साक्षरता से मनुष्य की विचारधारा बहुमुखी हो जाती है और वह ईश्वरीय सत्ता पर विश्वास करता है तथा मानवों को अपना भाई–बंधु समझता है। व्यक्ति सच्चे अर्थों में धर्म की स्थापना का महत्व जान जाता है और प्रत्येक धर्म को एक पवित्र अवधारणा मानता है। साक्षरता के प्रकाश में जाति पाँति के भेदभाव का अंधकार मिट जाता है। शिक्षा के द्वारा मनुष्य ज्ञान के प्रकाश में आता है। आत्मा एवं परमात्मा के रहस्य को जानने की चेष्टा करता है। वह बाह्य आडम्बरों से मुक्त होने का प्रयास करता है। परस्पर मिल जुल कर रहने का भाव उसमें पनपने लगता है वह सही अर्थों में धर्म का मूल्य पहचान लेता है। इसीलिए समाज का यदि हर व्यक्ति यदि उसी भावना के दर्शन करेगा तथा समाज में मैत्री और सौहार्द की भावना का प्रसार होगा। जाति–पाँति की संकीर्ण दीवारों से ऊपर उठकर वह अपनी जाति विशेष के लिए ही नहीं, बल्कि मानव कल्याण की बात सोचता है। उसके मन मस्तिष्क में यह विचार स्पष्ट हो जाते हैं कि प्रत्येक धर्म एक ही ईश्वर तक पहुंचने का अलग–अलग मार्ग है। व्यक्ति सच्चे अर्थों में धर्म की स्थापना का महत्व जान जाता है और प्रत्येक धर्म को एक पवित्र अवधारणा मानता है।

साक्षरता, आदर्श समाज की स्थापना में महत्वपूर्ण

साक्षरता से व्यक्ति सुसंस्कृत होगा, वही राष्ट्र भी उन्नत होगा : शिक्षित होकर वह अपना उत्तरदायित्व समझेगा और राष्ट्रीय, सामाजिक उन्नति हेतु कार्य करेगा। सम्पूर्ण शिक्षित समाज निःसन्देह एक आदर्श समाज होगा। चोरी, अपराध, भ्रष्टाचार की घटनाएँ स्वाभाविक रूप से कम हो जाएगी। इसका कारण है, शिक्षित व्यक्ति समाज के नियमों और कानून से परिचित होगा। वह उनका सम्मान करेगा कोई भी कदम उठाने से पहले गंभीरता से विचार करेगा। साक्षर युवक युवतियाँ बिन दहेज के शादी करने का दृढ़ संकल्प करके अपने सभ्य होने का प्रमाण दे सकते हैं। इस प्रकार की सामाजिक चेतना की जागृति वास्तव में समाज में क्रांति ला सकती है।

साक्षरता, संप्रेषण का साधन–

सामान्यतया मानव समाज के अस्तित्व के लिए, उत्कृष्ठ सभ्य मानवीय अस्तित्व के लिए संप्रेषण आवश्यक है जो कि विविध प्रकार से, प्राचीन काल से होता आ रहा है। संप्रेषण अशतः मौखिक, अंशत लिखित तथा मौखिक एवं लिखित दोनों प्रकार का हो सकता है। भारत में अनेक प्रकार की संस्थाओं ने एक पीढ़ी से दूसरी पीढ़ी को ज्ञान का प्रसार सुचारू रूप से सुनियोजित ढंग से पहुँचाने का कार्य किया है। सीखने की जिज्ञासा जो वेदों, उपनिषदों, जातकों और पौराणिक ग्रंथों से स्पष्ट होती है, नालंदा, तक्षशिला, विक्रम शीला जैसे ज्ञान के प्राचीन केन्द्रों में और भी अधिक बढ़ाई गई। इसके साथ–साथ लोक संस्कृति और प्रथा अनेक रूपों में फली–फूली जैसे कथाएं, कीर्तन, पलाश दस कथाएं और अन्य प्रकार के परम्परागत प्रदर्शन और प्लास्टिक कलाएं इत्यादि। इन सभी के लिए संप्रेषण की कला हेतु समृद्ध, मौखिक, परंपरा का होना ही पर्याप्त नहीं है। इस प्रकार की मौखिक या लिखित साक्षरता को प्रभाव संप्रेषण के लिए मुद्रण (छपाई) के साधन तथा विविध संप्रेषणों के साधन के रूप में भी उन्नत होना आवश्यक है।

पिछले अनेक वर्षों में इस स्थिति में भारी परिवर्तन हुआ है। अब श्रुति के दिन नहीं रहे। संचार साधनों और विषय वस्तु दोनों में अत्याधिक

आधुनिकीकरण के फलस्वरूप इस समुची प्रक्रिया में नया आयाम जुड़ गया है। ज्ञान में हुई असाधारण वृद्धि और संचार साधनों में हुई असाधारण वृद्धि से यह सुनिश्चित हुआ कि विकास और वृद्धि से संबंधित समाचारों का प्रचार–प्रसार केवल एक क्षेत्र तक सीमित न रहे बल्कि विश्व के सभी भागों में इसका विविध रूपों में संप्रेषण साधनों के माध्यम से इसका व्यापक प्रचार–प्रसार हो।

साक्षरता, महत्वपूर्ण निवेश–

यू.एन.डी.पी. के अनुसार शिक्षा में किया गया निवेश राष्ट्र द्वारा किया गया सर्वोत्तम निवेश है। गुणात्मक निवेश के अंतर्गत मानसिक विकास हेतु निवेश किया जाता है जिससे उपलब्ध अप्रशिक्षित श्रम को समुचित ढंग से प्रशिक्षित करने का गुणात्मक कार्य किया जाता है। इसके लिए साक्षरता की आवश्यकता होती है। जिससे अनुप्रेरित, सचेतन मानव शक्ति का निर्माण हो सकें। मानव का 'मानव संसाधन' के रूप में विकास करने हेतु निवेश के दो चरण हैं–परिणात्मक व गुणात्मक परिणात्मक निवेश का संबंध शारीरिक वृद्धि से है जिससे जनसंख्या स्वस्थ रहती है तथा श्रम की उपलब्धता बढ़ती है।

साक्षरता और सक्षमता का अन्योन्याश्रित धनात्मक सह संबंध है। साक्षरता व्यक्ति को अनेक प्रकार से सक्षम बनाकर उसकी उन्नति में चार चांद लगा देती है। अतः व्यक्ति और समाज दोनों ही स्तरों पर साम्यर्थ को बढ़ाने एवं सुखी समृद्ध जीवन व्यतीत करने के लिए साक्षरता को सही तरह से सर्वोच्च प्राथमिकता देकर अपनाना एवं बढ़ावा देना चाहिए। व्यक्ति की तरह साक्षरता सामूहिक रूप से, समाज को साम्यर्थ प्रदान करके उन्नति के शिखर पर पहुंचा सकती है। जो व्यक्ति, जाति या समुदाय अथवा देश जितना अधिक साक्षर होगा वह उतना ही साम्यर्थवान होगा।

साक्षरता, तथा मानव क्षमताएं–

बीसवीं शताब्दी का दूसरा आधा भाग, आर्थिक विकास की संकल्पनाओं के लिए एक स्वर्णिम काल रहा। अर्थशास्त्रियों तथा अन्य सामाजिक

सिद्धान्तकारों ने, अपने एक सदी से भी अधिक पहले के सर्वकालिक अर्थशास्त्रियों की लघुकालिक अवधारणाओं की बजाए, दीर्घकालीन संवृद्धि तथा विकास के प्रश्नों के प्रति नया मार्ग अपनाया है, हालांकि सन्दर्भ अलग–अलग रहे हैं। संवृद्धि और विकास के प्रति नई रूचि पर ध्यान यूरोप में संकेन्द्रित नहीं हुआ, यह तो उपनिवेश–उपरान्त समाजों में हुआ है जहां निर्धनता सर्वव्यापक रही। स्वभाविक रूप से, उन व्यवस्थाओं में, आय में बढ़ोतरी को सर्वव्यापी प्राथमिकता प्रदान रही, तथा सफल विकास नीतियां वही थीं जिनसे प्रति व्यक्ति आय में बढ़ोतरी अर्जित हुई। इस प्रकार से, आर्थिक संवृद्धि ही विकास प्राप्ति का द्योतक रही, तथा कुछ लेखों में, इसे ही परिभाषित करने पर अधिक जोर रहा।

इस पूरे काल में, निःसन्देह, जटिल सामाजिक प्रतिफलों को एकल अर्थशास्त्रीय सूचक के रूप में, सीमित करने की प्रवृत्ति की आलोचना मात्र ही बनी रही है।

इस प्रकार के लघुकरणवाद का कटु आलोचक तथा विकास सफलता समीक्षा हेतु वैकल्पिक कसौटी प्रदान करने वाला सबसे अधिक सर्जनात्मक प्रवक्ता अमर्त्यासेन हैं। उनके 'सक्षमता उपागम' की आधारभूत अन्तर्दृष्टि यह है कि विकास तभी होता है जब लोग वे सब और अधिक पाने के योग्य हो जाते हैं जो उनके जीवन को मूल्यवान बनाता है। अतः विकास का उद्देश्य उस स्वतन्त्रता को प्रोत्साहित तथा विस्तरित करना होना चाहिए जिससे लोगों को मूल्यवान 'बन पाने' तथा 'कर पाने' का आनन्द प्राप्त होता है। 'वह बनना' और 'वह करना', जिनकी लोग कामना करते हैं, भिन्न–भिन्न होंगे। इनमें इस प्रकार के कार्य सम्मिलित हो सकते हैं जैसे रोग से बचना, सुपोषित तथा शिक्षित रहना, स्वाभिमान बनाए रखना, अथवा महत्वपूर्ण सम्बन्धों तथा कार्य का आनन्द लेना।

शिक्षा का प्रक्रम अन्य नकारात्मक प्रक्रमों को विस्थापित करने में सहायक होता है। उदाहरणार्थ, यदि अनिवार्य प्राथमिक शिक्षा का प्रावधान है तथा इसे लागू किया जाता है, तो इससे बाल मजदूरी में कमी आएगी। इसी प्रकार, विभिन्न जातियों अथवा प्रजातियों के बच्चों को कक्षाकक्ष में

एकीकृत करना सामाजिक अवरोधों को मिटाने का एक बहुत कारगर उपाय है।

अनुभवाश्रित अध्ययन निरन्तर यह इंगित करते हैं कि, महिलाओं सहित, सुविधाहीन वर्गों को सशक्त करने में शिक्षा को विशेष भूमिका है। एक शिक्षित व्यक्ति अपने विधिक अधिकारों को समझने तथा उनकी मांग करने तथा उनका उपयोग करने में अधिक सक्षम होते हैं। शिक्षित तथा कामकाजी महिलाएं, अन्य स्थितियों की अपेक्षा, बड़े सहज ढंग से बेहतर व लम्बा जीवन पाती हैं। इसके अतिरिक्त वे लोग जिनकी सूचना तथा ज्ञान तक पहुंच है तथा जो स्थितियों का निर्माण करने योग्य हैं, वे इकट्ठे होकर सामूहिक उद्देश्यों की पूर्ति तथा राजनीतिक परिवर्तन हेतु योगदान प्रदान कर सकते हैं। उदाहरणार्थ, किसी पड़ोसी जिले में अकाल को रोकने में लोग वित्तीय उत्तरदायित्व की मांग कर सकते हैं, या सरकार पर संसाधनों का प्रबंध करने हेतु दबाव डाल सकते हैं। इसके विपरीत, निरक्षरता 'पिछडों की राजनीतिक आवाज़ को दबा सकती है'। इस तरीके से, वह शिक्षा जो सर्वसार्विक है–जो वर्ग, जाति अथवा लिंग भेद की परवाह न करते हुए सभी लोगों द्वारा प्राप्त की गयी है–उसका समाज के भीतर सामाजिक तथा आर्थिक व्यवस्थाओं पर और अधिक प्रभाव पड़ता है।

अतः शिक्षा की मानव सक्षमता आधारित पद्धति, मानव अधिकारों की पद्धति के समान ही यह मानती है कि शिक्षा अपने आप में एक आन्तरिक लक्ष्य के रूप में बहुमूल्य है। मानव अधिकार उपागम अन्य लोगों पर इस अधिकार की प्राप्ति हेतु एक नैतिक दायित्व सुनिश्चित करता है, जबकि सक्षमता उपागम इससे भी आगे बढ़कर, शिक्षा के नाना प्रकार के महत्त्व को स्पष्ट करता है। यद्यपि शिक्षा के प्रति कई पारंपरिक औपचारिक मत स्वीकार किए जाते हैं, परंतु मानव सक्षमता उपागम अद्वितीय है इसके द्वारा नीतियों का मूल्यांकन, जो आय पर प्रभाव आधारित नहीं, परंतु यह इस पर आधारित है कि क्या इनके द्वारा उन वास्तविक स्वतन्त्रताओं का विस्तार हुआ है अथवा नहीं, जो लोगों के लिए मूल्यवान हैं। शिक्षा इसी प्रक्रिया का केन्द्र बिन्दु है।

यद्यपि अनेक देशों में बच्चे तथा युवक, जनसंख्या का बड़ा भाग होते हैं, फिर भी वे स्वतः ही अपने अधिकारों को सुरक्षित नहीं रख सकते। वे अपने माता–पिता तथा अध्यापकों पर निर्भर रहते हैं। उनमें से कुछ के अभिभावक तो प्रत्यक्ष रूप से कर राशि देते हैं जिससे शिक्षा के लिए धन प्राप्त होता है, तथा निधिक निर्धारण पर उसके मतों का मात्र कमजोर–सा असर पड़ सकता है। बहुत से अध्यापक तो अपने अधिकारों को प्राप्त करने के लिए एक प्रकार की लड़ाई में व्यस्त रहते हैं। अतः बच्चों के शिक्षा के अधिकार की स्वीकृति को राष्ट्रीय सीमाओं से ऊपर उठना होगा, हालांकि इसको प्राप्त करने के लिए सरकारों से यह अपेक्षा है कि वे अपने आपको सर्वव्यापी, सर्वसार्विक निष्ठाओं के प्रति वचनबद्ध करें।

चूंकि शिक्षा एक सर्वसार्विक मानव अधिकार है, अतः वे लोग जो इससे वंचित रहे हैं, उनके अधिकारों का हनन हुआ है। मानव अधिकारों की अवहेलना का दायित्व–निर्धारण परिवर्तन का एक सशक्त आधार है। अन्य अधिकारों की भांति, लोगों के लिए शिक्षा के अधिकार का प्रावधान भी सरकारों का ही दायित्व है क्योंकि व्यापार, बाजार, अथवा दान, इनका कार्यान्वयन सुनिश्चित करने में अपर्याप्त हैं। अतः यह उपागम सेवा वितरण तथा मॉनीटरिंग को सुरक्षित बनाने हेतु मुख्य दायित्व सरकारों पर ही डालता है, क्योंकि मानव अधिकारों को जिम्मेवारी राष्ट्रीय कानूनों में रूपान्तरित कर दिया है जिन पर नागरिक आश्रित हैं। प्रायः ऐसी स्थिति है नही। कानून के बिना किसी भी कर्त्तव्य को लागू करना तथा उनके उल्लंघन की घटना को कम करना एक कठिन कार्य है। औद्योगिकृत जगत में, विशेषतः पश्चिम यूरोप में, अब शिक्षा के अधिकारों पर अनेक कानून है, परन्तु विश्व के अन्य भागों में ये अपेक्षाकृत कम हैं।

मानव अधिकार उपागम द्वारा सबके लिए शिक्षा की उपलब्धि तथा मानव विकास एवं निर्धनता न्यूनीकरण उपागमों दोनों में, अवधारणात्मक एवं कार्यात्मक तौर पर, बहुत कुछ एक–सा लक्ष्य है। यह समग्र दृष्टि व्यक्त करता है, यह कार्यदक्षता लक्ष्यों एवं उत्तरदायित्व को परिलक्षित करता है, तथा सहमति प्रदत्त सर्वसार्विक उद्देश्यों के प्रति अन्तर्राष्ट्रीय सहयोग को सहज बनाता है। यह प्रचार के लिए एक मजबूत मंच का

प्रावधान करता है, तथा इस पर बल देता है कि शिक्षा से वंचित रखना नैतिक रूप से अस्वीकार्य है। फिर भी, शिक्षा नीति के रूप में, मानव अधिकार सिद्धान्त का व्यवहारिक रूपान्तरण अधिक समस्या प्रधान है। प्रथम, (सबके लिए शिक्षा) लक्ष्यों को प्राथमिकता देने हेतु राष्ट्रीय स्तर पर निधिक, प्राथमिकताओं तथा नियोजन प्रथाओं में परिवर्तन कोई सहज प्रक्रम नहीं है। हाल ही तक, यह सरकारों की अपेक्षा अन्तर्राष्ट्रीय अभिकरणों में अधिक देखने में आया है। द्वितीय, मानव अधिकार प्रारूप के अन्तर्गत शिक्षा में प्रगति सावधानीपूर्ण मॉनीटरिंग, सरकारों की वचनबद्धता तथा अन्तर्राष्ट्रीय संगठनों जैसे संयुक्त राष्ट्र द्वारा मानव अधिकार सन्धियों, सभाओं तथा स्वीकृतियों की आपूर्ति हेतु क्षमताओं पर निर्भर करती है। ये परिस्थितियां कोई अत्यन्त व्यापक नहीं हैं फिर भी, मानव अधिकार (सबके लिए शिक्षा) प्राप्ति हेतु आवश्यक राष्ट्रीय एवं अन्तर्राष्ट्रीय प्रक्रियाओं का एक अनिवार्य घटक है। यह एक मजबूत नैतिक एवं विधिक आधार प्रदान करती है। जिसके बिना डकार कार्यावली की प्राप्ति नहीं हो सकती।

साक्षरता, सहभागिता की प्रेरक–

व्यक्ति के लिए साक्षरता के माध्यम से केवल इतना ही काफी नहीं है कि व्यक्ति नियोजन के लाभ ही प्राप्त करता रहे अपितु उसे उत्साहपूर्वक कार्य करते हुए समस्त नियोजन एवं क्रियान्व्यन प्रक्रिया में सक्रिय भागीदार बनने में भी सक्षम होना चाहिए। यही वह स्थिति है जिसमें साक्षरता के माध्यम से नियोजन तंत्र में भागीदारी की समस्त प्रक्रिया तथा इसके क्रियान्व्यन से जुड़ कर कार्य किया जा सकता है। इस प्रकार नियोजन कार्य में साक्षरता व्यक्ति को भागीदारी के समुचित अवसर उपलब्ध कराती है। इस भागीदारी प्रक्रिया का आधार यद्यपि आंतरिक लोकतंत्र हो सकता है लेकिन साक्षरता इसमें शामिल प्रतिकूल परिस्थियों पर काबू पाने में व्यक्ति को सक्षम बना देती है। तथा व्यक्तिगत और सामूहिक आत्मनिर्भरता का आधार प्रदान करती है।

साक्षरता, सम्पूर्ण ज्ञान, विज्ञान का महत्वपूर्ण आधार–

संचार तकनीक का महत्व शिक्षा के प्रसार व गुणवत्ता की स्थापना के लिए महत्वपूर्ण है। आज विद्यालय, समुदाय व शिक्षक सभी की भूमिकाओं

को परिभाषित किया जा रहा है। साक्षरता ही उच्च शिक्षा की जन्मदात्री है। मानव जीवन से लेकर राष्ट्रीय स्तर तक विश्व की भूमिका में साक्षरता के बिना कोई भी राष्ट्र खुशहाली के सपने को साकार नहीं कर सकता है। टेलीविजन, टेलीफोन, कम्प्यूटर आदि वस्तुएँ कक्षा शिक्षण की वस्तुएँ बन गई हैं। यहाँ प्रसिद्ध वैज्ञानिक होमी भाभा की टिप्पणी उल्लेखनीय है:। "मानव जीवन के लिए अणु शक्ति की अपेक्षा निरक्षरता अत्यधिक विनाशकारी है।" वस्तुतः सूचना पट आधारित इस उपग्रह युग में अक्षरों से अनभिज्ञ व्यक्ति के लिए प्रगति के सभी द्वार बंद हो जाते हैं।"

हम साक्षरता के बिना कोई जानकारी प्राप्त नहीं कर सकते क्योंकि जब हम पढ़ नहीं सकते, समझ नहीं सकते तो कैसे राज्य, देश अथवा विश्व की जानकारी प्राप्त कर सकते हैं। सम्प्रेक्षण संचार तकनीक के संदर्भ में शिक्षा की नीतियों का नवीन दृष्टि से मूल्यांकन आवश्यक है। शिक्षा को भूमण्डलीकरण की वास्तविकता तथा स्थानीय एवं सांस्कृतिक अस्मिता के संदर्भ में अपना दायित्व निभाना है। सम्पूर्ण विश्व इस तथ्य की ओर संवेदनशील है।

साक्षरता, सत्ता में सहभागिता का साधन—

साक्षरता के माध्यम से ही आम जनता सत्ता में भागीदारी को सफल व सुचारू रूप में क्रियान्वित करने में समर्थ बन पाती है। यदि देश की जनता शिक्षित हो तो वह अपने मताधिकार का उचित प्रयोग करके राष्ट्र के विकास की दिशा में उचित ढंग से निरंतर आगे बढ़ने वाले दल (पार्टी) को विजयी बनाकर सत्ता सौंप सकती है। साथ ही साथ यदि सरकार जनता, राष्ट्र व समाज के विकास में ठीक ढंग से काम नहीं कर रही हो तो उसके विरूद्ध उचित आवाज उठा सकती है। सरकार के स्वेच्छाचारितापूर्ण व्यवहार पर लगाम लगा कर उसे नियंत्रित कर सकती है। साक्षरता व्यक्ति के भीतर विचार शक्ति, तार्किकता तथा सार्थकता के सवाल में समर्थ बनाती है, इन सवालों को उठाने में समर्थ होती है, तथा संपूर्ण निर्णय करने की प्रासांगिकता को समझाते हुए इस प्रकार आंतरिक प्रकार लोकतंत्र प्रक्रिया की सफलता का महत्वपूर्ण अंश बन जाती है।

साक्षरता, अंधविश्वास, रूढ़िवाद मुक्त समाज के निर्माण में महत्वपूर्ण–

अशिक्षा रूपी अंधकार में मनुष्य अनेक अंधविश्वासों में भटकता है और अज्ञानतावश अपने जीवन के पथ से भ्रष्ट हो जाता है। वह अनेक प्रकार की आकांक्षाओं से घिरा रहता है और जीवन में सफल नहीं हो पाता तथा जीवन पर्यन्त अंधविश्वासों की जंजीर में अपने आपको जकड़ा हुआ अनुभव करता है। साक्षरता को यदि शिक्षा का गहरा समुद्र मान कर उसमें गोता लगाया जाए तो ज्ञान रूपी मोती मनुष्य के हाथ लगते हैं। परन्तु समुद्र में मिलने वाले मोती की कीमत रूपयों तक सीमित होती है परन्तु साक्षरता अनमोल होती है जो बाँटने से और भी बढ़ती है और अंधकार को भी प्रकाश में बदलने की साम्यर्थ रखती हैं। मनुष्य नए विश्वासों और विचारों को अपना कर जीवन के नए मार्ग की ओर अग्रसर होता है। शिक्षित व्यक्ति की तरह अशिक्षित का मन उन्मुक्त पक्षी की तरह विचरण नहीं कर पाता और न चाहते हुए भी वह जीवन की दौड़ में पिछड़ता चला जाता है। शिक्षा के प्रकाश में मनुष्य की आत्मा जगमगा उठती है और मनः जनित भय दूर हो जाता है।

साक्षरता, सूचना व प्रेरणा के साधन के रूप में–

संसार के इतिहास में आज हम उस मोड़ पर खड़े हैं जहाँ ज्ञान व सूचना का विस्फोट अत्याधिक तीव्रता के साथ हो रहा है और संप्रेषण की बाधाएँ समाप्त हो चुकी है। यह परिवर्तन वास्तव में असीमित है। इसमें वही शिक्षित समाज इसमें बना रहेगा जो इस नये ज्ञान व सूचना को आत्मसात कर सकता है। इसके साथ–साथ स्वयं भी कदम से कदम मिलाकर चल सकता है। संसार का ज्ञान–विज्ञान, टैक्नॉलोजी और आर्थिक प्रगति में साक्षरता ही इसका नेतृत्व व मुकाबला कर सकती है। जिस समाज में यह क्षमता नहीं होगी वह हर क्षेत्र में पिछलग्गु बन कर रह जाएगा। अतः इस प्रकार से साक्षरता व्यक्ति, समाज व राष्ट्र के लिए सूचना तथा प्रेरणा का महत्वपूर्ण साधन है। इसका अधिकाधिक सदुपयोग केवल साक्षर जनता द्वारा ही संभव है। निरक्षर जनता इससे लाभ उठाने में असमर्थ रहेगी।

साक्षरता, अधिकारिता का साधन और अभिप्रेरणा का माध्यम–

विश्व के अधिकतर अविकसित देशों में विशेष रूप से यह बात देखने में नहीं आती है क्योंकि यहाँ अधिकतर जनसंख्या निरक्षरों की है इन निरक्षरों की पहुँच, एवं जानकारी आधुनिकीकरण और संचार साधनों के माध्यमों तक बिल्कुल नहीं होती, इन्हें जीवित रहने के लिए न्यूनतम साधन भी उपलब्ध नहीं होते इसलिए यह गरीबी, निर्धनता और शोषण का शिकार बने रहते हैं। विभिन्न तरह की योजनाओं और कार्यक्रमों के लाभ इन लोगों तक नहीं पहुँच पाते और यह मुख्य धारा से अलग–अलग हो जाते हैं।

ऐसे समाज में अनपढ़, निरक्षरजनक विवशतापूर्वक अत्यंत कठिनाई से अपना जीवनयापन करती हैं इनका जीवन विभिन्न मुद्दों से प्रभावित होता है। जो कि जातियता, लिंग, रोजगार इत्यादि पर आधारित हो सकते हैं। इसके विरूद्ध साक्षर जनता ही लोहा ले सकती है तथा अपनी ताकत वृद्धि एवं कमजोरी के विरूद्ध काम करने वाली क्षमता को बढ़ा सकती है। साक्षर जनता विरोधी ताकतों व कमजोरी की तुलना करने एवं विवेचनात्मक रूप से विचार करने में सक्षम बन जाती हैं। साक्षरता से उन्हें ऐसी क्षमता प्राप्त हो जाती है।

साक्षरता, मानव अधिकार के रूप में–

शिक्षा का अधिकार सुप्रतिष्ठित है। सर्वसार्विक मानव अधिकार घोषणा (1948) का अनुच्छेद 26 यह घोषित करता है कि प्रारम्भिक शिक्षा मुफ्त एवं अनिवार्य होगी, तथा उच्चस्तरीय शिक्षा भी समान रूप से सभी के लिए योग्यताओं के आधार पर उपलब्ध होगी। क्योंकि ये स्थितियां आधी शताब्दी बाद भी पूरी तरह प्राप्त नहीं की जा सकीं, यह इस तथ्य की साक्षी हैं कि इस उद्देश्य हेतु विशेष प्रयास आवश्यक हैं। अतः मान्य गुणवत्तायुक्त शिक्षा की ओर संशोधन हेतु एक अधिकार आधारित उपागम अपना स्थान बना रहा है, जिसके द्वारा राष्ट्रीय प्रगति के तुलनात्मक मूल्यांकन के लिए, जैसे कि डकार में किए गए अन्तर्राष्ट्रीय वचनों के सन्दर्भ में, आधार उपलब्ध होगा।

शिक्षा का आन्तरिक मानव मूल्य–बिना भेदभाव, हर एक के जीवन को सार्थक एवं मूल्यवान बनाने की इसकी योग्यता मानव अधिकार के रूप में, इसकी प्रतिष्ठा की मूल भावना व्यक्त करता है। शिक्षा भी अन्य मानव अधिकारों को समझने तथा सुरक्षित रखने का एक अटूट माध्यम है। यह स्वास्थ्य, स्वतन्त्रता, सुरक्षा, आर्थिक स्वास्थ्य तथा सामाजिक एवं राजनीतिक गतिविधि में भागीदारी के अधिकारों की उपलब्धि हेतु कुछ आवश्यक मंच प्रदान करती है। जहां कहीं शिक्षा का अधिकार सुनिश्चित है, वहां लोगों की अन्य अधिकारों तक पहुंच तथा आनन्द प्राप्ति में बढ़ोतरी हुई है तथा जीवन अवसरों में असमानताएं कम हुई हैं।

शिक्षा का अधिकार एक ओर नागरिक तथा राजनीतिक अधिकारों तथा दूसरी ओर आर्थिक, सामाजिक एवं सांस्कृतिक अधिकारों के बीच विभाजन को सहयोजित करता है। यह इन सबका समावेश सुनिश्चित करता है। उदाहरणार्थ, लड़कियों तथा महिलाओं के अधिकारों और बच्चों के अधिकारों के कार्यान्वयन हेतु इसका केन्द्रीय महत्व है। स्कूल से बहिष्कार के प्रतिमान प्रायः लैंगिकता निरपेक्ष नहीं होते। शिक्षा के प्रति लड़कियों की पहुंच बढ़ाने की प्रतिबद्धता इस क्षेत्र की बाधाओं की पहचान तथा उनसे निवारण पर संकेन्द्रित है। इससे विदित होता है कि भेदभाव प्रायः जटिल होता है जिसमें जातीयता, धर्म, निर्धनता और लैंगिकता अन्तर्गुंथित रहते हैं। इन अवस्थाओं में भेदभाव मिटाने अथवा भागीदारी को सर्वव्यापी बनाने हेतु केवल स्कूल में उपस्थित रहने के अवसर प्रदान करना ही पर्याप्त नहीं है। इसमें यह अन्तर्निहित है कि यदि शिक्षा का अधिकार प्राप्त करना है तो शिक्षा के अन्तर्गत आने वाले सभी अधिकारों को सम्बोधित करना आवश्यक है।

साक्षरता, एक अनिवार्यता–

मानव विकास में साक्षरता का महत्व–

साक्षरता के द्वारा व्यक्ति को समाज के उन किनारों से खींचकर जहां पर वह मानसिक रूप से गतिहीन पड़ा है, उस धारा में लाया जा सकता है। जहां वह मानवता के महान गतिहीन इतिहास के अंग के रूप

में आगे बढ़ेगा। यद्यपि कुछ निरक्षर (इस धारा में) बहुत आगे नहीं जायेंगे परन्तु अनेक (साक्षरता द्वारा) अपनी प्रतिभाओं का विकास कर सकते हैं। (इनमें) ऐसे अनेक अब्राहन लिंकन है जो केवल अवसर की प्रतीक्षा कर रहे हैं यदि नवसाक्षर स्वयं (इस धारा में) बहुत दूर नहीं जाते तो भी (यह मानना चाहिए कि) उनकी अग्रिम पीढ़ियों के लिए (प्रगति के) द्वार खुल गये हैं।

ज्ञान के विस्फोट से संघर्षरत विश्व से समायोजित होने हेतु जाति के लिए साक्षरता एक अनिवार्यता है यद्यपि यह सत्य है कि साक्षरता शिक्षा का प्रारम्भ अथवा अन्त नहीं है तथपि निश्चित रूप से यह झुठलाना संभव नहीं है कि साक्षरता शिक्षा का प्रवेश द्वार है जिसमें प्रविष्ट होकर व्यक्ति पूर्वजों द्वारा संचित ज्ञान की पूंजी का लाभ उठाने के साथ–साथ स्वयं की क्षमतानुसार इस धरोहर को विकसित व सम्पुष्ट करने की योग्यता अर्जित करता है। जिससे ज्ञान के क्षेत्र में क्रान्तिकारी परिवर्तन संभव होते हैं।

साक्षरता अर्थात् लिखने पढ़ने व गणित का योग्यता। जनगणना के अंतर्गत व्यक्ति वह है जो किसी भाषा को समझने, पढ़ने व लिखने की योग्यता रखता है। 'साक्षर' के रूप में परिगणित होना एक स्तरीय परिवर्तन है जो निरक्षरता से ऊपर उठने का घोतक है साक्षरता अर्जित ज्ञान को संप्रेषित व संकलित करने का ऐसा साधन है जिससे घटनाओं तथा विचारों को भली–भांति अभिव्यक्त किया जाता है। साक्षरता से सांमजिक चेतना व जाग्रति लायी जा सकती है प्रत्येक पढ़ाये 'एक' का नारा देने वाले डाक्टर फ्रैंक सी. लाबैक ने साक्षरता के महत्व के नारे को प्रदर्शित करता है।

अक्षरों से अनभिज्ञ व्यक्ति वस्तुतः अपने उज्जवल भविष्य की संभावनाओं से भी अनभिज्ञ रहता है। साक्षरता ने ही मनुष्य को आदिम अवस्था से निकाल कर सभ्यता व संस्कृति के आलोक में खड़ा किया है।

साक्षरता के अन्य महत्वपूर्ण कार्य–

साक्षरता का सीधा प्रभाव व्यक्ति के दैनिक जीवन और देश की उन्नति पर पड़ता है। इसकी पुष्टि निम्नलिखित बातों से हो जाती है। जब लोग साक्षर होते हैं तो–

1. साक्षरता का चुनाव पर सीधा प्रभाव पड़ता है
2. महिलाओं में आत्मनिर्भरता पैदा होती है और उनका व्यक्तित्व निखरता है।
3. जन्मदर कम हो जाती है।
4. प्राथमिक शिक्षा में बच्चों की उपस्थिति आश्चर्यजनक रूप से बढ़ जाती है।
5. आर्थिक स्थिति में सुधार आता है।
6. नवजात शिशु की मृत्युदर में कमी हो जाती है।
7. टीके लगवाने और बच्चों की देखभाल करने में काफी परिवर्तन आता है।
8. छोटे परिवार की आवश्यकता, उसके लाभ को देखकर सीमित परिवार की धारणा को अपनाने पर जोर दिया जाता है।
9. ऊपज में बढ़ोत्तरी होती है।

मानव विकास के इतिहास में साक्षरता संप्रत्यय के महत्व को निम्नलिखित बातों से पहचाना जा सकता है।

(क) साक्षरता के सामान्य कार्य संक्षेप में निम्नलिखित हैं–

1. आधुनिक समय में संपूर्ण विश्व का समस्त ज्ञान, विज्ञान इस पर पूर्णतया निर्भर है।
2. यह नागरिकों में राष्ट्रीय सुरक्षा की भावना पैदा करने में सहायता पहुँचाती है।
3. यह मानव के चरित्र निर्माण एवं नैतिक विकास में सहायता करती है।
4. इससे मनुष्य की जन्मजात शक्तियों के प्रगतिशील विकास में सहायता मिलती है।
5. यह नागरिकों को उनके अधिकारों एवं कर्तव्यों का पालन कराने में सहायता प्रदान करती है।
6. इसके द्वारा मानव सभ्यता एवं संस्कृति का सरंक्षण होता है।
7. इससे मानव व्यक्तित्व का सर्वांगीण विकास संभव हो जाता है।

8. इसके माध्यम से व्यक्ति तथा राष्ट्र बड़ी से बड़ी कठिनाईयों पर विजय प्राप्त कर सकते हैं।
9. यह मनुष्य की मूल प्रवृत्तियों को नियंत्रित करती है, उनका पथ प्रदर्शन (मार्गान्तीकरण) करती है, उसके व्यक्ति को सकारात्मक दिशा में संशोधन करने हेतु सहायता प्रदान करती है।
10. यह समाज के लिए, राष्ट्र के लिए उत्तम नागरिकों का निर्माण करती है।
11. यह प्रजातंत्र को सबल व सुरक्षित बनाने में सक्षम है।
12. यह मनुष्य में सामाजिक भावना का विकास करती है।
13. यह मानव को प्रौढ़–जीवन की तैयारी करने में सहायता पहुँचाती है।
14. यह समाज में सामाजिक सुधरों को शांतिपूर्वक, सकारात्मक दिशा में लाने हेतु सहायता प्रदान करती है।

(ख) राष्ट्रीय जीवन में साक्षरता के महत्वपूर्ण कार्य संक्षेप में निम्नलिखित हैं–

1. यह कुशल श्रमिकों की पूर्ति में सहायक है।
2. यह राष्ट्रीय अनुशासन को बनाने एवं उसका पालन कराने में समर्थ है।
3. वह राष्ट्रीय विकास को तीव्र गति प्रदान करने में समर्थ बनाती है।
4. इसके द्वारा नागरिकों में सामाजिक कर्तव्यों की भावना का समावेश कराया जाना संभव है।
5. इसके माध्यम से भावात्मक एकता बनाए रखी जा सकती है।
6. यह लोगों को नैतिकता का प्रशिक्षण प्रदान करती है।

(ग) मानवीय जीवन में साक्षरता के महत्वपूर्ण कार्य संक्षेप में निम्नलिखित हैं–

1. इससे व्यक्ति को कार्य क्षेत्रों का व्यवहारिक ज्ञान प्राप्त होता है।

2. इसके द्वारा व्यक्ति में आत्मनिर्भरता के गुण विकसित होते हैं।
3. यह मानव को अपनी आवश्यकताओं की पूर्ति करने में सक्षम बनाती है।
4. यह मनुष्य को अपने वातावरण में अनुकूल बनाने, सामंजस्य स्थापित करने की क्षमता बढ़ाने में मदद पहुँचाती है तथा इसमें निरंतर वृद्धि भी करती हैं।
5. इससे व्यक्ति में अनुभवों को पुर्नसंगठित एवं पुर्नरचना करने में सहायता मिलती है तथा चारित्रिक गुणों को विकास होता है।
6. यह मानव में, अपने वातावरण को सकारात्मक रूप में परिवर्तित करने की क्षमता पैदा करती है।
7. इसके द्वारा व्यक्ति को भावी जीवन की तैयारी में मदद मिलती है।
8. इसके माध्यम से मानव को भौतिक सम्पदा की प्राप्ति होती है।
9. इसके द्वारा मानव सभ्य एवं समाज का उपयोगी सदस्य बनता है।
10. इसके द्वारा व्यक्ति के चरित्र एवं व्यक्तित्व का विकास होता है।
11. इसके माध्यम से मानव में व्यवसायिक कार्यकुशलता वाले कौशलों का विकास होता है।

इस प्रकार साक्षरता मानव विकास में अति महत्वपूर्ण भूमिका निभाती है। साक्षरता के प्रचार एवं प्रसार हेतु साक्षरता अभियान करोड़ों लोगों की अज्ञानता दूर करने में मददगार साबित हो सकती है। साक्षरता अभियान का उद्देश्य केवल अक्षर ज्ञान कराना नहीं है। अक्षर ज्ञान पहली सीढ़ी है। राष्ट्रीय साक्षरता मिशन ने इन अभियानों के उद्देश्य के रूप में क्रियाशील साक्षरता की धारणा का विकास किया है। साक्षरता अभियान अक्षर ज्ञान के साथ–साथ करोड़ों गरीबों को अपने जीवन तथा जीवन दशाओं के बारे में जागरूक बनाता है। उनमें यह आत्मविश्वास पैदा करने की कोशिश करता है जिससे वह जीवन को सही समझे और सामूहिक प्रयत्नों से स्वयं इसे उत्तम बना सकें। आज अच्छे ढंग से जीवनयापन करने के लिए अपने देश व समाज की घटनाओं, नीतियों को भी समझने की योग्यता जरूरी है।

साक्षरता एक ऐसी कुंजी है जिसकी सहायता से जीवन के रहस्यों का ताला खोलकर हम उसकी गोपनीय को समझ सकते हैं। साक्षरता एक ऐसा तंत्र है जिसकी सहायता से हम एक अच्छे जीवन की रचना कर सकते हैं। साक्षरता बढ़ोत्तरी से समाज में जागरूकता, वैचारिकता, दृष्टिकोण में सकारात्मक परिवर्तन, छोटे परिवार की भावना, बालक और बालिका दोनों के लिए शिक्षा की आवश्यकता की दृष्टि से अच्छा प्रभाव पड़ता है।

राष्ट्रीय साक्षरता मिशन के आंकलन के अनुसार देश भर में 5 करोड़ लोग इस समय किसी न किसी रूप से साक्षरता अभियान से जुड़े हुए हैं। संभवतया आजादी की लड़ाई के बाद यह पहला अवसर है, जब देश में इतनी बड़ी आबादी निरक्षरता के खिलाफ एक निर्णायक युद्ध में खड़ी हुई है।

सामाजिक स्तर पर साक्षरता का महत्व–

शिक्षा प्रक्रिया की निरन्तरता में सहायक–

शिक्षित समाज नूतन अनुसंधानों से अपने बच्चों को लाभाविन्त करने के लिए सदैव तत्पर रहता है ऐसा प्रबुद्ध समाज अपनी शिक्षण संस्थाओं में अपेक्षाकृत शिक्षण सामग्री की व्यवस्था कर अपने छात्रों को नवीन शैक्षिक जानकारी उपलब्ध कराता है। इस प्रकार शिक्षा के महत्व एवं उपयोगिता की जानकारी होने के कारण शिक्षा सरिता की पावन धारा सतत प्रवाहमान होती हुई उसे पल्लवित–पुष्पित करती रहती है। समाज में साक्षरता के प्रचार–प्रसार से सबसे बड़ा लाभ है कि शिक्षा प्रक्रिया निरंतर एवं अबाध गति से प्रवाहित होती रहती है। शिक्षितजन शिक्षा रूपी पुण्य सलिला भागीरथी को कभी मालिन अथवा उसकी गति को मंथर नहीं होने देते हैं। इधर विगत कुछ वर्षो से विज्ञान, प्रोद्योगिक एवं टैक्नालॉजी के क्षेत्रों में तीव्र गति से नित नूतन अनुसंधान हो रहे हैं।

सामाजिक संबंधों में प्रगाढ़ता में सहायक–

शिक्षित मनुष्य मानवीय व्यवहारों, स्वभाव और आदतों को भली भाँति समझने में सक्षम होते हैं। इस प्रकार सामाजिक संगठन मजबूत रहता है। इस संगठन में सामाजिक ढांचा पुष्ट और सशक्त होता है। सामाजिक

संगठन तथा एकता की भावना शिक्षारत, समाज में ही संभव है। शिक्षारत समाज में सामाजिक सम्बंध प्रगाढ़ रहते हैं क्योंकि उनमें आपसी समझदारी के कारण पारस्परिक मेलजोल एवं सम्पर्क ठीक बना रहता है, तथा एक दूसरे के अस्तित्व को स्वीकार कर व्यवहार किया जाता है।

धार्मिक सहिष्णुता में सहायक

सभी धार्मिक ग्रंथ विश्व बंधुत्व एवं प्रेम का पाठ पढ़ाते हैं। साक्षर समाज के लोग इस तथ्य से परिचित होते हैं। धर्म या सम्प्रदाय के नाम पर झगड़ों को निरर्थक मानते हैं। भारत एक विशाल देश है इसमें अनेक धर्मावलंबी निवास करते हैं। संविधान ने इसे धर्म निरपेक्ष रूप प्रदान किया है। शिक्षारत समाज में आकारण धार्मिक बिंदुओं को लेकर झगड़ा नहीं होता बल्कि धर्मों को समान आदर किया जाता है। कोई धर्म विशेष घृणा अथवा अलगाव नहीं सिखाता, धर्म तोड़ना नहीं जोड़ना सिखाता है। साक्षर समाज में धार्मिक सहिष्णुता पाई जाती है। साक्षर व्यक्ति यह जानता है कि कोई धर्म अन्य धर्मविलंबियों से घृणा करना नहीं सिखाता।

सामाजिक चेतना एवं जागृति में सहायक

अशिक्षित समाज सदैव कुरीतियों, अंधविश्वासों, रूढ़ियों असामयिक परंपराओं, व्यसनों, अंतफल हों तथा अज्ञानता के अंधकार में निग्मन रहता है। इसी कारण यूरोपीय देश, संसार के उन देशों को परतंत्र बनाकर उनका शोषण करने में सफल रहें, जहाँ के समाजों में अशिक्षा जन्य विकृतियां व्याप्त थीं। जब उनमें शिक्षा का प्रसार हुआ तो चेतना और जागृति आई और उन्होंनं शिक्षित–संगठित होकर स्वतंत्रता आन्दोलन चलाकर परतंत्रता के जुएँ को उतार फेंका साक्षरता चेतना का उज्जवल वरदान है, जो विपरीत परिस्थितियों में संघर्ष तथा क्रांति का मार्ग प्रशस्त करती है। निरक्षर और अनपढ़ लोगों में चेतना का अभाव होनें के कारण जागृति नहीं आ पाती। निरक्षर अपने शोषण के विरूद्ध उचित आवाज़ नहीं उठा पाते। शिक्षित समाज अपने अधिकारों एवं कर्तव्यों के प्रति सदैव जागरूक रहता है।

सांस्कृतिक विकास में सहायक–

शाश्वत जीवन मूल्य संस्कृति के स्थायी स्तंम्भ होते हैं। परंतु उन्हें भव्यता प्रदान करने वाले तथा उनकी प्रभावीष्णुता का संवर्धन करने वाले कारक, समयानुसार परिवर्तित होते हैं। इस कारण संस्कृति की प्रवृति एवं प्रकृति गत्यात्मक होती है। साक्षरता संस्कृति का रूप निरंतर संवारती रहती है तथा उसे बहुआयामी स्वरूप प्रदान कर वैभवपूर्ण बनाती है। किसी समाज की जीवन शैली को संस्कृति कहते हैं। जीवन शैली का विकास उस समाज की मानसिक चेतना करती है। साक्षरता चेतना का विकास करती है। इसी प्रकार किसी समाज की मानसिक चेतना का विकास क्रम सांस्कृतिक होता है। मानवीय चेतना के विकास पर स्थान विशेष के परिवेश का प्रभाव पड़ता है।

सुयोग्य नागरिकों का निर्माण में सहायक–

साक्षरता मनुष्यों के संवेगो के परिष्करण के साथ–साथ उसकी नैसर्गिक क्षमताओं और विशिष्ताओं का भी विकास करती है। इसलिए शिक्षित व्यक्ति का व्यवहार उसकी अभिव्यक्ति कार्यकुशलता अशिक्षित व्यक्ति से सर्वथा भिन्न होती है। साक्षर व्यक्ति को जीवन मूल्यों की परख होती है। वह उनका अनुपालन क़रता है। राष्ट्रीय गौरव के महत्व को समझता है।

राष्ट्रीय सुरक्षा तथा प्रगति के प्रति विषम में संवेदनशील होता है और राष्ट्रीय उन्नति में भागीदार बनाना चाहता है। निरक्षर समाज के सदस्य शारीरिक रूप से शक्तिशाली होते हुए भी अपने समाज के लिए उपयोगी नहीं होते हैं। वे सदा अपने विषय में ही सोचते हैं। समकालिक एवं राष्ट्रीय प्रगति के विषय में प्रायः उदासीन रहते हैं। शिक्षित मनुष्य राष्ट्रीय स्वाभिमान तथा राष्ट्रीय उत्थान के मूल्य और महत्व को समझते हैं इसी कारण वे अनेक कष्ट सहकर भी निरंतर कार्य करते रहे हैं और समाज में चेतना और जागृति उत्पन्न करने में लगे रहते हैं। वे परिश्रमी एवं अध्ययवसायी होते हैं। शिक्षारत समाज में ही सुयोग्य नागरिकों का निर्माण होता है। ऐसे सुयोग्य नागरिक ही समाज और राष्ट्र की वास्तविक धरोहर होते हैं।

किसी समाज के स्तर की पहचान उसके नागरिकों से की जाती है। यदि किसी समाज में अधिकांशत नागरिक अनपढ़ हों तो उस समाज को

अशिक्षित एवं असभ्य माना जाता है। साक्षरता के अभाव में मनुष्य के व्यवहार में मूल भ्रान्तियों के संवेगों के स्तर से बहुत अधिक ऊपर नहीं उठ पाते। इसी कारण ऐसे समाज में प्रायः अशान्ति उपद्रव असुरक्षा का भाव दिखाई देता है। इसके विपरीत साक्षर देश नागरिक, जीवन के प्रत्येक क्षेत्र में बेहतर होते हैं।

राजनैतिक कौशल एवं प्रजातंत्र की रक्षा में सहायक

आज विश्व के अधिकाश देशों में प्रजातंत्रात्मक सरकारें हैं। प्रजातंत्र को जीवित रखना तथा उसका विकास करना वर्तमान युग की मांग है। राजनेताओं को चाहिये कि वे अपने संविधान का सावधानी पूर्वक अनुशीलन करें। स्पष्ट हैं कि राजनैतिक कौशल एवं प्रजातंत्र की सुरक्षा के लिए शिक्षित समाज जागरूक रहे राष्ट्र को सही दिशा देने तथा उसकी प्रगति का मुख्य दायित्व राष्ट्र के कर्णधारी राजनेताओं पर होता है। यदि राजनेता सुशिक्षित और सुयोग्य होते हैं, तो बेहतर सरकार बनाकर सुचारू रूप से कार्य कर सकते हैं, जनता की भलाई के लिए कार्य करते हैं। सुशिक्षित राजनेता राजनीति के संबंध में अच्छे–अच्छे ग्रंथों का अध्ययन करते हैं।

संवाद एवं संचार का क्षेत्र में सहायक

आज शिक्षारत समाज में क्रांति आई है और संवाद का तरीका बदल गया है। शिक्षित समाज में वार्तालाप क़ा ढंग एवं समाचार भेजने एवं प्राप्त करने का ढंग अशिक्षित समाज की तुलना में काफी संतुलित और परिष्कृत होता है। वर्तमान युग संचार का युग कहलाता है। इस क्षेत्र में आज जबरदस्त क्रान्ति आई है। टैलीफोन, वायरलैस, फैक्स, बेबसाईट तथा ई–मेल इत्यादि ने विश्व को बौना बना दिया है। इन सबका प्रभाव व्यापार, शिक्षा, न्याय तथा राष्ट्रीय सुरक्षा के क्षेत्र में बहुत अधिक बड़ा है। संचार मानव की अनिवार्यता है। संवाद के अभाव में मानव जीवन की अभिव्यक्ति की कल्पना असंभव है। साक्षरता संवाद के स्वरूप को स्पष्ट व बोधगम्य बनाती है। संवाद के अतिरिक्त संचार साधनों का विकास भी शैक्षिक परिवेश पर निर्भर करता है।

आर्थिक प्रगति में सहायक

भारत कृषि, प्रौद्योगिकी तथा टैक्नॉलाजी के क्षेत्र में नवीनतम जानकारी प्राप्त करके लाभ–उठा रहा है। साक्षरता समाज की आर्थिक स्थिति को सुदृढ़ बनाने में महत्वपूर्ण है। किसी समाज अथवा राष्ट्र की प्रगति का मूलधार उसकी आर्थिक प्रगति होती है। कृषि विभिन्न प्रकार के उद्योगों व्यवसाय तथा व्यापारिक प्रतिष्ठान समाज एवं राष्ट्र के पहलु को मजबूत बनाने के साधन होते हैं। शिक्षा द्वारा इन संसाधनों तथा इनके मूल स्त्रोतों के विषय में जानकारी प्राप्त होती है। कृषि के क्षेत्र में नए–नए अनुसंधान एवं खोजों ने भारत को आत्मनिर्भर बना दिया है।

संक्षेप में सामाजिक स्तर पर साक्षरता का महत्व–

1. घृणित सामाजिक बुराईयां जैसे कि दहेज प्रथा, बाल–विवाह, भिक्षावृत्ति और शराबखोरी पर प्रहार शुरू होने लगे हैं।
2. समुदायों में संगठनात्मक शक्ति का विकास हुआ है, उन्होंने नई संसजकता और सामूहिक कार्रवाही की क्षमता अर्जित की हैं।
3. व्यक्तिगत स्तर पर, आत्मसम्मान और आत्मविश्वास की भावनाओं का बहुमुखी विकास हुआ है।
4. आधारीय स्तर की संरचनाओं, जैसे कि ग्राम शिक्षा समितियों को मजबूत किया गया है जिससे सामाजिक और सामुदयिक जुड़ाव में अधिक प्रभावी वृद्धि हुई है।
5. व्यक्तियों और समुदायों को, पारिस्थितिकी के मुद्दों पर, गहरी और चिरस्थाई चेतना के विकास हेतु संवेदनशील कर दिया गया है।
6. घरेलू स्वच्छता के सुधरे हुए तरीकों की जानकारी प्राप्त होने से नवसाक्षरों में घरेलू वातावरण को अधिक स्वच्छ और कीटाणु रहित बनाने की उच्च्य इच्छा शक्ति का विकास हुआ है।
7. नवसाक्षरों में आत्मविश्वास की भावना का विकास हुआ है, उनकी जागरूकता के स्तर में वृद्धि हुई है, उनमें बाह्य संसार के बारे में और अधिक जानकारी प्राप्त करने की इच्छा पैदा हुई

है, और अंधविश्वासों, पुरातन विचारों एवं सामाजिक और धार्मिक दोनों क्षेत्रों की हठधर्मिता की बेड़ियों से छुटकारा पाने की जागरूकता उत्पन्न हुई है।

8. समुदायों को अपने कार्यक्रमों की योजना स्वयं बनाने, इनको कार्यान्वित करने, और इनका मूल्यांकन करने के अवसर प्रदान किए गए हैं ताकि वे अपने जीवन की धारा को धारणीय बनाने के प्रयत्नों में पूरी शक्ति लगा सकें और आत्मनिर्भर बन सकें।
9. 'कलाजत्था' (सांस्कृतिक कारवां) और लोक नृत्य एवं नाटक, गायन हेतु आडियो–केसिट का उपयोग, सामुदायिक गायन आदि से पुनः सांस्कृतिक परिवर्तन आया जिसके परिणामस्वरूप लोक परम्पराओं को पुर्नजीवन प्राप्त हुआ है।

साक्षरता की राष्ट्रीय स्तर पर आवश्यकता एवं महत्व

शिक्षा के द्वारा ही व्यक्ति प्रौद्योगिक ज्ञान सीखकर नित्य नवीन आविष्कारों को जन्म देता है, प्रौद्यिगिक ज्ञान ही विश्व संस्कृति को क्रान्तिकारी परिवर्तन की ओर ले जाने का सेतु है। साक्षरता के द्वारा ही व्यक्ति अपने आस पास के वातावरण, पर्यावरण, सामाजिक परिवेश एवं जनोपयोगी कार्यक्रमों आदि के विषय में समझ विकसित करके संवेदनशील बनाता है। साक्षरता से तात्पर्य है, पिछड़ेपन की पहचान करके, विकास कार्यों में भागीदारी के जरिये आर्थिक, सामाजिक विषमता और असन्तुलन दूर करना है। शिक्षित व्यक्ति सांगठनिक क्षमता में दक्ष होकर लोकतांत्रिक प्रक्रिया में अपना सक्रिय योगदान देता है। ज्ञान से तात्पर्य आत्मिक सुख नहीं वरन परिवार समाज राष्ट्र एवं विश्व परिवार के प्रति अपने दायित्वों का निर्वाहन करना और जीवन के उद्देश्य निर्धारित कर उसकी प्रगति हेतु सक्रिय रूप से संलग्न होना है। शिक्षा पूर्ण विकास की ओर ले जाने का माध्यम है। विश्व के विभिन्न क्षेत्रों में शिक्षा के प्रसार द्वारा ही सामाजिक विषमता, शोषण, सामंतवादी प्रथा आदि विकृतियों के विरूद्ध क्रान्ति हुई। पश्चिमी राष्ट्रों में जहाँ अपेक्षाकृत शिक्षा का प्रसार पहले हुआ। वहां समानता स्वतंत्रता जीवन के मौलिक अधिकारों हेतु शोषण के विरूद्ध तीव्र सामाजिक विप्लव हुआ। शिक्षा का प्रसार जिन राष्ट्रों में हुआ उन राष्ट्रों के

लोग साम्राज्यवाद एवं सामंतवाद की बेड़ियों से स्वतंत्र होने हेतु संघर्ष के लिए प्रेरित हुए आज की अफ्रीका महाद्वीप के राष्ट्रों में जहां ज्ञान ज्योति एवं शिक्षा की किरणें अल्प मात्रा में ही पहुंच रही हैं, वहां समाज अर्द्ध विकसित अवस्था में है। इन राष्ट्रों की समस्यायें अपना जाल फैलाये हुए हैं। मानव समाज की किसी भी प्रकार की समस्या का निस्तारण शिक्षा द्वारा ही संभव है। पर्यावरण जैसे अति संवेदनशील विषय की उपेक्षा भविष्य में मानव सहित समस्त जीवधारियों के अस्तिव के लिए संकट का कारण बन सकती है। शिक्षा के द्वारा राष्ट्रवासियों के हृद्य में जागरूकता उत्पन्न होगी। और वे राष्ट्रीय एकता और पर्यावरण सुरक्षा महिला समानता छोटे परिवार के आदर्श मूल्यों एवं सामाजिक मान्यताओं की जानकारी प्राप्त कर सकते हैं। शिक्षित व्यक्ति मूल्यों के प्रति अपनी निष्ठा और प्रतिबद्धता ज्ञानित करने हेतु प्रेरित होते हैं। विश्व के जिन राष्ट्रों में शिक्षा का प्रसार ठीक से नही हो पाया एवं साक्षरता दर निम्न या मध्यम स्तर की रही वहां विभिन्न प्रकार की राष्ट्रघाती एवं समाज विरोधी समस्याएं अपना कुप्रभाव दिखाती रहती हैं। विश्व के सभी राष्ट्रों के सम्मुख अलगावाद, आतंकवाद साम्प्रदायवाद, क्षेत्रवाद, जातिवाद जैसे कई समस्याऐं परिलक्षित हो रही हैं। शिक्षा से व्यक्ति में समानता स्वतंत्रता, स्वाभिमान, विश्व बंधुत्व की भावनाओं का विकास होता है और ये भावनाएं राष्ट्र एवं समाज के रचनात्मक विकास का कार्य करती हैं।

राष्ट्रीय स्तर पर साक्षरता का महत्व

शिक्षित व्यक्ति संगठनिक क्षमता में दक्ष होकर लोकतांत्रिक प्रक्रिया में अपना सक्रिय योगदान देता है। ज्ञान से तात्पर्य आत्मिक सुख नहीं वरन् परिवार, राष्ट्र, समाज एवं विश्व परिवार के प्रति अपने दायित्वों का निर्वाहन करना और सदियों से चले आ रहे निरक्षरता और गरीबी जैसे अभिशाप को साक्षरता व ज्ञान के वरदान से ही दूर किया जा सकता है। शिक्षा और ज्ञानार्जन के लिए कोई उम्र नहीं होती। सुशिक्षित व्यक्ति ही स्वयं, समाज, स्वराज्य, स्वराष्ट्र व संसार का भला–बुरा, उचित–अनुचित समझाकर सही दिशा में कदम उठा पाने में समर्थ हो सकता है। हमारा देश नव निर्माण की जिस प्रक्रिया के दौर से गुजर रहा है, उसमें प्रत्येक

व्यक्ति अपनी सक्रिय सहभागिता निभा सकता है। साक्षरता के सोपान के बल पर ही ज्ञान की ऊंची मंजिल पर चढ़कर हम अपने देश के विकास, परिदृष्य को सही रूप में देख सकेंगे एवं अशिक्षा, अज्ञानता, अव्यवस्था, अस्वस्थता, अस्थिरता, आबादी की आंधी और अपराधी प्रकृति पर अंकुश लगा सकेंगे। हमें विश्वास है कि हम समय के साथ इस सच्चाई को समझते हुए साक्षरता व शिक्षा के बल पर देश को नयी दिशा देने के लिए तत्पर होंगे और विश्व का ज्ञानार्जन के क्षेत्र में नए आयाम स्थापित कर सकेंगे। तभी भारत को शिक्षा के सन्दर्भ में खोई प्रतिष्ठा पुनः प्राप्त हो सकेगी।

साक्षरता के द्वारा व्यक्ति समाज की सांस्कृतिक, धार्मिक एवं परंपरागत आस्थाओं का परिमार्जन करते हुए सकारात्मक एवं उपयोगी तथ्यों को ग्रहण करता है और धार्मिक आस्थाओं से उपजी भाग्य आधारित संस्कृति के स्थान पर वैज्ञानिक अवधारणाओं पर आधारित संस्कृति, जो कर्मवादी दृष्टिकोण रखती है, को ग्रहण करता है, और प्राप्ति के स्थान पर अर्जन को महत्व देता है। कर्मवादी संस्कृति पर आधारित संघर्षशीलता की भावना द्वारा प्रत्येक नागरिक ही अर्जित उपलब्धियों का समग्र निरूपण राष्ट्रीय परिसम्पत्ति के रूप में परिलक्षित होता है। साक्षरता व्यक्ति के विचारों को सुस्पष्ट, सुव्यवस्थित एवं सुसंगठित रूप देने का एक माध्यम है।

एक साक्षर व्यक्ति परिवार, समाज एवं राष्ट्र की प्रगति में अपना अमूल्य योगदान देते हुए एक सच्चा सेवक सिद्ध होता है। साक्षरता के द्वारा व्यक्ति समाज की सांस्कृतिक, धार्मिक एवं परंपरागत आस्थाओं का परिमार्जन करते हुए सकारात्मक एवं उपयोगी तथ्यों को ग्रहण करता है धार्मिक आस्थाओं से उपजी भाग्य आधारित संस्कृति के स्थान पर वैज्ञानिक अवधारणाओं पर आधारित संस्कृति, जो कर्मवादी दृष्टिकोण रखती है, को ग्रहण करता है और प्राप्ति के स्थान पर अर्जन को महत्व देता है। कर्मवादी संस्कृति पर आधारित संघर्षशीलता की भावना द्वारा प्रत्येक नागरिक ही अर्जित उपलब्धियों का समग्र निरूपण राष्ट्रीय परिसम्पत्ति के रूप में परिलक्षित होता है। साक्षरता व्यक्ति के विचारों को सुस्पष्ट, सुव्यवस्थि, एवं सुसंगठित रूप देने का माध्यम है। व्यक्ति साक्षर होने के बाद जीवन

में समाज एवं राष्ट्र के प्रति अपने दृष्टिकोण को सुस्पष्ट रखते हुए रचनात्मक सहभागिता प्रदान करने का प्रयास करता है। समाज की त्रुटियों, बुराईयों, कुप्रथाओं, कुरितियों से विरक्त होते हुए एक रचनात्मक एवम् वैज्ञानिक विचारधारा रखता है।

मानव अपनी प्रारंभ्भिक अवस्था से आज की आधुनिक अवस्था में शैक्षिक ज्ञान की प्राप्ति एवं प्रसार द्वारा ही पहुंच पाया है। मानव पाषाण युग एवं आदिम अवस्था से आज के अंतरिक्ष युग में पहुंच रहा है। पुरातन काल के ऊंट, बैलगाड़ी, काफिलों जैसे यातायात के साधनों से आज के जैट और चाँद युग में पहुंचने का श्रेय मानवीय ज्ञान को ही जाता है। पहले के घुड़सवारों से सूचना सम्प्रेषण का कार्य होता था और आज टैलीविजन, उपग्रह, इंटरनेट अति आधुनिक संचार माध्यमों का अविष्कार तथा साक्षरता विज्ञान की देन है। विश्व ज्ञान के आदान–प्रदान एवं कम्प्यूटर सूचना तकनीक जैसे नव प्रोद्यौगिक विषय के द्वारा विश्व की समस्त दूरियों को कम किया जा रहा है। उन्नीसवीं शताब्दी रसायन शास्त्र एवं बीसवीं शताब्दी भौतिकी शास्त्र के क्रान्तिकारी परिवर्तन का समाज था। इक्कीसवी शताब्दी जैव प्रौद्यौगिक एवं सूचना प्रौद्योगिकी की शताब्दी होगी, शिक्षा व्यक्ति को आत्मनिर्भर बनाती है एवं उसे आत्मविश्वासी बनाने में सहयोग करती है। शिक्षा से व्यक्ति में आत्मनिर्भरता द्वारा आत्मविश्वास जैसे स्वाभाविक गुणों का विकास होता है। आत्मनिर्भर बनने के लिए साक्षरता कौशल का प्रयोग समुचित रूप से होना चाहिए। जीवन रक्षा यातायात, संचार तथा व्यवसाय के कौशलों को संवाद द्वारा स्थानांतरित एवं दृढ़ बनाया जाता है। व्यक्ति के संगठित क्षमता का विकास होता है। सामुदायिक भावनाऐं शिक्षित लोगों में अपेक्षाकृत अधिक होती है। सामुहिक सहभागिता आज के विकास में महत्वपूर्ण भूमिका निभाती है।

जीवन के उद्देश्य निर्धारित कर इसकी प्रगति हेतु सक्रिय रूप से संलग्न होना है। शिक्षा पूर्ण विकास की ओर ले जाने का माध्यम है। शिक्षा के द्वारा ही व्यक्ति अपने आस–पास के वातावरण, पर्यावरण, सामाजिक परिवेश एवं जनोपयोगी कार्यक्रमों आदि के विषय में समझ विकसित करके संवेदनशील बनाता है। पर्यावरण जैसे अति संवेदनशील विषय की उपेक्षा भविष्य में मानव सहित समस्त जीवधारियों के अस्तित्व के लिए संकट का

कारण बन सकती है। शिक्षा के द्वारा राष्ट्रवासियों के हृदय में जागरूकता उत्पन्न होगी और वे राष्ट्रीय एकता, पर्यावरण सुरक्षा, महिला समानता, छोटे परिवार के आदर्श जैसे राष्ट्रीय मूल्यों एवं सामाजिक मान्यताओं की जानकारी प्राप्त कर सकते हैं। विश्व के जिन राष्ट्रों में शिक्षा का प्रसार ठीक से नहीं हो पाया वहाँ समाज विराधी समस्याएं अपना कुप्रभाव दिखाती रही हैं।

शिक्षा से व्यक्ति में समानता, स्वतंत्रता, स्वाभिमान विश्व बंधुत्व की भावनाओं का विकास होता है। और ये भावनाएं राष्ट्र एवं समाज के रचनात्मक विकास हेतु कड़ी का कार्य करती है। विश्व के विभिन्न क्षेत्रों में शिक्षा के प्रसार द्वारा ही सामाजिक विषमता, शोषण, सांमतवादी प्रथा आदि विकृतियों के विरूद्ध क्रान्ति हुई। आज भी अफ्रीका महाद्वीप के राष्ट्रों में जहां ज्ञान ज्योति एवं शिक्षा की किरणों अल्पमात्रा में ही पहुंच रही है। वहाँ समाज अर्ध विकसित अवस्था में है। इन राष्ट्रों में दास प्रथा, वर्ग भेद, भुखमरी बीमारी आदि विभिन्न प्रकार की समस्याऐं अपना जाल फैलाए हुए है। मानव समाज की किसी भी प्रकार की समस्या की निस्तारण शिक्षा द्वारा ही संभव है।

शिक्षा पर केन्द्रीय सरकार और प्रांतीय सरकार दोनों मिलकर व्यय सहन करते हैं। शिक्षा केन्द्र सरकार के मानव संसाधन विकास मंत्रालय के अधीन आने वाले विषय हैं। विश्व बैंक एवं अन्तर्राष्ट्रीय मृद्रा कोष जैसी विश्व की आर्थिक संस्थाएं अविकसित और विकासशील देशों में साक्षरता के वृद्धि हेतु प्रदान कर रही है। प्रौढ़ एवं बाल शिक्षा पर विशेष ध्यान देने का प्रयास किया जा रहा है। प्रौढ़ लोगों को साक्षर बनाने हेतु प्रौढ़ शिक्षा एवं अनौपचारिक शिक्षा, जैसे साक्षरता योजनाऐं युद्ध स्तर पर चलायी जा रही हैं। क्योंकि 15–35 वर्ष का प्रौढ़ ही राष्ट्र का श्रमिक एवं उत्पादक वर्ग है। इस मध्य आयु वर्ग को साक्षर एवं उत्पादक वर्ग है। इस मध्य आयु वर्ग को साक्षर एवं सक्षम बनाने के पश्चात उनकी कार्य कुशलता, उत्पादकता एवं गुणवता का समुचित विकास संभव बनाया जा रहा है। साक्षरता ज्ञान ज्योति को प्रज्जवलित करने एवं प्रकाशित करने का माध्यम है। विश्व ज्ञान परिवार की आवश्यकताओं एवं दुरियों को समाप्त करके समता, समानता

एवं मातृत्व भाव का संचरण करके मानव को पूर्णता की ओर अग्रसर होने में साक्षरता ही सरलतम माध्यम सिद्ध हो सकता है। इन वैश्विक उपलब्धियों का विकास एवं उपयोग साक्षरता क्रान्ति द्वारा ही संभव है।

ज्ञानार्जन में सहायक जानकारी अर्थात् ज्ञान शिक्षा प्राप्ति से ही संभव है। ज्ञान प्राप्त होने पर चार्तुय, कौशाल एवं अनुभव बढ़ता है जो कि मनुष्य को निपुण बनाता है। निपुणता और धैर्य मनुष्य में साहस का संचार करते हैं। और साहसी, जीवन और जगत् की विभिन्न प्रकार की चुनौतियों का सामना सफलतापूर्वक कर लेते हैं। शिक्षारत समाज में मनुष्य ज्ञानार्जन कर अपने जीवन का प्रतिगामी, सरल, सुखी, बनाते हैं। शिक्षा से प्राप्त ज्ञान मनुष्य की बुद्धि को कुशाग्र तथा निर्मल बनाता है।

जीवन मूल्यों का विकास में सहायक

यदि मनुष्यों में जीवन मूल्यों का विकास होता रहता है तो वह सदैव श्रेष्ठ कर्मों में प्रवृत रहता है और श्रेष्ठ नागरिक कहलाता है। सत्य–अहिंसा, चित्तवृतियों का रूझान धैर्य साहस संघर्ष करने की क्षमता, सहयोग, सहदृढ़ता, दया, ईमानदारी, चिन्तन में स्पष्टता तथा व्यवहार में पारदर्शिता आदि गुण जीवन मूल्यों का निर्धारण करने वाले प्रमुख कारक होते हैं। अधिकांश जीवन मूल्य शाशवत होते हैं जबकि कुछ काल साक्षेप होते हैं। अतः किसी भी समाज के जीवन मूल्यों का विकास साक्षरता के प्रचार–प्रसार से ही संभव है। जीवन मूल्य किसी समाज और संस्कृति के प्राणधार होते हैं। शिक्षारत समाज के सदस्यों में जीवन मूल्यों का सम्यक विकास होता है। जिससे समाज की छवि निखरती है, उसका स्वरूप भव्य बनता है।

व्यक्तित्व का सर्वागींण विकास में सहायक किसी व्यक्ति की समग्र विशेषताओं (आंतरिक एवं बाहय) का नाम व्यक्तित्व है। शिक्षा हमारा मानसिक एंव आध्यात्मिक विकास करती है। शिक्षा हमारा मानसिक स्तर बढ़ाकर ज्ञान, अनुभव, अनुभूति, भाव तथा विचार विकसित करती है शारीरिक स्वास्थ्य, शारीरिक सोष्ठव संबंधी विकास और अध्यात्मिक संबंधी जानकारी एवं, विकास साक्षरता द्वारा ही संभव है। हमारी आदतें, स्वभाव, व्यवहार, चरित्र बुद्धिलब्धि, स्वास्थ्य, रूचि अवधान अधिगम आदि की क्षमता का निर्माण करने वाले प्रमुख कारक होते हैं।

संस्कारों का विकास में सहायक

सामाजिक की प्रक्रिया में वे मनुष्य सक्रिय भूमिका निभा सकते हैं, जो शिक्षित और योग्य हों। जिन बालकों को परिस्थितिजन्य विवशताओं के कारण शिक्षा नहीं मिल पातीः बड़े होकर वे अपने कुसंस्कारों से वशीभूत होकर असामाजिक कृत्यों जैसे चोरी हत्या, हिंसा लुटपाट, आतंक फैलाना, राष्ट्रद्रोहिता और भ्रष्टाचार में लिप्त होकर समाज और समूचे राष्ट्र को हानि पहुँचाते हैं। इसलिए सभी मनुष्यों को समाज में साक्षर बनाकर मानवता को विजयी बनाना है। पवित्रीकरण अथवा मन पर पड़ी हुई छाप को संस्कार कहते हैं। बचपन से ही संस्करों की परतें मानस पटल पर अंकित होना प्रारम्भ हो जाती है। विश्वास, आस्था, शुभ अशुभ करने की प्रेरणा और जीवन मूल्यों का निर्माण बचपन के संस्कारों से ही होता है। यदि बच्चे को शिक्षित न बनाया जाए तो उसके संस्कार परिष्कृत नहीं होते। वह एक सभ्य समाज में अपने अभद्र और अशिष्ट व्यवहार के कारण समआदर प्राप्त नहीं कर पाता। ऐसा बालक समाज के निर्माण और उसके विकास में महत्वपूर्ण भूमिका निर्वाह नहीं कर सकता वह सर्वथा अशक्त और असक्षम होता है।

व्यवहारगत परिवर्तन में सहायक—शिक्षा विहिन मनुष्य और पशु व्यवहार में कोई विशेष परिवर्तन नहीं होता है। व्यवहार कौशल से मानव सर्वत्र साआनन्द जीवन व्यतीत करता है। साक्षरता के अभाव में मांनव जीवन संवेगों द्वारा संचालित होता है। संवेगों की अधिकता कभी—कभी मनुष्य को घोर संकटों में डाल देती है। अतः साक्षरता ही मनुष्य को व्यवहार कुशल बनाती है।

आजीविका का साधन में सहायक

निरक्षर व्यक्ति का जीवन स्तर शोचनीय है। उसके व्यक्तित्व में छिपी नैसर्गिक प्रतिभा कभी विकसित नहीं हो पाती और उसके साथ ही दफ़न हो जाती है। निरक्षर दलित एवं शोषित आजन्म पूंजीपति साहुकारों के चुंगल में फंसे शोषण और अत्याचार सहन करने हेतु विवश रहते हैं। साक्षरता मनुष्य को आजीविका का साधन खोलने तथा आर्थिक स्थिति बेहतर बनाने में सहायता करती है। अतः समाज के सभी नागरिकों को

साक्षर बनाना राष्ट्र का उत्तरदायित्व है। जीवन निर्वाह के लिए आजीविका की प्रेरित अनिवार्य है। शिक्षित व्यक्ति अपनी योग्यता और विवेक से आजीविका का अच्छा साधन जुटाने में सदैव सफल रहता है जबकि अशिक्षित मनुष्य को शारीरिक श्रम के अतिरिक्त धनोपार्जन का प्रायः अच्छा व्यवसाय अथवा अवसर नहीं मिलता। वर्तमान समय में भारत की जनसंख्या तीव्र गति से बढ़ रही है। नौकरियाँ कम हो रही हैं। ऐसी स्थिति में निरक्षरों को अपने अस्तिव की रक्षा हेतु विकट एवं भयावह कठिन स्थिति का सामना करना पड़ रहा है।

आत्मविश्वास में वृद्धि में सहायक–साक्षरता में आत्मविश्वास तथा आत्मनिर्भरता का संचार करती है। शिक्षा जन्य आत्मविश्वास व्यक्ति के शौर्य एवं धैर्य को संबल प्रदान कर सत्य पथ का यात्री बनाता है। जिस व्यक्ति का आत्मिक विश्वास मजबूत होता है वह स्वाभिमानी एवं कोमल हृदय होता है। साक्षरता मनुष्य में आत्मविश्वास जागृत कर उसे जुझारू बनाती है जिससे उसका व्यक्तित्व चमत्कृत हो उठता है।

सामाजिक संबंधों में प्रगाढ़ता में सहायक–शिक्षारत समाज में सामाजिक प्रगाढ़ता, उनके आपसी समझदारी के कारण पास्परिक मेलजोल एवं सम्पर्क ठीक बना रहता है तथा एक दूसरे के अस्तित्व को स्वीकार कर व्यवहार किया जाता है। इस प्रकार सामाजिक संगठन मजबूत रहता है।

संवाद तथा संचार का क्षेत्र में सहायक–संचार मानव की अनिवार्यता है और संवाद के अभाव में मानव जीवन की अभिव्यक्ति की कल्पना असंभव है। साक्षरता संवाद के स्वरूप को स्पष्ट व बोधगमय बनाती है। वर्तमान युग संचार युग कहलाता है। इसका प्रभाव व्यापार, शिक्षा, व्यवसाय तथा राष्ट्रीय सुरक्षा के क्षेत्र में बहुत अधिक फैला हुआ है। आज शिक्षारत समाज में क्रांति आई हुई है और संवाद का तरीका काफी हद तक बदल गया है।

धार्मिक साहिष्णुता–साक्षर समाज में धार्मिक सहिष्णुता पाई जाती है। साक्षर व्यक्ति यह जानता है कि कोई भी धर्म अन्य धर्मों से घृणा करना नहीं सिखाता कोई भी धर्म तोड़ता नहीं बल्कि जोड़ता है। साक्षर समाज के लोग इस तथ्य से परिचित होते हैं। धर्म या सम्प्रदाय के नाम पर झगड़ो को निरर्थक मानते हैं। भारत एक विशाल देश है इसमें अनेक धर्मावलंबी

निवास करते हैं। संविधान में इसे, धर्म निरपेक्ष स्वरूप प्रदान किया है। निरक्षर समाज में अकारण धार्मिक बिंदुओं को लेकर झगड़ा नहीं होता है बल्कि धर्मों को समान आदर दिया जाता है।

आर्थिक प्रगति–कृषि, विभिन्न प्रकार के उद्योग, व्यवसाय तथा व्यापारिक प्रतिष्ठान समाज एवं राष्ट्र के पहलु को मजबूत बनाने के साधन होते हैं। शिक्षा द्वारा इन संसाधनों तथा इनके मूल स्त्रोतों के विषय में जानकारी प्राप्त होती है। भारत कृषि, प्रोद्यौगिकी तथा टेक्नॉलाजी के क्षेत्र में नवीनतम जानकारी प्राप्त करके लाभ उठा रहा है। साक्षरता समाज की आर्थिक स्थिति को सुदृढ़ बनाने में महत्वपूर्ण है।

सुयोग्य नागरिकों का निर्माण–किसी समाज के स्तर की पहचान उसके नागरिकों से होती है। यदि किसी समाज अधिकांशत नागरिक अनपढ़ है तो उस समाज को असभ्य माना जाता है। साक्षरता मनुष्यों के संवेगों के परिष्करण के साथ–साथ उसकी नैसर्गिक क्षमताओं और विशिष्टताओं का भी विकास करती है। इसलिए शिक्षित व्यक्ति का व्यवहार, उसकी अभिव्यक्ति, कार्यकुशलता अशिक्षित व्यक्ति से सर्वथा भिन्न होते हैं। साक्षर व्यक्ति को जीवन मूल्यों की परख होती है। वह उसका अनुपालन करता है, राष्ट्रीय गौरव के महत्व को समझता है। राष्ट्रीय सुरक्षा तथा प्रगति के विषय में संवेदनशील होता है। और राष्ट्रीय उन्नति में भागीदार बनना चाहता है। इसी कारण वे निरंतर अनेक कष्ट सहकर भी कार्य करते रहते हैं। ऐसे सुयोग्य नागरिक ही समाज तथा राष्ट्र की वास्तविक धरोहर होते हैं।

सांस्कृतिक विकास–किसी समाज की जीवन शैली को संस्कृति कहते हैं। जीवन शैली का विकास उस समाज में मानसिक चेतना करती है। शाश्वत जीवन मूल्य संस्कृति के स्थायी स्तंभ होते हैं। परंतु उनकी भव्यता प्रदान करने वाले तथा उसकी प्रभाव शून्यता का संवर्धन करने वाले कारक समयानुसार परिवर्तित होते रहते हैं। इस कारण संस्कृति की प्रवृति एंव प्रकृति गत्यात्मक होती है साक्षरता संस्कृति का स्वरूप निरंतर संवारती रहती है तथा उसे बहुआयमि स्वरूप प्रदान कर वैभवपूर्ण बनाती है।

राजनैतिक कौशल एवं प्रजातंत्र की रक्षा–राष्ट्र को सही दिशा देने तथा उसकी प्रगति का मुख्य दायित्व राष्ट्र के कर्णधार राजनेताओं पर

होता है। यदि राजनेता सुशिक्षित और सुयोग्य होते हैं, तो बेहतर सरकार बनाकर सुचारू रूप से कार्य कर सकते हैं। आज विश्व के अधिकांश देशों में प्रजातंत्रात्मक सरकारें हैं। प्रजातंत्र को जीवित रखना तथा उसका विकास करना वर्तमान युग की माँग है। राजनेताओं को चाहिये कि वे अपने संविधान का सावधानी पूर्वक अनुशीलन करते रहें। स्पष्ट है कि राजनैतिक कौशल एवं प्रजातंत्र की सुरक्षा के लिए शिक्षित समाज जागरूक रहे।

साक्षरता का अन्तर्राष्ट्रीय महत्व एवं इसके विकास हेतु किए गए राष्ट्रीय तथा अन्तर्राष्ट्रीय प्रयास

संयुक्त राष्ट्र को सशक्त बनाने में सहायक–

यह विश्व संस्था के प्रचार–प्रसार पर ही सशक्त बन सकती है। यह साक्षरता के बल पर ही संभव है। भारत में आज से कई हजार वर्ष पूर्व महाभारत का युद्ध झेला था। सम्पूर्ण संसार दो विश्व युद्धों की विभिषिका झेल चुका है, उनके भयंकर परिणाम जापान सरीखे देश आज भी भुगत रहे हैं। विश्व युद्धों की विभिषिका ने संयुक्त राष्ट्र संघ को अस्तिव प्रदान किया। आज संयुक्त राष्ट्र संघ विश्व संस्था है। सभी राष्ट्रों के प्रगति के कार्यक्रम इसमें तय किए जाते हैं। यह संस्था दो राष्ट्रों के विवादों को सुलझाने तथा किसी राष्ट्र पर आई प्राकृतिक आपदाओं में मदद पहुंचाती है। अतः इसका सशक्त होना बहुत आवश्यक है।

विश्व को नेतृत्व प्रदान करने में सहायक

अमेरिका, ब्रिटेन, फ्रांस, चीन, जपान, रूस व जर्मनी आदि देश शिक्षा के क्षेत्र में बहुत आगे निकल चुके हैं। विज्ञान, प्रोद्यौगिकी तथा टैक्नालॉजी के क्षेत्र में बहुत आगे बढ़कर ही इन देशों ने आण्विक तथा अन्य क्षेत्रों में सामरिक अस्त्र–शस्त्रों का विकास कर लिया है। इसलिए यह पाँचो संयुक्त राष्ट्र शक्तिशाली परमाणु सम्पन्न राष्ट्रों को आयुध न बनाने की सलाह दे रहे हैं। इतना ही नहीं सी.टी.बी.टी. परमाणु अप्रसार संधि पर हस्ताक्षर करने के लिए तरह--तरह के दबाव डाल रहे हैं। लेकिन साक्षरता प्रचार–नीति इस कार्य के लिए ज्यादा लाभदायी है।

शैक्षिक एवं सांस्कृतिक आदान-प्रदान में सहायक

सांस्कृतिक क्षेत्र में एक दूसरे के यहां प्रतिदिनधि मण्डल भेजकर जानकारी प्राप्त की जा सकती है। शिक्षा प्रौद्योगिक तथा टैक्नालॉजी के क्षेत्र में संसार के सभी विकसित देशों में अनुसंधान कार्य चल रहे हैं। इन अनुसंधानों का लाभ अब सभी देशों को होने लगा है। क्योंकि संयुक्त राष्ट्र संघ के अर्न्तगत सभी जानकारियां इसके सहयोगी देशों को उपलब्ध करा दी जाती हैं।

वैश्वीकरण की भावना के विकास में सहायक–

आज पहले की अपेक्षा सभी राष्ट्र प्राकृतिक आपदाओं तथा अन्य राष्ट्रीय आपदाओं से निबटने में एक दूसरे की सहायता करते हैं शिक्षा के प्रचार–प्रसार, व्यापारिक कंपनियों, संयुक्त राष्ट्र की सक्रियता ने और संचार एवम् यातायात के साधनों के विकास ने विश्व के सभी राष्ट्रों को निकट ला दिया है।

पिछड़े राष्ट्रों को मदद पहुंचाने में सहायक

विकसित एवं विकासशील देश इनकी विभिन्न परियोजनाओं को पूरा करने के लिए धन देते हैं तथा शिक्षा के प्रचार–प्रसार एवं साक्षरता अभिमान के लिए भी आर्थिक सहायता प्रदान करते हैं। यही नहीं उनकी बहु–उद्देशीय परियोजनाओं को पूरा करने के लिए अपने इंजीनियर तथा टैक्निशियन भेजकर सहायता करते हैं। भूकम्प तथा तूफ़ान आने के समय खाद्य पदार्थ और डाक्टर व दवाईयां भेजकर सहायता करते हैं। इस प्रकार की व्यवहार कुशलता साक्षरता से ही संभव है। अभी संसार के अधिकांश राष्ट्र आर्थिक, शैक्षिक तथा प्रौद्यौगिक क्षेत्र में पिछड़े हुए हैं।

विश्व शांति की स्थापना एवं विश्व युद्ध टालने के उपाय में कारगर–

विश्व शांति की स्थापना तथा युद्धों से संसार को बचाने के लिए सर्वत्र शिक्षा के आलोक की आवश्यकता है। युद्धग्रस्त एवं सीमा विवादित राष्ट्रों में आपसी मतभेद वैमनस्य उत्पन्न करते हैं। इन विवादों को आपसी वार्ता से सुलझाया जा सकता है। पारस्परिक वार्ता का वातावरण शिक्षित एवं प्रबुद्ध व्यक्ति उत्पन्न कर सकते हैं।

"हमारे तेजी से बदल रहे संसार में साक्षरता के हर समाज में विकास का एक महत्वपूर्ण परिवर्तनकारी तत्व माना जाना चाहिये। चूंकि समाज जितनी अधिक प्रगति करता है। उसे उतना ही नई मांगों और दबावों के अनुकूल बनना पड़ता है। साक्षरता सभी के लिए आजीवन आवश्यकता है"

फेडरीको मेयर पूर्व महानिदेशक, युनेस्को के अनुसार–साक्षरता गुणात्मकता अथवा शक्ति प्रदान कर सकती है। जो मूल्य और हितकारिता की दृष्टि में इसे सार्थक बनाये। इसलिए आर्थिक और सामाजिक विकास के किसी भी कार्यक्रम में प्रौढ़ शिक्षा और साक्षरता को प्रथम स्थान मिलना चाहिए क्योंकि इससे ही ज्ञानार्जन में क्रान्ती संभव है। और तभी सही अर्थो में विकास किया जा सकता है।

स्वतन्त्रता प्राप्ति से पूर्व राष्ट्रपिता महात्मा गांधी ने निरक्षरता के कारण देश की अवनति का पूर्वानुमान कर इस कलंक को मिटाने के लिए देशवासियों का आहवाहन किया था। निरक्षरता को देखकर गांधी जी ने कहा था, "करोड़ों लोगों का निरक्षर रहना भारत के लिए अभिशान एंव कलंक है। हमें इससे मुक्ति पानी होगी।" इसी आह्वान को ध्यान में रखकर आज से 40 वर्ष पूर्व अन्तर्राष्ट्रीय संगठन 'यूनेस्को' ने निरक्षरता के उन्मूलन के लिए सर्वप्रथम 8 सितम्बर 1965 को सम्पूर्ण विश्व का ध्यान निरक्षरता के अंधकार की ओर आकर्षित किया था। निरक्षरता उन्मूलन में आने वाली कठिनाईयों और समस्याओं पर अन्तर्राष्ट्रीय स्तर पर चर्चा के लिए शिक्षा मंत्रियों का प्रथम विश्व स्तरीय सम्मेलन (तेहरान) ईरान में आयोजित किया गया था। तभी से यूनेस्को द्वारा 1966 से ही 9 सितम्बर को 'अन्तर्राष्ट्रीय साक्षरता दिवस' घोषित किया गया। अन्तर्राष्ट्रीय साक्षरता दिवस को प्रति वर्ष मनाने के पीछे प्रमुख प्रयोजन निरक्षरता दूर करने का संकल्प पुनः लेने का है। इस दिवस को प्रति वर्ष मनाने का उद्देश्य निरक्षरता के खिलाफ एक विश्व व्यापी जनमत तैयार करते रहना है। जब तक कि निरक्षरता रूपी अंधकार से पूर्ण रूपेण मुक्त होकर हम साक्षरता के उजाले में न आ जायें।

साक्षरता व यूनेस्को प्रतिवेदन (1996)

अन्तर्राष्ट्रीय स्तर पर शिक्षा के भूमण्डलीय विकास को ध्यान में रखकर 21 वीं सदी की चुनौती का सामना करने के लिए यूनेस्को ने

1991 में जैकस डेलर की अध्यक्षता में 14 सदस्यीय अन्तर्राष्ट्रीय शिक्षा आयोग का गठन किया। जिसमें 1996 में प्रस्तुत प्रतिवेदन "लर्निंग–द ट्रेजल विदेन" (सीखना: आन्तरिक कोष) में शिक्षा का परिपेक्ष्य रखा। 266 पृष्ठों का यह ज्ञानवर्द्धक प्रतिवेदन शिक्षा की सभी आयामों पर प्रकाश डालता हुआ भावी दृष्टि प्रदान करता है। सम्पूर्ण प्रतिवेदन में जीवन पर्यन्त शिक्षा का अवधारणा एक धारा की तरह निरन्तर प्रवाहित हो रही है। इसमें शिक्षा के चार स्तंभ–"लर्निंग टू नो" (जानने के लिए सीखना अर्थात आत्म साक्षात्कार) में प्रथम स्तंभ "लर्निंग टू नो" से संबंध साक्षरता से है। व्यक्ति के लिए सामान्य जानकारी अत्यन्त आवश्यक है। जिससे जानकारी कौशल, एवं दृष्टिकोण में सकारात्मक परिवर्तन हो तथा जिसने अपने को जटिल परिवर्तनीय एवं अन्तर संबंधी विश्व के अनुरूप ढाल लेने की क्षमता के विकास में सहायता प्राप्त हो। जीवन पर्यन्त शिक्षा की खोज में निरनतर सामान्य जानकारी का नवीनीकरण करना तथा जानकारी की गहनता तक जाना आवश्यक होगा। "ज्ञान प्राप्त करना" अर्थात सीखने के पहले यह सीखना होगा कि कैसे सीखे? "लर्निंग टू नो" से पहले "लर्निंग टू लर्न" जानना होगा। दूरदर्शन के उपयोग के लिए ध्यान केन्द्रित करने की क्षमता स्मरण शक्ति तथा चिन्तन शक्ति को विकसित करने की आवश्यकता है। आज दूरदर्शन, सैटेलाईट तथा कम्प्यूटर का अधिपत्य सर्वव्यापी हो गया है परिणाम: यह तीनो शिक्षा की प्रक्रिया के विश्वपरक संर्दभ हो गए हैं। अनेक विकासशील देश वैज्ञानिक संस्कृति की प्राप्ति को सुनिश्चित करने में व्यस्त है जिससे तकनीकी शिक्षा की जीवन शैली में स्थान प्राप्त कर सकें। नवाचारों के लिए क्षमताओं, योजनाओं व सृजनात्मकता का पोषण स्थानीय संर्दभ में करना होगा। मुख्य तथ्य उन व्यक्तियों को तैयार करना है जो मानवता के लिए साक्षरता को अनिवार्य मानते हों।

3

भारत एवं कुछ अन्य देशों में साक्षरता अभियानों का समीक्षात्मक सिहाँवलोकन

एरनाकुलम में साक्षरता परीक्षण (संपूर्ण साक्षरता अभियान)

केरल प्रदेश के एरनाकुलम जिले में निरक्षरता मिटाने का उदाहरण प्रस्तुत किया है। संपूर्ण साक्षरता अभियान के द्वारा यह संभव हो पाया तथा 18 अप्रैल 1991 को समूचे केरल राज्य ने संपूर्ण साक्षरता प्राप्त कर ली। परन्तु सर्वप्रथम संपूर्ण साक्षरता अभियान कोट्टायम नगर में राष्ट्रीय सेवा योजना के स्वयं सेवकों द्वारा चलाया गया। केरल के इस नगर को 100 दिन में संपूर्ण साक्षर घोषित किया गया। तत्पश्चात् देश के विभिन्न भागों में संपूर्ण साक्षरता अभियान चलाये गए। इस समय देश के 311 जिलों में साक्षरता अभियान तथा 117 जिलों में उत्तर साक्षरता अभियान चलाए जा रहे हैं।

जिन जिलों में साक्षरता अभियान पूरे हो गए है उनमें अच्छे परिणाम प्राप्त हुए हैं–

1. साक्षर महिलाएं अपने बच्चों को टीके लगवाने तथा इनकी देखभाल के प्रति जागरूक हुई हैं।

2. पर्यावरण सुधारने हेतु नागरिकों में जागरूकता आई है।
3. प्राथमिक विद्यालयों में बच्चों की संख्या बढ़ गयी है।
4. जन्मदर घटी है।
5. महिलाओं में आत्मविश्वास जगा है और स्वधारणा सुधरी है।
6. सामाजिक बुराईयों जैसे बाल विवाह, इत्यादि पर नियंत्रण हुआ है।
7. शिशु मृत्यु दर कम हुई है।

(एरनाकुलम में साक्षरता परीक्षणः साक्षरता अभियानों की शुरूआत)

- एरनाकुलम जिले ने जनवरी 1989 में संपूर्ण साक्षरता अभियान शुरू किया।
- एरनाकुलम को 4 फरवरी 1990 को देश का पहला पूर्ण साक्षर जिला घोषित किया गया।
- केरल को 1991 में पहला पूर्णतः साक्षर राज्य घोषित किया।
- राष्ट्रीय साक्षरता मिशन ने संपूर्ण साक्षरता के लिए जन अभियान का तरीका अपनाया।

संपूर्ण साक्षरता अभियान में एरनाकुलम कैसे प्रवृति बनाने वाला साबित हुआ–

1988 में राष्ट्रीय साक्षरता मिशन शुरू होने के बाद 1988 और 1990 के बीच इस मिशन ने पहले के केन्द्र–आधारित कार्यक्रमों को मजबूत करने का प्रयास किया जिससे कि इसका कार्यान्वन और अधिक कारगर हो सके। इसकी रणनीति में कोई परिवर्तन नहीं हुआ और केन्द्र आधारित कार्यक्रम चलता रहा। इसका पुनर्गठन करने में जो परिवर्तन किए गए उनका उद्देश्य मुख्यतः विभिन्न कार्यकलापों को युक्ति संगत बनाना और प्रबंध संबंधी कमियों को सुधारना था। परियोजना तैयार करने की ओर कार्यान्वयन के विस्तृत दिशा–निर्देश बनाए गए तथा प्रशासनिक और पर्यवेक्षण संबंधी नियंत्रण का कार्य राज्य सरकारों को सौंपा गया।

एर्नाकुलम की संपूर्ण साक्षरता योजना का शीर्षक 'लीड काइंड ली लाईट' को सही मायने में संपूर्ण साक्षरता अभियान का भारत देश के लिए

अनेक कारणों से 'पैमाना' तथा 'विचाराधारा स्थापित' करने वाला कहा जाता है। इसमें संदेह नहीं है कि साक्षरता अभियान महाराष्ट्र में 'ग्राम साक्षरता मुहिम' राजस्थान में 'साक्षरता गाँव–गाँव' का प्रयोग समस्त गुजरात राज्य के लिए 'गुजरात विद्यापीठ' द्वारा चलाया गया। साक्षरता अभियान, कर्नाटक के प्रत्येक जिले में भी चलाया गया।

एर्नाकुलम परियोजना, जिला प्रशासन तथा केरल शास्त्र साहित्य परिषद (के.एस.एस.पी.) एक स्वयं सेवी संस्था जो तीन दशाब्दियों से सामाजिक क्षेत्र में कार्य कर रही थी, के संयुक्त प्रयास का परिणाम थी। यह एक ऐसी बहुउद्देश्यीय व्यवस्था थी जिसमें एक का मुखिया क्लेक्टर तथा उसके साथी थे और दूसरी का मार्गदर्शन के एस.एस.पी. द्वारा किया जाता था। इसमें सुनिश्चित हुआ कि यह अभियान सरकारें या नौकरशाही प्रयास न हो अपितु यह जन–प्रेरणा की दृष्टि से नियोजित समेंकित तथा समविन्त प्रयास होना चाहिए जिसकी सफलता सुनिश्चित हो सकें।

दूसरे यह भी महसूस किया गया कि साक्षरता की सार्थक मांग पैदा करने हेतु वातावरण तैयार करना इसके लिए लगातार निर्बाध गति से कार्य किया जाना जरूरी था। ताकि यह अभियान की उद्वेलित भावनाओं को संपूर्ण अवधि तक बरकरार रखा जा सके। यह महसूस किया गया कि देशज संस्कृति तथ रीति–रिवाजों के प्रभावशाली पक्ष को गीत–संगीत थियेटर, नुक्कड़ नाटक आदि के माध्यम से तैयार करके इनका उपयोग किया जाए। जो लोगों की उदत्त भावनाओं को जगा कर उन्हें साक्षरता अभियान के अपनी सकारात्मक भूमिका के लिए तैयार कर सकें।

तीसरे, यह आंकलन भी सही था कि इस गति को लम्बी अवधि तक बनाए रखना संभव नहीं था जबकि परियोजना की अवधि एक वर्ष थी। वास्तविक नियोजन, तैयारी, संगठन तथा अभिप्रेरणा के लिए छः महीने चलाए जायें तथा शेष छः मास की अवधि को वास्तविक उद्देश्य की पूर्ति हेतु पढ़ना–पढ़ाना प्रक्रिया में लगाए जाएं।

चौथे, यद्यपि क्लेक्टर ही सही अर्थों में मुख्य अभिप्रेरक, संगठनकर्त्ता, समन्वयकर्त्ता तथा पर्यवेक्षक होता है लेकिन उसे भी यही प्रभाव छोड़ना है कि वह आम आदमी से अलग नहीं है तथा समाज के सभी वर्गों तथा

जनसाधरण को अभियान के लिए अभिप्रेरणा जागृत करने के लिए अपने कार्य में बहादुरी और दृढ़ता के साथ कर्त्तव्यपूर्ति में गंभीरता से संलग्न रहना है। उसे ऐसे उन सभी व्यक्तियों से सहयोग प्राप्त करना है। जिनके हृदय में साक्षरता के लिए काम करने की भावना तथा जोश हो उनकी अपील अत्याधिक भावप्रधान तथा सार्थक हो जो दूसरों की प्रेरणा का स्त्रोत बने तथा इन्हें इस कार्य में अग्रसर कर सके। यद्यपि इस प्रकार संपूर्ण प्रक्रियां में उसे बहुत विनम्र तथा प्रचार करने की इच्छा से अलग रहना होगा। इससे लोगों में यह विश्वास बढ़ेगा कि कलेक्टर अपना महत्व बढ़ाकर साक्षरता अभियान से आत्म प्रचार तथा प्रतिष्ठा बढ़ाकर अपनी महत्वांकाक्षाओं की पूर्ति करने में नहीं लगा हुआ।

पाँचवा, समाज सेवा का संकल्प संपूर्ण अभियान का मुख्य सिद्धांत है इसका तात्पर्य दो प्रकार से सामने आता है। वृति भोगी (जीविका वृत्ति) (पूर्णकालिक वृत्ति भोगी परियोजना संयोजक, जिला, ब्लाक तथा पंचायत स्तर पर सहायक परियोजना संयोजक आदि) को विभिन्न स्त्रोतों से प्रतिनियुक्ति पर लिया जाता है तथा परियोजना की अवधि समाप्ति पर वापिस भेज दिया जाता है। वे अपना वेतन व भत्ते अपने मूल विभाग (संस्थान) से प्राप्त करेंगे तथा परियोजना से पर्यवेक्षण एवं संयोजन कार्य के लिए कोई राशि नहीं दी जाती। इसके विपरीत शिक्षकों, प्रधान शिक्षकों तथा स्त्रोत व्यक्ति को प्रशिक्षण देने तथा प्रशिक्षण के उपरांत शैक्षिक पर्यवेक्षण कार्य के लिए कुछ यात्रा खर्च तथा 'जेब खर्च' दिया जा सकता लेकिन इन्हें कोई मानदेय, वेतन या भत्ते नहीं दिये जाएंगे।

इस मिशन में दिशा निर्देशों में व्यापक संशोधन के बावजूद पहले पाई गई कमियों को कार्यान्वयन प्रक्रिया और अभियान वाले तरीके के प्रयोग का एक प्रमुख अपवाद केरल के कोट्टायम शहर में पहली बार देखा गया। यहाँ के जिला क्लेक्टर ने स्थानीय विश्वविद्यालय ने 200 स्वयंसेवक तैयार करके तथा 6–60 आयु वर्ग के 2000 निरक्षरों के साथ संपर्क स्थापित करके तीन महीनों के अंदर–अंदर उन्हें पूरी तरह साक्षर बनाने में सफलता प्राप्त की।

एर्नाकुलम का संपूर्ण साक्षरता अभियान दशाब्दि का सर्वाधिक सुनियोजित तथा व्यवस्थित प्रयास था जो पूरी एक वर्ण की समयावधि में अपनी तार्किक परिणति तक पहुँच सका। इसमें पहले 6 महिनों में विस्तृत नियोजन, तैयारी तथा अक्षर कला जत्था, पोस्टरों, पैनलों, इश्तिहारों को दीवारों पर लिखकर, स्टिकर आदि के द्वारा वातावरण निर्माण में लगाए गए तथा शेष छः महीने वास्तविक अध्ययन–अध्यापक कार्य में लगाए गए।

साक्षरता के अंतर्गत पढ़ाने के लिए प्रारम्भिक सर्वेक्षण में 6–60 आयु वर्ग के 1,83,381 व्यक्ति रखे गये तथा अंतिम सर्वेक्षण के समय 1,74,624 व्यक्ति रखे गए। इनमें से 1,61,091 को नामांकित किया गया तथा 1,35,254 व्यक्तियों ने राष्ट्रीय साक्षरता मिशन के साक्षरता स्तर को प्राप्त किया।

ब्राजील के क्रांतिकारी पाऊलो फरेरे द्वारा रचित पुस्तक 'पेपेगोगी आफ दा आपरेस्ड' में संकलित, विश्लेषणात्मक तथा विवेकशीलता आधारित पद्धति के सारतत्व आधार पर एर्नाकुलम अभियान की गतिविधियाँ आधारित थीं। यह पद्धति बातचीत, चर्चा, विश्लेषण, प्रभाव प्रश्नात्मकता तथा सार्वजनिकता की पद्धति पर आधारित है चाहे यह अध्ययन–अध्यापन सामग्री (विषयवस्तु अथवा प्रक्रिया दोनों) तैयार करने के विषय में हो या प्रशिक्षण या शिक्षा के परिणाम का मूल्यांकन न हो। संपूर्ण एर्नाकुलम साक्षरता अभियान में विवेकशीलता पैदा करना ही प्रमुख प्रतिपाद्य, प्रकृति तथा तकनीक रही।

राष्ट्रीय साक्षरता मिशन को पहली वास्तविक सफलता 1989 में शुरू किए गए जन साक्षरता अभियान के प्रयोग में मिली, जिसे केरल के एर्नाकुलम जिले में 1990 में सफलतापूर्वक पूरा किया गया था। संपूर्ण साक्षरता अभियान कलेक्टर की अध्यक्षता में पूरा किया गया। इसमें जिला प्रशासन, स्वयंसेवक समूहों, सामाजिक कार्यकर्त्ताओं और अन्य लोगों के बीच पूरा मेल जोल रहा। और इसकी अगुआई केरल शास्त्र साहित्य परिषद ने की। एर्नाकुलम ने 4 फरवरी 1990 को संपूर्ण साक्षरता का उद्देश्य प्राप्त कर लिया और इसी के साथ उसे एक निराला सम्मान भी मिला कि यह देश का पहला जिला था जो पूरी तरह साक्षर बन गया।

इस अभियान का अन्य आश्चर्यजनक पहलू था कि वह अपनी संरचना तथा संचालन में पूर्णतः सहयोग पर आधारित था। सभी आठ पंचायत बोर्डों, 152 नगर निगम तथा 50 निगम डिविजनों में प्रमुख लोगों की समितियाँ गठित की गई। इस समिति में समाज के सभी लोगों के प्रतिनिधि थे वे बोर्ड के सदस्य को अध्यक्ष के रूप में चुनते थे यद्यपि क्लेक्टर तथा उसके सहयोगी इन समितियों के निर्माण की पहल करते हुए इसमें निर्णायक भूमिका अदा करते थे परन्तु इसके निर्माण की वास्तविक प्रक्रिया सार्वजनिक बैठकों में पूर्णतः साझेदारी के वातावरण में पूरी होती थी।

एरनाकुलम के प्रयोग में अपनाई गई रणनीति में मुख्य बदलाव अच्छी तरह समन्वित, व्यापक और सुनिर्धारित पहल के रूप में हुआ। इस कार्यक्रम की मांग पैदा करने तथा इसे आगे भी बनाए रखने के लिए सामाजिक संपर्क को भी बदला गया। इसमें वातावरण बनाने और साक्षरता की मांग के बाद साक्षरता की पढ़ाई कराने के उद्देश्य से जन आधरित, समुदाय आधारित अभियान के तरीके की संभावना स्थापित की गई इसके बाद इस अभियान के तरीके को अपनाया गया और इसी से संपूर्ण साक्षरता अभियान का तरीका निकाला गया। एरनाकुलम में मिली सफलता से प्रेरणा लेकर समुचे केरल, गोवा, संघ राज्यक्षेत्र पांडिचेरी, कर्नाटक, आंध्र–प्रदेश और पश्चिमी बंगाल में कई जिलों ने निर्धारित समय–सीमा में संपूर्ण साक्षरता प्राप्त करने की चुनौती को स्वीकार कर लिया। ये संपूर्ण साक्षरता अभियान बड़ी तेजी से फैलते गए और देश भर में शुरू हो गए।

इस अभियान की अन्य अद्भुत विशेषता थी। इसका स्वास्थ्य तथा परिवार कल्याण कार्य से जुड़ जाना। संपूर्ण साक्षरता कार्यक्रम के समापन के रूप में एक वर्ष से कम आयु के बच्चों के लिए टीकाकरण का कार्यक्रम रखा गया। जिसमें यूनिसेफ ने टीके उपलब्ध कराए और यह यूनिसेफ के 'सन् 2000 तक सभी के लिए स्वास्थ्य' मिशन के अंर्तगत आता है।

टीकाकरण के लिए बच्चों की गिनती दो चरणों में की गई पहली स्वयंसेवकों के सहयोग से शिक्षकों के दल उन घरों का पता लगाते थे जिसमें एक वर्ष से कम आयु के बच्चे या गर्भवती महिलाएं थीं।

दूसरे चरण में स्थानीय स्वास्थ्य सेवाओं के विभागों ने मकानों का सर्वेक्षण किया तथा टीकाकरण के लिए उपयुक्त लोगों को सूचीबद्ध किया। शिक्षकों (संख्या 14,392) तथा स्थानीय स्वास्थ्य सेवाओं (संख्या–2500) के कर्मचारियों दोनों को प्रमुख प्रशिक्षकों तथा के.एस.एस. पी. के डाक्टरों ने प्रशिक्षित किया परिणाम स्वरूप कुल 43,200 बच्चों को तथा 27000 संभावित माताओं को टीके लगाए गए तथा जिले की टीकाकरण की स्थिति में उल्लेखनीय वृद्धि हुई। दूसरे शब्दों में संपूर्ण साक्षरता अभियान बच्चों एवं गर्भवती महिलाओं के लिए संपूर्ण टीकाकरण कार्यक्रम में भी परिवर्तित हो गया।

भारत ज्ञान विज्ञान समिति के उदय के पश्चात् साक्षरता–

एरनाकुलम भारत एवं केरल राज्य का पहला ऐसा जिला था जिसने संपूर्ण साक्षरता अभियान के तहत् एक वर्ष के भीतर पूर्ण साक्षरता प्राप्त होने का विशिष्ट स्थान प्राप्त किया जिसकी घोषणा भारत के तत्कालीन प्रधानमंत्री श्री वी. पी. सिंह ने कोचीन में 4 फरवरी 1990 को विशेष आयोजित समारोह में करते हुए इस कार्यक्रम की अनेक महत्वपूर्ण पहलुओं को बताया।

(क) इसमें जिले को एक इकाई रूप में संचालन क्षेत्र मानते हुए संपूर्ण साक्षरता उद्देश्य हेतु कार्यक्रम संचालन किया जा सकता है।

(ख) इसमें वास्तविक साक्षरता तभी आरंभ की जाती थी जब पर्याप्त नियोजन एवं तैयारी के उपरांत यह सुनिश्चित हो जाए कि जनता में साक्षरता की सकारात्मक इच्छा जागृति हो गई है। इस बात का ज्ञान होने पर साक्षरता कार्यक्रम आरंभ होता है।

(ग) कार्यक्रम हेतु गहन विचार विमर्श के लिए आपसी तालमेल के साथ बैठक आयोजन होता है जिसमें समाज के विभिन्न सामाजिक कार्यकर्त्ताओं के दल स्वयं सेवी संगठन, जिला प्रशासन के वह लोग शामिल होते हैं जो सकारात्मक दृष्टिकोण, सूक्ष्मदृष्टि स्वस्थ्य मनोवृत्ति एवं उपयुक्त ज्ञान वान होते हैं।

(घ) राष्ट्रीय साक्षरता मिशन के संपूर्ण साक्षरता कार्यक्रम से विभिन्न क्षेत्रों जैसे–सफाई, पर्यावरण, संरक्षण, टीकाकरण, स्वास्थ्य आदि में अभियान शुरू करने का एक सरल सुलभ मार्ग प्रशस्त किया।

(ड) यह कार्यक्रम एक अत्यंत स्वयं साधन सुलभ कराने की दिशा में महत्वूपर्ण प्रयास में वृद्धि करता था यह लोगों में स्वाभाविक, स्वतः स्फूर्ति, अभिप्रेरणादायक कम खर्च वाला कार्यक्रम था। इसमें समाज से बहुत सी कीमती वस्तुएं एकत्रित की जा सकती हैं। तथा प्रति व्यक्ति साक्षरता कार्यक्रम पर खर्च 50–70 रूपये को सरकार द्वारा अध्ययन–अध्यापन सामग्री, प्रशिक्षण तथा प्रबंध निवेश इत्यादि के रूप में प्रयोग करके इस कार्यक्रम को सरल सुलभ एवं कम खर्चीला बनाया जा सकता है।

एर्नाकुलम में परीक्षण हेतु संपूर्ण साक्षरता अभियान को आरंभ करने से पूर्व एवं बाद में इसके कार्यकर्त्ता सदैव इसकी समालोचना करते हुए कहते रहे कि साक्षरता की सकारात्मक दृष्टिकोण वाली प्रवृति विचारधारा आम जनता में किस प्रकार पैदा की एवं बढ़ाई जा सकती है तथा जिससे माहौल बनाया जा सके जिसमें साक्षरता लक्ष्य प्राप्ति के अलावा राष्ट्रीय महत्व के मुख्य–मुख्य आदर्श का प्रचार–प्रसार एवं बढ़ावा देने वाला वातावरण पैदा हो सके। साक्षर एवं निरक्षर सभी लोगों में धर्मनिरपेक्षता लोकतंत्र, विवेकपूर्ण वैज्ञानिक मानसिकता, दूरदर्शी दृष्टिकोण को विकसित किया जा सके। लेकिन क्या सरकार ऐसा करेगी। क्या सरकार ऐसा कार्य करने के लिए तैयार है। ऐसे प्रश्न निरन्तर पैदा होकर जनता के सामने आते रहे। इस कार्य में भारत ज्ञान–विज्ञान समिति के जत्थों ने विज्ञान एवं तकनीक विकास का संदेश 1987 में भारत के विभिन्न पांच भागों से प्रचार करते हुए भोपाल में अपना अनुभव बताया जो कि एक नया महत्वपूर्ण तजुर्बेकार आंख खोल देने की घटना मानी जा सकती है।

1987 में भारत ज्ञान विज्ञान समिति ने विभिन्न जत्थों से संकेत प्राप्त करते हुए ऐसी समिति बनाई जिसमें सकारात्मक दृष्टिकोण सूक्ष्म विश्लेषणात्मक मनोवृत्ति दूरदर्शी दृष्टिकोण वाले उपयुक्त ज्ञान वाले

रचनात्मक विचारक, लेखक, कलाएं एवं समाज विज्ञानी कार्यकर्त्ता शामिल थे इनका कार्य भारत के विभिन्न भागों में जत्थों एवं कारवां के द्वारा जनता में सकारात्मक साक्षरता चेतना जागृति के उत्तरदायित्व को निभाना था। इसके लिए भारत ज्ञान–विज्ञान समिति नामक स्वतंत्र एवं स्वायत्त निकाय का अगस्त 1989 में गठन राष्ट्रीय साक्षरता मिशन द्वारा किया गया। इस समिति में यूनेस्को के भूतपूर्व महाउपनिदेशक प्रख्यात अर्थशास्त्री शिक्षा शास्त्री डॉ. मैलकोम, एस. अविसेसिया इसके अध्यक्ष, केरल शास्त्र साहित्य परिषद के तीन दशकों पुराने सक्रिय कार्यकर्त्ता न्यूकरलिक वैज्ञानिक एवं सामाजिक कार्यकर्ता डॉ. एम.पी. परमे वरम् इसके सचिव थे इसके अलावा इस समिति में प्रमुख रचनात्मक लेखक (कवि, नाट्यलेखक, उपन्यासकार) वैज्ञानिक, तकनीक विशेषज्ञ, सामाजिक कार्यकर्त्ता इसकी महासभा एवं कार्यकारिणी के महत्वपूर्ण सदस्य थे इस समिति ने प्रारंभ से ही गैर सरकारी एवं समाजसेवी प्रयासों के माध्यम से संपूर्ण देश में साक्षरता के प्रति वैचारिक मंथन और आकर्षण पैदा करने के लिए सूक्ष्म योजना तैयार करनी शुरू की। इसके द्वारा राज्य तथा जिला स्तर पर अपनी शाखाएं खोलते हुए 2 अक्टूबर से 14 नवम्बर 1990 तक साक्षरता के लिए देशभर में कारवां चलाया। भारतीय इतिहास में यह समयकाल काफी उपद्रव ग्रस्त रहा जो कि जाति तथा वर्गों के बीच जातिगत आरक्षण तथा धर्म के नाम पर युद्ध के आपसी तनावपूर्ण काल में दूषित हो चुका था। जिसके कारण, देश की संपत्ति, जनजीवन में भारी जन–धन हानि उठानी पड़ी। इतिहास की यह रूढ़िवादी, भेदभाव पैदा करने वाली विध्वंशकारी ताकतें इस कारवां के आयोजकों को संपूर्ण भारत में साक्षरता के संदेश पहुँचाने के उनके महत्वपूर्ण ऐतिहासिक संकल्प कार्य से अलग न कर सकी।

एर्नाकुलम में राष्ट्रीय साक्षरता मिशन के आंदोलन की सफलता से उत्साहित होकर भारत ज्ञान–विज्ञान समिति नामक कमेटी ने राष्ट्रीय साक्षरता मिशन के साथ मिलकर साक्षरता के क्षेत्र में कम समय में ही उल्लेखनीय सफलता प्राप्त कर ली। आज देश के लगभग 300 जिलों में यह कार्यक्रम सफलतापूर्वक चल रहा है। इसकी सफलता का अनुमान इससे लगाया जा सकता है कि यह न केवल राष्ट्रीय साक्षरता मिशन का

एक लोकप्रिय कार्यक्रम है अपितु राज्य सरकारों की विकास सूची में भी इसे उच्च स्थान प्राप्त है। इसने अपने राष्ट्रीय लक्ष्य में महत्वपूर्ण उपलब्धि प्राप्त की है तथा इसकी संगठनात्मक क्षमता को राष्ट्रव्यापी रूप प्राप्त हो चुका है।

संपूर्ण साक्षरता कार्यक्रम को नियोजित जन आंदालेन रूप में व्यवहारिक कार्य योजना के रूप में परिवर्तित करना कोई कम चुनौतीपूर्ण कार्यक्रम लक्ष्य का नहीं था। प्रारंभ में इसकी स्पष्ट तस्वीर नहीं थी। इस बात को ध्यान में रखते हुए भारत ज्ञान–विज्ञान समिति ने पर्यावरण निर्माण की महत्वपूर्ण जिम्मेदारी ग्रहण की तथा 1990 तक भारत ज्ञान–विज्ञान जत्थों को तैयार करने की विस्तृत योजना बनाई गई जो कि देश के चार सौ से अधिक जिलों में फैले हुए थे और इसकी स्थानीय कलाओं, नुक्कड़ नाटकों तथा अन्य प्रचार प्रसार, संचार साधनों से अपने लक्ष्य प्राप्ति में जुटे हुए थे इन कला जत्थों ने साक्षरतामूलक कार्यक्रम चलाकर उल्लेखनीय सफलता अर्जित की जो कि इनके आयोजकों की अपेक्षाओं से भी कहीं अधिक रही। इस कार्यक्रम द्वारा कला जत्थों ने 330 से अधिक जिलों में केवल स्वयं सेवी आधार पर अपना कार्य प्रारंभ किया इस कार्यक्रम द्वारा कला जत्थों ने आम व्यक्ति के भीतर साक्षरता प्राप्ति की प्रेरणा जागृत करने के साथ–साथ राष्ट्रीय संगठन की भूमिका तैयार की।

इस समयावधि में एरनाकुलम का प्रार्दुभाव साक्षरता हुआ आंदोलन संपूर्ण केरल, पांडिचेरी, आंध्र–प्रदेश राज्य तथा कर्नाटक के कुछ जिलों में तेजी से सफलतापूर्वक फैलता चला गया। सन् 1991 में उत्तरी भारत में भी इसने अपने पैर फैलाए अब यह कार्यक्रम समिति के पूर्व निर्धारित लक्ष्य संपूर्ण साक्षरता अभियान तक सीमित न होकर और अधिक बड़े राष्ट्रीय प्रश्नों जैसे राष्ट्रीय एकता, आर्थिक मुक्ति, स्त्री–पुरुष समानता, स्वतंत्रता, धर्मनिरपेक्षता, स्त्री स्वायत्ता, स्वास्थ्य चेतना, सुचारू व्यवस्था, भूमि व श्रम लोकतांत्रिक मूल्यों में विश्वास स्थायित्व तथा लोकतांत्रिक विचार के प्रचार–प्रसार तक फैल गया।

दिल्ली राज्य में साक्षरता अभियान–

साक्षरता मानव के विकास की बहुत ही जरूरी शर्त है अपनी बातों को दूसरों तक पहुँचाने का, नई बातें सीखने का और ज्ञान–विज्ञान के

आदान–प्रदान का यह जरूरी साधन है। साक्षरता व्यक्ति की उन्नति और राष्ट्र के उत्थान की पहली शर्त है।

भारत में लम्बे समय तक विदेशी हुकुमत के शासन काल में भारतीय जनता की शिक्षा पर कोई विशेष ध्यान नहीं दिया गया। स्वतंत्रता पूर्व सन् 1947 से पहले भारत की कुल जनसंख्या में केवल 14 प्रतिशत साक्षरता ही विद्यमान थी। स्त्रियों की साक्षरता दर तो और भी निम्न स्तर पर केवल मात्र 8 प्रतिशत थी।

इसलिए भारत में निरक्षरता को समाप्त करने के लिए राष्ट्रीय साक्षरता मिशन का निर्माण किया गया। साक्षरता के प्रचार–प्रसार के लिए चलाए जा रहे भारत सरकार के मिशनों में से एक मिशन इसे माना गया। यह एक साािजिक मिशन है। साक्षरता के प्रसार के लिए मुख्य रूप से पूर्व निम्नलिखित कार्यक्रम लागू किए गए।

- 2 अक्तूबर 1978 को राष्ट्रीय प्रौढ़ शिक्षा कार्यक्रम जो केन्द्र आधारित था।
- 1 मई 1986 से कार्यात्मक साक्षरता का जन कार्यक्रम जो 'हर एक पढ़ाए एक' की अवधारणा पर आधारित था।

इन कार्यक्रमों में मुख्य कमियाँ थी। जैसेः–

- शिक्षार्थियों व अनुदेशकों में प्रेरणा का अभाव था।
- समुदाय की भागीदारी बिल्कुल नहीं थी।
- मानीटरिंग तथा मूल्यांकन की ठीक व्यवस्था नहीं थी।
- नव साक्षरों के लिए उत्तर साक्षरता हेतु उचित सामग्री उपलब्ध नहीं थी।

परन्तु इन कार्यक्रमों के लागू होने से फायदे भी हुए। जैसे–पहली बार व्यापक रूप से राष्ट्रीय स्तर पर साक्षरता कार्यक्रमों को लागू किया जाना।

- विद्यार्थियों द्वारा 'हर एक पढ़ाए एक' में भाग लिए जाने पर स्वयं सेवक भावना को विकास होना।

उपयुक्त दोनों योजनाओं के लागू होने के बाद भी साक्षरता में अपेक्षित प्रगति नहीं हो पायी। दोनों कार्यक्रमों की कमियों को ध्यान में

रखते हुए 5 मई 1988 को केन्द्रीय सरकार स्तर पर महानिदेशक के नेतृत्व में राष्ट्रीय साक्षरता मिशन प्रारंभ किया गया। तब से निरक्षरता के खिलाफ छेड़ी गई लड़ाई चल रही है।

एन.एल.एम. मिशन का लक्ष्य–15–35 आयु वर्ग के 10 करोड़ निरक्षर व्यक्तियों को कार्यात्मक साक्षरता प्रदान करना।

– जहाँ आवश्यकता हो 9–14 आयु वर्ग के बच्चों को भी शामिल करना।

कार्यात्मक साक्षरता का अर्थ–(1) साक्षरता और गणित में आत्मनिर्भर बनाना। (2) अपने पिछड़ेपन के कारणों को जानना और संगठित होकर विकास के कार्यों में भाग लेकर अपनी दशा सुधरने के लिए नये हुनर सीखना (3) राष्ट्रीय एकता, पर्यावरण का बचाव, स्त्री–पुरुष समानता और छोटा परिवार–इस सामाजिक मूल्यों को अपनाना।

दिल्ली का साक्षरता परिदृश्य–

एक महानगर, देश की राजधानी होने के बावजूद राष्ट्रीय राजधानी क्षेत्र दिल्ली निरक्षरता से मुक्त नहीं है यद्यपि पिछले वर्षों में साक्षरता की दर बढ़ने से निरक्षरता की दर नीचे गई है परन्तु निरक्षरों की कुल जनसंख्या में बढ़ोत्तरी हुई है। 1991 की जनगणना के अनुसार 93.7 लाख जनसंख्या में निरक्षरों की संख्या 58.52 लाख थी। 19.31 लाख निरक्षर सात वर्ग और अधिक आयु के थे तथा 9:29 लाख निरक्षर 15–35 आयु वर्ग के थे

इस परिदृश्य में साक्षरता के महत्व को देखते हुए दिल्ली सरकार द्वारा 6 से 35 आयु वर्ग में निरक्षरता के उन्मूलन के लिए प्रयास शुरू किए गए हैं। ये प्रयास एक अभियान के रूप में है जिसे 'दिल्ली सर्व–शिक्षा अभियान' का नाम दिया गया है। यह अभियान राष्ट्र के लिए 'सन् 2010 तक सभी को शिक्षा' संकल्प के प्रसंग में भी सामायिक है।

भारत में संचालित साक्षरता नीति

भारत में शिक्षा की एक लम्बी परम्परा रही है। विश्व की प्राचीनतम पुस्तक, ऋग्वेद में शिक्षा तथा गुरू (शिक्षक) दोनों के महत्व का स्पष्ट

उल्लेख है। इसमें वैदिक काल की असंख्य कहानियां हैं। जिसमें बताया गया है कि पहले समय में आश्रम (विद्यालय) होते थे जहां बच्चों को शिक्षा के लिए भेजा जाता था। रामायण और महाभारत के काल में हमें वशिष्ठ, विश्वामित्र, द्रोणाचार्य जैसे शिक्षकों का उल्लेख मिलता है।

मध्यकाल में साक्षरता नीति

मध्यकालीन भारत में रूचि के अनुसार पर शिक्षा का प्रसार आधारित या सर्वप्रिय शिक्षा के विकास का कार्य शिक्षा के सर्वमान्य माध्यम की कमी के कारण हुआ। मुगल शासक शिक्षा को धर्म का दास समझते थे इसलिए राज्य की तरफ ये शिक्षा को प्रोत्साहन कहीं कहीं प्राप्त था। तथापि इस्लाम की समानतावादी विचारधारा के कारण मुगल शासन काल में शिक्षा के द्वार सभी के लिए खुले थे मुहम्मद तथा कुरान की शिक्षाओं में पैदा होने से मरने तक सम्पूर्ण संग्रह पर बल दिया गया है। अकबर के समय में मुद्रित पुस्तकें मुख्यतः हस्तलिखित पुस्तकें राज दरबार में ऊंची आवाज में पढ़ी जाती थीं और उस पर बहस होती थी। जिससे अभिजात–वर्ग की जानकारी बढ़ती थी। औरंगजेब पहला मुगल शासक था जिसने जनसाधारण के लिए निःशुल्क तथा अनिवार्य शिक्षा प्रारंभ की। यद्यपि इसे पूरी सलतनत में लागू नहीं कर सका। प्रायोगिक तौर पर गुजरात में नेहरा समुदाय में लागू किया जिससे इस समुदाय में उच्च साक्षरता दर रही। ज्ञान, मूल्यों तथा समाज की संस्कृति के मौखिक सम्प्रेषण की परम्परा मध्यकाल में भी जारी रही जब भारतीयों शासकों ने विद्वानों, संतों, अध्यापकों, कलाकारों तथा शिल्पकारों की जिन्होंने शांति तथा सौहार्द के संदेश का कलाओं, संगीत, उपदेशों–तथा लेखों के माध्यम से जारी रखा, अत्यधिक राजनैतिक संरक्षण तथा आर्थिक सहायता प्रदान की। सामाजिक केंन्द्रों के रूप में मंदिरों को लोकप्रियता हुई। वे बैठक स्थान तथा ग्रामीण तथा तथा धार्मिक और सामाजिक प्रवचनों के केन्द्र बने साथ ही बच्चों को ज्ञान की शिक्षा भी देते थे।

ब्रिटिश काल में साक्षरता नीति

आधुनिक काल में जब अंग्रेज भारत पर अपना शासन जमा रहे थे उस समय एडम्स की रिपोर्ट में जोर देकर कहा गया था कि भारत में

विद्यालयों का जाल बिछा हुआ था। लगभग प्रत्येक गांव में एक विद्यालय होता था। यद्यपि ईस्ट इंडिया कम्पनी का मुख्य ध्येय व्यपार था, 1698 के चार्टर एक्ट से शिक्षा के प्रसार में मिशनरियों की भूमिका का पता चलता है। मिशनरियों को सबसे पहले स्थानीय भाषाएं सीखनी पड़ती थीं तथा स्थानीय लोगों से सीधे बात करनी होती थी। उनके पास न केवल छापेखाने थे बल्कि बाईबिल तथा अन्य धार्मिक पुस्तकों का स्थानीय भाषाओं में अनुवाद भी करवाया और 1713 में प्राथमिक तथा प्रौढ़ विद्यालयों की स्थापना की। अपनी समाचार संस्कृति उद्देश्यों के अलावा मिशनरी उधमियों ने अठारवीं शताब्दी में गरीब भारतीयों के लिए अनेक स्कूल खोलकर, शिक्षा के अतिरिक्त अवसर प्रदान किए। मिशनरियों के आलावा अनेक ब्रिटिश अधिकारियों जैसे लार्ड मिन्टो, थामस मुनरो एल्फिरुटो, लार्ड मैकाले, ट्रैवल्यान तथा गैर–सरकारी व्यक्तियों का वर्ग था। जैसे विलयम ऐडम, किलबरफोर्स डेविड हेयर जो मानवीय संवेदनाओं से प्रेरित थे और सफेद लोगों के दायित्व में गहरा विश्वास रखते थे और जिन्होने स्वयं को संसार के दूसरे रंगों के व्यक्तियों से सभ्य तथा शिक्षित बनाने के अंग्रेजो के पवित्र कर्तव्य से जोड़ रखा था। यह देखते हुए की "हिन्दु गलती करते हैं क्योंकि वे अज्ञानी हैं।" चार्ल्स ग्रांट ने आग्रह किया कि उन्होंने ब्रिटिश के श्रेष्ठज्ञान का प्रकाश के माध्यम से उनके धार्मिक और नैतिक उत्थान के लिए उपयोगी जारकारी दी जाए। ब्रिटिश सांसदों के एक दल ने इसका अत्यधिक विरोध किया राजनैतिक और आर्थिक कारणों से भारतीयों को शिक्षित करने के लिए उत्सुक नहीं थे उनका विश्वास था कि अमेरिका उपनिवेशों में ब्रिटिश शासन के विरूद्ध विरोध विद्रोह नहीं होता यदि उनका नेतृत्व दृढ़ निश्चयी शिक्षित वर्ग ने न किया होता कोर्ट ओफ डायरेक्टर्स के एक प्रमुख सदस्य मार्शमन ने कहा कि "हमने अपनी गलतियों के कारण अमेरिका को खोया है क्योंकि हमने वहाँ स्कूल और कॉलेज खोलने की अनुमति दी और यह गलती हम भारत के मामले में नहीं दोहरायंगे ईसाह तथा इस्लाम के प्रसार तथा अरेबियां ग्रिक तथा चीन के साथ अन्तर्राष्ट्रीय व्यापार में यद्यपि शिक्षा के प्रसार को अत्यधिक तेज किया जो विशेष दक्षिणी भारत के समुद्र तटीय क्षेत्रों तक रहा और केवल ईस्ट इंडिया कम्पनी के आने पर कुछ मूलभूत परिवर्तन भारतीय ईस्ट इंडिया कम्पनी के आने पर मूलभूत परिवर्तन उल्लेखनीय है।

ईस्ट इण्डिया कम्पनी के व्यावसायिक संस्थान से प्रशासनिक व्यवस्था में परिवर्तित होने पर मिशनरियों पर केवल थोड़े समय का प्रतिबंध रहा क्योंकि भारतीय ऐसे समय जब स्थानीय शासकों के साथ ब्रिटिश अनेक युद्धों में फंसे हुए थे, उनसे दूर न हो जायें। अठारवीं शताब्दी में इंग्लैण्ड में शिक्षा को सरकार की सहायता न होने पर ब्रिटिश इंडिया कम्पनी ने उपनिवेश के निवासियों की शिक्षा का ध्यान रखना आवश्यक न समझा और अतिरिक्त राजस्व में से ब्रिटिश भारत के शिक्षा विकास के लिए एक लाख रूपये प्रदान करने का निर्णय लिया गया।

मिशनरियों को चार्टर एक्ट के अंतर्गत शिक्षा संस्थाओं को स्थापित करने की आजादी मिली तो इससे परिस्थितियों में परिवर्तन आया 1823 तक यह निर्णय लागू नहीं हुआ क्योंकि कोई फालतु राजस्व राशि नहीं थी और एग्लों–ऑरियन्टल विवाद के कारण भी यह रुका रहा। इसी दौरान 1822 में थॉमस मुनरो ने मद्रास प्रजिडेंस में तथा विलियम एडम ने बंगाल में शिक्षा सर्वेक्षण करवाया जिससे शिक्षा की शोचनीय स्थिति का पता चला। अपनी रिपोर्ट में एडम ने प्रौढ़ साक्षरों तथा शिक्षा ग्रहण करने वाले बच्चों के पांच उप–मण्डलों तथा मुर्शिदाबाद शहर में आंकड़े एकत्र किए। 496,974 की कुल जनसंख्या में केवल 28,697 व्यक्ति शिक्षित थे अर्थात पांच वर्ष से बड़े केवल 5–8 व्यक्ति साक्षर थे।

यद्यपि देश के अस्थिर राजनैतिक वातावरण ने शिक्षा में सरकारी रूचि को कम कर दिया था। मिशनरी तथा प्रबुद्ध मौलिक शिक्षा के प्रसार में अत्यधिक रूचि रखते थे यद्यपि ब्रिटेन के प्रधानमंत्री लार्डग्रे के उपनिवेश क्षेत्रो में प्रगति का आधार शिक्षा को बताए हुए महत्व प्रदान किया तथा कुछ प्रशंसको जैसे माऊट स्टुअर्ड, एल्फिस्टोन गर्वनर आफ बाम्बे (1819–27) ने उन्नीसवीं सदी के पहले 25 वर्षों में सार्वजनिक शिक्षा को बढ़ावा देने में व्यक्तिगत रूचि दिखाई और ऐसा माना गया कि "इस स्तर पर समाज के बड़े भाग को शिक्षा प्रदान करना आसान नहीं था।" बैपटिस्ट, मिशनरियों, लंदन मिशनरी सोसाइटी तथा चर्च मिशनरी सोसाइटी ने प्राथमिक तथा प्रौढ़ विद्यालय बंगाल, मद्रास तथा बोम्बे प्रेजिडेंसी में खोले। पहला बंगाली समाचार पत्र समाचार दर्पण 1818 में बैपटिस्ट मिशनरियों ने प्रकाशित कि

क्रिश्चयन मिशनरी शिक्षा को धर्म परिवर्तन का साधन बनाना–चाहते थे कम्पनी अधिकारी इसका राजनैतिक उपयोग करना चाहते थे कुछ प्रसिद्ध भारतीयों द्वारा 1817 में कलकत्ता स्कूल बुक सोसाइटी का निर्णय किया जिसका उद्देश्य किशोरों के लिए कुछ प्रसिद्ध निवासियों ने बाम्बे एज्युकेशन सोसाइटी का गठन बोम्बे के गरीबों में शिक्षा को प्रोत्साहन देने के लिए किया गया। ऐसे कुछ प्रयत्न ब्रिटिश भारत में प्राथमिक और प्रौढ़ शिक्षा के विस्तार के लिए पर्याप्त नहीं थे ब्रिटिश द्वारा 1830 में अपनाई निचलेस्तर तक शिक्षा का छनकर जाना सिद्धांत के अनुसार" शिक्षा को ऊपर से नीचे की दिशा में जनता का विस्तार होना चाहिए। भारतीय जनता के लिए बूँद–बूँद उपयोगी जानकारी धीरे–धीरे नीचे टपकनी चाहिए जिससे एक समय में एक प्यासे स्त्रोतों को सींचनें के लिए एक नदी का रूप ले सकते हैं। जबकि उपनिवेशिकों शासकों की आर्थिक नीतियों से भूस्वामी अभिजात्य वर्ग जो अनेक स्थानीय भाषाओं तथा प्रौढ़ स्कूलों को वित्तिय सहायता प्रदान करते थे, को बहुत गरीब बना दिया था, जिससे वित्तिय संसाधन सीमित हो गए थे और ब्रिटिश की भारत में शिक्षा नीति को एग्लों–ओरियन्टल विवाद में भी नया मोड़ दिया। शिक्षा वर्ग की शिक्षा पर ध्यान दिया गया, जिसके पास अध्ययन का समय है और जिसकी संस्कृति धीरे–धीरे छन कर जनता तक पहुंचेगी। व्यवहार में पाया गया कि अधिकतर पढ़े लिखे व्यक्तियों को जो ऊँची जातियों से थे उन्हे आरामदायक नौकरियाँ मिल गई और वे अपनी उन्नति में लिप्त हो गए और जनता को ज्ञान देने की तरफ ध्यान नहीं गया। वास्तव में कुछ मध्यवर्गीय लोगों ने जिन्हें अंग्रेजी शिक्षा से लाभ मिला था, जन साधारण में शिक्षा के प्रसार के समाज सुधारकों के प्रयासों का विरोध करने का प्रयास किया। क्योंकि इससे उच्च पदों की भलाई में हिस्से बांटने वालों की संख्या में बढ़ोतरी हो जाएगी। दूसरी तरफ, नीचे को रिसाव सिद्धांत से ब्रिटिश प्रशासकों ने प्रौढ़ शिक्षा सा सार्वजनिक प्राथमिक शिक्षा के विकास के लिए उन्नीसवीं सदी के पूर्वार्द्ध में कोई कार्यक्रम बनाना आवश्यक नहीं समझा गया।

शीघ्र ही एज्युकेशन डिस्पैच (1854) द्वारा नीचे को रिसाव को लागू करने की आलोचना हुई जिसने सार्वजनिक शिक्षा के विस्तार तथा स्थानीय

शिक्षा के संरक्षण तथा बढ़ावा देने के लिए अनेक उपायों का सुझाव दिया। डिस्पैच ने कहा कि "जनता अपने स्वयं के प्रयासों से सार्थक शिक्षा में पूर्णतया असमर्थ है तथा सहायता अनुदान पद्धति की सिफारिश की जिसे बाद में शुरू किया जा सका। यद्यपि भारतीय समाज में निरक्षरता की तरफ ब्रिटिश स्टेटमैन का ध्यान 1860 में खींचा था तथा लार्ड लारेंस ने कहा कि" हमारे प्रशासन में सभी कठिनाइयों का कारणों में तथा हमारी सरकार की स्थायित्व के संभावित खतरे के साथ लोगों की अज्ञानता भी एक गंभीर तत्व है। उपनिवेश शासकों ने प्रौढ़ निरक्षरता के उन्मूलन के लिए कोई विशेष कार्यक्रम तैयार नहीं किया क्योंकि न ही संसाधन उपलब्ध थे और न ही शिक्षा योजना के लिए प्रशिक्षित व्यक्ति थे भारत में निरक्षरता में बढ़ोतरी को रोकने की कार्यनीति के रूप में प्राथमिक शिक्षा के विस्तार की नीति लागू किए जाने पर भी प्रौढ़ शिक्षा की उपेक्षित कर दिया गया कि "प्रौढ़ व्यक्ति को शिक्षा का सुख नहीं दिया जा सकता है जबकि बच्चे अशिक्षा के कारण भूखे बैठे हों तथा इस प्रकार सरकार ने 1880 से प्रौढ़ शिक्षा के स्थान पर प्राथमिक शिक्षा को वरीयता प्रदान करने की नीति शुरू की मैकेनिक्स इंस्टिट्यूट, वर्किंग मैन्स कॉलेज जैसे ब्रिटिश नमूने के संस्थानों की भारतीय समाज की सामाजिक आर्थिक आवश्यकताओं के लिए अधिक सार्थक नहीं कि क्योंकि 9वीं सदी में भारत और ब्रिटेन प्रगति के अलग–अलग चरणों में थे इंग्लैण्ड में प्रौढ़ शिक्षा संस्थान जैसे मैकेनिक्स इंस्टिट्यूट तथा वक्रिंग मैन्स कॉलेज जैसे ब्रिटिश नमूने के संस्थानों की भारतीय समाज की सामाजिक–आर्थिक आवश्यकताओं के लिए अधिक सार्थक नहीं थीं।

यह तो 18वीं और 19वीं शताब्दी की बात है कि देश में दुर्भाग्य छाया और अज्ञानता तथा अनपढ़ता ने हमें अपनादास बना लिया तथा भारतीय अनपढ़ और शारीरिक दृष्टि से अस्वस्थ हो गये। आक्रमणों, युद्धों, अकालों, महामारियों तथा अराजकता को इस शैक्षणिक पतन का उत्तरदायी कहा जा सकता है।

हंटर शिक्षा आयोग (1882) ने अनुभव किया कि भारत में प्राथमिक शिक्षा के प्रति उदासीनता है। आयोग ने प्राथमिक शिक्षा के सम्बन्ध में निम्न सुझाव दिये।

1. प्राथमिक शिक्षा को स्थानीय स्वशासन संस्थाओं को सौंपा जाना चाहिये।
2. स्थानीय संस्थाओं द्वारा प्राथमिक शिक्षा के लिये निश्चित मात्रा में धन अलग निकाल कर रखा जाए।
3. सरकार को चाहिये कि प्राथमिक शिक्षा पर होने वाले खर्च के 50 प्रतिशत भाग की आर्थिक सहायता।
4. शिक्षा का माध्यम भारतीय भाषायें होनी चाहिए।

1911 में वायसराय की इम्पीरियल कौंसिल के सदस्य गोपाल कृष्ण गोखले ने एक प्राईवेट बिल पेश किया तथा छः से दस वर्ष की आयु के बच्चों के लिये निशुल्क और अनिवार्य शिक्षा की मांग की। उन्होंने इसके समर्थन में विदेशों के असंख्य उदाहरण प्रस्तुत किये। लेकिन उनका बिल रद्द कर दिया गया। सरकार का तर्क था कि इसके पर्याप्त धन उपलब्ध नहीं था और इस प्रकार प्राथमिक शिक्षा पिछड़ी रही।

1921 में शिक्षा को राज्य का विषय बनाया गया। कुछ राज्य दूसरों की तुलना में अधिक उत्साही थे और इसलिए ऐसे राज्यों में प्राथमिक शिक्षा में प्रगति हुई। बहुत से राज्यों ने अनिवार्य प्राथमिक शिक्षा के कानून पास किये और इस प्रकार गोखले की इच्छा पूरी हुई। 1937 में, देश में प्रान्तीय स्वायतत्ता लागू की गई तथा भारतीय मन्त्रियों की नियुक्ति की गई। उन्होंने भारत में प्राथमिक शिक्षा में उन्नति की। 1937 अक्टूबर में गांधी जी ने वर्धा में भारतीय शिक्षा शास्त्रियों तथा मन्त्रियों की बैठक बुलाई। बेसिक शिक्षा अथवा वर्धा शिक्षा अथवा नई तालीम के नाम से शिक्षा की नई योजना तैयार की गई। उस सम्मेलन में निम्न चार प्रस्ताव पास किये गये तथा ये प्रस्ताव बेसिक शिक्षा के आधारभूत सिद्धान्त थेः–

1. सात से 14 वर्ष के सभी बच्चों के लिये निशुल्क और अनिवार्य शिक्षा।
2. मातृभाषा के माध्यम से शिक्षा।
3. शिक्षा, कताई व कृषि जैसे सामाजिक दृष्टि से उपयोगी बेसिक कला के माध्यम से दी जानी चाहिए।

4. जहां तक सम्भव हो सके शिक्षा को आत्मनिर्भर बनाया जाना चाहिये और स्कूल इतना कमाने के योग्य होने चाहिये कि वे अध्यापकों के वेतन का भुगतान कर सकें।

दूसरा महायुद्ध 1931 में शुरू हुआ और समस्त राशि युद्ध के खाते में डाल दी गई। इसीलिए प्राथमिक शिक्षा को एक आघात पहुंचा। बहुत से भारतीय मन्त्रियों ने त्यागपत्र दे दिये इसका प्राथमिक शिक्षा पर और भी बुरा प्रभाव पड़ा। 1944 में सारजेन्ट पोस्ट बार रीकन्सट्रैक्शन प्लान के नाम से एक प्रसिद्ध योजना आई। यह शिक्षा की 40 वर्षीय योजना थी और इसमें प्राथमिक शिक्षा (जूनियर बेसिक तथा सीनियर बेसिक विद्यालय) पर विशेष बल दिया गया। शिक्षा के केन्द्रीय सलाहकार बोर्ड ने इस योजना को स्वीकृत कर दिया। इसमें मुख्य सिफारिश यह थी कि 6 से 14 वर्ष की आयु के सभी बच्चों के लिये निशुल्क, अनिवार्य तथा सार्वभौमिक प्राथमिक शिक्षा हो। परन्तु देश राजनैतिक अस्थिरता तथा उथल–पुथल से गुजर रहा था इसलिए कुछ भी ठोस कार्य नहीं हुआ क्योंकि 19 वीं सदी में भारत और ब्रिटेन प्रगति के अलग–अलग चरणों में थे इंग्लैड में प्रौढ़ शिक्षा संस्थान जैसे मैकेनिक्स इंस्टि्टूयट तथा वक्रिंग मैक्स कॉलेज औद्योगिक पूंजीवाद द्वारा अनिवार्यता के फलस्वरूप पैदा हुए थे भारत की स्थितियों में लागू करना अत्यंत कठिन था। भारत में सब के लिए शिक्षा के लक्ष्य की प्राप्ति के कार्य का नेतृत्व कुछ रियाततों तथा स्वाधीनता आन्दोलन में संलग्न राष्ट्रवादी नेताओं ने किया। परन्तु जन साधारण के लिए निश्चित नीति वाले नियोजित प्रयास केवल 1947 में आजादी के पश्चात ही शुरू किए जा सके।

1947 में भारत स्वतन्त्र हुआ और 1950 में इसने अपना संविधान अपनाया और यह एक गणराज्य बन गया और वर्धा सम्मेलन द्वारा वास्तविक बेसिक शिक्षा को राष्ट्रीय शिक्षा व्यवस्था के रूप में अपना लिया। सारे भारत में प्राथमिक विद्यालय जूनियर बेसिक विद्यालयों में बदल दिये गये और जे. बी. टी. प्रशिक्षण संस्थायें आरम्भ की गई। भारतीय संविधान में निर्देशक सिद्धान्तों के अन्तर्गत अनुच्छेद 45 द्वारा राष्ट्र से निम्नलिखित वायदा किया गयाः–

राज्य 14 वर्ष की आयु तक के सभी बच्चों के लिये संविधान लागू होने के 10 वर्ष के अन्दर निशुल्क और अनिवार्य शिक्षा प्रदान करने का प्रयास करेगा।

देश के सभी भागों में उत्साह से विद्यालय खोले जाने लगे। प्राथमिक शिक्षा को दो भागों में बांट दिया गया।

1- 6 से 11 वर्ष, जूनियर प्राईमरी

2- 11 से 14 वर्ष, हायर प्राईमरी

अधिक ध्यान पहले भाग अर्थात् जूनियर प्राथमिक शिक्षा की ओर दिया गया। तब पंचवर्षीय योजनाओं का युग आरम्भ हुआ। इन योजनाओं में भी प्राथमिक शिक्षा को भीं प्राथमिकता दी गई। प्राथमिक विद्यालयों में 1950–51 की 192 लाख की संख्या बढ़कर 1972 में 700 लाख से भी अधिक हो गई और जहां 1950–51 में प्राथमिक शिक्षा पर केवल 36 करोड़ रुपये खर्च किये गये थे वहां 1975–76 में हमने 855 करोड़ रुपये खर्च किये।

प्राथमिक शिक्षा की गुणवत्ता की ओर भी उचित ध्यान दिया गया। प्रत्येक राज्य में शिक्षा संस्थान स्थापित किये गये ताकि अध्यापकों के लिये सेवाकालीन पाठ्यक्रमों का आयोजन कर सकें। सभी विद्यालयों में साईंसकिट दिये गये। विद्यालयों की शिक्षा को बढ़ावा देने के लिये आकाशवाणी का भी उपयोग किया गया, काफी सीमा तक भौतिक सुविधायें दी गई, पाठ्यक्रम तथा पाठ्यपुस्तकों में सुधार किये गये, अध्यापक प्रशिक्षण को मजबूत बनाया गया। अभी तत्काल ही 'ब्लैक बोर्ड आपरेशन' के अन्तर्गत सभी प्राथमिक विद्यालयों को आवश्यक सुविधायें दी गई।

राष्ट्र के लगभग 95-96 प्रतिशत बच्चे जो 6 से 11 वर्ष की आयु वर्ग के हैं, जूनियर प्राइमरी स्कूलों में हैं। परन्तु 11 से 14 वर्ष की आयु के केवल 50 प्रतिशत बच्चे ही विद्यालयों में हैं। 1950 में राष्ट्र से किये गये वायदे से अभी हम मीलों दूर हैं। इसके लिये हमें प्रबल प्रयास करने हैं।

प्रसार बड़े पैमाने पर हुआ है। लगभग प्रत्येक गांव में एक प्राथमिक विद्यालय है लेकिन अभी भी बहुत से एक अध्यापक वाले विद्यालय हैं, बहुत से विद्यालयों के पास कोई भवन नहीं है वहां पर न ब्लैकबोर्ड है न

शौचालय है यहां तक की पीने का पानी भी उपलब्ध नहीं है। वर्षा, गर्मी अथवा ठंड से बचाव के लिये कोई आश्रय नहीं है और बहुत से अध्यापक अच्छे नहीं हैं। बहुत से विद्यालयों में कोई पढ़ाई नहीं होती इस प्रकार शिक्षा का स्तर बहुत नीचा है। एक प्रकार से प्राथमिक शिक्षा असफलता के कगार पर है। सरकार इस स्थिति से परिचित है। वह व्यवस्था के पुर्नउद्धार के लिये प्रयत्न कर रही है। इस महान प्रयास में समुदाय को सरकार की सहायता करनी चाहिये।

आरम्भ में यह थोड़े समय का कार्य लगता था परन्तु आबादी अधिक तेजी से बढ़ रही थी। पहली बार 2001 में तथ्य सामने आया कि देश में प्रौढ़ निरक्षरता की संख्या में महत्वपूर्ण कमी आयी है।

सब के लिए शिक्षा के लिए लक्ष्य के यात्रा में अनेक महत्वपूर्ण नीतियों तथा हाल के वर्षों में शुरू किए गए कार्यक्रमों के पड़ाव आते हैं। देश में सार्वजनिक प्राथमिक शिक्षा की स्थिति को राज्यानुसार निर्धारण पहली बार 1978 में किया गया परिणाम स्वरूप अर्न्तराज्यीय विषमताओं का पता चला और निश्चित किए गए राज्यों के लिए विशेष कार्यक्रम तैयार किए गए। इसके साथ ही राष्ट्रीय शिक्षा नीति 1986 इस दिशा में मील का पत्थर साबित हुई।

राष्ट्रीय प्रयासों से सब के लिए शिक्षा पर वैश्विक घोषणा से बहुत बल मिला क्योंकि इसे तैयार करने में भारत की बड़ी भूमिका थी तथा 1996 में इसने इस पर हस्ताक्षर किए। राष्ट्रीय शिक्षा नीति ने प्राथमिक शिक्षा तथा प्रौढ़ शिक्षा दोनों के लिए दूरगामी सिफारिशें की और इनके साथ ही राष्ट्रीय साक्षरता मिशन, आपरेशन ब्लैकबोर्ड जिला शिक्षा एवं प्रशिक्षण संस्थानों का गठन भी शुरू हो गया। बाद में, 1993 में भारत ने संसार के सर्वाधिक जनसंख्या वाले नौ देशों की बैठक का आयोजन किया जिससे सब के लिए शिक्षा पर दिल्ली घोषणा पत्र तैयार किया गया। वर्ष 2000 में एक बार फिर महत्वपूर्ण अन्तर्राष्ट्रीय कार्यक्रम डकार सनेगल में हुआ। सबके लिए शिक्षा पर द्वितीय वैश्विक सम्मेलन जिसको तैयार करने के लिए भारत ने देश में सबके लिए शिक्षा की गुणातमक एवं परिणामात्मक समीक्षा करवाई। इस लेख में उन कार्यनीतियों पर दृष्टिपात किया गया है,

जिनसे देश सार्वजनिक प्राथमिक शिक्षा के लक्ष्य और प्रौढ़ निरक्षरता जिसे गांधीजी ने देश के लिए शर्म की बात कही की प्रेरित के अधिक समीप पहुंचा। अन्तर्राष्ट्रीय प्रयासों के साथ–साथ भारत अनेक कार्यनीतियों तथा पाठ्यक्रमों के द्वारा सबके लिए शिक्षा के लक्ष्य की प्राप्ति के लिए आन्तरिक प्रयास भी करता रहा।

महत्वपूर्ण नीतिगत प्रयास

राष्ट्रीय नीति के पश्चात की दो महत्वपूर्ण घटनाओं ने सार्वजनिक प्राथमिक शिक्षा प्रयासों पर गहरा प्रभाव डाला एक है आपरेशन ब्लैकबोर्ड स्कीम, जिसने प्राथमिक स्कूलों वास्तविक तथा शैक्षिक मूलभूत आवश्यकताओं उपलब्ध कराने में भारी पैमाने पर धन उपलब्ध कराने में सहायता के अलावा स्पष्ट शब्दों में यह बता दिया कि किसी प्राथमिक स्कूल के लिए आधारभूत सुविधाएँ क्या होनी चाहिए। दूसरी अन्तवर्ती कार्यवाही राष्ट्रीय स्तर पर शिक्षा के न्यूनतम स्तर की परिभाषा को तैयार करना था जिसमें कहा गया था कि सभी बच्चों में मूलभूत सक्षमता का अर्थ है भारत के जिए सार्वजनिक शिक्षा के लक्ष्य की प्राप्ति यात्रा इतनी आसान नही रही और राष्ट्रीय शिक्षा नीति 1986 इस दिशा में मील का पत्थर है। नीति को तैयार करने के साथ–साथ एक "कार्यप्रक्रिया की कार्य योजना" भी शुरू की गई जिसमें सार्वजनिक प्राथमिक शिक्षा के लक्ष्य की पारित के लिए अनुशरण की जाने वाली कार्यनीति तथा कार्य–प्रक्रिया का स्पष्ट निश्चित किया गया था।

अधिकतर राज्यों में विकास कार्यों के लिए कोई आबंटन नहीं किया जाता। परंपरागत रूप से ही राज्य खर्च का बड़ा भाग अध्यापकों के वेतन तथा अन्य खर्चों में समाप्त हो जाता है। राष्ट्रीय साक्षरता मिशन के माध्यम में सम्पूर्ण देश में साक्षरता अभियान से भी साक्षरता का परिदृश्य आलोकित हो गया। जोर्माटन कांफ्रेंस में अन्तर्राष्ट्रीय दानकर्ताओं समुदाय द्वारा किए गए वायदों के कारण ऐसा हुआ, देश में जिला प्राथमिक शिक्षा कार्यक्रम तैयार किए गए। इसके अलावा, राजस्थान में लोक जुम्बिश के नाम से सब के लिए शिक्षा के लिए काफी विशाल कार्यक्रम शुरू किया इन नई

परिस्थितियों में, विकास कार्य के लिए बढ़ती हुई धनराशि के साथ–साथ, भारत में प्राथमिक शिक्षा अन्र्राष्ट्रीय जांच का विषय बन गया। विभिन्न प्रकार की केन्द्र नियोजित स्कीमों के साथ सब के लिए शिक्षा संबंधी ये सब कार्य निसंदेह 1990 के दशक का भारत में प्राथमिक शिक्षा के विकास की दृष्टि से अत्यधिक रचनात्मक समय बनाते हैं।

तीसरा नीतिगत प्रयास, जो देश में मौलिक शिक्षा के स्वरूप में महत्वपूर्ण परिवर्तन लाने के लिए शुरू हुआ। संविधान के 73 वें तथा 74 वें संशोधन के पश्चात् पंचायती राज प्रणाली का उदय था। संविधान संशोधन के दौरान की गई सिफारिशों के अनुसरण में, अनेक राज्य सरकारों ने प्राथमिक शिक्षा तथा जन शिक्षा को संभालने का कार्य पंचायती राज निकायों को सौंपने के लिए कार्य किए गए। यद्यपि कुछ राज्यों में पहले से ही ग्राम शिक्षा समितियाँ तथा विद्यालय प्रबंध समितियाँ बनी हुई थीं परन्तु पंचायती राज निकायों को अधिकार के स्थानांतरण से निचले स्तर पर प्राथमिक शिक्षा कार्यक्रमों के प्रशासन में सामुदायिक भागीदारी के सिद्धांत को वैद्यानिकता प्राप्त हुई। इस नीतिगत पहलु, जो कुछ राज्यों में अभी अपना स्वरूप ग्रहण कर रही है, की क्षमता निःसदेह देश में मौलिक शिक्षा प्रणाली में सुधारों तथा सबके लिए मौलिक शिक्षा के वायदे को पूरा कराने के लिए दूरगामी प्रभाव रखती है। व्यवस्था लाने के लिए कहा गया इसके पश्चात संसद मूलभूत शिक्षा को प्रत्येक नागरिक के मौलिक अधिकारों में शामिल करने के लिए संविधान में संशोधन लाने के लिए कार्य कर चुकी है। पिछले दशक में एक अन्य घटना जिसने देश में सब के लिए शिक्षा प्रयासों पर प्रभाव डाला। वह है सर्वोच्च न्यायालय का निर्णय जिसमें संवैधानिक प्रावधानों की व्याख्या करते हुए मौलिक शिक्षा को प्रत्येक नागरिक का मौलिक अधिकार घोषित किया तथा राज्य सरकार को अनिवार्य कर्त्तव्य को पुराने करने की तरह इसके लिए आवश्यक है। इसके साथ ही अन्तर्राष्ट्रीय घटनाओं ने सार्वजनिक प्राथमिक शिक्षा की स्थिति को सरकारी कार्य राज्य का कार्य से वैधनिक कर्त्तव्य, सामाजिक उत्तरदायित्व तथा नैतिक जिम्मेदारी के रूप में बदल दिया है। पिछले वर्षों की प्रगति तथा 2010 तक सब के लिए शिक्षा की प्रारित के लिए किए गए

नये संकल्प का इन महत्वपूर्ण नीतिगत प्रयासों के भीतर देखा जा सकता है।

भारत में साक्षरता की स्थिति–

संसार में सबसे अधिक निरक्षरों की संख्या भारत में है। संसार की कुल निरक्षर जनसंख्या का आधे से अधिक भाग भारत में निवास करता है। आजादी के बाद भारत को जो भी शिक्षा प्रणाली विरासत में मिली उसमें बड़े पैमाने पर विभिन्न क्षेत्रों के भीतर और एक क्षेत्र से दूसरे क्षेत्र के बीच असंतुलन विद्यमान थे इस शिक्षा प्रणाली में कुछ चुने हुए लोगों को ही शिक्षा प्रदान की जाती थी और इस प्रकार शिक्षितों और निरक्षरों की संख्या में भारी अंतर आ गया। देश की साक्षरता दर 1947 में केवल 14 प्रतिशत थी और महिला साक्षरता दर तो बहुत ही कम अर्थात् केवल मात्र 8 प्रतिशत थी। तीन में से केवल एक बच्चे को प्राथमिक स्कूल में दाखिले का अवसर मिलता था। आर्थिक असमानता, नारी और पुरुष में भेदभाव और समाज के कई स्तरों में बंटवारे के कारण शैक्षिक असामनता और भी बढ़ गई थी। बाद में सरकार द्वारा किये गये अथक प्रयासों से साक्षरता के प्रतिशत में निरंतर वृद्धि हुई।

1947 में स्वतंत्रता संग्राम की प्राप्ति से ही साक्षरता, संस्थाओं संकायो, शिक्षकों और छात्रों की संख्या में अभूतपूर्व वृद्धि हुई है। शिक्षकों की संख्या में पाँच गुणा वृद्धि हुई है। और स्कूलों की संख्या में तीन गुणा वृद्धि हुई है। साक्षरता की दर भी लगभग बढ़ कर तीन गुणी हो गई है। दशवार्षिक जनगणना, 1991 में यह देखा गया कि भारत ने 50 प्रतिशत साक्षरता के मध्य निशान को पार कर लिया है और इस तरह 52.21 प्रतिशत साक्षरता दर प्राप्त कर ली है।

विकास के साधन एवं विकास क्षेत्र में प्रवेश द्वार के रूप में साक्षरता एक प्रमुख द्वार एवं विचारणीय आधार है। विशेषतः जब इसे एन.एस.एस. ओ. द्वारा प्रत्येक दशाब्दी में होने वाली जनगणना में आंकलित किया जाता है। भारत में 1991 की जनगणना के अंतरिम आंकड़े फरवरी 1991 में तैयार होकर प्रकाशित हुए।

पिछली कुछ जनगणना में 5 वर्ष से कम आयु के बच्चों को निरक्षर माना गया। जबकि व्यवहार में अनुमानतः बच्चों को पढ़ने–लिखने की समझ तब तक नहीं आती जब तक वे कम से कम एक या दो वर्षों तक लगातार स्कूल नहीं जाते। अतः यह महसूस किया गया है कि 7 वर्ष या उसे अधिक के बच्चों को ही निरक्षरता या साक्षरता की गणना में शामिल किया जाये। तथा इससे कम आयु के बच्चों को साक्षरता के आंकलन के दायरे से बाहर रखा जाये। इसी दृष्टिकोण को ध्यान में रखते हुए 2001 की जनगणना में 7 वर्ष या उससे अधिक आयु वाले बच्चों को साक्षरता की गणना में रखने का निश्चय किया गया। नीचे दर्शायी गई तालिका से पता लगता है कि 1951–2001 तक 50 वर्षों में देश में साक्षरता दर प्रतिशत क्या रही है। इसमें क्या वृद्धि हुई है?

सारणी : साक्षरता दर भारत 1951-1991

वर्ष	*व्यक्ति*	*पुरुष*	*महिलाएं*
1951	18.33	27.16	8.86
1961	28.30	40.39	15.33
1971	34.45	45.95	21.97
1981	43.57	56.38	29.76
	41.43	53.46	28.47
1991	52.21	64.13	39.23
2001	65.38	75.85	54.16

नोटः- 1951 तथा 2001 की साक्षरता दरें पाँच वर्ष तथा अधिक आयु वर्ग के बच्चों के बारे में है। वर्ष 1981 तथा 2001 की साक्षरता दरें सात वर्ष तथा अधिक आयु वर्ग की जनंसख्या के हैं। सन् 1981 में पाँच वर्ष तथा अधिक की जनसंख्या की साक्षरता दर को कोष्ठकों में दर्शाया गया है।

शिक्षा संबंधी आंकड़ों के अतिरिक्त यह विचार करना भी अपेक्षित है कि केवल निरक्षरता और साक्षरता के आंकड़े क्या हैं? जबकि साक्षरता की संख्या में महत्वपूर्ण वृद्धि–1981 वर्ष में 234 मिलियन से बढ़कर 1991 वर्ष

में 352 मिलियन हुई है। निरक्षरता की संपूर्ण संख्या में केवल आंशिक वृद्धि हुई है। (1981 में 302 मिलियन से 1991 में 324 मिलियन) यह तथ्य नीचे दर्शायी गई तालिका से स्पष्ट हो जाता है।

सारणी : भारत में साक्षरों और निरक्षरों की संख्या वर्ष 1981 और 1991 की दरें सात वर्ष और उससे ऊपर की आयु से संबंधित है।

वर्ष	*व्यक्ति*	*पुरुष*	*महिलएं*
साक्षर			
1981	233,947	156,953	76,994
1991	352,082	224,288	127,794
1991 में 1981 की तुलना में अशिक्षित	118,135	67,335	50,800
1981	301,993	120,902	181,031
1991	324,030	126,694	197,336
वृद्धि 1981–91 में	22,097	5,792	16,305

स्त्रोतः-नेशनल इंस्टीट्यूट आफ अडल्ट एजूकेशनः (साक्षरता 1992 के लिए, सांख्यकीय पर आधारित आंकड़े)

साक्षरता दर के अलावा साक्षरों और निरक्षरों के सही आंकड़ों पर संक्षेप में विचार करना सुसंगत होगा। पिछले 50 वर्षों में देश की आबादी की वृद्धि दर बड़ी तेजी से बढ़ी है अर्थात् यह प्रतिवर्ष 2 प्रतिशत से भी अधिक बढ़ी है। जहाँ विस्तारिक शिक्षा सुविधाओं से देश में साक्षंरों की संख्या बढ़ी है। वहाँ हमें तेजी से बढ़ती हुई जन–संख्या की गति के साथ चलना कठिन हो गया है। निरक्षरों की संख्या में भी साथ–साथ वृद्धि हुई है। केरल देश में सर्वाधिक साक्षरता वाला राज्य है इस राज्य में शिशु मृत्यु दर, 15–19 आयु वर्ग के विवाहित परिवारों का अनुपात भी सबसे कम है तथा इस राज्य में औसत मृत्यु दर भी कम है। यहाँ की जनता के ऊपर यहाँ के शिक्षित माता–पिता एवं अभिभावकों का शिक्षा एवं जीवन के

समस्त पक्षों पर सकारात्मक प्रभाव पड़ा है क्योंकि यहाँ के ज्यादातर बच्चे स्कूल जाते है और पढ़ाई बीच में छोड़कर घर नहीं बैठते।

इसके विपरीत उत्तर प्रदेश राज्य में साक्षरता दर केवल 41.71 प्रतिशत तथा महिला साक्षरता दर केवल 26.02 प्रतिशत है जबकि यह भारत का जन संख्या की दृष्टि से सबसे बड़ा राज्य है। यहाँ पर मृत्यु दर, जन्म दर अधिकतम है। शिशु मृत्यु भी अधिकतम है। इसके अलावा 15–19 वर्ष के आयु वर्ग में विवाहित परिवारों को अनुपात भी अत्याधिक है।

इस प्रकार केरल व उत्तर प्रदेश राज्यों में शिक्षा प्रसार ने यहाँ की जनता के जीवन स्तर को हर क्षेत्र में प्रभावित किया है। इससे यह बात पता लगती है कि साक्षरता प्रतिशत की वृद्धि से जीवन उन्नत एवं प्रभावशाली बनता है। निरक्षरता प्रतिशत वृद्धि से जीवन उचित प्रकार से नहीं चल पाता है। भले ही इसकी दर कम थी। जहाँ वास्तव में 1951 में साक्षरों की संख्या लगभग 6.0 करोड़ से बढ़कर 1991 में लगभग 35.90 करोड़ हुई है, वहाँ निरक्षरों की संख्या 1951 में लगभग 30.0 करोड़ से बढ़कर 1991 में 32.80 करोड़ ही हुई है। नीचे दी गई सारणी से यह बात स्पष्ट हो जाती है।

सारणी : भारत में साक्षर और निरक्षरों की संख्या 1951-1991

वर्ष	*कुल जनसंख्या*	*आयु वर्ग*	*निरक्षर (करोड़ो में)*	*साक्षर*
1951	361.09	–	300.9	60.19
1961	438.93	5+	267.32	105.52
1971	548.16	5+	307.19	161.41
1981	665.29	7+	305.31	235.73
1991	846.30	7+	328.88	359.28

साक्षरता में पुरुषों–महिलाओं की असमानता एक ऐतिहासिक तथ्य है। सन् 1901 में जहाँ पुरुषों की साक्षरता दर 9.83 प्रतिशत थी वहाँ महिलाओं के 0.60 प्रतिशत ही थी पिछले तीन दशकों में पुरूषों और महिलाओं की साक्षरता दर में हुआ तुलनात्मक परिवर्तन नीचे दिया गया है–

सारणी : भारत में पुरुष और महिला साक्षरता दरों में अंतर 1951-2001

वर्ष	*आयु वर्ग*	*साक्षरता दर*		*पुरुष/महिला साक्षरता दर में अंतर*
		पुरुष	*महिला*	
1951	5+	27.16	8.86	18.30
1961	5+	40.39	15.33	25.06
1971	5+	45.95	21.97	23.98
1981	5+	53.46	28.47	24.99
1981	7+	56.38	29.76	26.62
1991	7+	64.13	39.29	24.84
2001	7+	75.85	54.16	21.69

भारत में 2001 की जनगणना के अनुसार जहाँ केरल में साक्षरता दर लगभग 91 प्रतिशत है। यह राज्य पुरुष एवं महिला दोनों की साक्षरता प्रतिशत में भारत में प्रथम स्थान पर है। अन्य बड़े राज्यों में तमिलनाडू चौथे स्थान पर है जिसकी साक्षरता दर 73.47 प्रतिशत है। दिल्ली राज्य कुल 81.82 प्रतिशत साक्षरता है जिसमें पुरुष 87.37 प्रतिशत महिलाएं 75 प्रतिशत के साथ भारत में पांचवे स्थान पर है। इसके विपरीत आंध्र प्रदेश तथा संघ शासित क्षेत्र दादरा नगर हवेली में साक्षरता दर प्रतिशत राष्ट्रीय औसत से कम है। महिला साक्षरता दर राजस्थान में 44.34 प्रतिशत बिहार में 33.57 प्रतिशत तथा उत्तर प्रदेश 42.98 प्रतिशत सहित न्यूनतम स्थान पर है।

सारणी : साक्षरता दर राज्यों/के. प्र. क्षेत्रों के अनुसार
(क्रमशः घटते हुए क्रम में)

राष्ट्रीय औसत (65.4%) से अधिक और 80% से कम साक्षरता दर

(प्रतिशत में)

	राज्य/के.प्र. क्षेत्र	*कुल*	*पुरुष*	*स्त्रियाँ*
1.	महाराष्ट्र	77.27	86.27	67.51
2.	हिमाचल प्रदेश	77.13	86.02	68.08
3.	त्रिपुरा	73.66	81.47	65.41
4.	तमिलनाडु	73.47	82.33	64.55
5.	उत्तरांचल	72.28	84.01	60.26
6.	गुजरात	69.97	80.50	58.60
7.	पंजाब	69.95	75.63	63.55
8.	सिक्किम	69.68	76.73	61.46
9.	पश्चिम बंगाल	69.22	77.58	60.22
10.	मणिपुर	68.87	77.87	59.70
11.	हरियाणा	68.59	79.25	56.31
12.	नागालैंड	67.11	71.77	61.92
13.	कर्नाटक	67.04	76.29	57.45

सारणी : साक्षरता दर राज्यों/के. प्र. क्षेत्रों के अनुसार
(क्रमशः घटते हुए क्रम में)

राष्ट्रीय औसत (65.4%) से कम साक्षरता दर

(प्रतिशत में)

	राज्य/के.प्र. क्षेत्र	*कुल*	*पुरुष*	*स्त्रियाँ*
1.	छत्तीसगढ़	65.18	77.86	52.40
2.	आसाम	64.28	71.93	56.03
3.	मध्य प्रदेश	64.11	76.80	50.28
4.	उड़ीसा	63.61	75.95	50.97
5.	मेघालय	63.31	66.14	60.41
6.	आन्ध्र प्रदेश	61.11	70.85	51.17

(प्रतिशत में)

	राज्य/के.प्र. क्षेत्र	कुल	पुरुष	स्त्रियाँ
7.	राजस्थान	61.03	76.46	44.34
8.	दादरा और नगर हवेली	60.03	73.32	42.99
9.	उत्तर प्रदेश	57.36	70.23	42.98
10.	अरुणाचल प्रदेश	54.74	64.07	44.24
11.	जम्मू और कश्मीर	54.46	65.75	41.82
12.	झारखण्ड	54.13	67.94	39.38
13.	बिहार	47.53	60.32	33.57

भारत में साक्षरता–निरक्षरता के आयामों (परिमाणों) की गंभीरता को अधिक बेहतर रूप से समझने के लिए इसमें सामाजिक आर्थिक विकास या राष्ट्रीय औसत (65.4%) से अधिक और 80% से कम साक्षरता दर जीवन स्तर के संकेतों के संदर्भ में इसे देखकर समझना महत्वपूर्ण है तभी इन साक्षरता के आंकड़ों की वास्तविक उपयोगिता सार्थक रूप में प्राप्त हो सकेगी। इन आंकड़ों के अनुसार केरल राज्य में पुरुष एवं महिला साक्षरता सर्वाधिक है।

साक्षरता अभियान कार्यक्रम क्यों?

किसी भी देश की उन्नति के लिए उसके सभी नागरिकों का साक्षर होना अति आवश्यक है। निरक्षर जनता देश की उन्नति में बहुत बड़ी रूकावट होती है।

भारत की जनसंख्या और साक्षरता के स्तर की तुलना अगर दुनिया के आंकड़ों से करें तो यह दिखाई देता है कि :

1. भारत के हर 10 निरक्षर लोगों में से सात महिलाएं हैं।
2. दुनिया की कुल जनसंख्या का 15 प्रतिशत भाग भारत में बसा हुआ है।
3. दुनिया के कुल निरक्षर लोगों में से 48 प्रतिशत लोग भारत में हैं।
4. दुनिया के हर 10 निरक्षर लोगों में से लगभग पाँच भारतीय हैं।

भारत में साक्षरता स्थिति की तुलना–

2001 की साक्षरता दर की तुलना 1951 की साक्षरता दर से करें तो यह मालूम होगा कि इस बीच साक्षरता दर बढ़ी है। परन्तु साथ ही साथ निरक्षर लोगों की संख्या भी निरन्तर बढ़ती रही है।

सारणी : साक्षरता दर 1951 से 2001 तक

(सात वर्ष से अधिक आयु वर्ग के)

वर्ष	*कुल योग*	*पुरुष*	*महिलाए*
1951	19.74	20.00	2.82
1961	30.11	42.96	16.32
1971	36.49	48.92	23.00
1981	43.57	56.38	29.76
1991	52.21	64.13	39.29
2001	65.38	75.85	54.16

नोट : 1981 की साक्षरता दरों में आसाम शामिल नहीं है, क्योंकि वहां 1981 में जनगणना नहीं कराई जा सकी। 1991 की साक्षरता दरों में जम्मू तथा कश्मीर शामिल नहीं है, क्योंकि वहां जनगणना नहीं कराई जा सकी।

स्त्रोतः भारत की जनगणना–2001 (अनुक्रम–1) अनंतमिम जनसंख्या योग (2001 का लेख–1)

2001 की जनगणना के आंकड़ों के अनुसार साक्षरता दर पहले से बेहतर हुई है। परन्तु 65.38 प्रतिशत व्यक्ति ही संपूर्ण साक्षर हुए हैं।

सारणी : जनसंख्या वितरण

		भारत	*लाखों में*
1991 *जनगणना*	*कुल*	*पुरुष*	*महिलाएं*
जनसंख्या	84.63	43,92.3	40,70.7
साक्षरता दर (%)	52.21	64.13	39.29
निरक्षर (7+)	32,88.8	12,83.6	20,05.2
निरक्षर (9-14)	3,55.5	1,38.7	2,16.8
निरक्षर (15-35)	12,12.9	4,38.9	7,74

स्त्रोत : डेमोग्राफिक्स यियरबुक 1995, युनाइटेड नेशन्स, न्यूयार्क।

पिछली जनगणना को देखने से मालूम होता है। कि महिलाओं में साक्षरता का स्तर बहुत कम है और उसकी जिम्मेदारी काफी हद तक पुरुषों पर ही है।

आंकड़ों से ही इस बात का भान होता है कि हमने अपने लक्ष्य को कहां तक प्राप्त कर लिया है तथा उन्हें प्राप्त करने के लिये कितनी और प्रगति करनी है। आंकड़ों से हमें अपने प्रयासों की प्रभावकारिता को परखने का अवसर ही नहीं मिलता अपितु अपनी असफलताओं से सबक लेने का मौका भी मिलता है ताकि हम अपने लक्ष्य की प्राप्ति की ओर अग्रसर हो सकें, चल रहे कार्यक्रमों की सफलता को इस तथ्य से आंका जा सकता है कि 2001 की जनगणना रिपोर्ट के अनुसार आज हमारी समग्र साक्षरता दर 65.38 प्रतिशत है और इसमें पिछली जनगणना के आधार पर साक्षरता दर में 13 प्रतिशत महिलाएं साक्षर हैं। लाखों स्वयंसेवक निःस्वार्थ भाव से इस दिशा में निरंतर कार्य कर रहे हैं। इनमें से कुछ तो ऐसे हैं जो दूर–दराज के गांवों में इस लक्ष्य की प्राप्ति के लिये कार्यरत हैं। इतना ही नहीं ग्रामीण साक्षरता में वृद्धि होने के साथ–साथ महिला साक्षरता में भी पर्याप्त वृद्धि हुई है।

सारणी : जनसंख्या पार्श्व-दृश्य

(7+ आयु समूह)

(दस लाख की संख्या में)

2001 *की जनगणना (अनंतिम)*	*कुल*	*पुरुष*	*महिलाएं*
जनसंख्या	1027.01	531.27	495.74
साक्षरों तथा निरक्षरों की संख्या			
साक्षर	566.71	339.97	226.74
निरक्षर	300.14	108.21	191.93
साक्षरता दरें (%)			
साक्षरता दर	65.38	75.85	54.16
निरक्षरता दर	34.62	24.15	45.84

स्त्रोतः भारत की जनगणना–2001 (अनुक्रम–1) अनंतमिम जनसंख्या योग (2001 का लेख–1)

सारणी : साक्षरता दर राज्यों/के. प्र. क्षेत्रों के अनुसार
(क्रमशः घटते हुए क्रम में)

उच्च साक्षरता दर 80% और इससे अधिक

(प्रतिशत में)

	राज्य/के.प्र. क्षेत्र	*कुल*	*पुरुष*	*स्त्रियाँ*
1.	केरल	90.92	94.20	87.86
2.	मिजोरम	88.49	90.69	86.13
3.	लक्षद्वीप	87.52	93.15	81.56
4.	गोवा	82.52	93.15	81.56
5.	दिल्ली	81.82	87.37	75.00
6.	चण्डीगढ़	81.76	85.65	76.65
7.	पांडिचेरी	81.49	88.89	74.13
8.	अण्डमान एवं निकोबार द्वीप समूह	81.18	86.07	75.29
9.	दमन और दिऊ	81.09	88.40	70.37

यूनीसेफ द्वारा प्रकाशित भारत के साक्षरता संबंधी आंकडे

यूनीसेफ के कथानुसार विश्व का हर तीसरा निरक्षर भारत में निवास करता है। स्कूल न जाने वाले सबसे अधिक निरक्षर बच्चे, भारत में है। भारत में अभी तक प्राथमिक शिक्षा का सार्वजनिक कारण सभी राज्यों में नहीं हो पाया है। भारत में साक्षरता अभियान कई सरकारी, गैर सरकारी संगठनों के प्रयासों से चलाये जा रहे हैं। यूनेस्कों ने 1990 से सबके लिए शिक्षा कार्यक्रम शुरू किया गया, जो कि अपने अंतिम चरण में चलायमान है। यूनीसेफ की वार्षिक रिपोर्ट के अनुसार भारत में साक्षरता दर जिस धीमी गति से चल रही है उस लिहाज से आगामी वर्षों में सबसे ज्यादा निरक्षर भारत में होने की सम्भावना है। इन निरक्षरों में सबसे अधिक संख्या लड़कियों की होगी।

प्राथमिक शिक्षा जनता को मूलमूत सवैधानिक अधिकार है लेकिन 1951–58 में शिक्षा के विभिन्न क्षेत्रों में प्राथमिक शिक्षा पर खर्च कुल

योजना का जहाँ 561 था वह गिरते–गिरते 1990 के बाद 34 रह गया है। यूनीसेफ ने यहाँ चिन्ता व्यक्त की है कि एक ओर जहाँ उनका संगठन सबको शिक्षित करने का लक्ष्य प्राप्त करने की दिशा में प्रयत्नशील है वही भारत में सकल राष्ट्रीय उत्पाद 3.7 ही शिक्षा पर व्यय किया जाता है जबकि काफी समय पहले से ही इसको 6 करने की बात की जा रही है।

यूनिसेफ का कहना है कि भारत में प्राथमिक शिक्षा की आयु (6–11) के जितने बच्चे हैं उनमें से लगभग आधे स्कूल ही नहीं जाते, यदि जाते हैं तो कुछ समय बाद किसी न किसी कारण वश स्कूल छोड़ देते हैं। केरल में जहाँ प्रत्येक 10 में से 9 बच्चे स्कूल जाते हैं, वहीं बिहार में यह अनुपात 10:5 का है। आन्ध्र प्रदेश, राजस्थान, उत्तर प्रदेश, पश्चिम बंगाल जैसे राज्यों में यह स्थिति है कि 75 प्रतिशत बच्चों ने कभी स्कूल का चेहरा भी नहीं देखा है।

भारत के साक्षरता संबंधी आंकड़े

अन्य राष्ट्रों की तुलना में भारत में साक्षरता दर प्रतिशत निम्नस्तरीय है राष्ट्र के विभिन्न प्रान्तों में साक्षरता दर में काफी भिन्नता पाई जाती है। यदि भारत साक्षरता संबंधी आंकड़े को देखे तो ज्ञात होता है कि 2001 की जनगणना के सम्पूर्ण भारत के आंकड़े प्रस्तुत करने हैं। ज्ञान मानव एवं समाज के विकास की कुंजी है। साक्षरता व्यक्ति एवं राष्ट्र के विकास साध्य एवं शिक्षा केन्द्र–अनौपचारिक प्रौढ़ शिक्षा केन्द्र, विश्वविद्यालय, प्रोद्यौगिकी विद्यालय आदि सभी साधन हैं। भारत की मुख्य समस्याओं में निम्न साक्षरता दर मूलतः सभी समस्याओं का कारण है।

राष्ट्र की समृद्धी एवं समग्र विकास के लिए साक्षरता की दर का बढ़ाना आवाश्यक है इसी उद्देश्य की पूर्ति हेतु भारत में प्रौढ़–शिक्षा, अनौपचारिक शिक्षा, एवं स्वयं सेवी संस्थाओं के माध्यम से प्रत्येक आयु वर्ग के लोगों की साक्षरता का प्रतिशत बढ़ाने का प्रयास किया जा रहा है। *स्वामी विवेकानन्द ने कहा* था कि यदि देश की साक्षरता किन्ही कारणों से अविकसित या मध्यम अवस्था में रहा जाती है तो राष्ट्र का विकास भी क्रमिक रूप से साक्षरता पर निर्भर रहने के कारण उसी अवस्था में रहता

है। बच्चे ही देश का भविष्य एवं कर्णधार होते हैं। विद्यालय शिक्षा के प्रसार, द्वारा, राष्ट्र के आधार को मजबूत करते हुए उत्तरोत्तर प्रगति के मजबूत माने जाते हैं।

विकासशील देशों में साक्षरता

विकासशील देश जिन्हें तृतीय विश्व के नाम से भी पुकारा जाता है। इनमें अधिकांशतः एशिया तथा प्रशांत के क्षेत्र में विकासशील देश पाए जाते हैं। इन विकासशील देशों में निरक्षरता की समस्या अत्यधिक गंभीर एवं शोचनीय बनी हुई है। इन विकासशील देशों में निरक्षरों की एक विशाल जनसंख्या निवास करती है। समस्त विश्व की कुल निरक्षर व्यस्क जनसंख्या का लगभग एक तिहाई भाग इन विकासशील देशों में रहता है। एशिया तथा प्रशांत के देशों में भारत को अफगानिस्तान, बांग्लादेश, ईरान, नेपाल, पाकिस्तान, चीन, वियतनाम, थाईलैण्ड, प्यूपा, न्य ग्यूना जैसे देशों के साथ रखकर देखा जाता है जिनकी कुल साक्षरता दर लगभग 50 प्रतिशत से कम है। साक्षरता की दृष्टि से भारत की स्थिति काफी पिछड़ी हुई है। भारत की साक्षरता दर 1981 की जनगणनानुसार लगभग 36.23 प्रतिशत थी। यह दर देश में पिछले तीस वर्षों के नियोजित विकास के फलस्वरूप रही है। भारत में प्राथमिक शिक्षा के सार्वभौमिकरण पर बल देने के बावजूद निरक्षर जनसंख्या में लगातार बढ़ोत्तरी हुई। 1981 की जनगणना में भारत में 437 मिलियन निरक्षर जनंसख्या में से 15 से 35 आयु वर्ग के 110 मिलियन निरक्षर थे यह एक बड़ी संख्या है इस आयु वर्ग में निरक्षरों की इतनी बड़ी जनसंख्या का होना देश के विकास में गति को अवरोध पहुँचाने वाला कारक बन जाता है। यदि यह लोग भी साक्षर बन कर देश के विकास प्रक्रिया में अपना योगदान देते तो भारत उन्नति के मार्ग पर तीव्र गति से बढ़ता और विकसित देशों की श्रेणी में खड़ा हो सकता था लेकिन इतनी बड़ी निरक्षरों की फौज साक्षरों के ऊपर आश्रित है यह देश की विशाल मानव शक्ति को उचित दिशा में आगे बढ़ने पर रोक लगा देती है जिसका परिणाम यह है कि भारत जैसे प्राकृतिक संसाधनों से भरपूर राष्ट्र अभी भी विकासशील राष्ट्रों में अपने पड़ौसी, एशिया एवं प्रशांत क्षेत्र के देशों से विकास गति में पिछड़ा हुआ है।

सारणी : विकासशील देशों में साक्षरता
(कुछ एशियाई देशों में साक्षरता स्थिति)

	देश	कुल निरक्षर जनसंख्या 15+आयुवर्ग (10 लाख की संख्या में)	साक्षरता दर 15+(%) 2000		
			कुल	पुरुष	महिलाएं
1.	भारत	–	58.5	72.3	44.4
2.	पाकिस्तान	51.67	43.3	57.6	27.8
3.	श्रीलंका	1.17	91.6	94.5	88.9
4.	नेपाल	8.27	41.4	59.1	23.8
5.	भूटान	0.64	47.3	61.1	33.6
6.	बांग्लादेश	49.62	40.8	51.7	29.5
7.	मालदीव्ज़	–	96.3	96.3	96.4
8.	चीन	144.46	85.0	92.3	77.4
9.	वियतनाम	3.61	93.3	95.7	91.0
10.	थाईलैंड	2.04	95.6	97.2	94.0
11.	मयनमार	4.98	84.7	89.0	80.6
12.	फिलीपाइन्स	2.25	95.4	95.5	95.2
13.	लाओस	1.15	61.8	73.6	50.5
14.	मलेशिया	1.83	87.5	91.5	83.6
15.	ईरान	10.00	76.9	83.7	70.0
16.	इन्डोनेशिया	19.24	87.0	91.9	82.1
17.	अफगानिस्तान	8.14	36.3	51.0	20.8
18.	दक्षिण कोरिया	0.84	97.8	99.2	96.4

नोट:- भारत के लिए दी गई साक्षरता दरें नवम्बर 2000 में प्रकाशित राष्ट्रीय परिवार स्वास्थ्य सर्वेक्षण 1998-99 पर आधारित है।

स्त्रोत:-यूनेस्को 1999 वार्षिक सांख्यिकीय पुस्तिका (वर्ष 2000 के लिए अनुमानित साक्षरता दरें)

नौ अधिक घनी आबादी वाले देशों में साक्षरता की स्थिति

	देश	*कुल निरक्षर जनसंख्या 15+आयुवर्ग (10 लाख की संख्या में)*	*साक्षरता दर 15+(%) 2000*		
			कुल	*पुरुष*	*महिलाएं*
1.	भारत	–	58.5	72.3	44.4
2.	पाकिस्तान	51.67	43.3	57.6	27.8
3.	चीन	144.46	85.0	92.3	77.4
4.	बंगलादेश	49.62	40.8	51.7	29.5
5.	मेक्सिको	5.96	91.0	93.1	89.1
6.	मिस्त्र	19.83	55.3	66.6	43.7
7.	इन्डोनेशिया	19.24	87.0	91.9	82.1
8.	नाईजीरिया	22.80	64.1	72.3	56.2
9.	ब्राजील	17.91	85.3	85.1	85.4

नोट:- भारत के लिए दी गई साक्षरता दरें नवम्बर 2000 में प्रकाशित राष्ट्रीय परिवार स्वास्थ्य सर्वेक्षण 1998-99 पर आधारित है।

स्त्रोत:-यूनेस्को 1999 वार्षिक सांख्यिकीय पुस्तिका (वर्ष 2000 के लिए अनुमानित साक्षरता दरें)

जनसंख्या पार्श्व-दृश्य विश्व

(10 लाख की संख्या में)

	कुल	*पुरुष*	*स्त्रियाँ*
जनसंख्या* (2000)	6091.3	3068.9	3022.4
निरक्षर** (15+)	876.0	313.0	563.0
साक्षरता दर** (15+) (:)	79.4	85.3	73.6

स्त्रोतः–*श्रम सांख्यिकी, आई.एल.ओ.–2000

**यूनेस्को 1999 वार्षिक सांख्यिकीय पुस्तिका (वर्ष 2000 के लिए अनुमानित साक्षरता दरें)

विश्व के अन्य देशों में साक्षरता कार्यक्रमों की समीक्षा–

पिछले वर्षों में अनेक देशों में दृढ़तापूर्वक निरक्षरता की समस्या से निपटने के लिए अपना ध्यान इस ओर केन्द्रित किया है तथा कुछ देशों ने अपने इस महत्वपूर्ण प्रयास से सफलता प्राप्त करते हुए प्रौढ़ निरक्षरता की समाप्ति की दिशा में महत्वपूर्ण प्रगति भी की है। ऐसे देशों की श्रेणी में चीन, वियतनाम, तथा थाईलैण्ड जैसे देशों ने अपने स्थानीय संसाधनों का सदुपयोग करते हुए प्रौढ़ निरक्षरों की बहुत बड़ी जनसंख्या को साक्षर बनाते हुए 'निरक्षरता' से अभिशप्त क्षेत्र में प्रभावशाली प्रगति करते हुए अन्य देशों के सामने इस दिशा में कार्य करने का प्रेरणादायक मार्ग प्रशस्त किया है।

कुछ अन्य देशों के साक्षरता अभियानों का समीक्षात्मक सिंहावलोकन

जापान और भारत–

राष्ट्र कवि दिनकर ने उचित ही कहा है, जीवन का सत्य है कि आज का पुरूषार्थ ही कल का भाग्य है। विकसित राष्ट्रों का अध्ययन इस बात का प्रमाण है कि ज्ञानाधारित क्रान्ति के मूल में निहित है। सम्पूर्ण साक्षरता के लिए किये गए उनके प्रयास। शत--प्रतिशत साक्षरता के उपरांत ही यह राष्ट्र ज्ञान, सूचना प्रौद्योगिकी के क्षेत्र में चरमोत्कर्ष का स्पर्श करने में समर्थ हुए हैं। इस संदर्भ में यह तथ्य विशेष रूप से उल्लेखनीय है कि आधुनिकता ज्ञान विज्ञान में सबको धता बताने वाला जापान सर्वाधिक जागरूक राष्ट्र बनने से पूर्व पूर्ण साक्षर राष्ट्र बन चुका था। छोटे से देश जापान में प्राकृतिक व भौगोलिक संसाधन अपेक्षाकृत कम है। तथा केवल एक चौथाई भूमि ही कृषि के योग्य है। जहां जन संख्या का घनत्व अधिक है अनेक अभावों में होने पर भी एशिया के अन्य देशों की अपेक्षा जापान की प्रति व्यक्ति आय अधिक है वस्तुतः यह स्थिति उस मानव संसाधनों के कारण हैं जिनका विकास शिक्षा के द्वारा हुआ है जापान की शत प्रतिशत साक्षरता तथा उच्च तकनीकी औधोगिकी विकास का अध्यन करने से ज्ञात होता है। कि वहां मेइजी के शासन काल (1872) से ही सबके लिए अनिवार्य प्राथमिक शिक्षा प्रणाली आरंभ हो गई थी.

1887 से ही कुल राजकोषिय व्यय का 80 प्रतिशत शिक्षा व्यय किया जाता है। तथा अन्य विकसित राष्ट्रों की भांति जापान में भी प्राथमिक शिक्षा एवं उच्च शिक्षा में व्यय की मात्रा लगभग समान है। 1885 से 1915 के बीच जापान में प्राथमिक विद्यालयों की संख्या में 10 गुणा वृद्धी हुई 1887 में जापान में केवल 30 प्रतिशत बच्चे प्राथमिक विद्यालय जाते थे जबकि 1960 में यह संख्या 90 प्रतिशत हो गई।

सन् 1945 में परमाणु बम्ब की विभीषिका से ध्वस्त होने पर भी अपने दृढ़ संकल्प, सक्रियता, साहस, व एकात्मत भाव से विश्व के मानचित्र पर पुनः एक नवीन जापान उभरा जिसने शत्–प्रतिशत साक्षरता के द्वारा विकास के प्रत्येक क्षेत्र में परिणाम प्राप्त करके ज्ञानार्जन में क्रांति को दिशा दी है।

भारत में निरक्षरता उन्मूलन हेतु भारतीय परिवेश व मूल्यों के अनुसार पुनः नव चेतना की आवश्यकता है जिससे साक्षरता अभियान की उपेक्षा का पात्र बने साक्षरता आंदोलन को आज महात्मा गांधी विनोवा भावे, जय प्रकाश नारायण, सुंदर लाल बहुगुणा, बाबा आम्टे जैसे दृढ़–प्रतिज्ञ व निष्ठावान नेतृत्व की आवश्यकता है जिससे यह आंदोलन, जनआंदोलन का रूप लेकर जन मानस में निरक्षरता की बेड़ियों को तोड़ने की व्याग्रता उत्पन्न कर सके। साक्षर व्यक्ति पर निरक्षर व्यक्ति का ऋण है। क्योंकि वह अनेक ऐसी सुविधाओं एवं वस्तुओं का उपयोग करता है जिसके निर्माण में निरक्षरों का योगदान है अतः निरक्षर को साक्षर बनाकर ऋण उतारना चाहिए।

चीन के साक्षरता कार्यक्रम की समीक्षा–चीन में चले साक्षरता अभियान को तीन चरणों में बांटकर देखा जा सकता है। पहले चरण में निरक्षरता उन्मूलन का निर्णय लेते हुए साक्षरता के लिए जन अभियान को छेड़ा गया। दूसरे चरण में साक्षरता अभियान लगभग बंद रहा। तीसरे चरण में कर्मचारियों और श्रमिकों की शिक्षा को मजबूत करने का निर्णय लिया गया। इस कार्य के लिए चीन में साक्षरता हेतु विद्यालयों का जाल बिछा दिया गया। सभी उद्योगों ने उत्पादन कार्य के साथ–साथ अपने मजंदूरों को पढ़ाने की जिम्मदारी ग्रहण की। इसका लाभ यह हुआ कि

इससे उत्पादन प्रक्रिया के लगातार जारी रहते हुए भी समाज की समग्रता के हित में नये तरह के शिक्षित व्यक्तियों का निर्माण भी हुआ जिसने चीन के आर्थिक, सामाजिक एवं अन्य सभी प्रकार की उन्नति में अपना महत्वपूर्ण योगदान दिया।

इस प्रकार के साक्षरता कार्यक्रम में 'लोगों को अपने आप पढ़ने दो' नीति के अनुसार अंशकालीन अध्यापकों की भूमिका भी पूर्णकालिक अध्यापकों के सूत्रधर जैसी इस बनी रही। ग्रामीण क्षेत्रों में साक्षरता अध्यापक का वहीं के लोगों में से चयन कर लिया गया, जो कि इस कार्य हेतु आवश्यक योग्यता रखता था। चीन में चलाए गए इस सफल साक्षरता अभियान के प्रयोग से यह प्रमाणित होता है कि साक्षरता कार्यक्रम को व्यवहारिक क्रियान्वयन के उद्देश्यों पर आधारित होना चाहिए, जिनका ठोस परिणामों पर जोर हो। चीन का साक्षरता अभियान स्थानीय स्थितियों और आवश्यकताओं के अनुसार क्रियान्वित किया गया जो कि अत्यंत सफल सिद्ध हुआ।

चीन और भारत–

भारत में 80 प्रतिशत प्राथमिक विद्यालयों में शिक्षकों के नाम पर मात्र एक व्यक्ति होता है। आश्चर्य जनक तथ्य यह है कि कुछ विद्यालय ऐसे भी पाए जाते हैं जहां शिक्षक नियुक्त नहीं है भारत में 64 बच्चों पर एक शिक्षक है। जबकि चीन में 22 बच्चों पर एक शिक्षक नियुक्त है।

वियतनाम के साक्षरता कार्यक्रम की समीक्षा

वियतनाम सन्–1945 में जनतांत्रिक गण राज्य के रूप में अस्तित्व में आया। इससे पूर्व वियतनाम अविकसित और शिक्षा की दृष्टि से पिछड़ा देश था, यहाँ की लगभग 90 प्रतिशत से भी अधिक जनसंख्या निरक्षर थी। तीन दशक से भी अधिक समय तक किये गये निरन्तर कठिन प्रयासों के बाद वियतनाम में निरक्षरता उन्मूलन में सफलता अर्जित कर ली जिसका परिणाम अंततः यह हुआ कि सन् 1978 में निरक्षरता की स्थिति उलट कर साक्षरता स्थिति बन गई और वियतनाम की 90 प्रतिशत के लगभग जनसंख्या साक्षर बन गई, और साक्षरों की बड़ी जनसंख्या वियतनाम के विकास में महत्वपूर्ण भूमिका निभा रही है।

वियतनाम में यह साक्षरता अभियान मातृ–भाषा में चलाया गया और पढ़ने–लिखने की ऐसी शिक्षा–सामग्री विकसित की गई जिससे कम समय में निरक्षर को साक्षर बनाया जा सके। साक्षरता कौशल सरल–स्पष्टं तरीके से सीख सकें। वियतनाम में त्रिस्तरीय शिक्षा प्रणाली प्रचलित है। वियतनाम में साक्षरता अभियान की इस सफल अभूतपूर्व उपलब्धि के कुछ प्रमुख कारक इस प्रकार हैं–

1. वृद्ध क्रांतिकारी एवं सेना के युवा क्रांतिकारियों का भारी उत्साह, सृजनशीलता तथा त्याग जिन्होंने शिक्षक, प्रेरक और संचालनकर्त्ताओं की भूमिका का निर्वाह किया इत्यादि।
2. साक्षरता सेवाओं का प्रशासनिक ढांचा जो कि गतिशील, लचीला और सृजनात्मक निर्देशन करने वाला था।
3. शिक्षार्थियों की बहुत उत्साहपूर्ण सहभागिता रही जिसने साक्षरता को जन–आन्दोलन में बदल दिया।
4. साक्षरता कार्यक्रम में सरकारी नेतृत्व और प्रशासन का कार्य पूर्ण स्पष्ट था।
5. साक्षरता संचालन समितियों का मजबूत व प्रभावी तंत्र।

थाईलैण्ड के साक्षरता कार्यक्रम की समीक्षा–

थाईलैण्ड में सन्–1970 में कार्यात्मक साक्षरता की अवधारणा लोकप्रिय हुई। इससे शिक्षार्थियों को न केवल पढ़ने–लिखने और अंकगणित के कौशल को अर्जित करने में आसानी हुई बल्कि वे अपनी समाज व्यवस्था में सक्रिय ताकतों के प्रति भी जागरूक हुए। कार्यात्मक साक्षरता का पाठ्यक्रम लोगों की आवश्यकताओं को लेकर किए गए सर्वेक्षण पर आधारित था। इस पाठ्यक्रम के चार भाग थे–कृषि और अन्य व्यवसाय, बुनियादी स्वास्थ्य–सुरक्षा, अर्थशास्त्र व नागरिक शास्त्र। साक्षरता कार्यक्रम का 80 प्रतिशत पाठ्यक्रम इन पर ही आधारित था, शेष 20 प्रतिशत भाग स्थानीय स्थितियों और प्रासांगिक आवश्यकताओं के अनुरूप अध्यापक एवं छात्रों द्वारा स्वयं सम्मिलित प्रयास से विकसित किया गया। इस पाठ्यक्रम की समयावधि 200 घंटे की है। नव साक्षर शिक्षार्थी को तीन प्रकार के परीक्षण देने होते है–पूर्व, मध्य और अंत में। इससे नव साक्षर शिक्षार्थी की

स्थिति और प्रगति को आंका जाता है। इसके लिए परीक्षण का निर्णय अध्यापक करता है।

थाईलैण्ड का साक्षरता कार्यक्रम लोगों की आवश्यकताओं और स्थितियों की भिन्नता के अनुरूप विविध रूपों में लागू किया गया। इस कार्यक्रम के अंतर्गत "घुमक्कड़ अध्यापक" निरक्षरों की दूर–दराज स्थिति आबादी वाले क्षेत्रों में गए और वहाँ साक्षरता कार्यक्रम का सफल संचालन किया। इन "घुमक्कड अध्यापकों" में स्कूल अध्यापक, महाविद्यालय के छात्र और बौद्ध भिक्षु शामिल थे, जिन्हें कार्यात्मक साक्षरता कार्यक्रम के लिए चयनित और प्रशिक्षित किया गया। इस प्रकार थाईलैण्ड में साक्षरता कार्यक्रम को सफल, प्रभावी तरीके से पूरा किया गया।

बंगलादेश के साक्षरता कार्यक्रमों की समीक्षा

सार्वजनिक प्राथमिक शिक्षा–शिक्षा के लक्ष्य की प्राप्ति का अर्थ है। सभी स्कूल जाने वाले आयु वर्ग के बच्चे जिनमें लड़कियाँ भी शामिल हैं तथा स्कूलों में लाना तथा इस स्तर की शिक्षा तक उनका पढ़ाई पूरी करना। इससे सरकार की अपने संवैधानिक दायित्व, मूलभूत आवश्यकताओं को पूरा करने का वादा तथा मौलिक अधिकारों की स्थापना जिसमें शिक्षा का अधिकार बहुत महत्वपूर्ण है, की पूर्ति हो सकेगी इससे 1990 में जोमार्टन में स्वीकार किए गए 'सभी लक्ष्य के लिए शिक्षा' के नारे के.राज्य के दायित्व को पूरा किया जा सकेगा।

साक्षरता तथा राष्ट्र के विकास के बीच महत्वपूर्ण संबंध होता है इस तथ्य के कारण बंगलादेश में राष्ट्रीय स्तर पर शीघ्र कार्यवाही के लिए प्रयत्न शुरू किए गए। विकास जो न केवल आर्थिक समृद्धि के रूप में होता है अपितु लोगों की व्यक्तिगत क्षमताओं को पूरी तरह विकसित करने के लिए परिस्थितियाँ तैयार करना भी सरकार का कर्तव्य है। संविधान में राज्य का कर्तव्य सभी को एक समान समाज सापेक्ष प्रदान करना तथा सभी बच्चों का निशुल्क, अनिवार्य प्राथमिक शिक्षा देना भी है।

इस कार्यक्रम का नियोजन तथा क्रियान्वयन बहुत भारी चुनौती है क्योंकि बंगलादेश के समाज का अनेक स्तरों पर विभाजन है। जिससे

कठिनाई अधिक बढ़ जाती है क्योंकि लिंग, वर्ग तथा आवास् स्थान की अवस्थिति के विकास के अवसरों, सामाजिक संसाधनों तथा सेवाओं तक व्यक्ति की पहुंच का निर्वारण किया जाता है इसलिए, संवैधानिक आश्वासन तथा सरकारी प्रयासों के बावजूद राष्ट्रीय आंकड़े दर्शाते हैं कि विकास प्रक्रिया में कर्मकर्त्रा तथा लाभान्वित दोनों रूपों में स्त्री–पुरूष, अमीर–गरीब, शहरी–ग्रामीण का भेदभाव अधिक है।

सौभाग्य से, बंगला देश में सरकारी प्रयासों को अनेक गैर सरकारी संगठनों (लगभग 2000) का सहयोग तथा सहायता प्राप्त है जो राष्ट्रीय तथा क्षेत्रीय स्तर पर कार्य करते हैं। प्रखर राष्ट्रीय आन्दोलन साक्षरता शिक्षा की वकालत तथ संगठन का कार्य करता है। दान करने वाले तथा अन्तर्राष्ट्रीय एजेंसियों ने भी पिछले वर्षों में वित्तीय तथा तकनीकी सहायता प्रदान की है।

सबसे चिंता का विषय साक्षरता की दृष्टि से ग्रामीण–शहरी विषमता। 1991 में 38.1 प्रतिशत शहरी महिलाएँ साक्षर भी ग्रामीण महिलाओं का अनुपात बहुत कम 14 प्रतिशत था। स्कूली विद्यार्थियों के विस्तृत सामाजिक–आर्थिक राष्ट्रीय सर्वेक्षण न होने की स्थिति के अमीर–गरीब के पूरे अंतर का पता नहीं चल पायेगा। देश के विभिन्न क्षेत्रो में करवाए गए प्राथमिक सर्वेक्षणों से पता चलता है कि शिक्षा के अवसरों को प्राप्त करने में वर्ग विषमता महत्वपूर्ण स्थान रखती है। इस परिदृश्य में, जहाँ सभी बंगलादेशी छोटे, गरीब, तीसरे विश्व के देश में अपेक्षाकृत साधनहीन नागरिक है।

वर्ष 1971 में जब बंगलादेश स्वायत्त राष्ट्र के रूप में उभरा प्राथमिक शिक्षा न तो अनिवार्य थी और न ही सभी के लिए संविधान में समान, जन–सापेक्ष, सर्वजानिक शिक्षा तथा सभी बच्चों को कानून द्वारा निश्चित स्तर तक निशुल्क अनिवार्य प्राथमिक शिक्षा का प्रबंध करना, सरकार का दायित्व बनाया गया है। पहले कदम के रूप में, सरकार ने अधिकतर वर्तमान प्राथमिक स्कूलों का राष्ट्रीयकरण करके उनका सरकार ने सार्वजनिक प्राथमिक शिक्षा के तथ्य की पूर्ति के संकल्प पर पूरा ध्यान दिया है।

गरीब ग्रामीण महिलाओं (जिनमें अधिकतर बंगलादेशी महिलाएं आती हैं।) को गरीबी, पितृसत्ता तथा ग्रामीण निवास तीन प्रकार का बोझ ढोना पड़ता है। जनसंख्या के सर्वाधिक साधनहीन वर्ग को मुख्यधारा से जोड़ना तथा उनका शैक्षिक विकास एक चुनौति है जिसका सामना अकेली बंगलादेशी सरकार नहीं कर सकती।

शिक्षा के क्षेत्र में सरकार की नीतियों तथा तथा कार्यों में धीरे–धीरे परिवर्तन भी हुआ है और मूल शिक्षा की सोच तथ संकल्पना का विस्तार हुआ तथा वर्ग और लिंग के भेद से बाद इसका विस्तार हुआ है। निरक्षरता के उन्मूलन के लक्ष्य के लिए विस्तृत उपायों तथा प्रभावी व्यवस्था तैयार करने की गति बहुत धीमी है नब्बे के दशक में ही इसमें कुछ प्रतीत होती है।

पाँचवी पंचवर्षीच योजना अवधि के दौरान (1990–95) पिछले दशकों की अपेक्षा मौलिक शिक्षा पर अपेक्षाकृत अधिक ध्यान दिया गया शिक्षा क्षेत्र के प्रमुख लक्ष्य निम्नलिखित थे–

अनिवार्य प्राथमिक शिक्षा का प्रारंभ (1990 में अनिवार्य प्राथमिक शिक्षा विधेयक पारित किया गया)

व्यापक निरक्षरता की स्थिति को कम करने के लिए व्यापक शिक्षा कार्यक्रम पुनः शुरू किए गए तथा पी एम ई डी (1992) के रूप में इसके प्रबंध और प्रशासन की आवश्यक व्यवस्था की गई।

अस्सी के दशक में, सार्वजनिक शिक्षा प्रारम्भ करने के लिए दिशा निर्देश तैयार किए गए तथा सरकारी उपायों को प्रारम्भ किया गया। विस्तृत शिक्षा कार्यक्रम की शुरूआत हुई। 6–10 आयु वर्ग के 90 प्रतिशत बच्चों को प्राथमिक शिक्षा दायरे में लाने का लक्ष्य रखा गया शिक्षा क्षेत्र के कुल बजट का 0.46 प्रतिशत शिक्षा के लिए निर्धारित किया गया।

"सब के लिए शिक्षा" प्रदान करने के लिए संकल्प के क्रियान्वयन के लिए 1990 में जोर्माटन कान्फ्रेंस के पश्चात् विशेष कदम उठाए गए। 1992 में "बंगलादेश में मौलिक शिक्षा की स्थिति तथा उपायों की सिफारिश की रिपोर्ट" के लिए एक प्राथमिक एंव व्यापक शिक्षा पर टास्क फोर्स बनाया गया टास्क फोर्स की रिपोर्ट तथा राष्ट्रीय कार्य योजना में प्राथमिक

विस्तृत शिक्षा कार्यक्रमों तथा शिक्षा के सार्वजनिक बनाने शिशु देखभाल एंव शिक्षा कार्यक्रम के माध्यम से निरक्षरता के उन्मूलन पर जोर दिया गया।

प्राथमिक शिक्षा के लिए अलग निदेशालय बनाया गया जिसमें उपजिला स्तर तक सार्वजनिक प्राथमिक शिक्षा को सुनिश्चित करने के लिए लगभग 2000 सहायक उपजिला शिक्षा अधिकारियों के पदों का सृजन किया गया। शीघ्र ही नामांकन लक्ष्य (70 प्रतिशत) तथा शिक्षा लक्ष्य (कम से कम 50–60 प्रतिशत) में व्यावहारिक संशोधन किया गया तथा दो वर्ष के पश्चात अर्थात् 1982 में व्यापक शिक्षा कार्यक्रम बंद कर दिया गया।

कार्यक्रम को औपचारिक स्कूल पद्धति का पूरक बनाने के लिए स्थिरता बिंदु के रूप में तथा औपचारिक शिक्षा पद्धति में शिक्षा छोड़ने वाले 6–14 आयु वर्ग के बच्चों के लिए सुरक्षा–तंत्र के रूप में विकसित किया गया है NFPE के अंतर्गत तीन वर्ष की प्राथमिक शिक्षा दी जायेगी जिससे उत्तीर्ण करने वाले बच्चे औपचरिक शिक्षा प्रणाली में शामिल हो सके 1995 में NEPE में कुल नामाकल 13,72,870 थे जिनमें से 5,09,440 (37.1 प्रतिशत) लड़के तथा 863430 (62.90 प्रतिशत) लड़कियाँ थी। उपस्थिति दर काफी अधिक (89 प्रतिशत) थी तथा स्कूल छोड़ने की दर बहुत कम (0.37 प्रतिशत) परन्तु इन दावो की पुष्टि किसी स्वतंत्र मूल्यांकन या NFPR कार्यक्रम के सम्पूर्ण मूल्यांकन द्वारा की जानी शेष है 2375 केन्द्रो में कार्यरत अध्यापकों की संख्या अनुमानतः 2823 थी। इन अधिकतर अनौपचारिक स्कूलों में मानकीकृत वार्षिक परीक्षाएँ नहीं होती इसलिए विद्यार्थियों की शैक्षिक उपलब्धि का आंकना कठिन है। तथापि बंगलादेश ग्रामीण विकास समिति (BRAC) द्वारा संचालित स्कूलों से 78 उत्तीर्ण विद्यार्थी औपचारिक शिक्षा पद्धति से जुड़ चुके हैं। 7 प्रमुख गैर सरकारी संगठनों ने बांग्ला तथा अंकगणित औसत तथा सामान्य ज्ञान में संतोषजनक योग्यता के बारे में पता लगाया। समय सीमा के भीतर सब के लिए शिक्षा लक्ष्य की प्राप्ति के लिए बंगलादेशी सरकार ने गैर–औपचारिक प्राथमिक शिक्षा (NFPE) sa क्षेत्र में गैर सरकारी संगठनों को जोड़ा। 1995 में 414 गैर सरकारी संगठन साक्षरता कार्यक्रमों में लगे थे जिसमें व्यापक एवं प्रौढ़

शिक्षा भी शामिल है इनमें से 186 एन. जी ओ का प्रमुख कार्य शिक्षा है इस प्रकार स्पष्टता NFPE गैर सरकारी संगठनों का भरपूर उपयोग किए जाने की अधिक संभावनाएँ हैं।

निरक्षरता का उन्मूलन तथा शिक्षा से पूरी तरह जोड़ना एक कठिन चुनौती है यह केवल विकास के लिए महत्त्पूर्ण है अपितु राष्ट्र की जीवन शक्ति के लिए भी आवश्यक है कि इन लक्ष्यों का सदा शीघ्र कम समय में प्राप्त किया जाए। बंगलादेश में मुख्यतः माँग की दृष्टि से सामाजिक–आर्थिक तथा आपूर्ति की दृष्टि से मूलभूत सुविधाओं की कमी होना है, और ये दोनों कारक एक दूसरे पर निर्भर हैं तथा परस्पर प्रभावित करते हैं शिक्षा के क्षेत्र में कोई भी प्रयत्न तब तक सफल नहीं होगा जब तक इन कठिनाइयों को काबू नहीं किया जाता। अभी तक बंगलादेश की सरकार ने सिद्धांत रूप से आपूर्ति पक्ष कठिनाइयों तथा गरीबी संबंधी आर्थिक मजबूरियों को समाप्त करने की तरफ ध्यान दिया है यद्यपि से कदम हाल ही में उठाए गए हैं परन्तु नामांकन तथा स्कूल में बच्चों के बने रहने की दर के परिणाम उत्साह जनक हैं। अभी तक स्कूल छोड़ने वाले बच्चों की दर भी ऊँची है तथा शिक्षा तथा साक्षरता में लिंग भेद का अंतर भी विधमान है शिक्षा की गुणवत्ता तथा दक्षता में सुधार तथा अधिक प्रसंगिक पाठ्यचर्चा के अलावा भेदभाव और सामाजिक व्यवस्था में शोषण आधारित सांस्कृतिक रीति रिवाजों, मूल्यों, सिद्धांतो तथा व्यवहार से अदभुत कठिनाइयों को काबू करने के उपायों से प्राप्ति की गति में नाटकीय सुधार आएगा।

भारत–

राष्ट्रीय साक्षरता कार्यक्रम अनुभवों के उद्देश्यमूलक मूल्यांकन के आधार पर सामाजिक तथा तकनीकी मिशन के रूप में शुरू किया गया था इससे निरक्षरता के उन्मूलन के कार्य में अनिवार्यता, वरीयता तथा गम्भीरता की नयी भावना पैदा हुई। वर्ष 1990–91 में केरल राज्य तथा फिर कुछ अन्य राज्यों में साक्षरता अभियान की नाटकीय सफलता ने दर्शाया कि निरक्षरता कौ उन्मूलन संभव है तथा स्थान विशेष, समय बद्ध, स्वैच्छामूलक, न्यून लागत तथा परिणाम–सापेक्ष अभिमान द्वारा इस लक्ष्य को प्राप्त किया

जा सकता है सम्पूर्ण साक्षरता अभियान जो प्रौढ़ अशिक्षा के उन्मूलन का प्रमुख माध्यम बन चुका है तीन सिद्धांतों पर आधारित है।

पूर्णतया व्यावसायिक परियोजना क्रियान्वयन तथा स्वतः निगरानी मुक्त प्रबंध व्यवस्था।

सार्वजनिक जागरूकता तथा प्रेरणा के माध्यम से सकारात्मक माहौल तैयार करना, अशिक्षितों में साक्षरता के लिए इच्छा पैदा करना तथा शिक्षित वर्ग में साक्षरता अभियान में स्वैच्छिक रूप से योगदान तथा भागीदारी के लिए भावना पैदा करना।

मिश्रित प्रतिनिधि संगठनात्मक ढांचा तथा भागीदारी मूलक प्रबंधक प्रणाली तैयार करना जिसे सरकारी सहायता का आश्वासन प्राप्त हो तथा जिसमें गैर–सरकारी संगठनों, स्वैच्छिक संस्थाओं तथा समाज के सभी वर्गों की भागीदारी हो।

राष्ट्रीय शिक्षा नीति 1987 में भारत ने अशिक्षा के उन्मूलन को तीन स्तनीय रणनीति के माध्यम से पूर्ण वरीयता प्रदान की ये है।

1. 100 मिलियन गैर–शिक्षित प्रौढ़ व्यक्तियों को समयबद्ध रूप से कार्यात्मक साक्षरता तथा सदी के अंत तक पूर्ण साक्षरता का लक्ष्य प्राप्त करना।
2. औपचारिक शिक्षा के दायरे से बाहर बचे 9–14 आयु वर्ग के बच्चों की गैर–औपचारिक शिक्षा के लिए व्यवस्थित शिक्षण कार्यक्रम। गैर–शिक्षित प्रौढ़ व्यक्तियों को कार्यात्मक साक्षरता प्रदान करने का कार्य 1958 में स्थापित राष्ट्रीय साक्षरता मिशन को सौंपा गया।
3. 14 वर्ष के सभी बच्चों को निःशुल्क प्राथमिक शिक्षा।

क्षमताएं एवं न्यूनताएँ

भारत में वर्तमान साक्षरता तथा गैर औपचारिक शिक्षा परियोजनाओं की प्रगति के विष्य में विस्तृत विकेन्द्रीकृत आंकड़ा–एकत्र तथा निगरानी प्रणाली है निगरानी प्रक्रिया तथा पद्धति तथा कम्पयूटरों के प्रयोग करने में विभिन्नस्तरों पर अधिकारियों को प्रशिक्षित किया गया है प्रौढ़ शिक्षा

निदेशालय विद्यमान परियोजना की अंतिम स्थिति पर त्रैमासिक रिपोर्ट तैयार करते हैं।

नेपाल में आंकड़े एकत्र करने में आने वाली मुख्य अधिकारियों का बार–बार स्थानांतरण दस्तावेज तैयार करने की कमल, कम्पयूटरों का सीमित प्रयोग तथा नीतिगत स्तर पर प्राथमिकता निर्धारण की कमी है।

बंगलादेश में वर्तमान व्यवस्था संतोषजनक कार्य कर रही है। परन्तु उचित समय आंकड़े उपलब्ध होना एक समस्या है क्योंकि संगठन के भीतर पर्याप्त–सूचना तंत्र नहीं है कम्पयूटरों का प्रयोग न होना गैर–सरकारी क्षेत्र में डाटाबेस में संशोधन की दिशा में प्रमुख बाधा है।

इन देशों में आंकड़ा–संग्रहन प्रणाली का स्वरूप तथा विस्तार भिम्न–भिन्न है प्रणाली की सीमाओं को संक्षेप में इस प्रकार बताया जा सकंता है:

समुदाय/गांव स्तर पर आंकड़ा–संग्रह की पर्याप्त व्यवस्था नहीं होती क्षेत्रीय कार्यकर्ताओं को प्रशिक्षण पर विशेष ध्यान नहीं दिया जाता है

कई बार प्रदान की गई सूचनाओं की सच्चाई/विश्वसनीय संदेह जनक होती है क्योंकि सही सूचना देने से दण्डात्मक कार्यवाही की संभावना होती है।

राज्य स्तर पर विभिन्न क्रियाशील ऐजेंसियों से सूचनाओं का परस्पर विनिमय नहीं होता।

सूचना प्रवाह केवल एक दिशा में होता है अर्थात् नीचे से ऊपर तथा निचले स्तर पर कार्यवाही तथा सुधार संबंधी सूचनाएँ नहीं भेजी जाती जिससे एकत्र करना ही कार्य की समाप्ति बन जाती है न जब कि यह ऐसा साधन है। जिससे प्रशिक्षण का कार्य प्रभावी और बेहतर हो सकता है।

इन गतिविधियों से जुड़े अधिकारियों के बार–बार स्थानांतरण से निरंतरता टूटने संबंधी कठिनाई आनी है तथा इससे टाडा की गति तथा गुणवत्ता पर प्रभाव पड़ता है।

सांख्यिकी सूचनाओं पर अधिकाधिक निर्भरता के कारण परियोजना के क्रियान्वन के वास्तविक प्रतिपादन के महत्व को गौण बना दिया जाता है, नये विचारों तथा सफल प्रयासों को प्रस्तुत करने के विषय में पर्याप्त

ध्यान नहीं दिया जाता जहाँ ऐसा किया जाता है उसका प्रचार नहीं किया जाता।

ऐसे मामले में जहाँ क्रियान्वन एजेंसी को किसी अन्य माध्यम से निधि प्राप्त होती है, निगरानी विभाग। नोडल विभाग को सूचना प्राप्त होती है ऐसे उन एन जी ओ परियोजनाओं के मामले में अधिक है जहाँ धन देने वाली कई ऐजेंसियां शामिल होती हैं।

आंकड़ा संग्रह प्रणाली अत्यधिक प्रपत्रों तथा दस्तावेजी सूचनाओं से भरी है। दस्तावेजों से शामिल कुछ विषम निरर्थक है। जिनकी जांच अपेक्षित होती है साथ कुछ महत्वपूर्ण क्षेत्रों के आंकड़े या तो माँगे नहीं जाते या उपलब्ध नहीं करवाए जाते।

सूचनाओं प्रोद्यौगिकी संबंधी अपर्याप्त मूल भूत सुविधाऐं विशेष रूप से निचले स्तर पर तथा एन जी ओ क्षेत्र में होने से बहुत विपरीत प्रभाव पड़ता है। सूचना समेकन का कार्य मुख्यतः हस्तकृत होने के कारण डाटा को एकत्र, भण्डारण तथा विश्लेषण का कार्य बोझिल, उबाऊ होता है तथा गलतियाँ होने की अधिक संभावनाएँ रहती हैं।

आंकड़ा संग्रहन बहुत धीमा है सूचनाएँ अत्याधिक देरी से प्राप्त होती हैं इसलिए नवीनतम आंकड़े प्रायः उपलब्ध नहीं होते।

सभी चारो देशो में यद्यपि आंकड़े और सूचना प्रणाली अभी आरंभावस्था में है परन्तु विधमान कार्यक्रमों तथा गतिविधियों के कुशल प्रबन्धन हेतु नीति निर्माण कार्य के लिए आंकड़े तैयार करने के लिए काफी महत्वपूर्ण पाये गये हैं इन आँकड़ो को स्थानीय समुदायो में शिक्षा कार्यक्रमों के क्रियान्वयन की निगरानी तथा समर्थन तथा गैर–औपचारिक शिक्षा तथा साक्षरता प्रयत्नों की कारगरता तथा प्रभावात्पोदकता को बढ़ाने में सही उपचारात्मक उपाय प्रारम्भ करने में केन्द्रीय अधिकारियों की सहायता करने में प्रभावी साधन के रूप में अधिकाधिक प्रयोग किया जा रहा है।

पाकिस्तान द्वारा ढाका बैठक में प्रस्तुत लेख में तो निगरानी व्यवस्था और न ही इसके लाभ और हानियों के स्वरूप का कोई उल्लेख किया गया है। थाइलैण्ड का गैर औपचारिक शिक्षा के विषय में विधमान आंकड़े तथा सूचना व्यवस्था के अन्तर्गत अत्यधिक प्रपत्र तथा दस्तावेज शामिल किए

गए हैं। इन दस्तावेजों का विस्तृत संशोधन तथा इनमें महत्वपूर्ण क्षेत्रों जैसे धार्मिक तथा वितीय प्रबन्ध जैसे पहलुओं का समावेश किया जाना आवश्यक है। समय पर आंकड़ा प्रदान करना भी समस्या है।

तथापि, अनुभवों से ऐसे कुछ सिद्धांत सामने आते हैं जो इस विषय पर कार्यवाही के लिए नीति निर्माताओं तथा योजनाकारो का मार्गदर्शन कर सकते हैं।

राज्य संचालित संस्थाओं में उपलब्ध शिक्षा की परिभाषा तथा गुणवत्ता करे वास्तविक शिक्षण समय तथा उसके परिणामों पर केन्द्रित करते हुए सुचारू बनाई गए। जिससे उनके आर्थिक जीवन में कुछ बढ़ोतरी हो सके।

अतिरिक्त स्कूलों का निर्माण करने या मौलिक शिक्षा प्रणाली की पहुँच का विस्तार करने के लिए वैकल्पिक शिक्षा व्यवस्था बनाने के लिए निरपक्षता के सिद्धांत का पालन करना आवश्यक है ताकि सुविधाहीन जनता के हित की हानि न हो। अनिवार्य है कि जिन नीतियो से भेद–भावपूर्ण शिक्षा व्यवस्था का विकास हो उससे बचा जाए मौलिक शिक्षा की व्यवस्था का आधार समानता तथा एकता होनी चाहिए न कि केवल नामांकन संख्या को बढ़ाने के लिए अल्पाधि उद्देश्य से।

जबकि राष्ट्रीय तथा राज्य सरकारों के सामने वित्तीय कठिनाईयाँ आएँगी। शिक्षा में निवेश की बढ़ोतरी अपरिहार्य है यदि इनके लक्ष्यों को पूरा करना है।

लोगों को अपने जीवन का प्रबंध करने के लिए आवाज उठाने की दृष्टि से सामान्यतः' तथा शिक्षा कार्यक्रमों की दृष्टि से विशेषतः शासन के सुधार बहुत महत्वपूर्ण होते हैं जिसके अंतर्गत विधमान पद्धति की सम्पूर्ण कुशलता को बढ़ाने तथा निष्पक्षता सुनिश्चित करने के लिए महत्वपूर्ण जवाबदेह संस्थानों का निर्माण भी शामिल होना चाहिए।

पहले बिन्दु के उप–सिद्धांत के रूप में, शिक्षा क्षेत्र को यदि गरीबों के जीवन में परिवर्तन लाना है तो पांच वर्षीय औपचारिक स्कूली शिक्षा से परे देखना होगा। स्कूल छोड़ने वाले किशोरों, युवाओं तथा प्रौढ़ो की शिक्षा पर तत्काल पर्याप्त ध्यान दिया जाना आवश्यक है।

इनके लिए वैश्विक कार्यसूची के संदर्भ में राष्ट्रीय प्रयास इनकी प्रगति का स्तर चाहे जो भी रहा हो परन्तु :

(क) गुणवत्ता के सुधार–पर गम्भीरता पूर्वक ध्यान दिया जाना शेष है।

(ख) गरीबों तथा उपेक्षितों को पर्याप्त लाभ नहीं हुआ।

(ग) लिंग समानताः के लिए बहुत कार्य किया जाना काफी है।

जैसा कि पहले बताया गया है 1990 में जो मार्टन में वैश्विक कांफ्रेंस के अन्तर्राष्ट्रीय एजेन्सियों तथा राष्ट्रीय नेतृत्व को सामान्य विचारधारा पर खड़ा किया जाए इसी संदर्भ में, 2000 मूल्यांकन के बैनर के नीचे 1990 के अंत में विभिन्न देशों के भीतर सबके लिए शिक्षा की स्थिति की विस्तृत समीक्षा कार्य किया गया इस प्रयास की परिचिर्चा पर 2000 में डकार में आयोजित इन पर दूसरे वैश्विक कांफ्रेंस में विचार विमर्श किया गया। 2000 के मूल्यांकन ने यह स्वीकार करते हुए कहा कि अनेक क्षेत्रों में काफी उपलब्धि प्राप्त की गई है।

हैम्बर्ग में प्रौढ़ शिक्षा के विशाल जटिल परिदृश्य पर 10 वीं शीषर्कों के अन्तर्गत विचार किया गया। इनमें से दो उद्देश्य प्रौढ़ शिक्षा की स्थितियों तथा गुणवत्ता में सुधार के तिषय में थे इन शीर्षों के अन्तर्गत महत्वपूर्ण बल प्रौढ़ शिक्षा का नीतिगत तथा कार्य संक्षेप अनुसंधान को बढ़ावा देना था। इस परिधि में तीव्र विस्तृत कार्य शामिल हैं।

प्रौढ़ शिक्षा के शिक्षकों, अध्यापकों, कार्यक्रमों पद्धतियों संस्थानों की राष्ट्रीय तथा अन्तर्राष्ट्रीय अध्यनों का बढ़ावा तथा प्रौढ़ शिक्षा की विशेषकर समाज के सभी वर्गों की आवश्यकता के अनुसार व्यवस्था तथा भागीदारी के मुल्यांकन का समर्थन करना।

यूनेस्को तथा अन्य बहुपक्षीय एजेंन्सियों को प्रौढ़ शिक्षाओं की सूचनाओं का विश्लेषित रूप से पहुंचाना तथा विस्तार के सम्पूर्ण परिदृश्य निगरानी तथा इन गतिविधियों में भाग लेने वाले सदस्य राज्यों की सहायता के लिए यूनेस्को से अनुरोध करना।

राष्ट्रीय अन्तर्राष्ट्रीय स्तर पर सूचनाओं का विनिमय, नवीन पद्धतियों तथा उत्कृष्ट तरीकों से अनुसंधान तथा जानकारी विस्तार की क्षमता का

विकास करना इस पृष्ठभूमि में ऐसे क्षेत्रीय स्तर के कर्मों को शुरू करना आवश्यक समझा गया जो हेम्बर्ग कांफ्रेंस में उठाई गई चिंताओं का समाधान प्रस्तुत करती। महसूस किया गया कि इससे राष्ट्रीय तथा अर्ध राष्ट्रीय स्तर पर मानक रूप से साक्षरता के आंकड़े तैयार करने में सहायता मिलेगी तथा क्षेत्र में प्रारम्भ किऐ गऐ विभिन्न गैर औपचारिक शिक्षा कार्यक्रमों के स्वरूप मात्रा तथा उपलब्धियों की बेहतर जानकारी प्राप्त करने में सहायता मिलेगी। यूनेस्को ने जीवन–पर्यक्त शिक्षा की प्रतिबद्धता के संदर्भ में विकास के उद्देश्य से साक्षरता, परियोजनाओं कार्मक्रमों तथा अभियानों के अनुंसंधानों तथा बढ़ावा देने की आवश्यकता का निरन्तर समर्थन किया है तथा पिछले पांच दशकों के दौरान प्रौढ़ शिक्षा के प्रति संकल्प तथा प्रौढ़ शिक्षा को बढ़ावा देने में इसकी अग्रणी भूमिका इसका स्पष्ट साक्षेप रहा है। प्रौढ़ शिक्षा पर अन्तर्राष्ट्रीय सम्मेलन 1949 में एल्जीनोर डेनमाक्र में हुआ तथा दूसरा 1960 में मांट्रियल में तथा तीसरा 1972 में टोकियो में हुआ 1985 में, पेरिस में आयोजित चौथे सम्मेलन में शिक्षा के अधिकारों के महत्व पर जोर देते हुए महत्वपूर्ण घोषणा को स्वीकार किया गया। सितंबर, 1996 में जोर्माटन में हुए एशिया–पेसिफिक क्षेत्रीय विचार गोष्ठी में एक घोषणा को स्वीकृति दी जिसमें समस्त प्रौढ़ शिक्षा व्यावसायियों तथा रूचि रखने वालों को वर्तमान प्रणाली की प्रभावात्पोदकता, गुणवत्ता तथा शिक्षा प्रदान करने की व्यवस्था के प्रभाव को बढ़ाने की दृष्टि से समीक्षात्मक रूप से मूल्यांकन करने का आहवान किया।

जुलाई 1997 में हेमबर्ग जर्मनी में आयोजित 5 वें अन्तर्राष्ट्रीय सम्मेलन में प्रौढ़ शिक्षा तथा युनेस्को तथा इसके सदस्य सदस्यों की इस तेजी से विकसित क्षेत्र में निर्वाह करने वाली भूमिका में परिवर्तन आया। इसमें दिखाया गया कि प्रौढ़ शिक्षा की नई सकल्पना ने विद्यमान प्रद्धति के लिए चुनौती खड़ी कर दी गई है। क्योंकि इसके लिए औपचारिक तथा गैर औपचारिक शिक्षा पद्धति में प्रभावशाली सम्पर्क तथा नवीनता सृजनात्मकता तथा परिवर्तनशीलता की आवश्यकता पर बल दिया गया था। सम्मेलन का निष्कर्ष था कि प्रौढ़ शिक्षा जिसे तेजी से परिवर्तनशील

दुनियां में सभी के लिए आवश्यक मौलिक ज्ञान तथा कुशलता के रूप में प्रारम्भ किया गया था।

सभी का मौलिक अधिकार है। साक्षरता सामाजिक सांस्कृतिक राजनैतिक तथा आर्थिक क्रियाकलापों में भाग लेने तथा जीवन भर ज्ञानार्जन का प्रेरक तत्व भी है।

सम्भावनाऐं–

प्राराम्भिक तैयारियों के लिए युनेस्को प्रोपः बैंकॉक ने ढाका अहसामिया मिशन, बंगलादेश के साथ संयुक्त रूप से जापान के सहयोग से 15–18 Dec. 1997 को चार दिवसीय परामर्श बैठक ढाका में आयोजिक की।

वर्तमान विश्लेषण से स्पष्ट होता है कि सभी भागीदारी देश इस कार्यक्रम पर मानवीय कृत प्रपत्रों में विस्तृत डाटाबेस तैयार करेंगे तथा उनमें समय–समय पर संशोधन करते रहेंगे। ये सभी देश अपनी सूचनाओं यूनेस्को के एशिया सांस्कृतिक केन्द्र को देंगे जो इन्हें एक बेबसाइट पर उपलब्ध कराऐंगे। यह इससे उपलब्ध होगा तथा विभिन्न व्यक्तियों तथा हितधारियों जिनमें नीति निर्धन कार्यक्रम क्रियान्वयन करने वाले प्रौढ़ शिक्षा व्यवसायी शिक्षा विद् आदी इसका लाभ उठा सकें। एशिया प्रशांत क्षेत्र में गैर औपचारिक शिक्षा सूचना तैयार करने के काम भाग लेने हेतु क्षेत्र के 5 देशों को आमन्त्रित किया गया था जिनमें बंगलादेश, भारत नेपाल, पाकिस्तान तथा थाईलैण्ड थे।

महत्वपूर्ण क्रियान्वयन कार्य नीति के रूप में प्रस्ताव किया गया है कि एशिया प्रशांत के सदस्य में साक्षरता तथा सूचना व्यवस्था कायम की जाऐं तथा इसे सुदृढ़ बनाया जाऐ। इससे व्यवस्थित सूचना आधार की स्थापना तथा समेकित होने के कारण उपक्षेत्र में वैज्ञानिक जांच तथा अनुसंधान की संस्कृति का निर्माण हो सकेगा। इस प्रयास के लिए सुझाव दिया गया कि नियमित कार्यक्रम में सबसे पहले कदम सदस्य राष्ट्रों में तथा साक्षरता कार्यक्रमों के विश्य में राष्ट्रीय स्तर पर विश्वसनीय तथा जीवन डाटा को एकत्र करने में कार्य को सुविधाजनक बनाने में तैयार की गई मानक प्रश्नावली तैयार करने में ध्यान दिया गया।

युनेस्को प्रोप वे तैयार किये गए कुछ दस्तावेज भाग लेने वाले देशों के बीच पहले से बांट दिऐ गए थे ताकि उनके द्वारा निधार्रित स्वरूप में सूचनाऐं एकत्रित की जा सकें। ये प्रपत्र ढाका की बैठक के दौरान विचार विमर्श किऐ जाने वाले अन्तिम दस्तावेज तैयार करने तथा विचार विनियम सुविधा की दृष्टि से तैयार किए गए थे।

उद्देश्य–

साक्षरता डाटाबेस के विकास पर एशिया–प्रशांत क्षेत्रीय परामर्श के विशिष्ट उद्देश्य इस प्रकार हैं :

ये डाटा संग्रह, विशलेषण तथा साक्षरता कार्यक्रमों के क्षेत्र में सूचनाओं का आदान–प्रदान तथा वस्तु स्थिति की समीक्षा प्रोप द्वारा विकसित डाटा संग्रहण के दस्तावेजों की जांच तथा समीक्षा तथा साक्षरता कार्यक्रमों तथा गतिविधियों पर डाटा संग्रहण के लिए मानकीकृत दस्तावेज विकसित करना तथा साक्षरता कार्यक्रम, विशेषतः गैर औपचारिक शिक्षा अवसरों की मांग तथा आपूर्ती को आंकने के लिए साक्षरता कार्यक्रमों के नियोजन, निगरानी तथा मूल्यांकन के संकेताकों की सूची तैयार करना।

भागीदार देशों से गैर औपचारिक शिक्षा तथा साक्षरता पर डाटाबेस स्थापित करने की आवश्यकताओं पूर्व अपेक्षाओं का पता लगाना।

इन दस्तावेजों को क्षेत्र में लागू करने के लिए कार्यविधी तथा कार्य योजना का सुझाव देना।

क्षेत्रीय स्तर के कार्यों के भाग के रूप में भागीदार देशों को अपने निगरानी मूल्यांकन व्यवस्था स्थापित तथा सुदृढ़ बनाने के लिए प्रोत्साहित करना डाटा संग्रहण, विश्लेषण तथा सर्वेक्षण डिजाइन की प्रशिक्षण आवश्यकताओं पूर्व अपेक्षाओं का पता लगाना है।

4

साक्षरता अभियान से जुड़े अन्तसंबंधी मुद्दे

साक्षरता से सम्बंधित मुद्दे

साक्षरता अभियान में जन संख्या शिक्षा–

मानव के सर्वागीण विकास हेतु राष्ट्र में व्याप्त निरक्षरता का निर्मूल करना आवश्यक है। परिवार, समाज एवं राष्ट्र की उन्नति में प्रत्येक व्यक्ति का साक्षर होना एक बुनियादी आवश्यकता है। विश्व के विकसित एवं अविकसित राष्ट्रों की ओर दृष्टिगत होकर देखें, तो निश्चय ही साक्षरता के लाभ पारिवारिक, सामाजिक, आर्थिक एवं राजनैतिक क्षेत्रों में विकासात्मक गतिविधियों से स्पष्ट परिलाक्षित होता है। संयुक्त राष्ट्र संघ की आम सभा के 41 वें अधिवेश दिसम्बर, 1986 में पारित प्रस्ताव संख्या 14/128 के अनुसार, वस्तुतः विकास एक ऐसी परिवारिक, सामाजिक, सांस्कृतिक एवं राजनैतिक प्रक्रिया है। जिसका उद्देश्य सम्पूर्ण जन संख्या और समस्त जन समुदाय के कल्याण में सुधार लाना है और उस विकास का आधार सम्पूर्ण साक्षरता है। जिसके आधार पर सक्रिय स्वतंत्र एवं सार्थक विकास संभव हो सकें। और यह लाभ सभी वर्गों के जन समुदाय को भली भांति उपलब्ध हो सके। विश्व के प्रत्येक राष्ट्र ने अपने क्षेत्र विशेष की आवश्यकताओं एवं प्राथमिकताओं के आधार पर साक्षरता के महत्व को सोच विचार कर यह

कार्यक्रम प्रारम्भ किया है तथा अपनी स्थानीय परिस्थितियों के अनुसार साक्षरता के उद्देश्यों की पहचान की है। इसलिए साक्षरता की अवधारणा बहुआयामी है, और इसकी परिभाषा एवं उद्देश्यों में एकरूपता का स्वरूप दिखाई नहीं देता है।

इतना नीरस, जड़ ओर ऊबाऊ माना जाने वाला यह कार्यक्रम आज इतना सरस बन गया है, यह हम सब के सहयोग से हुआ है। हालांकि कुछ लोगों का मानना है कि साक्षरता कार्यक्रम केवल आंकड़ों का खेल है और कागजों तक ही सीमित है, इसमें भी कुछ सच्चाई हो सकती है, लेकिन इस अभियान की सफलता, लोगों का बदलता रवैया और सामने आने वाले परिणाम यह साबित करते हैं कि सभी के लिए साक्षरता शिक्षारत समाज की दिशा में एक महत्वपूर्ण कदम है।

राजनैतिक दलों के कार्यकर्त्ताओं, समाज स्तरीय पदाधिकारियों राज्य कर्मचारी संघों, स्वयंसेवी संस्थाओं एंव समस्त विभागाध्यक्षों की आखर संगोष्ठियों में भागीदारी सुनिश्चित कर, उनके माध्यम से भी साक्षरों को जागृत किया जाता है। सम्पूर्ण साक्षरता आंदोलनों की सफलता में आखर दूतों की महत्वपूर्ण भूमिका होती हैं। अतः उनके प्रशिक्षण के दौरान साक्षरता के अध्ययन बिन्दुओं के साथ–साथ व्यवसाय, स्वास्थ्य एवं छोटे परिवारों की महत्ता को प्रतिपादित करने का संदेश दिया जाता है।

साक्षरता के साथ–साथ एक खुशहाल समाज की संरचना की कामना की जाती है आखर जोत पत्रिका के माध्यम से साक्षरता के अवगत कराया जाता है। साक्षरता से ही राष्ट्र के विकास में छोटे परिवार की अवधारणा को स्पष्ट किया जा सकता है। हमें दृढ़ इच्छा शक्ति एंव संकल्पों की जन सहभागिता के आधार पर साक्षरता अभियानों को सफल बनाने का बीड़ा उठाना है। यह तब तक चलना चाहिए जब तक कि निरक्षरता रूपी अंधकार से पूर्ण रूपेण मुक्त होकर हम साक्षरता के उजाले में न आ जायें।

एक शिक्षारत समाज के उद्देश्यों की पूर्ति हेतु जिस कटिबद्धता से यह अभियान चलाया जा रहा है उसमें कई उद्देश्य समाहित हैं। साक्षरता का विकास से सीधा सम्बन्ध है। यदि समाज शिक्षित होगा तो औसत आयु व आय में वृद्धी होगी तथा जीवन स्तर ऊंचा होगा।

ये कला जत्थे नुक्कड़ नाटकों, गीतों एवं लोक कथाओं के साक्षरता के संदेश के साथ छोटे परिवार के महत्व को भी प्रदर्शित करते हैं। जन समुदाय में साक्षरता के प्रति चेतना जागृत करने में आज राज्य में बढ़ती हुई जन संख्या वृद्धी से उत्पन्न समस्याओं के प्रति वार्ताओं, गोष्ठियों, लोकगीतों, स्थानीय लोक कथाओं के माध्यम से चेतना जागृत की जाती है, तथा चिकित्सा विभाग के प्रभारी अधिकारियों द्वारा महिला गोष्ठियों, महिला मण्डलों एवं स्वयं सेवी संस्थाओं की जन भागिता के आधार पर जनसंख्या शिक्षा प्रदान की जाती है। ग्रामों एवं ठाणियों में अनुदेशकों, प्रेरकों एवं स्वयं सेवकों द्वारा लगाई गई संध्याकालीन कक्षाओं में उपस्थित 9 से 35 वर्ष के आयु वर्ग के साक्षरों को दृश्य श्रव्य साधनों, कैसेट एवं दूरदर्शन के माध्यम से साक्षरता के साथ–साथ बाल विवाह प्रथा के दुष्प्रभाव लड़के व लड़की के मध्य समान भाव बनाये रखने तथा छोटे परिवारों के महत्व को जानकारी प्रदान की जाती है। इसी क्रम में आकाशवाणी द्वारा "रोशनी का रंग" के माध्यम से जनसंख्या शिक्षा के विषय–बिन्दुओं को बहुआयामी बनाकर नव साक्षरों को जानकारी प्रदान की गई है।

प्रौढ़ शिक्षा निदेशालय, भारत सरकार के निर्देशों के अनुपालन में एक जनसंख्या शिक्षा प्रकोष्ठ स्थापित है। इस प्रकोष्ठ का उद्देश्य सम्पूर्ण साक्षरता एवं अनौपचारिक शिक्षा अभियानों के साथ–साथ जन संख्या शिक्षा का संदेश भी प्रसारित करना है। अभी तक छोटा परिवार, विवाह की सही उम्र बाल–विवाह का विरोध, स्त्री–पुरूष समानता, स्वास्थ्य, स्वच्छता, प्रदूषण आदि विष्य बिंदुओं पर पठ्य सामग्री प्रकाशित की गई है।

साक्षरता को सरल, सुगम बनाने की दृष्टी से निरक्षरों एवं छोटे–बड़े परिवारों की पहचान करके उन्हें सूचीबद्ध करने का कार्य उस क्षेत्र में कार्यरत–अध्यापकों, अनुदेशकों, प्रेरकों, एवं स्वयं सेवकों के सहयोग से किया गया है जिसकी पुष्टि अक्षर यात्रा के मध्य स्पष्ट हो जाती है। निरन्तर वातावरण निर्माण के लिए कार्यक्रमों से देश के प्रत्येक जिले में गांवो, घर–घर कला जत्थों के माध्यम से, साक्षरता के प्रचार–प्रसार के

साथ–साथ बढ़ती जनसंख्या के दुष्परिणामों का संदेश जन समुदाय को प्रदान किया जाता है।

शिक्षा के सन्दर्भ में किये जा रहे इस क्रांतिकारी प्रयोग को सफल बनाने की दिशा में कड़ा परिश्रम और आत्ममंथन करना जरूरी है। हमें निष्ठा और लगन से कार्य करना होगा, तभी हम अपने राष्ट्र की परिस्थिति और आवश्यकता के अनुरूप देश के नागरिकों को तैयार कर ‐ ़ंगे। सदियो से चले आ रहे निरक्षरता और गरीबी जैसे अभिशाप को साक्षरता व ज्ञान के वरदान से ही दूर किया जा सकता है। शिक्षा और ज्ञानार्जन के लिए आयु का बन्धन कभी भी बाधक नहीं हुआ करता है सुशिक्षित व्यक्ति ही स्वंय, समाज, स्वराज्य, स्वराष्ट्र व संसार का भला–बुरा, उचित–अनुचित समझकर सही दिशा में कदम उठा पाने में समर्थ हो सकता है। हमारा देश नव निर्माण की जिस प्रक्रिया और दौर से गुजर रहा है, उसमें प्रत्येक व्यक्ति अपनी सक्रिय सहभागिता निभा सकता है, ज्ञान व विवेक को जागृत करने में इसीलिए साक्षरता की भूमिका को अहम माना जाता है। साक्षरता के सोपान के बल पर ही ज्ञान की ऊंची मंजिल पर चढ़कर हम व अशिक्षा, अज्ञानता, अस्थिरता, आबादी की आंधी और अपराधी प्रवृत्ति पर अंकुश लगा सकेंगे। हमें विश्वास है कि हम समय के साथ इस सच्चाई को समझते हुए साक्षरता व शिक्षा के बल पर देश को नयी दिशा देने के लिए तत्पर होंगे और विश्व में ज्ञानार्जन के क्षेत्र में नये आयाम स्थापित कर सकेंगे। तभी भारत को शिक्षा के संदर्भ में खोई प्रतिष्ठा पुनः स्थापित हो सकेगी।

ज्ञानार्जन में क्रांति हेतु साक्षरता की अहम भूमिका को कभी नकारा नहीं जा सकता है, किन्तु साक्षरता को जानने के तरीके, करने के तरीके, के साथ रहने के तरीके और जीवन में कुछ बनने के तरीके के साथ जोड़ना होगा। जन तान्त्रिक समाज में सामान्यता प्राथमिक शिक्षा के वंचित जन को ही साक्षरता व शिक्षा से जोड़ना चाहिए परन्तु साक्षरता अभियान या आयोजन क्रमिक न होकर अनवरत शिक्षा के सिद्धांनत पर किया जाना ही समीचीन है अन्यथा पढ़ने की स्थिति या नवसाक्षरों के जीवन में उतनी ही बाधाएं आयेंगी कि उनका ज्ञानार्जन विस्तृति के गर्त में गिर जायें।

साक्षरता अभियान की प्रसंगिकता का सही रूप में मूल्यांकन करने से ज्ञात होता है कि इसके द्वारा व्यावहारिक, तकनीकी, व्यवसायिक एवं रोजगारें शिक्षा को पर्याप्त महत्व दिया जाना जरूरी है। ज्ञानार्जन से ही व्यक्ति में स्वालम्बन, श्रमशीलता, उधमशीलता एवं कार्य के प्रति जागरूकता आदि गुणों का विकास होता है। विकसित देशों ने अपनी आर्थिक, भौतिक एवं मनोवैज्ञानिक स्थिति को सुदृढ़ बनाने के लिए प्रौढ़ शिक्षा का कार्य आर्थिक सुधारों से प्रारम्भ किया। इसके परिणामस्वरूप उनकी सामाजिक–आर्थक स्थिति में तो पर्याप्त सुधार हुआ ही, साथ ही प्रौढ़ साक्षरता भी यथेष्ठ मात्रा में उत्पाद के रूप में प्राप्त हुई। भारत को इससे सबक सीखना चाहिए और साक्षरता को व्यावहारिक स्वरूप प्रदान करने के लिए जन आन्दोलन अभियान करना चाहिए। साक्षरता ज्ञान सम्मत बनने के साथ–साथ उत्पादन सम्मत भी होनी चाहिए।

साक्षरता का विभिन्न मुद्दों के साथ अर्न्तसंबंध

क्रम बद्ध सुव्यवास्थित ज्ञान की लिपि बद्धता ही साहित्य को जन्म देती है। साहित्य ही विश्व ज्ञान के आदान–प्रदान के प्रसारण एक पीढ़ी से दूसरी पीढ़ी के हस्तांतरण का माध्यम है। इस प्रकार साक्षरता एवं ज्ञान अन्योन्याश्रित है। और साक्षरता ही ज्ञान का सर्वसुलभ एवं सर्व–व्याप्त माध्यम बनता है। ज्ञान को हम उस झोकों के रूप में स्वीकार करें जो जीवन दायिनी वायु प्रदान कर व्यक्ति को न केवल जीवित रखता है बल्कि उसे पूर्णता एवं समग्रता की ओर ले जाता है। व्यक्ति का निर्माण होता है। व्यक्ति के समग्र विकास से ही समाज एवं विश्व परिवार का निर्माण होता है। व्यक्ति का शारीरिक विकास अन्य विकास की पहली आवश्यकता है।

साक्षरता एक बुनियादी जरूरत

साक्षरता हमारी बुनियादी आवश्यकता है क्योंकि कोई व्यक्ति पढ़ना–लिखना नहीं जानता तो वह जीवन की बहुत सारी चीजों से वंचित रहता है। साक्षरता के अभाव में व्यक्ति अपनी क्षमता को बढ़ा नहीं सकता। चुंकि बिना पढ़े–लिखे वह अपनी क्षमता को जान नहीं सकता। साक्षरता

का उद्देश्य व्यक्ति का विकास करना होना चाहिए। प्रौढ़ शिक्षा केवल साक्षरता नहीं है। यह तो व्यक्ति में बदलाव लाने का एक तरीका है।

जहाँ आवश्यक हो वहां सरकार अलग कन्या विद्यालय चलाती हैं। विशेष छात्रवृत्तियां देती हैं। अनेक राज्यों में लड़कियों के लिए सभी स्तरों का (विश्वविद्यालयों समेंत) शिक्षा निशुल्क है। इसके अलावा सभी राज्यों के अध्यापकों की भर्ती प्रक्रिया से निश्चित किया गया है पचास प्रतिशत पद महिला अध्यापकों से भरे जाऐं।

जिन बच्चों को प्राथमिक स्तर पर स्कुलों में प्रवेश दिया जाना है उन्हें उन की सामाजिक, आर्थिक तथा सांस्कृतिक पृष्ठभूमि की दृष्टि से अधिक कठिन समूह माना जाता है यह बालिकाओं के लिए ओर भी अधिक गम्भीर तथा दुःसाध्य हो जाता है जैसा कि संयुक्त जी.ई.आर. रिपोर्ट से स्पष्ट होता है इन कठिनाईयों के कारण औपचारिक तथा गैर औपचारिक माध्यमों से प्राथमिक शिक्षा प्रदान करने के लिए नये–नये तरीकों की मांग होती है। इस स्थित में सरकारी तथा गैर सरकारी क्षेत्रों में वैकल्पिक स्कूलों निवासी कैम्पों तथा किशोर लड़कियों के लिए स्कूल के कई कार्यक्रम चलाये गए हैं। इन प्रयासों के परिणाम काफी उत्साह जनक रहे।

साक्षरता के मुद्दे

लोक जीवन से साक्षरता का संबंध सभ्यता के पिछड़े हुए बिंदु पर आकर बनता है। साक्षरता का विलोम है निरक्षरता जो कि लोकजीवन, कृषि एवं पशुचारण पर निर्भर पहने वाले, पिछड़ते रहते चले आने वाले मानव समुदाय में दृष्टि गोचर होती हैं। खेती के लिए भूमि हीनता तथा भूमि की कमी हो जाने के कारण यंही वर्ग मजदूर के रूप में शहरों में काम करने आता है, जिससे शहर भी निरक्षरता की चपेट से नहीं बच पाता। पेट पालने के जुगाड़ में ही इस वर्ग का पूरा जीवन होम हो जाता है। इस वर्ग के भीतर पुरूष की तुलना में स्त्री के लिए सामाजिक मर्यादाऐं निर्धारित की गई उनसे स्त्री की निरक्षरता बढ़ते रहने का क्रम निरन्तर जारी रहा। इन्हीं सब बातों का ध्यान कर संवेदनशील पढ़े–लिखे वर्ग ने समय–समय पर ऐसी योजनाएं एवं कार्यक्रम बनाऐ, इससे साक्षरता अभियान में किसी

तरह की कृत्रिमता नहीं आएगी और लोक जीवन से हमारे मध्य वर्ग का एक सहज जुड़ाव भी स्थापित हो सकेगा हमारे समाज में पढ़े–लिखे लोगों का एक ऐसा भी वर्ग है जो मान कर चलता है कि हमारी सम्पूर्ण लोक संस्कृति पुरानी है व मृत प्राय है। वह आज के औद्योगिक समाज के लिए किसी भी काम की नहीं है। यह बात पूर्णतया सच नहीं है यदि ऐसा होता तो हमारे राष्ट्रीय उत्सवों में लोक संस्कृति के प्रति जैसा आकर्षण देखा जाता है, वह कभी देखने में नहीं आता। हमारी अपनी रचनात्मक अभिव्यक्ति, हमारी रची हुई संस्कृति में ही संभव है हमारी पुरानी संस्कृति में हमारे देश की आत्मा निवास करती है। अपनी जगह आज भी महत्वपूर्ण है।

लोक जीवन और साक्षरता–

हमारे समाज का अधिकांश जीवन गांवों में निवास करता है। इसे पढ़ा–लिखा वर्ग सामान्यता 'लोक' कहता है। उसका जीने का अपना ढंग रहा है। इसे हम लोकजीवन के रूप में जानते हैं। यही वर्ग है, जो पढ़े लिखे विशिष्ट वर्ग की नजर में पिछड़ा रह गया है। और सभ्यता की दौड़ इतनी तीव्र होती जा रही है कि यदि अभियान के रूप में लोकजीवन को गतिशील नहीं बनाया गया। तो हमारा यह लोक इतना पिछड़ जाएगा कि अन्य दौड़ने वाले वर्गों की गति में भी अवरोधक का काम करेगा। यहां यह भी उल्लेख करना जरूरी है। कि हमारा यह लोक सभ्यता की दौड़ में भले ही पिछड़ रहा है किंतु संस्कृति की दृष्टि में यह मानव समुदाय पिछड़ा हुआ नहीं है। उसकी अपनी एक समूह लोक संस्कृति रही है। इस संस्कृति को बनाए रखने के लिए यह आवश्यक है कि इस लोक को निरक्षरता के अभिशाप से मुक्त किया जा सके लेकिन इसमें अभी सफलता नहीं मिली है। पहले चले साक्षरता अभियान कार्यक्रमों और योजनाओं की अप्रर्याप्तता तथा सीमाओं की आंकलन कर, संवेदनशील वर्ग ने यह जरूरी समझा कि इस साक्षरता को मिश्नरी भावना और सम्पूर्णता के लक्ष्य से अभियान में रूप में यदि चलाया जाएगा तो सम्भवतः है इस निरक्षरता रूपी मर्ज से मुक्ति मिल सके।

नए सम्पूर्ण साक्षरता अभियान में निरक्षर व्यक्ति को केवल अक्षर ज्ञान करा कर शब्द और वाक्य बनाना सीखना पर्याप्त नहीं समझा गया

बल्कि सामान्य स्तर के अंक गणित और सीखे हुए को व्यवहार में प्रयोग किये जाने पर भी बल दिया गया है इस अभियान का सबसे महत्वपूर्ण बिन्दु है, राष्ट्रीय मूल्यों के प्रति लोकजीवन में सजगता पैदा करना," राष्ट्रीय मूल्यों की जानकारी का कार्य अलग से किसी उपदेशात्मक विधि से न करके साक्षरता की प्रक्रिया से गुजरते हुए ही होगा, जिसे निरक्षर व्यक्ति अपनी बदहाली के कारणों को भी जान सके तथा अपने और गांव समुदाय के भीतरी छिपी अन्नत सम्भावनाओं पहचान सकें। साक्षरता अभियान में राष्ट्रीय मूल्यों से सम्बन्धित में अध्याय का महत्वपूर्ण स्थान है। यदि इस अध्याय की उपेक्षा की गई तो साक्षरता अभियान अपने वास्तविक प्रयोजन से भटक कर उन्हीं राहों पर चल सकता है जिन पर हमारी औपचारिक शिक्षा व्यवस्था चलती रही है अपने देश समाज और विश्व के लिए संवेदनशील एवम् विवेकवान नागरिक बनाना शिक्षा का प्रयोजन है, साक्षरता का प्रयोजन की इससे भिन्न नहीं है समस्या यह है कि इस प्रयोजन की प्राप्ति कैसे हो ? राष्ट्रीय मूल्यों के प्रति चेतना पैदा कर मनुष्य के स्वभाव के भीतर से रूपांतरित करने की चेष्टा से इस दिशा से आगे बढ़ा जा सकता है। इस बिन्दु पर भी लोकजीवन् से साक्षरता का सम्बंध बनता है।

यद्यपि लोक जीवन में यह प्रक्रिया बहुत मंदगति से चल रही है तथपि यह सतत् चल रही है यदि समाज साक्षर संवेदनशील वर्ग ज्ञान विज्ञान की नई रोशनी से इसका संबंध स्थापित कर दे तो उक्त प्रक्रिया में तीव्रता आ सकती है। साक्षरता का लोक जीवन से एक संबंध कायम है।

लोकसंस्कृति में आज भी हमारे जीवन को उमंगित, उल्लसित करने की ऊर्जा तथा दूसरों के लिए कुछ करते रहने की भावना के विविध रूप देखने में मिलते हैं। हमारे जीवन की सामान्यताओं को उदघाटित करने में यह आज भी सक्षम है।

मनुष्य का सीखने–जानने का भाव उतना ही पुराना है जितना कि स्वंय मनुष्य। सीखने जानने के क्षमता और उसके अनुरूप अपने जीवन को रूपांतरित करते चले जाने की जितनी साम्यर्थ मनुष्य और उसके समाज में रही है उतनी किसी अन्य चेतन वर्ग में नहीं है। लेकिन जैसे–जैसे

उत्पादन के नये साधन विकसित होते चले गए तथा उत्पदित वस्तुओं के वितरण एवं स्वामित्व के नए–नए रूप जन्मते गए, वैसे–वैसे समाज में वर्ग विभाजन के प्रति बढ़ती गई। उत्पादन के साधनों पर जिस वर्ग ने अपना स्वामित्व स्थापित कर लिया है। वह समाज का विशिष्ठ सभ्य एवं सुविधाभोगी वर्ग बन गया है। जो सीधे–सीधे उत्पादन कर्म से जुड़ा हुआ था, वह सामान्य वर्ग कहलाया तथा विशिष्ट वर्ग की तुलना में उसे असभ्य माना गया चुंकि यह वर्ग गांव में रहता आया है, इसलिए इसको सम्बोधित करने के लिए 'गंवार' जैसी संज्ञा का जन्म हुआ।

साक्षरता अभियान के सम्पूर्ण व्यवहारिक लक्षण–

1. अपने अधिकारों और कर्तव्यों को जानना और अपनी बदहाली के कारणों को जानकर उनसे मुक्ति पाना।
2. ज्यादा से ज्यादा पढ़ने वालों को तैयार करना ताकि निरूतरता बनी रहे।
3. चरण बद्ध अभिप्रेरण, प्रशिक्षण और शिक्षण की व्यवस्था करना।
4. संशय को आशा में बदलना।
5. 15–30 आयु वर्ग के समस्त निरक्षरों को साक्षर बनाना।
6. महिला–पुरूष समानता, छोटा परिवार, राजनैतिक, सामाजिक, आर्थिक सास्कृतिक मूल्यों के संदेशों को पहुंचाना, समझाना, एवं उनके लिए प्रेरित करना।
7. सीखने सिखाने की नई पद्धति आई.पी.सी.एल द्वारा शिक्षण कार्य।
8. लोक आधारित जन अभियान को सामूहिक क्रियाशीलता के साथ बढ़ावा देना।
9. सीखने के लिए उचित वातावरण का निर्माण करना।
10. दैनिक जीवन में किए जा रहे कार्यों की दक्षताओं की विकसित करने का प्रयास करना।
11. स्थानीय उपलब्ध संसाधनों का एकत्रीकरण एवं उसका उचित ढंग से प्रयोग।

12. शत् प्रतिशत बच्चे पाठशाला जायें।
13. दक्ष प्रबंधन, सूचना व्यवस्था, निरीक्षण व मूल्यांकन की व्यवस्था करना।
14. सभी को (शासकीय अशासकीय, स्वयं संवी संस्थाएं, जन प्रतिनिधि, समाज) सामूहिक प्रयास करना।
15. समाज की क्रियाशीलता को बढ़ाना सभी के प्रत्यक्ष, अप्रत्यक्ष सह्रयोग से।

साक्षरता एक मौलिक आवश्यकता सबके लिए शिक्षा प्राप्ति तथा विकास उपलब्धि में एक मौलिक एकरूपता है। मानव अधिकारों तथा मानव सक्षमताओं, दोनों आधारों पर, परवती की यह आवश्यकता है कि पूर्ववर्ती की प्राप्ति की जाए।

विस्तृत व्यापक विकास लक्ष्यों के सन्दर्भ में औपचारिक शिक्षा को लाभों के अनेक दृष्टान्त हैं। इनमें अधिकांश लाभ पाँच अथवा छः वर्ष की प्राथमिक शिक्षा के उपरान्त दिखाई देने लगते हैं। वे देश जो केवल छः वर्षीय प्राथमिक स्कूली तन्त्र को सर्वसार्विक (सर्वव्यापी) बनाने में सक्षम हैं ऐसा करने से वे अभी भी बहुत से लाभ प्राप्त करने की आशा कर सकते हैं। कम अवधि वाले प्राथमिक शिक्षा तन्त्र इन लाभों को प्रदान करने योग्य नहीं हो सकते।

बहुत से लोगों के लिए स्थायी साक्षरता तथा मौलिक गणना योग्यता की प्राप्ति ही अपने आपमें महत्वपूर्ण लक्ष्य हैं। इनसे काफी विकास व लाभ भी होते हैं। पाँच अथवा छः वर्षो से कम अधि वाले स्कूली तन्त्र स्थायी साक्षरता प्रदान करने में सफल नहीं हो सकते, तथा इसी कारण से यह प्रतीत होता है कि न्यून्तम प्राथमिक शिक्षा की अवधि परिभाषित की जा सकती है। स्कूल आयु से बड़ों के लिए संकेन्द्रित साक्षरता अभियान भी उन लोगों को पर्याप्त लाभ देने योग्य हो सकते हैं जिनकी साक्षरता को सतत् संबंधित किया जाता है।

जैसा कि इंगित किया गया है, साक्षरता का प्रत्येक उद्देश्य अन्य विकास उद्देश्यों की पूर्ति हेतु अलग से अवसर प्रदान करता है। प्रत्येक देश को, सबके लिए शिक्षा के लक्ष्य की ओर आगे बढ़ने के लिए, जहाँ

जहाँ उसकी प्राप्ति नहीं हो पाई, अपनी नीति और प्राथमिकताएँ परिभाषित करनी होंगी। फिर भी, प्रत्येक देश में इस लक्ष्य को 2015 तक प्राप्त करने की एक सर्वसम्मत बचनबद्धता है। अगले अध्याय में अभी तक हुई प्रगति तथा उन कार्यों की शेष मात्रा की समीक्षा की जाएगी।

साक्षरता अभियान के प्रति भ्रान्तियाँ–

1. प्रथम भ्रान्ति यह है कि इस अभियान पर अरबों रूपये व्यर्थ में खर्च किया जाता है। वास्तविकता यह है कि एक निरक्षर व्यक्ति को साक्षर बनाने हेतु प्रारंभ में 60–100 रूपये व्यय करने का अनुमान लगाया जाता है। अन्त में कार्यक्रम का यह व्यय पूर्व स्वीकृति के मुकाबलें दुगना तिगुना हो सकता है। साक्षरता अभियान के बाहय मूल्यांकनों के प्रति वेदनों से यह स्पष्ट होता है कि जिस व्यक्ति ने नव साक्षरों की वांछित योग्यता अर्जित नहीं भी की हो, तब भी उसकी सोच में बदलाव आता है। समाज में ऐसे व्यक्तियों द्वारा अपने बच्चों को शिक्षा दिलाने की लालसा तीव्र होती हो इससे प्राथमिक शिक्षा को बढ़ावा मिलता है।
2. कुछ लोग यह भी जानते हैं निरक्षर व्यक्तियों की रूचि, उनकी सुविधा एवं उनको वंछित आदर के साथ अक्षर एवं अंक ज्ञान कराने वाला स्वंय सेवक पर्याप्त मात्रा में उपलब्ध नहीं है। यह स्थिति तब ओर भी चिन्ता का विषय बन जाती है, जब समाज में शिक्षित व्यक्ति उपलब्ध हो, किन्तु वे अपनने साथी निरक्षर व्यक्तियों को साक्षर करने के लिए समय नहीं निकालना चाहते हैं। अतः आवश्यकता इस बात की अधिक प्रतीत होती है कि शिक्षित व्यक्तियों के मन में निरक्षर व्यक्तियों को साक्षर करने के लिए एक उत्कण्ठा उत्पन्न हो। जिस दिन ऐसा होगा उस दिन स्वतः ही शिक्षा के विस्तार तीव्र गति से होगा। ऐसा करने में शिक्षण गण की भूमिका ओर भी अधिक महत्वपूर्ण बन जाती है।

3. एक भ्रान्ति यह भी है साक्षरता अभियान आंकड़ो का मायाजाल है जिससे तथाकथति बुद्धिजीवी अपने आपको इससे अलग रख सकता है। किसी भी कार्यक्रम पर जब राजकीय धन जो कि देश के सभी वर्गो से प्राप्त किया जाता है व्यय होता है तो उसका कितना लाभ हुआ, यह ज्ञात करने के लिए आंकड़ों का उपय्रोग करना ही होगा। इसके अभाव में कैसे कार्यक्रम की सफलता की गणना करना संभव होगा यह प्रयास भी किया गया है कि किसी भी स्तर पर बढ़ा–चढ़ा कर उपलब्धियों के आकड़ों नहीं दिए जाये तथा दी गई सूचनाओं को विश्वसनीयता एवं पारदर्शिता बनी रहे।
4. अन्य भ्रान्ति साक्षरता के अर्थ के संबध से है। कई लोग साक्षरता का हस्ताक्षर करने का प्रयास मान लेते हो जबकि नव–साक्षर उसे माना जाता है जो राष्ट्रीय साक्षरता मिशन द्वारा निर्धारित मापदंडों के अनुसार क्षमता अर्जित कर लें। अर्थात् 20–30 शब्द प्रति मिनट की दर से पढ सकें तथा दो अंको की सरल गणन कर सकें। साथ ही ऐसे व्यक्ति के प्रवेश के बारे में सामान्य जानकारी होना आवश्यक है। इन सभी मापदंडो पर औसत रूप से जो व्यक्ति 70 प्रतिशत स्थायी अंक प्राप्त कर लेता है, उसे नव साक्षर की श्रेणी प्राप्त होती है। इस प्रकार अर्जित योग्यता को स्थायी बनाने के लिए उत्तर साक्षरता एवं सतत् शिक्षा कार्यक्रम संचालित किया जाता है। जो कि भविष्य–निर्माण प्रक्रिया में भूमिका निभायेंगे। आर्थिक, वैज्ञानिक, सांस्कृतिक प्रत्येक क्षेत्र में दक्ष एवं सृजनशील व्यक्तियों की एक सेना तैयार करनी होगी जो नई तकनीक को समझ सकें तथा उपयोग में ला सके।

सूचना तकनीक के द्रुतगामी विकास, सतत् परिवर्तित होती हुई संचार की नवीन संभावनो से 'विश्व गांव' का काल्पनिक विचार प्रत्यक्ष वास्तविकता बन गया है। अतः अन्तर्राष्ट्रीय शिक्षा आयोग (1991–96) ने विश्व पर्यन्त अंतनिर्भरता एवं विश्व व्यापीकरण को सामाजिक जीवन की

प्रमुख वेग शक्ति माना है। सर्वव्यापी शिक्षा इसमें सहायक होगी। प्राथमिक शिक्षा का सशक्तिंकरण सम्पूर्ण साक्षरता हेतु अति आवश्यक है।

संयुक्त राष्ट्र के शैक्षिक, वैज्ञानिक एवं सांस्कृतिक संगठन (यूनेस्कों) ने साक्षरता का अभिप्रायः इस प्रकार व्यक्त किया है "साक्षरता महिलाओं अथवा पुरूषों को सहायता पहुंचाती है, ताकि वह अपना सुख सम्पन्नता पूर्ण जीवन बदलते हुए वातावरण से समायोजन करके जीवन यापन कर सके। साक्षरता उनको अपनी संस्कृति में सर्वोत्तम तत्वों को विकसित करने में सहायक प्रदान है। साक्षरता द्वारा व्यक्ति अपनी सामाजिक तथा आर्थिक प्रगति को प्राप्त कर सकता है, जो उसे आधुनिक विश्व में अपना स्थान स्थानित करने के योग्य बनाती है और शान्तिपूर्वक व सौहार्दपूर्वक मिल–जुल कर रहने की प्रेरणा देती है। साक्षरता शिक्षा प्राप्ति का मूलाधार है यह सर्वविदित है कि शिक्षा जहां एक ओर सभ्यता का सोपान, संस्कृति का सबल मानवीय मूल्यों की कसौटी और आध्यात्मिकता का आधार है। वहां दूसरी ओर आत्मियता की प्रेरक शक्ति सकरस्ता की प्रवारिका, एकता की प्रसारिता, संगठन की नियामिका और विकास सरिता की प्रवाहिका है। अतः साक्षरता का महत्व स्वयं सिद्ध है। साक्षरता की प्रासंगिकता को कभी नकारा नहीं जा सकता है। जिसकी हमें आवश्यकता है।

5. एक और भ्रान्ति यह है कि सम्पूर्ण साक्षर जिला धोषित होने के बाद वहां निरक्षर व्यक्ति उपलब्ध रहते हैं। इसका आकलन सही रूप से करने के लिए यह समझ लेना आवश्यक है कि साक्षरता अभियान केवल 15–35 आयु वर्ग के लिए है जो कुल जनसंख्या का एक तिहाई होता है। इस कारण ऐसी संभावना निश्चित रूप से रहती है कि साक्षरता अभियान की समाप्ति के बाद भी निरक्षर जिले में रहे।

साक्षरता से सम्बन्धित नारे

1. विकास उन्नत गांव की क्या पहचान–पढ़ा लिखा हो जब परिवार।
2. अधिकार–पढ़ना सीखो–हक की खातिर लड़ना सीखो।

3. कुरीति उन्मूलन–नारी साक्षर बनकर जागी–दारू की बोतल तोड़ो।
4. ज्ञानार्जन की इस महायात्रा में भावनात्मक एकता एवं आंतरिक चेतना जगाने हेतु नारों का अपना महत्व है यथा।
5. राष्ट्रीय एकता–गीता बाइबिल ग्रन्थ कुरान, साक्षर बनकर पाओ ज्ञान।
6. साक्षरता जागृति–घर घर अक्षर द्वीप जलेगा–अंधकार मिटेगा।
7. शक्ति संचय–अहसास अशक्त बन डरना छोड़ो, साक्षरता से नाता जोड़ो।
8. घर की बर्बादी को रोको–जीवन से नाता जोड़ो।
9. नारी जागृति–पढ़ी लिखी जब होगी माता–होगी घर की भाग्य विधाता।

स्पष्ट है कि यह महज एक 'अक्षर अभियान' नहीं है, जीवन का प्रत्येक पहलु साक्षरता से स्पर्श का ऋणी है। इस अर्थ में साक्षरता साधन होते हैं।

संक्षेपतः सम्पूर्ण साक्षरता अभियान की तीन प्रमुख विशेषताए हैं, यथा–

1. समाज के सभी वर्गो की भागीदारी।
2. वातावरण निर्माण के लिए पर्याप्त अवसर।
3. स्वैच्छिक स्वरूप।

यहां यह भी जानने योग्य है कि साक्षरता अभियान में ड्राप आउट के कारण का भी पता लगाया जाना चाहिए। साक्षरता अभियान का विस्तार जितने व्यापक पैमाने पर हुआ है। उस अनुपात में सफलता सुनिश्चित नहीं हो पा रही है। क्योंकि देश देश में चलाए जा रहे साक्षरता के जन आंदोलनों की सफलता–असफलता को आंकड़ो में नहीं आंका जा सकता अपितु कितने लोगों की सामजिक चेतना में बदलाव लाने के प्रयास हुए हैं, वहीं इस अभियान की जन भागीदारी का पैमाना है।

5

राष्ट्रीय साक्षरता मिशन-प्रबंधकीय ढांचा, विशेषता, पहल एवं मूल्यांकन

- 5 मई 1998 में शुरुआत की गई।
- इसका उद्देश्य है, वर्ष 2005 तक पोषणीय न्यूनतम स्तर की 75 प्रतिशत साक्षरता दर को प्राप्त कर लेना।
- इसमें 15–35 आयु वर्ग के निरक्षरों को प्रकार्यात्मक साक्षरता प्रदान करने पर बल दिया गया है।

प्रकार्यात्मक साक्षरता में शामिल हैं :

- पढ़ाई लिखाई और गणित में आत्मनिर्भरता।
- अभाव की स्थिति के कारणों के प्रति जागरुकता।
- विकास प्रक्रिया में संगठित रूप से भाग लेकर अभाव की स्थिति से छुटकारा पाना।
- आर्थिक स्तर और सामान्य कल्याण को ऊँचा उठाने के लिए कौशल विकास।

मूल्यों को आत्मसात करना, जैसे कि :

- राष्ट्रीय अखण्डता
- वातावरण संरक्षण

– लैंगिक समानता
– छोटे परिवार का आदर्श

रा.सा.मि. ने अपने उद्देश्यों की प्राप्ति हेतु अभियान के उपगमन को अपनाया है जिसके साधन हैं :

– सम्पूर्ण साक्षरता अभियान (टी.एल.सी.)
– उत्तर साक्षरता कार्यक्रम (पी.एल.पी.)
– सतत् शिक्षा कार्यक्रम (सी.ई.पी.)

साक्षरता का अर्थ है प्रौढ़ों को लिखना, पढ़ना तथा गणित सिखना है। दूसरे शब्दों में हम कह सकते हैं कि उनको इतनी स्तर की शिक्षा जरूर मिले जिससे वे जीवन में अपने कार्य स्वयं कर सकें। किसी भी भाषा को सीखने के दो मुख्य पक्ष हैं (1) उच्चारण (2) लिखना। साक्षरता का मुख्य उद्देश्य भाषा के लिखित पक्ष में प्रौढ़ों को प्रवीणता दिलाना है जिस से वे लोग सरलता से लिख व पढ़ सकें। पहले साक्षरता केवल आर तक ही सीमित थी– पढ़ना लिखना तथा गणित परन्तु अब इसका क्षेत्र विस्तृत होकर तीन एच हाथ मस्तिष्क हृदय तक पहुंच गया है। यही कारण है कि प्रौढ़ शिक्षा पर अधिक से अधि बल दिया जा रहा है। राष्ट्रीय साक्षरता मिशन कार्यात्मक साक्षरता पर अधिक जोर दे रहा हैं और इसके साथ ही पढ़ने, लिखने और गणित के निर्धारित स्तर दिए हैं जो कि हम नींचे दे रहे हैं।

पढ़ना–

1. शिक्षार्थियों की रूचि से विषय पर लिखे किसी आसान पैर को सही तरीके से 60 शब्द प्रति मिनट की गति से बोलना या पढ़ना।
2. सरल भाषा में लिखे छोटे पैरे को 62 शब्द प्रति मिनट की गति से चुपचाप पढ़ना।
3. रास्ते के संकेतों, इश्तिहारों, सरल हिदायतों तथा नवसाक्षरों के लिए समाचार–पत्रों आदि को समक्षकर पढ़ना।
4. अपने काम–काज और रहन–सहन के सम्बन्ध में सरल रूप से लिखे संदेशों को समझने की योग्यता।

लिखना–

1. सात शब्द प्रति मिनट की गति से समझकर नकल करना।
2. पाँच शब्द प्रति मिनट की गति से डिक्टेशन लेना।
3. ठीक–ठीक दूरी पर तथा सीधी पंक्ति में लिखना।
4. शिक्षार्थियों के राजमर्रा के प्रयोग में आने वाले फार्म, छोटे पत्र तथा आवेदन अपने आप लिखना।

गणित–

1. 1–100 अंकों तक को पढ़ना और लिखना।
2. छोटे–मोटे हिसाब करके जिनमें जोड़ और घटा तीन अंकों से ज्यादा के न हों और गुणा व भाग के अंकों से ज्यादा के न हों। इनमें भिन्न वाली संख्याएं न हों।
3. भार, नाप–तोल, रूपये–पैसे, दूरी तथा क्षेत्रफल की मीट्रिक इकाइयों तथा समय की इकाइयों का काम चलाने लायक ज्ञान हो।
4. अनुपात तथा ब्याज की साधारण जानकारी तथा उनका अपने काम–काज और रहन–सहन में प्रयोग। इनमें भिन्न वाली संख्याएं न हों।

कार्यनीति

राष्ट्रीय साक्षरता मिशन को कार्यान्वित करने के लिए जो विस्तृत रिपोर्ट तैयार की गई उसके महत्वपूर्ण पहलु निम्न प्रकार हैं।

प्रौढ़ों को साक्षरता कार्यक्रम के लिए अभिप्रेरित करना–

साक्षरता कार्य में सबसे बड़ा सवाल है लोगों में प्रेरणा जगाना। प्रौढ़ों को अभिप्रेरित करने की दृष्टि से निम्न उपाय सुझाये गये हैं।

– शिक्षक योग्य तथा निष्ठवान हो, अपने कार्य को अच्छी तरह जानने वाले हों, गरीबों तथा निरक्षरों के साथ समानता का व्यवहार कर सकें।

– सीखंने का वातावरण संजीव, तथा रोचक व अच्छी प्रकाश व्यवस्था और उपयुक्त अध्ययन सामग्री हो।

- सीखने की गति तेज हो शिक्षार्थियों में यह विश्वास पैदा किया जा सके कि उनमें सीखने की सामर्थ्य है।
- 'सतत शिक्षा के अच्छे प्रबन्ध हों, अध्ययन सामग्री सुलभ हो, साक्षर व्यक्ति को अपनी नई स्थिति के प्रति जागरूक बनाया जाए।
- ऐसा वातावरण तैयार हो जिसमें साक्षरता की जरूरत महसूस की जाए जिसे तैयार करने में राजनीतिक तथा प्रशासनिक नेता योगदान दें और जिसमें राष्ट्रीय संकल्प दिखाई दे।
- और भी कई बातें हैं। जैसे सीखने की सामग्री आकर्षक हो, कार्यकर्ताओं और शिक्षार्थियों के लिए सैर सपाटे और मेलों में जाने के अवसर, प्रोत्साहन और पुरुस्कार हों। उन्होंने जो सफलता पाई है उसकी सब जगह प्रशंसा हो।

जन सहयोग पाना–

राष्ट्रीय साक्षरता मिशन एक देशव्यापी कार्यक्रम, बिना जन सहयोग के सफल नहीं हो सकता। इस के लिए अखबार रेडियो, टी.वी. आदि संचार साधनों की सहायता ली जा रही है। स्थानीय स्तर पर जन सहयोग के लिए ज़रूरी संस्थाएं कायम की जा रही हैं, युवकों के कैडरों को प्रशिक्षण दिया जा रहा है। यह आशा की जा रही है कि इन प्रयासों से सीखने के लिए प्रेरणा देने वाला वातावरण बन जाएगा।

स्वैच्छिक संस्थाओं का ज्यादा से ज्यादा सहयोग प्राप्त करना–

राष्ट्रीय साक्षरता मिशन में पूरे जोर–शोर से स्वैच्छिक संस्थाओं को साक्षरता कार्यक्रम जोड़ने की बात रखी गई है। सही ढंग की स्वैच्छिक संस्थाओं का वित्तीय सहायता दी जा रही है। मिशन कार्यक्रम के प्रसार के लिए तथा प्रशिक्षण, तकनीकी संसाधन विकास, अनुसंधान तथा नवीन प्रयासों के लिए बड़े पैमाने पर स्वैच्छिक ऐजेंसियों को शामिल किया जा रहा है।

चालू कार्यक्रमों में पर्याप्त सुधार लाना–

पहले से चल रहे कार्यक्रमों जैसे कृषक कार्यात्मक साक्षरता तथा राष्ट्रीय प्रौढ़ शिक्षा कार्यक्रम को पर्याप्त रूप से पुनर्गठित कर उनके

अपेक्षित सुधार लाने की व्यवस्था करने की बात भी कार्यकारी नीति में कही गई है विज्ञान और तकनीक के जांचे–परखे संसाधनों के प्रयोग बेहतर सुपरविजन, उपयुक्त प्रशिक्षण, शिक्षा में नए प्रयास आदि ने इन कार्यक्रमों में काफी सुधार किया है और अभी यह क्रिया जारी है।

जन आंदोलन शुरु करना–

लोक अभियान का अर्थ यहां यही है कि इसे सामान्य ढंग से एक जन आंदोलन का रूप दे दिया जाए। हर व्यक्ति यह महसूस करे कि उसे साक्षर होना चाहिए तथा दूसरों को साक्षर बनने में भरसक मदद करनी चाहिए। शिक्षा संस्था, शिक्षक, छात्र, युवक, सैनिक तथा अर्धसैनिक कर्मचारियों, गृहणियों भूतपूर्व सैनिक, नियोक्ता, ट्रेड युनियन आदि का सहयोग लेकर कार्यात्मक साक्षरता के जनव्यायी कार्यक्रम को विस्तृत और सदृढ़ बनाया जा रहा है।

सतत् शिक्षा की उचित व्यवस्था करना–

राष्ट्रीय साक्षरता मिशन में साक्षरता पाठ्यक्रम के बाद साक्षरता के स्तर को बनाए रखने तथा इस दिशा में आये प्रगति करने हेतु सतत शिक्षा के लिए उपयुक्त व्यवस्था करने का प्रावधान रखा गा है। इसके लिए विशेष रूप से जन शिक्षण विलयम खोले गए हैं। जिसके अर्न्तगत 4.5 गाँवों के एक समूह के लिए (जिसमें लगभग 5000 की आबादी शमिल होगी) एक जन शिक्षण निलयम स्थापित किया गया है। ये निक्षयम साक्षरता केन्द्र होने के साथ–साथ एक प्रकार के सामुदायिक विकास केन्द्र के रूप में भी कार्य करते हैं। यहाँ इन केन्द्रों पर कई प्रकार की सुविधायें उपलब्ध हैं उदाहरण के लिए रेडियो, टी.वी. टेपरिकार्डर, स्लाइड तथा फिल्म प्रोजेक्टर।

उपयुक्त अध्ययन सामग्री की व्यवस्था करना–

साक्षरता के कार्य में पढ़ने–पढ़ाने की सामग्री की उत्तमता और उसका उचित मात्रा में उपलब्ध होना दोनों ही बहुत आवश्यक बाते हैं। राष्ट्रीय साक्षरता मिशन में इस बात पर पूरा ध्यान दिया और निम्न सुझाव दिए हैः–

- अध्ययन सामग्री ऐसी होनी चाहिए जो शिक्षार्थियों की आवश्यकता तथा रूचियों के अनुकूल ही, उससे उनकी पढ़ने में रूचि बनी रहे तथा उन्हें साक्षर बनन्ने और अपनी साक्षरता के स्तर को बनाए रख आगे बढ़ने में मदद मिले।
- अध्ययन सामग्री के निर्माण में लगातार अनुसंधान कार्य किया जा रहा है।
- अध्ययन सामग्री के रूप में साक्षरता से जुड़े हुए व्यक्तियों जैसे शिक्षार्थी, शिक्षक तथा कार्यकर्ताओं आदि सभी का पूरा ध्यान रखकर शिक्षण सामग्री दी जाती है।
- अध्ययन सामग्री का शिक्षार्थियों की अपनी भाषा में होना बहुत आवश्यक है।

सभी जगह शिक्षा सुविधायें उपलब्ध कराना–

प्रौढ़ शिक्षा परियोजनाओं की संख्या बढ़ाकर सरकारी एवं स्वैच्छिक संस्थाओं तथा समाज के हर व्यक्ति और वर्ग से सहयोग की मांग कर तथा जन संचार और सम्पर्क के माध्यमों का पूरा उपयोग कर देश के सभी प्रौढ़ निरक्षरों विशेषकर महिलाओं, जन जातियों एवं दूर–दराज तथा दुर्गम क्षेत्रों में रहने वाले सभी व्यक्तियों के लिए शिक्षा को पहुंचाने के सभी संभव उपाय किये गए हैं ?

तकनीक का प्रदर्शन शुरू करना–

राष्ट्रीय साक्षरता मिशन उन पाँच राष्ट्रीय प्रौद्योगिक मिशनों में से एक है जिनका उद्देश्य तकनीकी तथा वैज्ञानिक उन्नति का लाभ देश के उन गरीब और पिछड़े लोगों तक पहुंचाना है जो अब तक इससे वंचित रहे हैं।

साक्षरता मिशन के संगठन और प्रबन्ध की व्यवस्था करना–

कोई भी कार्यक्रम बिना उसके सुव्यस्थित संगठन तथा कुशल प्रबन्ध के सफल नहीं हो सकता। इस बात को ध्यान में रखते हुए राष्ट्रीय साक्षरता मिशन की प्रबन्ध व्यवस्था को अच्छी तरह मजबूत करने की बात सोची गई थीं।

यद्यपि मिशन कार्यक्रम में संचालन एवं प्रबन्ध की दृष्टि से विकेन्द्रीकरण तथा काम करने में स्वायत्तता प्रदान की गई है परन्तु नियन्त्रण को केन्द्रीकृत किया गया है। राष्ट्रीय स्तर पर मानव संसाधन विकास मंत्री की अध्यक्षता; राज्य स्तर पर मुख्यमन्त्री की अध्यक्षता में राष्ट्रीय प्रौढ़ शिक्षा प्राधिकरण का स्थापना की गई है। क्षेत्र विशेष में साक्षरता कार्यक्रम के वास्तविक संचालन की इकाई के रूप में प्रौढ़ शिक्षा केन्द्रों की ही केन्द्रीय भूमिका रहेगी।

राष्ट्रीय साक्षरता मिशन की मई 1988 में स्थापना के साथ एक राष्ट्रीय प्रयास की शुरूआत हुई थी। व्यक्तिगत, सामूहिक और राष्ट्रीय जीवन में प्रौढ़ साक्षरता की भूमिका की व्याख्या करने और उसे प्रासंगिक बनाने के लिए, नियोजन और क्रियान्वयन के स्तर पर एक ठोस प्रयास किया गया ताकि मिशन के लक्ष्यों को वास्तविकतापूर्ण ढंग से पूरा किया जा सके। राष्ट्रीय साक्षरता मिशन कार्यात्मक साक्षरता के लिए अक्षर ज्ञान और संख्यात्मक ज्ञान में आत्मनिर्भरता की साधारण उपलब्धि का अर्थ है–राष्ट्रीय एकीकरण पर्यावरण संरक्षण, महिला समानता, छोटा परिवार मानदंड का अनुपालन आदि के मूल्यों का संचार करना। इस प्रकार इस प्रकार मिशन में निरूपित साक्षरता अपने आप में कोई साध्य नहीं है, बल्कि इसे इन सामाजिक लक्ष्यों की प्राप्ति एवं शिक्षित समाज मे निर्माण को सुनिश्चित करने वाले परिवर्तन का एक सक्रिय और सक्षम साधन होना चाहिए। कार्यात्मक साक्षरता की प्राप्ति का परिणाम सशक्तीकरण और जीवनस्तर में एक सुनिश्चित सुधार होता है। इससे सूचना युग के लाभों को बांटने में जनता की भागीदारी सुनिश्चित करने में मदद मिलती है।

राष्ट्रीय साक्षरता मिशन का लक्ष्य पूर्ण साक्षरता प्राप्त करना है, यानी 15–35 वर्ष के निरक्षरों को कार्यात्मक साक्षरता प्रदान कर 2007 तक 75 प्रतिशत की पोषणक्षम प्रभावसीमा को प्राप्त करना। इसकी उद्देश्यपूर्ण और प्रभावकारी शिक्षा से उत्पादकता वृद्धि स्वास्थ्य देखरेख सुधार, परिवार कल्याण और समुदाय के सामाजिक एवं राजनीतिक जीवन की बेहतरी के रूप में अच्छे परिणाम सामने आते हैं। इस आयुवर्ग के आलावा, उस आयु समूह से बाहर के लोगों को भी कार्यक्रम में शामिल किया गया है, खास कर 9–14 वर्ष के उन बच्चों को जो बीच में पढ़ाई छोड़ चुके हैं।

राष्ट्रीय साक्षरता मिशन प्राधिकरण की संरचना

राष्ट्रीय साक्षरता मिशन प्राधिकरण की स्थापना विभाग के एक स्वतंत्र और स्वायत्त स्कंध के रूप में, उसके कार्य क्षेत्र में कार्यकारी एवं वित्तीय शक्तियां प्रदान करते हुए की गई थी।

प्राधिकरण की एक महापरिषद, कार्यकारी समिति और एक परियोजना मंजूरी समिति होती है। महापरिषद मानव संसाधन विकास मंत्री की अध्यक्षता में कार्य करती है और साक्षरता एवं प्रौढ़ शिक्षा के क्षेत्र में नीतियां और कार्यक्रम तैयार करती हैं। कार्यकारी समिति सचिव, प्राथमिक शिक्षा एवं साक्षरता की अध्यक्षता में प्राधिकरण के अन्य सभी कार्य करती है। परियोजना मंजूरी समिति साक्षरता परियोजनाओं पर विचार कर उन्हें वित्तीय सहायता हेतु मंजूरी देती है।

साक्षरता से आगे जीवन पर्यन्त शिक्षा

साक्षरता प्रौढ़ शिक्षा की दिशा में एक बुनियादी कदम है जो एक जीवन पर्यन्त अधिगम की योजना है और संप्रेषण एवं सूचना की दुनिया के लिए एक प्रवेश बिंदु है। प्रौढ़ साक्षरता के क्रमिक और वैकल्पिक माडलों का प्रयोग करने के बाद राष्ट्रीय साक्षरता मिशन ने साक्षरता–उन्मूलन की मूल रणनीति के रूप में पूर्ण साक्षरता अभियान को अपनाया। यह अभियान मुख्यतः 15–35 वर्ष के आयु–समूह की निरक्षर आबादी को बुनियादी साक्षरता प्रदान करता है। यह देश के लगभग सभी जिलों में आरंभ किया गया है। इन अभियानों को जिला साक्षरता समितियों के माध्यम से चलाया जाता है जो स्वतंत्र और स्वायत निकाय हैं और जिनमें समाज के सभी वर्गों का प्रतिनिधित्व होता है।

लक्ष्य ग्रासरूट स्तर पर एक सर्वेक्षण के आधार पर तैयार किए जाते हैं। ये सर्वेक्षण आयोजन, अभिप्रेरणा और वातावरण निर्माण के साधन का काम भी करते हैं। हालांकि अभियान का लक्ष्य कार्यात्मक साक्षरता प्रदान करना होता है, तथापि यह समाजिक दृष्टि से प्रासंगिक कई अन्य संदेशों को भी उपलब्ध कराता है जैसे कि स्कूलों में बच्चों का नामांकन और अभिधारण, रोग–प्रतिरक्षा, छोटा परिवार मानदंड का प्रचार–प्रसार, महिला समानता और सशक्तीकरण, शांति और सांप्रदायिक सौहाद आदि।

एकीकृत दृष्टिकोण पर आधारित

पूर्ण साक्षरता अभियानों के सफल क्रियान्वयन के साथ करोड़ों निरक्षर बुनियादी शिक्षा प्राप्त कर रहे हैं। इस बात की अधिक संभावना है कि यदि उनकी साक्षरता को ठोस और टिकाऊ न बनाया गया तो वे फिर से आंशिक या पूर्णतः निरक्षर बन सकते हैं बुनियादी शिक्षा के पहले दौर, और उसके सुदृढ़ीकरण, उपचारीकरण और दक्षता उन्नयन के दूसरे दौर को अब एक समन्वित परियोजना माना जा रहा है। राष्ट्रीय साक्षरता मिशन का उद्‌देश्य यह सुनिश्चित करना है कि पूर्ण साक्षरता अभियान और उत्तर साक्षरता कार्यक्रम सफलतापूर्वक अविच्छिन्न शिक्षा की दिशा में आगे बढ़ें। ये जीवनपर्यंत अधिगम प्रदान करते हैं।

अवशिष्ट निरक्षरता वाले स्थान

हालांकि पूर्ण साक्षरता मिशन जनांदोलन का रूप ले कर देशभर में फैल गया है पर अनेक मामलों में प्राकृतिक विपदाओं, राजनीतिक इच्छाशक्ति की कमी, कलेक्टरों के बार–बार स्थानांतरण आदि की वजह से बाधा आई। रुकी हुई परियोजनाओं को पुनः बहाल करना प्राथमिकता पर है। साक्षरता चरण की सफलता के बावजूद अवशिष्ट निरक्षरता चरण की सफलता के बावजूद अवशिष्ट निरक्षरता वाले स्थान अभी भी मौजूद हैं। अब तक कार्यक्रम के दायरे में न आए जिलों को और 30 प्रतिशत से कम महिला साक्षरता वाले जिलों को कवर करना जारी रखे जाने की योजना है। महिलाओं और वंचित समूहों पर भी ध्यान केंद्रित किया जाता रहेगा।

केंद्र और राज्य सरकार के बीच वित्त–पोषण का मौजूदा अनुपातः 2:1 है, लेकिन जनजातीय उपयोजना के अंतर्गत आने वाले जिलों में यह अनुपात 4:1 है। अब क्रियान्वयन एजेंसियों को साक्षरता के बाद के चरण और सतत शिक्षा के अग्रिम चरण सहित बुनियादी शिक्षा कार्यकलापों पर खर्च करने की अनुमति मिल गई है।

राष्ट्रीय साक्षरता मिशन की मुख्य उपलब्धियाँ

– वर्ष 2001 में साक्षरता दर 1991 में 52.21 प्रतिशत मुकाबले 64.8 प्रतिशत दर्ज की गई। इस अवधि में 12.59 प्रतिशत की वृद्धि किसी भी दशक की सर्वोच्च वृद्धी है।

- निरक्षरों की निरपेक्ष संख्या में महत्वपूर्ण गिरावट आई है। यह संख्या 1991 में 32.89 करोड़ से घटकर 2001 में 30.4 करोड़ हो गई है।
- 1991–2001 के दौरान समस्त राज्यों और संघ शासित प्रदेशों में साक्षरता वृद्धि हुई है।
- इसके फलस्वरूप लैंगिक समानता और महिला सशक्तीकरण की प्रवृत्ति भी दिखाई पड़ती है, क्योंकि 60 प्रतिशत सहभागी और लाभार्थी महिलाएं हैं।
- पुरूष–महिला साक्षरता दर में अंतर 1991 के 24.84 प्रतिशत से घटकर 2001 में 21.6 प्रतिशत हो गया
- 31 मार्च, 2004 तक 11.82 करोड़ लोगों को साक्षर बनाया गया।
- देश के कुल 60 जिलों में 596 जिले राष्ट्रीय साक्षरता मिशन के द्वारा कवर किए जा रहे हैं।
- ग्रामीण क्षेत्रों की साक्षरता वृद्धि दर शहरी क्षेत्रों से अधिक है।
- पिछले दशक के दौरान् महिला साक्षरता दर 14.41 प्रतिशत बढ़ी अर्थात 39.3 प्रतिशत से बढ़कर 53.70 हो गई, जबकि पुरूष साक्षरता दर 11.17 प्रतिशत बढ़ी अर्थात 64.13 से बढ़कर 75.3 प्रतिशत हुई।
- वर्ष 1991–2001 के दौरान सात वर्ष से अधिक आयु वाली आबादी 17.16 करोड़ बढ़ी, जबकि 20.36 करोड़ लोग साक्षर बने।
- समस्त राज्यों और संघ शासित प्रदेशों में पुरूष साक्षरता दर अब 60 प्रतिशत से अधिक है। केरल की साक्षरता दर उच्चतम 90.92 प्रतिशत और बिहार की निम्नतक 17.53 प्रतिशत है।

सम्पूर्ण साक्षरता अभियानों की विशेषताएँ

निर्दिष्द लक्ष्य–

- क्षेत्र विशिष्ट

- समयबद्ध
- निश्चित आयु समूह का पूर्ण आवरण

स्वयंसेवक आधारीय उपमार्ग : निम्नलिखित के माध्यम से–

- जिला साक्षरता समिति
- गैर सरकारी संगठन
- समाज के सभी वर्ग

वातावरण निर्माण एवं जनसाधारण का जुटाव के तरीकें निम्नलिखित के माध्यम से–

- जत्थे
- लोक–कलाएँ एवं इलैक्ट्रोनिक मीडिया
- व्यक्तिगत सम्पर्क
- समागम एवं प्रतिज्ञाएँ

शिक्षण में अच्छे परिणामों पर जोर देते हुए सुधरित शिक्षण-पद्धति–

निर्धारित उद्देश्य–

- पठन–पाठन सामग्री का मानकीकरण
- पूर्व निर्धारित स्तरों की प्राप्ति

शिक्षण पद्धति–

- 8–12 महीनों में 200 घंटे पढ़ाई का कार्यक्रम। तीन स्तरीय प्रवेशिकाएँ, जिनमें :
  - शब्द पद्धति को अधिमान प्रदान किया गया है
  - विभिन्न स्तरों पर प्रगमन एवं प्रगति
  - अंतः गठित
  - अभ्यास
  - स्वमूल्यांकन
  - परीक्षण
  - प्रमाणीकरण
  - उत्तर साक्षरता कार्यक्रम द्वारा अनुसरणित

साक्षरता अनुदेशन कार्य–

- लगभग 200 घंटों का अनुदेश
- अनुदेशक–शिक्षार्थी औसत 1:10
- नियमित प्रतिभागिता हेतु सामुदायिक प्रोत्साहन एवं दबाव
- धारणीय अभिप्रेरणा

अनुवीक्षण और मूल्यांकन का तरीका–

- लगातार चलने वाली प्रक्रिया और गुणात्मक अनुवीक्षण
- मासिक अनुवीक्षण बैठकें
- समवर्ती और अंतिम मूल्यांकन
- नामिकागत बाह्य एजेंसियों द्वारा मूल्यांकन
- शिक्षण स्तर से जुड़ा हुआ

कम लागत मूल्य–

- 90–180 रु प्रति शिक्षार्थी

अवधि–

- 18 महीने

राष्ट्रीय साक्षरता मिशन

राष्ट्रीय शिक्षा नीति के निर्देशों व कार्य योजना के तहत निम्नलिखित रणनीतियों के मुताबिक सरकार ने व्यस्क (प्रौढ़) शिक्षा के क्षेत्र में एक व्यापक कार्यक्रम चलाया जो राष्ट्रीय साक्षरता मिशन के नाम से जाना जाता है।

साक्षरता को अब मानव संसाधन विकास के लिये एक अपरिहार्य घटक के रूप में स्वीकार कर लिया गया है। यह सूचना प्राप्ति तथा इसमें भागीदारी करने का एक आवश्यक यन्त्र है। यह व्यक्ति के सर्वागीण विकास एंव राष्ट्र की प्रगति के लिये एक पूर्वापक्षा है। भारत सरकार ने सन् 1986 में राष्ट्रीय साक्षरता मिशन प्रारम्भ करने का निर्णय लिया।

इस निर्णय के आधार पर मिशन के कार्यक्रमों को सन् 1988 में लागू किया गया। इन कार्यक्रमों का लक्ष्य सन् 1995 तक 15–35 आयु वर्ग के

8 करोड़ निरक्षरों को कार्यात्मक साक्षरता प्रदान कर करना था। यह साक्षरता को बढ़ावा देने की दिशा में किया जा रहा एक महत्वपूर्ण प्रयास है।

डा. राव के शब्दों में–"राष्ट्रीय साक्षरता मिशन लोगों को साक्षर करने का समग्र प्रयास है। अगर इस जैसे कुछ और मिशन भी चलाये जाये तो वह दिन दूर नहीं जब भारत एक पूर्ण साक्षर देश बनकर विश्व पटल पर अपनी पहचान बना सकने में सक्षम हो सकेगा।"

राष्ट्रीय साक्षरता मिशन की स्थापना को लगभग ढेड़ दशक से अधिक हो चुका है। तभी से इस दिशा में राष्ट्र व्यापी प्रयास शुरू किया गया। इसका उद्देश्य "कार्यात्मकता साक्षरता" प्रदान करना है जिसका अर्थ है कि साक्षरता और गणित में आत्म निर्भर हो जाने के साथ–साथ नव साक्षर अपने से वंचित रह जाने के कारणों को भी जान जाएंगे और अपनी स्थिति सुधारने की कोशिश करेंगे। इसके लिए वे संगठित होंगे और विकास की प्रक्रिया में भाग लेंगे। वे अपनी आर्थिक स्थिति सुधारने की कोशिश करेंगे। इसके लिए वे संगठित होंगे और विकास की प्रक्रिया में भाग लेंगे। वे अपनी आर्थिक स्थिति सुधारने और सामान्य कल्याण के लिए हुनर सीखेंगे। इसके अलावा इस मिशन की परिधि में कुछ अन्य उद्देश्य भी समाहित हो सकते हैं जो विकास की प्रक्रिया व "ज्ञानार्जन" में क्रान्ति" के संदर्भ में स्तंभ होंगे 1 राष्ट्रीय एकता 2 पर्यावरण संरक्षण 3 महिलाओं की समानता के मूल्यों को मन मन में बैठाता 4 छोटे परिवार के आदर्श को अपनाना।

इस प्रकार मिशन में साक्षरता कार्यक्रम के एक निष्क्रिम एक निष्क्रिय कार्यक्रम नहीं होगा बल्कि इसे एक सक्रिय और शक्तिशाली साधन बनाना होगा जो इन सामाजिक उद्देश्यों को सुनिश्चित कर सकें। हालांकि इन उद्देश्यों की भावना परम्परा से हटकर थी और उसने विकास की वृद्धि की नई दिशा दिखाई फिर भी व्यवहार में यह कोई नई राह नहीं दिखा पाई। इसका कारण यह था कि यह कार्यक्रम कल्याण और उत्थान की उसी पुरानी बानगी में फंस गया। इसने फिर लाभ करी लाभार्थी के संबंध पर जोर दिया। कुछ समय से हमारे तरिकों में आमूल परिवर्तन हो गया है।

अब योजना और कार्यान्वयन स्तर पर मिल जुल कर यह प्रयास किया जा रहा है कि व्यक्तिगत, समुदायिक, और राष्ट्रीय जीवन में प्रौढ़ साक्षरता की भूमिका की फिर से व्याख्या की जाय और उसे उपयोगी बनाया जाये ताकि मिशन के उद्देश्यों को यर्थाथवादी दृष्टिकोण से अनुप्रमाणित किया जा सके।

साक्षरता मिशन के काम की विलक्षण बात यह है कि परियोजना क्षेत्रों की पहचान केन्द्र सरकार द्वारा नहीं की जाती। विभिन्न जिलों में स्थानीय लोग स्वयं मांग करते हैं कि उनके क्षेत्र में साक्षरता अभियान चलाया जाए। इस प्रक्रिया को जिला साक्षरता समिति नामक अंतरक्षेत्रिय समित शुरू कर देती है। इसमें संबंधित क्षेत्र के प्रशासन, स्वयं सेवी संस्थाओं, प्रतिष्ठित व्यक्तियों, व्यवसायियों और स्थानीय लोगों को शामिल किया जाता है। पहले वातावरण के निर्माण का काम किया जाता है। इसमें लोगों को सूचित कारने, उन्हें संवेदनशील बनाने, प्रेरित करने और संगठित करने के लिए कला जत्थयों, रेलियों, दीवारों, पर लेखनों, पोस्टरों, मैलों और स्थानीय परिस्थितियों के अनुरूप, अनेक प्रकार की परंपरागत लोक संचार रैलियों का प्रयोग किया जाता ह। इसके बाद शिक्षार्थियों और स्वयं सेवकों को पहचान का काम शुरू होता है। साक्षरता के विकास की आवश्यक पूर्व अनिवार्य शर्त स्वीकार किया जाने लगा है। मानव के इतिहास की अब तक की सबसे बड़ी लाभंबदी का हिस्सा बनकर महिलाओं सहित एक करोड़ से अधिक स्वयं सेवक इस महान समुद्र मंथन के कार्य में लगे हुए हैं। इसी संदर्भ में राष्ट्रीय साक्षरता मिशन ने 1999 का यूनेस्कों का नोमा साक्षरता पुरस्कार जीतकर विश्व का ध्यान आकृष्ट किया। जिसने साक्षरता मिशन को निरक्षरता मिटाने की दिशा में अभियान के रूप में सबसे सराक्त रणनीति की पहल करने वाली संस्था के रूप में मान्यता दी गई।

साक्षरता अभियान के अकादमिक पक्ष के सम्बंध में सर्वप्रथम आधूनिक परिवेश में साक्षरता के आशय पर ध्यान दिया जाना होगा। अभियान का आशय वर्णमाला के ज्ञान के साथ–साथ नवसाक्षरों में शिक्षा के प्रति भावानात्मक और संवेदनात्मक लगाव पैदा करना भी है, जिसके सहारे

नवसाक्षर जीवन के बदलते परिवेश की महत्वपूर्ण चीजों की गहराई में जान व समझ सकें।

ज्ञानार्जन में क्रांति के स्वरूप को तय करने के लिए साक्षरता अभियान के व्यावहारिक पक्ष पर भी विचार किया जाना आवश्यक है। सम्पूर्ण साक्षरता अभियान के निम्नांकित चरण है।

(1) प्रशासनिक ढांचे का निर्माण त्रिस्तरीय ढांचा–जिला स्तर से लेकर विकास खण्ड, वार्ड/ग्राम स्तरीय साक्षरता समितियां, सलाहकार समिति, प्रबंधकारिणी समिति, क्रय समिति, जिला कोर ग्रुप व महिला साक्षरता उपसमितियां पृधक रूप से बनाई गई हैं। (2) वातावरण निर्माण (3) सर्वेक्षण, बेंचिंग–मेचिंग एंव उन्मुखीकरण (4) प्रशिक्षण (5) कक्षाओं का संचालन/पठन–पाठन (6) मानीटरिंग (7) मूल्यांकन (8) उत्तर साक्षरता अभियान।

इसी संदर्भ में राष्ट्रीय साक्षरता मिशन ने भविष्य की रणनीति के तहत नवसाक्षरों के लिए कुछ विशेष कार्यक्रम लिये हैं, यथा–

(1) समतामूलक कार्यक्रम (2) आयमूलक कार्यक्रम (3) जीवन गुणवत्ता सुधारात्मक कार्यक्रम (4) वैयक्तिक रूचि उन्नयन कार्यक्रम।

यह सभी कार्यक्रम नवसाक्षरों के लिए सत्त शिक्षा केन्द्र के अन्तर्गत संचालित किए जाएंगे तथा उन्हें विभिन्न सुविधाएं उपलब्ध कराई जाएंगी, जैसेः

(1) पुस्तकालय (2) पठन–पाठन केन्द्र (3) शिक्षा केन्द्र (4) प्रशिक्षण केन्द्र–बौद्धिक उन्नयन हेतु प्रशिक्षण (5) सूचना केन्द्र विभिन्न विकास कार्यक्रमों एंव गतिविधियों की सूचना (6) चर्चा मण्डल–आपसी वार्तालाप, विचार–विमर्श तथा समस्या निदान हेतु सामुदायिक केन्द्र (7) विकास–केन्द्र शासकीय व अशासकीय संस्थाओं में तालमेल हेतु, (8) सांस्कृतिक केन्द्र, (9) खेलकूद केन्द्र।

राष्ट्रीय साक्षरता मिशन की पहल

एकीकृत दृष्टिकोण का निर्माण–

– साक्षरता की समस्या को पूर्णात्मक तरीके से सुलझाया जाना।

- नव साक्षरों के लिए साहित्य निर्माण हेतु लेखकों की कार्यशालाओं का आयोजन होना चाहिए।
- राज्य प्रौढ़ शिक्षा निदेशालयों/राज्य साक्षरता मिशन प्राधिकरणों का नवीकरण करके उनकी कार्य शक्ति का विस्तार करके एवं सशक्तीकरण द्वारा, पुनर्विलोकन एवं अनुवीक्षण की पद्धति को मजबूत बनाया गया है।
- योजना की प्रगति को सुविधाजनक बनाने हेतु वित्तीय प्रावधान केवल एक और उसी वित्तीय व्यवस्था से किया जाना चाहिए।
- साक्षरता की प्रगति हेतु किए जा रहे प्रयत्न लक्ष्य–निर्देशित होने चाहिए।
- विशिष्ट साक्षरता कार्यों के लिए पुरस्कारों का प्रावधान।
- सम्पूर्ण साक्षरता एवं उत्तर साक्षरता सत्र वस्तुतः शिक्षण श्रृंखला के दो लगातार चलने वाले सत्र हैं।
- संविधान के 73वें और 74वें संशोधनों द्वारा पंचायती राज के संवैधानिक उत्तरदायित्वों को ध्यान में रखते हुए पंचायती राज संस्थाओं की सक्रिय प्रतिभागिता होनी चाहिए।
- जहाँ निरक्षर व्यक्ति बड़ी संख्या में शेष रह गए हैं वहां साक्षरता अभियान चलता रहना चाहिए।
- समकक्ष कार्यक्रमों द्वारा प्रौढ़ नव साक्षरों को स्टेट ओपन स्कूलों के माध्यम से आगे पढ़ाई जारी रखने के लिए प्रोत्साहन मिलना चाहिए।

वित्तीय एवं प्रशासनिक शक्तियों का विकेन्द्रीकरण

- राज्य साक्षरता मिशन प्राधिकरणों को, सतत् शिक्षा परियोजनाओं को स्वीकृति प्रदान करने का अधिकार दिया गया है तथा निधि के निवर्तन का कार्य भी उन्हें ही सौंपा गया है।
- राज्य साक्षरता मिशन प्राधिकरणों/राज्य प्रौढ़ शिक्षा निदेशालयों की प्रशासनिक एवं वित्तीय शक्तियों का विकेन्द्रीकरण।

- सतत् शिक्षा योजना के अनुवीक्षण एवं कार्यान्वयन के लिए राज्य साक्षरता मिशन प्राधिकरण राज्य स्तर की एक केन्द्रक एजेन्सी है।

राज्य संसाधन केन्द्रों का नवीकरण एवं सशक्तिकरण के उपाय

- साक्षरता परियोजनाओं के अनुसंधान, मूल्यांकन एवं अनुवीक्षण के कार्य।
- उत्प्रेरणात्क एवं वातावरण निर्माण के क्रिया कलाप।
- साक्षरता कार्यक्रमों एवं साक्षरता कार्यकर्ताओं के लिए शिक्षण एवं प्रशिक्षण सामग्री का निर्माण करना।
- भविष्य की आवश्यकताओं हेतु नवाचारी परियोजनाओं को अपनाना।
- मल्टी मीडिया के कार्य।
- प्रौढ़ शिक्षा के लिए साहित्य का उत्पादन एवं इसका प्रचार प्रसार (जिसमें अनुवाद भी शामिल है) करना।
- साक्षरता कार्यक्रमों को शैक्षिक और तकनीकी संसाधन आलंब प्रदान करना।

जन शिक्षण संस्थानों (पहले श्रमिक विद्यापीठ के नाम से जाने जाते थे) का सशक्तिकरण एवं नवीनीकरण

- नवसाक्षरों (कम से कम 25 प्रतिशत), अनुसूचित जाति, अनुसूचित जनजाति, महिलाओं और समाज के कमजोर वर्गों को, जिनमें बेरोजगार युवक भी शामिल हैं, अब क्रिया कलाप का केन्द्र बनाना।
- विशेषज्ञ समूह की अध्यक्षता स्वर्गीय प्रो. अरूण घोष ने की।
- इनकी स्थापना मूल रूप से औद्योगिक कर्मियों और उनके परिवार के सदस्यों के औद्योगिक कौशल एवं उनके जीवन की गुणवत्ता में सुधार लाने हेतु की गई थी।
- मूल्यांकन 5 वर्ष के कार्यकाल के बाद संस्थापित।

- सतत् शिक्षा कार्यक्रम में व्यवसायिक प्रशिक्षण और कौशल विकास हेतु जिला स्तर की संसाधन आलंब एजेन्सी के रूप में काम करना।
- इसका कार्यक्षेत्र अब ग्रामीण क्षेत्रों और पूरे जिले तक बढ़ा दिया गया है।

विशेषज्ञ समूह की रिपोर्ट की विशेष बातें

सफलताएँ/(अच्छाईयां)–

- नौकरशाही संवेदनशील बनी।
- प्राथमिक शिक्षा की मांग बढ़ी।
- कार्यक्रम की तुलना में आंदोलन अधिक।
- साक्षरता को राष्ट्रीय एजेन्डे में स्थान प्राप्त हुआ।
- जाति और साम्प्रदायिक संबंधों पर सकारात्मक प्रभाव।
- महिलाओं पर अत्यधिक प्रभाव।
- न्यायकारी एवं मानवीय समाज के विकास को क्रियाशील बनाने में योगदान दिया।

कमियाँ–

- कुछ अभियान पर्याप्त तैयारी के बिना प्रारम्भ कर दिए गए।
- नौकरशाही का शिकार–कुछ मामलों में।
- सम्पूर्ण साक्षरता में पूर्वव्यस्त्ता के कारण कुछ स्थानों पर गुणवत्ता को झटका लगा।
- कुछ राज्यों में प्रगति खंडमय और संदेहपूर्ण पाई गई।
- आंशिक साक्षरता–पुनः निरक्षर होने का डर।

प्रौढ़ साक्षरता

सन् 1968 में डा.डी.सी कोठारी की अध्यक्षता में "शिक्षा आयोग" की सिफारिशों पर आधारित संसद में एक "राष्ट्रीय शिक्षा योजना" शुरू की गई जिसके मुख्य बिंदु थे–

1. विज्ञान और प्रौधोगिक शिक्षा पर जोर।
2. चौदह वर्ष तक उम्र वाले सभी बालक बालिकाओं को मुफ़्त शिक्षा।
3. त्रिभाषा सुत्र व प्रांतीय भाषा की शिक्षा।
4. शिक्षा व्यय में राष्ट्रीय आय की 6 प्रतिशत की भागीदारी।
5. पाठ्यपुस्तकों की गुणवत्ता में सुधार।
6. कृषि शिक्षा पर जोर।
7. शिक्षकों की गुणवत्ता की ओर ध्यान।

प्रौढ़ साक्षरता

2000 तक, प्रौढ़ साक्षरता के स्तरों में 50 प्रतिशत सुधार, विशेष रूप से महिलाओं तथा सभी प्रौढ़ों के लिए बुनियादी एवं सतत शिक्षा के लिए समान पहुँच सुनिश्चित करने का लक्ष्य अर्जित करना है।

1990 में जामेतियन में स.लि.शि पर विश्व सम्मेलन तथा 2000 में डकार विश्व शिक्षा फोरम, दोनों ही, व्यक्ति एवं समाज के विकास के लिए दृढ़तापूर्वक साक्षरता के महत्त्व को रेखांकित करते हैं। पढ़ने–लिखने और गणना कराने में सक्षम होना एक मानव अधिकार माना जाता है। आजीविका अर्जित करने तथा इसे बनाए रखने और समाज में भाग लेने के लिए ये मौलिक कौशल आवश्यक हैं, तथा अधिगम को बढ़ाने के लिए प्रभावी प्रेरक होते हैं। फिर भी, जामेतियन के बाद के दशक में अन्तर्राष्ट्रीय प्राथमिकता एवं गतिविधियां गम्भीरता से बच्चों को स्कूल में लाने पर संकेन्द्रित रही, और इसका प्रमाण है कि डकार से ही इसी प्रकार का रूझान बना हुआ है। इसी दौरान, अवधारणात्मक स्तर पर प्रौढ़ साक्षरता के प्रति समझ एवं प्रवृत्ति में महत्त्वपूर्ण प्रगति हुई है। साक्षरता अब एक ढांचागत तथ्य तथा सामाजिक प्रथा है इसी प्रकार, जहाँ साक्षरता को केवल व्यक्तिगत कौशल के रूप में देखा जाता रहा है। अब इसे व्यापक शैक्षिक एवं सामाजिक व आर्थिक हस्ताक्षेपों के रूप में देखा जाता है। इस कार्य को निरक्षरता निवारण के रूप में कम और बढ़ते साक्षर वातावरण सृजन एवं शिक्षित समाज निर्मित करने के रूप में अधिक देखा जा सकता है।

यद्यपि 2005–2006 के बाद के साक्षरता के आंकड़े पर्याप्त रूप में उपलब्ध नहीं हैं, फिर भी 2005–2006 के दौरान प्रगति आकलन के लिए अनेक सूचक सम्भव हैं। इससे 2015 के प्रारम्भिक प्रक्षेपित अनुमान–न कि पूर्ण अनुमान–प्राप्त किए जा सकते हैं और वे भी इन अस्वभाविक अवधारणाओं के आधार पर कि मौजूदा नीतियों एवं सन्दर्भों में कोई परिवर्तन न हो। जिस ढंग से देश साक्षरता पर आँकड़े एकत्रित करते हैं, उनमें काफी अंतर है। इसका अभिप्राय है कि सूचकों को परिभाषित करने में अधिक सावधानी की आवश्यकता है।

व्यापक स्तरीय आकलन मुख्य रूप से यह दर्शाएगा कि जनसंख्या वृद्धि की स्थिति में साक्षरता को बढ़ावा देना एक ऐसी प्रक्रिया होगी जैसे कि नदी के बहाव के विरूद्ध नाव चलाना, जो सम्भव तो है, परन्तु चुनौती पूर्ण भी है। सभी क्षेत्रों में साक्षर जनसंख्या का प्रक्षेपित अनुमान सापेक्षिक वृद्धि के रूप में लगाया जाता है, फिर भी सुधार की गति अभी 2015 तक 50 प्रतिशत के लक्ष्य प्राप्ति हेतु पर्याप्त नहीं है। सबसे कम विकसित देशों में, निरक्षरों की वास्तविक संख्या में और भी वृद्धि हो सकती है जिस पर तुरन्त ध्यान देना वांछित है। फिर भी, अनेक देश यह दर्शाते हैं कि डकार लक्ष्य प्राप्त किया जा सकता है।

सार्वभौमिक स्तर

गत दशकों में विश्व की व्यस्क जनसंख्या में साक्षरों के भाग में निरंतर समान दर से बढ़ोत्तरी हुई–1980 में लगभग 70 प्रतिशत 1990 में 75 प्रतिशत तथा 2000 में 80 प्रतिशत। परन्तु बारीकी से देखने पर यह पता चलता है कि यह गति कुछ धीमी पड़ गई, अतः डकार लक्ष्य की प्राप्ति हेतु गति तेज करना अनिवार्य है। अगर नीतियों एवं सन्दर्भों में कोई परिवर्तन नहीं होता है तो 2015 तक वैश्विक स्तर पर निरक्षरता की समस्या को आधा करने का अर्थ है कि 90 प्रतिशत की और वृद्धि की जाए, जबकि वास्तविक परिणाम केवल 85 प्रतिशत होंगे।

वास्तविक संख्या के रूप में, लाभ तो और भी मध्यम प्रतीत होते हैं 1980 में संसार में निरक्षरों की संख्या लगभग 870 मिलियन थी। 1990

में यह संख्या 880 मिलियन हो गई, क्योंकि निरक्षरता में कमी जनसंख्या वृद्धि के साथ मेल न खा पाई। लगभग 2000 में, यह मोटे तौर पर 860 मिलियन तक गिर गई। इस गति से, 2015 के लिए यह आँकड़ा लगभग 800 मिलियन हो जाएगा, जो लक्ष्य से बहुत ऊँचा होगा।

संप्रेषण व्यवहार के रूप में साक्षरता के प्रयोग की विभिन्न सन्दर्भों में, विभिन्न प्रकार की स्थितियाँ होती हैं—यही कारण है कि साक्षर तथा निरक्षर के बीच पुरानी रूढ़ीवादी एवं तीव्र विभिन्नता टूट रही है। आज संप्रेषण को व्यापक संदर्भ में रखकर देखा जाता है—साक्षरता कार्यक्रमों में, लोग किस हद तक भाग लेते हैं तथा ऐसी भागीदारी के माध्यम से वे कौन–कौन से अवसर प्राप्त करते हैं, और कौन–कौन से नहीं करते। इस समझ का प्रभाव शब्दों के प्रयोग पर पड़ता है। इस भाग में साक्षरता तथा निरक्षरता शब्दों के प्रयोग पर पड़ता है। इस भाग में साक्षरता तथा निरक्षरता शब्दों का प्रयोग तकनीकी अर्थ में साक्षरता के निम्न प्रयोग पर है, जिसे प्रायः उस जनसंख्या की प्रतिशतता के रूप में व्यक्त किया जाता है जो साक्षरता के माध्यम से व्यापक समाज के साथ पर्याप्त व्यवहार करने में असमर्थ हैं। ये शब्द समुदायों अथवा व्यक्तियों की अन्य प्रकार की संप्रेषण कौशल में संलग्न रहने की योग्यता के बारे में कुछ नहीं बताते, न ही वे निन्दात्मक अर्थों को ही व्यक्त करते हैं, जिनसे वे शब्द प्रायः जाने जाते हैं।

यह भाग मुख्य रूप से प्रौढ़ साक्षरता के विकास का व्यापक स्तर–विश्व, क्षेत्रीय एवं राष्ट्रीय स्तर पर आंकलन करेगा। यह साक्षरता की अधिगम के प्रतिफल के रूप मे समीक्षा करेगा वर्तमान साक्षरता कार्य के कुछ उदाहरण दिए जाएँगे तथा अंत में साक्षरता का आकलन किया जाएगा।

साक्षरता अब एकल प्रत्यय के रूप में नहीं देखी जाती, परन्तु बहुवचनीय 'साक्षरताओं' के रूप में मानी जाती हैं। ये साक्षरताएँ उद्देश्य, सन्दर्भ, उपयोग, लिपि, भाषा तथा सांस्थनिक प्रारूप के अनुरूप भिन्न–भिन्न हैं। व्यक्तिगत तौर पर हम सब बहुआयामी साक्षरताओं का प्रयोग करते हैं—उदाहरणार्थ, काम धन्धे के लिए, व्यक्तिगत मुद्दों के लिए, अलग–अलग

भाषाओं आदि में, अनेक प्रकार की साक्षरताओं की आवश्यकता होगी–यह समझना कि ये क्या हैं तथा इनका आकार कैसा है, यह तय करने के लिए महत्वपूर्ण है कि क्या और किस प्रकार की साक्षरता की आवश्यकता है और इन्हें कैसे अर्जित किया जाए।

पाठ के प्रयोग सहित संप्रेषण के रूप में साक्षरता, अब संप्रेषण के अनेक माध्यमों/तरीकों में से एक समझी जाती हैं जिन्हें समाज अपनी आवश्यकताओं की आपूर्ति हेतु अपनाते हैं। इस प्रकार यह संप्रेषण के विभिन्न तरीकों, जैसे मौखिक, जन–संचार माध्यम, संचार के इलैक्ट्रानिक माध्यमों आदि के साथ–साथ कार्यरत रहती है। औद्योगिकृत तथा विकासशील विश्व, दोनों में ही, संप्रेषण व्यवहार के रूप में साक्षरता आजीविका के उद्देश्यों के हित में भी कार्य करती है; वस्तुतः साक्षरता तो प्रायः अन्य उद्देश्यों–सामाजिक, सांस्कृतिक, आर्थिक, धार्मिक–में अन्तः स्थापित रहती है। इस प्रकार साक्षरता अधिकांशतः अन्य जीवनकौशलों के साथ–साथ प्राप्त होती है, जैसा कि पिछले भाग में कहा गया है; अतः उन्हें बढ़ाया जाए।

प्रौढ़ शिक्षा के क्षेत्र में स्वयंसेवी संस्थाओं को सहायता देने की योजना

राष्ट्रीय साक्षरता मिशन अपने कार्यक्रमों और योजनाओं को आगे बढ़ाने में गैर सरकारी संगठनों की व्यापक कार्यक्षमता का पूर्णरूपण स्वीकार करता है। इसलिए अपने आरम्भ से ही राष्ट्रीय साक्षरता मिशन ने गैर सरकारी संगठनों के साथ अपनी सहभागिता को सुदृढ़ करने के लिए उपाय किए हैं।

गैर सरकारी संगठनों को सहायता देने की योजना के अन्तर्गत स्वैच्छिक संस्थानों को प्रोत्साहित किया जाता है और उन्हें अनेक गतिविधियों के लिए वित्तीय सहायता दी जाती है जैसे :

- परिसंवाद और सम्मेलन आयोजित करना।
- नव साक्षरों के लिए व्यावसायिक और तकनीकी शिक्षा के कार्यक्रम आयोजित करना।

- प्रासंगिक पुस्तकों और पत्रिकाओं का प्रकाशन और जन संचार सहायता सामग्री का उत्पादन।
- राज्य संसाधन केन्द्रों की स्थापना के माध्यम से संसाधन विकास की गतिविधियाँ प्रारम्भ करना।
- मूल्यांकन करना और अध्ययन करना।
- सुनिश्चित क्षेत्रों में सम्पूर्ण निरक्षरता उन्मूलन के उद्देश्य से उत्तर साक्षरता और सतत् शिक्षा कार्यक्रमों को चलाना।
- नवाचार, प्रयोग और कार्य अनुसंधान को बढ़ावा देना।

चूंकि अधिक से अधिक जिलों में उत्तर साक्षरता कार्यक्रम पूरे हो चुके हैं, गैर सरकारी संगठनों से अपेक्षा की जाती है कि वे आजीवन शिक्षा के लिए निश्चित क्षेत्रों (स्थानों) में सतत् शिक्षा के कार्यक्रम प्रारम्भ करें। इसमें वैयक्तिक, सामाजिक और व्यावसायिक विकास के लिए कौशल विकास के कार्यक्रम शामिल होंगे।

विश्वविद्यालयों को भागीदार बनाना

उच्च शैक्षिक संस्थाओं की साक्षरता कार्यक्रमों में अन्तर्ग्रस्त्ता के लिए विशेष योजना सोची गई है जिसका विशेष प्रयोजन उनकी भूमिका पर अधिक ध्यान केन्द्रित करना है।

यदि विश्वविद्यालय और ऐसी अन्य संस्थाएँ सामान्य मात्रा में भी आगे आती हैं तो साक्षरता अभियान को बड़ा लाभ होगा। वे जिन क्षेत्रों में सक्रिय रूप से योगदान कर सकती हैं उनमें से कुछ क्षेत्र इस प्रकार हैं :

- साक्षरता कार्यक्रमों में विश्वविद्यालय कर्मचारियों को पूर्णकालिक आधार पर शामिल करना।
- सतत् शिक्षा केन्द्र चलाना।
- नव–साक्षरों के लिए अल्पकालिक पाठ्यक्रम तैयार करके सतत् शिक्षा योजनाओं के लिए संसाधन सहायता उपलब्ध कराना।
- वातावरण निर्माण में भाग लेना।
- सभी चरणों में साक्षरता गतिविधियों के लिए विशेष संसाधन सहायता उपलब्ध कराना।

– संपूर्ण साक्षरता अभियान/उत्तर साक्षरता कार्यक्रम और सतत् शिक्षा कार्यक्रमों का मूल्यांकन, अनुसंधान और प्रलेखन करना।

राज्य संसाधन केन्द्र

– यह वर्गीकरण काम की मात्रा के आधार पर किया जाता है। वर्ग को बढ़ाना कार्य निष्पादन अथवा कार्यभार में वृद्धि पर आधारित है। नए संसाधन केन्द्रों को प्रारम्भ में छोटी श्रेणी में रखा जाता है।

– यह कार्य मुख्यतया प्रशिक्षण कार्यक्रमों के आयोजन, सामग्री निर्माण, प्रासंगिक सामग्री के प्रकाशन, विस्तार गतिविधियों, नवाचारी परियोजनाओं, अनुसंधान अध्ययनों और मूल्यांकन द्वारा किया जाता है।

– सन् 1980 में 14 राज्य संसाधन केन्द्र थे और 2000 तक उनकी संख्या बढ़कर 25 हो गई।

– राज्य संसाधन केन्द्रों को श्रेणी 'क' और 'ख' वाले राज्य संसाधन केन्द्रों के अनुसार एक ही बार में क्रमशः 50.00 लाख रुपये और 40.00 लाख रुपये का अनुदान दिया जाता है।

– राज्य संसाधन केन्द्र का प्रबन्ध गैर सरकारी संगठन अथवा विश्वविद्यालय करते हैं, तथा सभी राज्य संसाधन केन्द्रों से साक्षरता कार्यक्रमों को शैक्षिक और तकनीकी संसाधन सहायता उपलब्ध कराना अपेक्षित है।

– राज्य संसाधन केन्द्रों को 'क' और 'ख' इन दो श्रेणियों में बाँटा गया है जो क्रमशः 60 और 40 लाख रुपये की वार्षिक सहायता प्राप्त करते हैं।

जन शिक्षण संस्थान

– जन शिक्षण संस्थान दर्जीगिरी से लेकर कम्प्यूटर प्रचालन तक लगभग 225 व्यावसायिक प्रशिक्षण पाठ्यक्रम आयोजित करते हैं।

- इसका प्रबन्ध प्रबन्धक बोर्ड द्वारा किया जाता है।
- केन्द्रक सतत् शिक्षा केन्द्र के रूप में काम करता है और 10 से 15 सतत् शिक्षा केन्द्र चलाता है।
- पहले इसका नाम 'श्रमिक विद्यापीठ' था।
- 2000–2001 के दौरान 1.82 लाख लाभार्थियों में से 75 प्रतिशत से अधिक महिलाएँ थीं।
- बहुसंयोजक शिक्षा के माध्यम से राष्ट्रीय लक्ष्यों को बढ़ावा देता है।
- नव साक्षरों, अशिक्षितों, कम शिक्षितों, अनुसूचित जाति और अनुसूचित जनजाति, महिलाओं आदि के लक्ष्य समूहों पर ध्यान केन्द्रित करता है।
- स्थान और कार्य निष्पादन के आधार पर तीन वर्ग के संस्थान–क, ख और ग हैं।
- मुक्त शिक्षा पद्धति के माध्यम से समकक्षीय कार्यक्रम आयोजित करता हैं
- सतत् शिक्षा के अन्तर्गत व्यावसायिक प्रशिक्षण कार्यक्रम प्रारम्भ करने के लिए जिला साक्षरता समिति को शैक्षिक और संसाधन सहायता प्रदान करता है।
- असुविधाग्रस्त वर्गों में प्रौढ़ों को अनौपचारिक व्यावसायिक और कौशल–संवर्धन प्रशिक्षण कार्यक्रमों को प्रस्तुत करने के लिए एक संस्थागत ढांचा है।
- 2001–2002 के दौरान सोलह और स्वीकृत किए जाने हैं।
- गैर सरकारी संगठन के तत्वाधान में गठित अथवा स्वतंत्र गैर सरकारी संगठन के रूप में अलग से पंजीकृत।
- जन शिक्षण संस्थानों की संख्या–92 है।

प्रौढ़ शिक्षा निदेशालय

प्रौढ़ शिक्षा निदेशालय मनव संसाधन विकास मंत्रालय के अंतर्गत एक अधीनस्थ कार्यालय है और यह प्रौढ़ शिक्षा के क्षेत्र में राष्ट्रीय संसाधन

केंद्रों के रूप में करता है। यह राष्ट्रीय साक्षरता मिशन का कार्यात्मक अंग है जो मिशन के तत्वावधान में शुरू की गई विभिन्न स्कीमों की मानीटरिंग और मूल्यांकन के लिए उत्तरदायी है। प्रौढ़ शिक्षा निदेशालय का मुख्य कार्य शैक्षणिक और तकनीकी सहायता को बढ़ावा देना और मिशन के विभिन्न कार्यक्रमों के कार्यान्वयन की मानीटरिंग करना है।

वर्तमान स्थिति का विश्लेषण

देश में 600 जिलों में से 596 को प्रौढ़ शिक्षा कार्यक्रम के अंतर्गत ले लिया गया है–142 पूर्ण साक्षरता कार्यक्रम के अंतर्गत, 182 को साक्षरोत्तर कार्यक्रम के अंतर्गत और 272 को अविच्छिन्न शिक्षा कार्यक्रम के अंतर्गत। 31 मार्च, 2004 की स्थिति के अनुसार लगभग 11.82 करोड़ व्यक्तियों को साक्षर बनाया जा चुका है। इनमें से लगभग 60 प्रतिशत लाभभोगी महिलाएं हैं तथा 22 प्रतिशत और 12 प्रतिशत क्रमशः अनुसूचित जातियों और अनुसूचित जनजातियों से संबंधित हैं।

राजस्थान, मध्य प्रदेश, छत्तीसगढ़, उत्तर प्रदेश, बिहार और झारखंड साक्षरता दौड़ में पिछड़ते रहे हैं। अभियान शुरू होने से पहले इन राज्यों की निराशजनक साक्षरता दरें धीमी प्रगति के लिए उत्तरदायी हैं। इन स्थितियों में नये प्रयासों की ज़रूरत थी। 2001 के जनगणना आंकड़ों ने अत्यधिक उत्साहवर्धक प्रवृत्ति दिखाई है और यह प्रसन्नता की बात है कि साक्षरता वृद्धिदर इन राज्यों में अन्य अधिकांश राज्यों की तुलना में अधिक है। इस प्रकार प्रारम्भिक धीमी सफलता के बावजुद इन राज्यों ने भी अभियान के सारे तत्व एवं भावना को अंगीकार कर लिया है।

मिशन के साक्षरता कार्यक्रमों का दूसरा महत्वपूर्ण परिणाम गैरसाक्षरों की कूल संख्या में आई गिरावट है। देश में आबादी की वृद्धि के प्रभाव को पराभूत करना एक साहसिक चुनौति थी। स्वतंत्रता के बाद पहली बार साक्षरता वृद्धि ने आबादी वृद्धि को पार कर लिया है।

सामाजिक प्रभाव

साक्षरता अभियानों द्वारा उत्पन्न सामाजिक अभिप्रेरण एवं गतिशीलता का अन्य सामाजिक क्षेत्रों पर भी प्रभाव पड़ा है, विशेषकर महिलाओं की

अधिकारिता, स्वास्थ्य एवं आबादी स्थायित्व एवं पर्यावरणीय जागरूकता पर। पंचायतीराज संस्थाओं द्वारा प्रभावकारी सामाजिक कार्रवाई के लिए एक ढांचा प्रदान किया गया है। समाज में बोलने की आजादी को बढ़ावा देकर, विशेषकर अधिकारविहीन वर्गों से जनतांत्रिक भागीदारी को समृद्ध किया गया है। अभियानों ने समाज में समानता और सामाजिक न्याय को बढ़ावा देने और भारत की महान सामाजिक संस्कृति में वैज्ञानिक अभिरूचि एवं अपनत्व की भावना भरने तथा अनेकता में एकता की भावना जगाने का कार्य किया है।

उत्तर साक्षरता एवं सतत् शिक्षा

आज देश के अधिकांश जिलों में उत्तर साक्षरता और सतत् शिक्षा कार्यक्रम चलाए जा रहे हैं। साक्षरता के लाभों को स्थाई बनाने में ये कार्यक्रम अत्यधिक महत्वपूर्ण हैं। सतत् शिक्षा के लिये सुव्यवस्थित और समन्वित आधारभूत संरचना के परिणामतः लोगों को न केवल अधिक से अधिक साक्षर बनाया जा सकेगा बल्कि उनमें पठन–पाठन की अभिरूचि भी पैदा की जा सकेगी। लोगों की जीवन शैली में चिरस्थाई परिवर्तन लाने के उद्देश्य को लेकर राष्ट्रीय साक्षरता मिशन जीवनपर्यन्त पठन–पाठन की प्रक्रिया में अधिक से अधिक लोगों को शामिल करने के लिये हर संभव प्रयास कर रहा है ताकि उनका शैक्षिक स्तर तथा जीवन की गुणवत्ता बेहतर बन सके।

उत्तर साक्षरता

राष्ट्रीय साक्षरता मिशन द्वारा संचालित संपूर्ण साक्षरता अभियानों के मूल्यांकन से यह पता लगता है कि लोगों में इस कार्यक्रम के प्रति अत्यंत उत्साह तथा साक्षर बनने के लिए पढ़ाई हेतु काफी जोश–खरोश मौजूद है। साक्षरता मिशन के 5 वर्ष सफलतापूर्वक कार्य संचालन के पश्चात् प्रो. अरूण घोष की अध्यक्षता में एक विशेष समिति का गठन साक्षरता मिशन के मूल्यांकन हेतु किया गया। इस विशेषज्ञ समिति ने 26.9.94 को अपनी प्रस्तुत रिपोर्ट में राष्ट्रीय साक्षरता मिशन के तहत भारत में चलाए जा रहे

संपूर्ण साक्षरता अभियान की कार्य योजना, इसके क्रियान्व्यन एवं इससे प्राप्त उपलब्धियों के संबंध में यह प्रमुख बातें सरकार के समक्ष रखीं कि इस कार्यक्रम ने संपूर्ण साक्षरता फैलाने के उद्देश्य को भारत में एक बहुत बड़े जन आन्दोलन में परिवर्तित कर दिया है। इसका भारत की महिलाओं पर काफी अच्छा, प्रभाव पड़ा है। भारत की महिलाएं अब साक्षर बनने पर जोर देने लगी है। इसका भारत की जाति व्यवस्था और सांप्रदायिक संबंधें पर सकारात्मक प्रभाव पड़ा है। इन संबंधें में अब आपसी समझ–बुझ एवं तालमेल की स्थापना होने लगी है। मिशन के इस कार्यक्रम से 6–60 वर्ष की आयु के लोगों के मध्य प्राथमिक अनिवार्य शिक्षा की मांग पैदा हुई तथा बढ़ी है। इससे न्यायसंगत और उदार समाज का विकास, समाज में सामाजिक–आर्थिक न्याय, रूढ़ीवादिता का त्याग, प्रेम–स्नेह आपसी मेलजोल पैदा करने की जागृति उत्पन्न हुई है। इस कार्यक्रम से नौकरशाही आम जनता से सहयोग करने वाली, जन आकांक्षाओं समस्याओं को समझने वाली संवेदनशील बनने में सफल रही।

इस कार्यक्रम ने राष्ट्रीय प्राथमिकताओं में साक्षरता को ऊँचा स्थान उपलब्ध कराकर इसे भारत की सामाजिक–आर्थिक, अनेक प्रकार की समस्याओं से छुटकारा पाने के अचुक अस्त्र बनाया जिससे अनगिनत कठिनाईयों से सरलतापूर्वक निपटा जा सकता था।

इस कार्यक्रम की सफलता ने इस परम्परागत धारणा को कोरी कल्पना सिद्ध कर दिखाया कि भारत की जनता, शिक्षार्थी बनकर पढ़ने में रूचि नहीं रखती और अज्ञानता, निरक्षरता को ब़नाए रखना चाहती है। यथास्थितिवाद, रूढिवाद, परिवर्तन का विरोध करने वाली है।

भारत में चलाए गए संपूर्ण साक्षरता अभियान कार्यक्रम के परिणाम स्वरूप भारत के सभी सामाजिक वर्गों से संबंधित लोगों के दिलो–दिमाग में साक्षरता के लिए परिवर्तन की एक लहर उठी जिसने तेजी से आगे बढ़कर पूरे भारत की आम जनता में निरक्षरता के विरूद्ध सकारात्मक परिवर्तन क़ा रवैये को अपना लिया। आम जनता में अपनी कार्यकुशलता, कौशलों को बढ़ावा देने की भावना पनपी जो कि साक्षरता वृद्धि के कारण

उनमें पैदा हुई थी। लोग अपनी–अपनी समस्याओं को दूर करने, अपने–अपने आर्थिक–सामाजिक विकास, व्यक्तिगत विकास के सभी पहलूओं पर सकारात्मक प्रतिक्रिया व्यक्त करते हुए अंततः सामाजिक कार्यवाही के लिए साक्षरता कार्यक्रम को अपना कर निरन्तर इस पर बल देने लगे।

लेकिन पूरे विश्व एवं भारत का यह अनुभव इस संपूर्ण साक्षरता कार्यक्रम तथा विश्व में संचालित अन्य संपूर्ण साक्षरता कार्यक्रमों का यह रहा कि इनके तहत् लाभाविन्त होने वाले नव साक्षर शिक्षार्थी द्वारा प्राप्त की गई साक्षरता के स्तरों में अत्यंत व्यापक भिन्नता विद्यमान रहती है। यद्यपि काफी बड़ी संख्या में नव साक्षर शिक्षार्थी इस राष्ट्रीय मिशन के संपूर्ण साक्षरता अभियान कार्यक्रम से निर्धारित साक्षरता स्तर को इस कार्यक्रम में सम्मिलित होकर प्राप्त कर लेते हैं। फिर भी ऐसे नव साक्षर शिक्षार्थियों की संख्या भी काफी बड़ी होती है जो कि साक्षरता स्तर को प्राप्त नहीं कर पाते। इनमें से भी काफी तो कुछ भी ज्ञान अर्जन नही कर पातें, कुछ भी सीख पाने में असफल रहते हैं। यहाँ तक कि जो नवसाक्षर शिक्षार्थी निर्धारित साक्षरता स्तर को प्राप्त कर भी लेते हैं उनमें से बहुत से तो वास्तव में केवल थोड़ी–बहुत साक्षरता ही अर्जित कर पाते हैं। किसी भी उत्तर साक्षरता कार्यक्रम की अनुपस्थिति में यह थोड़े–बहुत साक्षरता स्तर प्राप्त किए लोग भी पुनः निरक्षर हो जाते हैं। और अनपढ़ों की श्रेणी में वापस लौट आते हैं। जो क्षेत्र जितना अधिक सामाजिक–आर्थिक, राजनीतिक, भौगोलिक दृष्टि से पिछड़ा होगा उसमें उतना ही कम शिक्षा का वातावरण होगा और ऐसे क्षेत्र में नवसाक्षरों के फिर से निरक्षर बन जाने की संभावना उतनी ही प्रबल एंव अधिक होगी। अध्ययनों से यह भी पता चलता है कि साक्षरता स्तर प्राप्ति के उपरांत निरक्षरता की श्रेणी में पुनः लौट आने का कारण नवसाक्षर शिंक्षार्थियों के लिए बुनियादी साक्षरता चरण समाप्ति के उपंरात और उत्तर साक्षरता चरण आरंभ होने के बीच के समय का अंतर पड़ जाता है। यह एक प्रमुख कारण है जिससे राष्ट्रीय साक्षरता मिशन के संचालित संपूर्ण साक्षरता कार्यक्रम अपने निर्धारित लक्ष्य को प्राप्त करने में वास्तव में असफल सिद्ध होते हैं।

इस प्रकार उत्तर–साक्षरता कार्यक्रमों की उपयोगिता एवं जरूरत को समझते हुए राष्ट्रीय साक्षरता मिशन ने संपूर्ण साक्षरता अभियान की समाप्ति के तुरन्त बाद नव साक्षरों के लिए 2 वर्षीय उत्तर साक्षरता कार्यक्रम की समयानुसार योजना निर्माण करने, उसकी तैयारी करने और उसे शुरू करने पर बड़ा बल दिया। चूंकि उत्तर साक्षरता कार्यक्रम भी काफी हद तक अभियान के तरीके पर भरोसा करते हैं। इसी पर आधारित एवं निर्माणाधीन होते हैं इसलिए इन्हें सामान्यतयाः उत्तर साक्षरता अभियान के नाम से पुकारा जाता है। इस सम्बोधन के द्वारा इस कार्यक्रम को राष्ट्रीय साक्षरता मिशन ने उत्तर साक्षरता कार्यक्रम के नाम से शुरू किया। उत्तर साक्षरता अभियान कार्यक्रम स्वयं सेवक–शिक्षक (अनुदेशक) के माध्यम से नव साक्षर शिक्षार्थियों के लिए चलाया जाता है जिसमें नवसाक्षरों को लगभग 50 घंटे का मार्गदर्शी शिक्षण स्वयं सेवी शिक्षक प्रदान करते है। इन 50 घंटों के विशेष शिक्षण प्रक्रिया में नव साक्षर शिक्षार्थी आत्मनिर्भरता के स्तर तक पहुँच जाता है। वह स्वयं अपने कार्य करने में समर्थ बन जाता है। इससे उसमें आत्म विश्वास की भावना का संचार होता है। उत्तर साक्षरता अभियान कार्यक्रम के उपरांत आने वाले चरणों में पुस्तकालय सेवा, नव साक्षरों के लिए समाचार पत्र, समूह चर्चा, और अन्य विविध प्रकार के कार्यकलापों जैसे कौशलों का विकास तथा व्यवसायिक प्रशिक्षण प्रदान किया जाता है इन क्रिया कलापों के माध्यम से स्व–निर्देशित सतत् शिक्षा भी प्रदान की जाती है। जो कि इस उत्तर साक्षरता कार्यक्रम का एक हिस्सा होती है।

सतत् शिक्षा (नवसाक्षरों के लिए भविष्य की रणनीतियाँ)

इस समय उत्तर साक्षरता कार्यक्रम देश में लगभग 193 जिलों में चलाए जा रहे हैं। शेष जिलों में अगले एक से दो वर्षों के भीतर उत्तर साक्षरता अभियान कार्यक्रम चलाए जाने की उम्मीद है। महत्वपूर्ण प्रश्न यह है कि संपूर्ण साक्षरता अभियान कार्यक्रमों को आरंभ करने वाला जिला उत्तर–साक्षरता अभियानों के दो वर्षीय अनुवर्ती कार्यक्रम को जब एक बार पूरा कर लेगा तब साक्षरता और शिक्षा के वातावरण को कैसे बनाया रखा

जा सकेगा। जिन जिलों में संपूर्ण साक्षरता अभियान/उत्तर साक्षरता अभियान के दोनों चरण सफलतापूर्वक पूरे कर लिए जाने के बाद शिक्षार्थियों में जो जोश और विश्वास पैदा हुआ है उससे स्पष्ट रूप से इस बात का संकेत मिलता है कि शैक्षिक प्रक्रिया को बनाए रखने और शिक्षा के अवसर सतत् आधार पर प्रदान करने की जरूरत है।

राष्ट्रीय साक्षरता मिशन के उत्तर साक्षरता कार्यक्रम से लाभाविन्त होने वाले नवसाक्षर शिक्षार्थियों को बुनियादी साक्षरता और प्राथमिक शिक्षा से आगे आजीवन पढ़ने के अवसर उपलब्ध कराने के प्रयोजन से नवसाक्षरों के लिए सतत् शिक्षा का प्रबंध सरकार द्वारा किया गया। क्योंकि राष्ट्रीय साक्षरता मिशन नवसाक्षरों के बीच साक्षरता और शिक्षा के वातावरण को बनाए रखने उनमें उत्साह पैदा करने की योजना को आरंभ करना चाहता था। अतः इसके लिए भारत सरकार द्वारा अनुमोदित सतत् शिक्षा की तैयार योजना को 1 जनवरी 1996 से लागू की गई। यह योजना 1988 में आरंभ की गई तत्कालीन योजना जिसमें उत्तर साक्षरता और सतत् शिक्षा शमिल की गई थी उसका स्थान लेने के लिए बनाई गई जिसका मुख्य उद्देश्य केन्द्र आधारित प्रौढ़ शिक्षा कार्यक्रमों से निकले नवसाक्षरों की उत्तर साक्षरता और सतत् शिक्षा की वर्तमानकालीन एवं भावी योजनाओं को पूरा करना है। इस नई योजना का मुख्य उद्देश्य नवसाक्षरों की सतत् शिक्षा को संस्थागत बनाना और नवसाक्षरों द्वारा महसूस की जा रही जरूरतों के अनुसार विभिन्न प्रकार के सतत् शिक्षा कार्यक्रमों को तैयार करना और उन्हें लागू करने में पर्याप्त लचीलापन प्रदान करना है ताकि ज्यादा से ज्यादा नवसाक्षर शिक्षार्थी इस नवीन योजना से अधिकाधिक लाभाविन्त होकर अपने भविष्य को सफल बनाने में समर्थता प्राप्त कर सकें।

इस कार्य से लाभाविन्त होने वाले व्यक्तियों की श्रेणी में शामिल लोगों में है–ऐसे नवसाक्षरों जो संपूर्ण साक्षरता अभियान/उत्तर साक्षरता अभियान में कार्यात्मक साक्षरता/उत्तर साक्षरता पाठ्यक्रम को सफलतापूर्वक प्राप्त कर लेते हैं अर्थात ऐसे संपूर्ण साक्षरता अभियान/उत्तर साक्षरता अभियान द्वारा निर्देशित लक्ष्य निर्धारित साक्षरता स्तर को पूर्ण करने वाले

व्यक्ति इसमें शामिल किए जाते हैं। इनके अलावा स्कूल से पढ़ाई बीच में ही छोड़ देने वाले विरत छात्र (ड्राप आऊट) भी इसमें सम्मिलित होते हैं। इस कार्यक्रम से प्राथमिक स्कूलों और अनौपचारिक शिक्षा कार्यक्रमों से पास होने वाले छात्र भी लाभ उठा सकते हैं इनके अलावा आजीवन शिक्षा के अवसरों को लाभ उठाने के इच्छुक समुदाय के अन्य सभी समर्थ एवं सक्षम सदस्य भी इस कार्यक्रम को अपना कर इससे लाभाविन्त होकर अपने साक्षरता संबंधी लक्ष्यों को प्राप्त कर सकते हैं।

राष्ट्रीय साक्षरता मिशन द्वारा नवसाक्षरों के लिए सतत् शिक्षा की जो योजना बनाई है उसका लक्ष्य एक ऐसा सुव्यवस्थित संगठित और अच्छी तरह का समन्वित तंत्र प्रदान करना है जिससे आजीवन शिक्षा के परिपेक्ष्य में साक्षरता, उत्तर साक्षरता और सतत् शिक्षा के समर्थन में सभी संसाधन जुटाए जा सकें। इसका उद्देश्य न केवल 2010 तक सब के लिए साक्षरता के लक्ष्य को प्राप्त करना है बल्कि शिक्षित समाज बनाने के लिए अंतिम उद्देश्य को पूरा करने में भी मदद करना है।

इस प्रकार सतत् शिक्षा के तहत् नवसाक्षरों, शिक्षार्थियों के लिए भविष्य की महत्वपूर्ण रणनीतियों को राष्ट्रीय साक्षरता मिशन ने बनाया है जिसकी सफलता–असफलता कार्यकर्त्ताओं संस्थाओं के क्रियान्वन पर निर्भर करती है कि यह भविष्य में क्या रूख अख्तियार करेगी।

उत्तर साक्षरता कार्यक्रम की विशेषताएँ

उद्देश्य–

कौशल विकास–शिक्षार्थियों को आर्थिक आत्म निर्भरता हेतु कौशल अपनाने के लिए प्रेरित करना।

सुदृढ़ीकरण–निरक्षरता में पुनः प्रतिगमन को रोकना।

निरंतरता–शिक्षार्थी के साक्षरता कौशल में प्रगति करके उसे आत्मनिर्भरता के स्तर तक लाना।

उपचारण–पढ़ाई बीच में छोड़ जाने वाले शिक्षार्थियों का पुनः पंजीकरण एवं साक्षरता मानकों तक न पहुंच पाने वाले शिक्षार्थियों के कौशल में सुधार।

अनुप्रयोग–शिक्षार्थियों को इस योग्य बनाना कि वे साक्षरता कौशल का उपयोग अपने दैनिक जीवन में कर सकें।

संस्था का रूप देना–सामूहिक कार्यों को बढ़ावा देना और सतत् शिक्षा की ओर बढ़ने की सुविधाएँ प्रदान करना।

लक्ष्य समूह–

- प्राथमिक स्कूल/अनौपचारिक शिक्षा बीच में ही छोड़ जाने वाले व्यक्ति।
- साक्षरता अभियान को बीच में छोड़े जाने वाले या शेष रह गए व्यक्ति (मैपिंग–अप की संक्रिया हेतु)
- नवसाक्षर

प्रचालन हेतु कदम–

- उत्तर साक्षरता के क्रियाकलापों का संचालन।
- वातावरण निर्माण।
- परियोजना बनाना।
- कौशल विकास पर बल।
- पुनः सर्वेक्षण।
- मैपिंग अप आपरेशन।

अनुवीक्षण एवं मूल्यांकन का तरीका–

- ग्राम एवं प्रखण्ड स्तर पर परियोजना कार्यकर्ताओं, जन समितियों, पंचायतों के माध्यम से बेहतर मोनीटरिंग (अनुश्रवण) ।
- कार्यक्रम की समाप्ति पर राष्ट्रीय साक्षरता मिशन द्वारा मनोनीत बाह्य मूल्यांकन एजेन्सी द्वारा मूल्यांकन।
- राज्य और जिला स्तरों पर मासिक अनुवीक्षण बैठकें।

प्रति शिक्षार्थी लागत–

- 90–130 रू. प्रति शिक्षार्थी

कार्यकाल/अवधि–

- 12 महीने

सतत् शिक्षा

सतत् शिक्षा, मानव संसाधन विकास कार्ययोजना और शिक्षार्थी समाज के सृजन के लक्ष्य के लिए एक अनिवार्य पहलु है। पिछले दशक की उपलब्धियां निष्फल न जाएं यह देखने के लिए सभी हिस्सेदारों को सम्मिलित प्रयत्न करने की जरूरत होगी। विश्व के शिक्षाविद् प्रौढ़ प्राथमिक शिक्षा की संकीर्ण धारणा से परे जाने के महत्व को अधिकाधिक महसूस कर रहे हैं। राष्ट्रीय साक्षरता मिशन ने सतत शिक्षा को अपने क्रियाकलापों का एक आवश्यक घटक बनाया है।

सतत शिक्षा स्कीम देश में संपूर्ण साक्षरता और साक्षरता पश्चात कार्यक्रमों के प्रयत्नों को शौक्षिक निरंतरता प्रदान करती है। पुस्तकालय, वाचनालय, शिक्षण केंद्रों, खेलों और सांस्कृतिक केंद्रों तथा अन्प्य व्यक्तिगत रूचि संवर्धन कार्यक्रमों की सुविधाएं प्रदान करके लगभग 2000–2500 लोगों की आबादी की सेवा के लिए सतत शिक्षा केंद्रों (सीईसी) और नोडल सतत शिक्षा केंद्रों (एनसीईसी) की स्थापना के द्वारा नवसाक्षरों को आगे शिक्षण अवसर प्रदान करने पर मुख्य जोर दिया जा रहा है। समतुल्यता कार्यक्रम, जीवन गुणवत्ता सुधार कार्यक्रम, आय सर्जक कार्यक्रम और व्यक्तिगत रूचि संवर्धन कार्यक्रमों जैसे विभिन्न क्रियाकलाप चलाने के अवसर भी प्रदान किए जाते हैं। इस से पंद्रह ऐसे केंद्र क्लस्टर समूह का निर्माण करते हैं और उनमें से एक नोडल सीईसी के रूप में कार्य करता है।

सतत शिक्षा के अंतर्गत ग्राम पुस्तकालयों की स्थापना शामिल है। इससे देशभर में अधिक पुस्तकें, पत्र–पत्रिकाएं उपलब्ध होंगी। यह विशेष रूप से प्रसंगिक है क्योंकि अधिकांश जिलों द्वारा साक्षरोत्तर कार्यक्रम तथा और अधिक अविच्छन शिक्षा चरण पूरा कर लिये जाने की संभावना है।

नव साक्षरों के लिए सतत् शिक्षा की योजना

उद्देश्य–

– बुनियादी शिक्षा और प्राथमिक शिक्षा प्राप्त कर लेने के बाद सभी व्यक्तियों को आजीवन शिक्षा हेतु अवसर प्रदान करना।

लाभान्वित व्यक्ति—

- प्राथमिक स्कूलों और अनौपचारिक शिक्षा कार्यक्रमों को सफलतापूर्वक पूरा कर लेने वाले व्यक्ति।
- समुदाय के अन्य सभी व्यक्ति जो कि आजीवन शिक्षा के अवसर प्राप्त करने में रूचि रखते हों।
- नवसाक्षर जिन्होंने सम्पूर्ण साक्षरता अभियान/उत्तर साक्षरता कार्यक्रम के अन्तर्गत प्रकार्यात्मक साक्षरता/उत्तर साक्षरता पूरी कर ली हो।
- स्कूली शिक्षा बीच में छोड़ जाने वाले व्यक्ति।

सतत् शिक्षा केन्द्रों के कार्य—

- सतत् शिक्षा केन्द्र पुस्तकालय, अध्ययन कक्ष, शिक्षण—केन्द्र, प्रशिक्षण केन्द्र, सूचना केन्द्र, चर्चा मण्डल, विकास केन्द्र, सांस्कृतिक केन्द्र, खेल—कूद केन्द्र आदि से सम्बन्धित सुविधाएँ प्रदान करते हैं।

क्रियाकलाप—

लक्ष्य—विनिर्दिष्ट प्रकार्यात्मक कार्यक्रमों को लागू करना जैसे :

जीवन की गुणवत्ता में सुधार के कार्यक्रम (क्यू.एल.आई.पीज़)—इस कार्यक्रम का उद्देश्य है शिक्षार्थियों और समुदाय में आवश्यक ज्ञान, अभिवृत्तियों, मूल्यों और कौशल हेतु साधन जुटाना और उनके जीवन स्तर को उन्नत करना।

समकक्षीय कार्यक्रम (ई.पीज)—चालू औपचारिक, सामान्य या व्यावसायिक शिक्षण कार्यक्रमों के समकक्ष वैकल्पिक शिक्षण कार्यक्रम के ढाँचे का निर्माण करके।

व्यक्तिगत रुचि संवर्धन कार्यक्रम (आई.आई.पी.पीज)—शिक्षार्थियों को उनके द्वारा व्यक्तिगत रूप से चयनित सामाजिक, सांस्कृतिक, आध्यात्मिक, स्वास्थ्य सम्बन्धी, भौतिक एवं कलात्मक रूचियों के कार्यक्रमों में भाग लेने और उन्हें सीखने के अवसर प्रदान करना।

आय उत्पादक कार्यक्रम (आई.जी.पीज)–जहां प्रतिभागियों ने व्यावसायिक कौशल प्राप्त कर लिया हो या इसका विकास कर लिया हो तथा आय उत्पादन के क्रिया–कलापों में संलग्न हो गए हों।

सतत् शिक्षा केन्द्रों की स्थापना और वित्तीय प्रावधान–

- नवाचारी कार्यक्रम अपनाने हेतु अतिरिक्त धन राशि प्रदान करने का प्रावधान।
- परियोजना के प्रथम तीन वर्षों में भारत सरकार द्वारा 100 प्रतिशत आर्थिक सहायता का प्रावधान है और इसके बाद दो वर्ष तक राज्य सरकारों द्वारा 50 प्रतिशत व्यय में भागीदारी होगी। प्रारम्भ के 5 वर्ष पूरे हो जाने पर राज्य सरकार सतत् शिक्षा केन्द्रों पर व्यय का पूर्ण उत्तरदायित्व संभाल लेगी।
- 2000–2500 जनसंख्या वाले क्षेत्र में एक सतत् शिक्षा केन्द्र की स्थापना।
- 10–15 सतत् शिक्षा केन्द्रों के लिए एक केन्द्रक सतत् शिक्षा केन्द्र का प्रावधान।

संगठनात्मक संरचना–

- जिला स्तर पर सतत् शिक्षा के कार्यक्रमों को लागू करने तथा इनका अनुवीक्षण करने के लिए जिला साक्षरता समितियां (जेड.एस.एस.) ।
- राज्य स्तर पर राज्य साक्षरता मिशन प्राधिकरण (एस.एल. एम.ए)।

जिला स्तर पर सतत् शिक्षा योजना के कार्यक्रमों को लागू करने और इनका अनुवीक्षण करने के लिए आलंब एजेन्सियों, जैसे कि पंचायती राज संस्थाओं, गैर–सरकारी संगठनों, राज्य संसाधन केन्द्रों, जिला संसाधन एककों, जिला शिक्षण एवं प्रशिक्षण संस्थानों, नेशनल ओपन स्कूल, राज्य ओपन स्कूलों, आदि को सक्रिय रूप से प्रतिभागी बनाया जाना।

कार्यान्वयन रणनीति–

- आधारभूत स्तर पर विकास विभागों से सक्रिय सहलग्नता।

- सभी स्तरों पर पंचायती राज संस्थाओं और कार्यकर्ताओं की सक्रिय रूप से भागीदारी।
- तकनीकी और व्यावसायिक कौशल प्रदान करके शिक्षण को वास्तविक जीवन की परिस्थितियों के अनुरूप बनाना।
- आवश्यकता–आधारीय और मांग–उन्मुख बनाकर इस कार्यक्रम को धारणीय बनाना।
- गैर सरकारी संगठनों, स्वैच्छिक संस्थाओं, विश्वविद्यालयों, जन शिक्षण संस्थानों, राज्य संसाधन केन्द्रों आदि को सतत् शिक्षा केन्द्रों/केन्द्रक सतत् शिक्षा केन्द्रों की योजनाओं के निर्माण, उनके प्रबंधन एवं परिचालन की प्रक्रिया में भाग लेने के लिए प्रोत्साहित किया जाना।
- नवसाक्षरों द्वारा प्राप्त कौशल को और मजबूत करने के लिए एक प्रभावी शिक्षण संरचना का निर्माण करना।
- सामूहिक क्रियाकलापों में भागीदारी के द्वारा सृजनात्मक चिंतन को बढ़ावा देना।
- समुदाय की प्रतिभागिता को इस प्रकार परिचालित करना कि समुदाय इस योजना को चालू रखने और इसे अपनाने के उत्तरदायित्व की ओर अग्रसर हो।

साक्षरता अभियानों की वर्तमान स्थिति–

- 302 जिले उत्तर साक्षरता चरण तक पहुँच चुके हैं।
- 112 जिले सतत् शिक्षा चरण में प्रवेश कर चुके हैं।
- 574 जिले अब तक साक्षरता अभियानों के अन्तर्गत लाए जा चुके हैं।

अनुदेशक–

सम्पूर्ण साक्षरता अभियानों में 1250 लाख शिक्षार्थी पंजीकृत किये गए हैं तथा 120 लाख से अधिक अनुदेशकों ने इस कार्यक्रम में भाग लिया है।

पंजीकरण–

– 1250 लाख शिक्षार्थियों का साक्षरता अभियानों में पंजीकरण किया जा चुका है।

लक्ष्य–

– 2005 ई. तक 75 प्रतिशत साक्षरता की धारणीय प्रभाव सीमा को प्राप्त कर लेना।

विस्तार–

अब तक 1500 लाख शिक्षार्थियों को साक्षरता कार्यक्रम में शामिल करने के लिए परियोजनाएँ स्वीकृत की जा चुकी हैं।

साक्षर बनाए गए व्यक्ति–

– 714.50 लाख साक्षरता अभियानों के अन्तर्गत और 20.08 लाख अन्य योजनाओं के अन्तर्गत।
– 91.53 लाख राष्ट्रीय साक्षरता मिशन की सभी योजनाओं में।

सम्पूर्ण साक्षरता अभियान और औपचारिक पद्धति में प्रति व्यक्ति व्यय की तुलना–

– 948 रु. प्रति वर्ष* कक्षा एक से आठवीं तक प्रति छात्र औसत व्यय (1995–96 में)
– 90–180 रु. प्रति शिक्षार्थी सम्पूर्ण साक्षरता अभियान
– 61 प्रतिशत शिक्षार्थी स्त्रियाँ हैं और 39 प्रतिशत पुरुष हैं।
– 23 प्रतिशत अनुसूचित जाति के हैं तथा 13 प्रतिशत अनुसूचित जनजाति के हैं।

राज्य/के.प्र. क्षेत्र जो पूर्ण रूप से सम्पूर्ण साक्षरता अभियानों के अन्तर्गत लाए जा चुके हैं :

आन्ध्र प्रदेश, आसाम, छत्तीसगढ़, दिल्ली, गुजरात, गोवा, हरियाणा, हिमाचल प्रदेश, कर्नाटक, केरल, मध्य प्रदेश, महाराष्ट्र, मिजोरम, उड़ीसा, पंजाब, राजस्थान, तमिलनाडु, त्रिपुरा, उत्तर प्रदेश, उत्तरांचल, पश्चिम बंगाल, चण्डीगढ़, दादरा और नगर हवेली तथा पाण्डिचेरी।

** श्री मुहीराम सेकिया, पूर्व मिनिस्टर आफ स्टेट फार ऐजुकेशन कमेटी रिपोर्ट।*

महिला साक्षरता की स्थिति

पुरुष-स्त्रियों की साक्षरता में विभेदक दरें 1951-2001 के दौरान

वर्ष	*साक्षरता दरें*			
	कुल	*पुरुष*	*स्त्रियाँ*	*विभेदन*
1951	18.33	27.16	8.86	18.30
1961	28.30	40.40	15.35	25.05
1971	34.45	45.95	21.97	23.98
1981	43.57	56.38	29.76	26.62
1991	52.21	64.13	39.29	24.84
2001	65.38	75.85	54.16	21.69

2001 की जनगणना के अनुसार देश की साक्षरता दर 1951 में 18.33 प्रतिशत से 65.38 प्रतिशत बढ़ी है। महिला साक्षरता दर भी 1951 में 8.86 प्रतिशत में 2001 में 54.16 प्रतिशत बढ़ी है। 1991–2001 के बीच महिलाओं की साक्षरता दर में 14.87 की वृद्धि हुई है जबकि पुरूषों की साक्षरता में वृद्धि का दर 11.72 प्रतिशत है। इस प्रकार महिलाओं की साक्षरता दर में पुरुषों के मुकाबले वस्तुतः 3.15 प्रतिशत से अधिक की वृद्धि हुई है।

महिला साक्षरता का महत्व

पण्डित नेहरू के अनुसार एक पुरूष को शिक्षा देने से एक पुरूष शिक्षित होता है परन्तु एक नारी को शिक्षा देने से एक परिवार शिक्षित होता है। प्रत्येक देश में नारियों को पुरूष के बराबर स्थान उपलब्ध हैं नारियां जीवन के विभिन्न क्षेत्रों में भाग ले रही हैं। जैसे अध्यापिका, नर्स, डाक्टर, इंजीनियर, वैज्ञानिक, कला, कानून, पुलिस, रक्षा सेवाएं, राजनीति आदि। बहुत सी नारियों ने प्रशासनिक एवं राजनैतिक क्षेत्र में प्रशिक्षण

प्राप्त किया है। जीवन प्रत्येक क्षेत्र में ओर व्यवसाय में वे पुरूष के साथ मुकाबला कर रही हैं। पिछड़े देशों में भी वे पुरूषों के समान अधिकार चाहती हैं। वास्तव में नारियां पुरूष के समान सभी कार्य कर सकती हैं। जो राष्ट्र तीव्र गति से प्रगति करना चाहते हैं, उन्हें अपनी नारियों को शिक्षा अवश्य देनी चाहिए। कई क्षेत्रों में तो नारियां पुरूष से अच्छा कार्य करती हैं जैसे खाना पकाना, कपड़े सीना, संगीत, नुत्य, गृह विज्ञान, स्टैनोग्राफी, सेक्रेटरीशिप आदि समाज निरक्षरता, अंधविश्वास, बीमारी, अंधकार आदि की बुराइयों की जड़ नारी को शिक्षा न देने के कारण है। यदि लड़कियों को हर कार्य में निपुण कर दिया जाए तो वे अच्छी माताएं बन सकती हैं और बच्चों का पालन–पोषण कर सकती हैं। अपने पति के साथ मिलकर घर को प्रगति की ओर ले जा सकती हैं। यदि पति पत्नी दोनों साथ–साथ जीवन के कार्यों में भाग लेते हैं तो जीवन आरामदेह होता है। जो देश स्त्री शिक्षा को महत्व देते हैं, वे समाजिक, आर्थिक राजनैतिक एवं नैतिक स्तर पर प्रगति करते हैं। वैदिक काल में भारत में स्त्रियों को न केवल सम्मान प्राप्त था बल्कि देवी का स्थान दिया जाता था और शिक्षा के अवसर प्राप्त थे। कहा जाता था कि एक लड़की का विवाह उसके छात्रकाल के पश्चात ही किया जाना चाहि। मुस्लिम काल में परिस्थिति बदल गयी। नारियो को पर्दे के पीछे रखा जाने लगा और पुरूषों के साथ घुलने मिलने नहीं दिया जाता था। उनका विश्वास था कि औपचारिक शिक्षा उनके लिए लाभदायक नहीं है। बाल्यकाल में ही विवाह कर दिया जाता था इससे नारी शिक्षा को धक्का लगा। केवल धनाड्य घरानों में ही नारी शिक्षा प्रचलित थी साधारण घरों में नहीं। मुसलमान राजाओं ने नारी शिक्षा को प्रोत्साहन नहीं दिया। साथ–साथ हिन्दुओं ने भी अपनी बेटियों को पढ़ाना बन्द कर दिया। 1101 में 1000 स्त्रियों में से केवल आठ पढ़ी लिखी होती थीं। आज 1959 में 100 लड़कों के मुकाबले में केवल 66 लड़कियां ही शिक्षा प्राप्त करती हैं 44 प्रतिशत लड़कों के मुकाबले में केवल 21 प्रतिशत लड़कियां ही शिक्षा प्राप्त करती हैं। भारतीय शिक्षा आयोग ने 1975 में नारी शिक्षा की धीमी गति पर रोष प्रकट किया

था और सिफारिश की थी कि नारी शिक्षा को प्रोत्साहन देने के लिए लड़कियों के स्कूल बराबर मात्रा में खोले जाने चाहिए। सभी शिक्षा आयोगों ने यह सिफारिश की है कि पुरूष और नारी की शिक्षा के असंतुलन को हटाकर संतुलित किया जाना चाहिए। महाविद्यालय शिक्षा आयोग ने सिफारिश की कि बिना शिक्षित नारी के शिक्षित समाज नहीं बन सकता। 1968 में भारत सरकार ने स्त्री शिक्षा के विषय पर एक कमेटी का गठन किया। इसने सिफारिश की थी कि नारी शिक्षा पर विशेष ध्यान दिया जाना चाहिए और उसके लिए विशेष धन उपलब्ध किया जाना चाहिए। शिक्षा मंत्रालय ने देशमुख कमेटी की सभी सिफारिशें स्वीकृत करके राष्ट्रीय स्तर पर नारी शिक्षा कौंसिल का गठन किया। जिसका उद्देश्य नारी शिक्षा की समस्याओं का अध्ययन करके सरकार को सलाह देना था। 1964–66 में कोठारी शिक्षा आयोग ने देशमुख कमेटी की सिफारिशों को फिर से दोहराया और सिफारिश की कि कुछ सालों तक निश्चय ही शिक्षा के कार्यक्रम में नारी शिक्षा के लिए विशेष स्थान दिया जाना चाहिए। आनेवाली कठिनाइयों को दूर करके पुरूष और नारी शिक्षा के क्षेत्र में दरार को समाप्त किया जाना चाहिए ताकि नारी शिक्षा के लिए विशेष स्कीम चलानी चाहिए। और धन उपलब्ध कराया जाना चाहिए। राज्य सरकार एवम् केंन्द्र में नारी शिक्षा की ओर विशेष ध्यान दिया जा सके। स्त्रियों में निरक्षरता को दूर करने में कठिनाइयों को दूर करने का प्रयत्न किया जाना चाहिए। विशेष रूप से नारियों को व्यावसायिक एवम् तकनीकी शिक्षा विभिन्न स्तरों पर दी जानी चाहिए। इन प्रयत्नों के फलस्वरूप नारी शिक्षा के क्षेत्रों में काफी प्रगति हुई है और अब लड़के और लड़कियों का अनुपात 55:45 है। परन्तु नारी शिक्षा के क्षेत्र में अपव्यय एवम् अवरोध अधिक होता है जिसको रोका जाना चाहिये।

महिला साक्षरता दर के कम होने के लिए उत्तरदायी घटक

ऐतिहासिक तौर पर महिला साक्षरता दर के कम होने के लिए कई घटक उत्तरदायी पाए गए हैं जैसे :

– लड़कियों का घरेलू वृदगान (कार्यों) में फंसे रहना।

- स्कूलों में लड़कियों का कम पंजीकरण।
- लिंग पर आधारित भेदभाव।
- सामाजिक भेदभाव एवं आर्थिक शोषण।
- अध्यापिकाओं की कमी।
- नारी शिक्षा पाठ्यक्रम में विभिन्नीकरण का अभाव।
- सह शिक्षा संस्थाओं में नारियों के रहन–सहन एवं खेल–कूद के उचित प्रबंधों की कमी।
- नारी समस्या के समाधान हेतु परामर्शदाता नियुक्ति सीमित मात्रा में होना।

महिलाओं की साक्षरता दर में वृद्धि हेतु सरकार द्वारा अपनाई गई कार्यनीतियाँ–

महिलाओं की साक्षरता दर में वृद्धि एवं सशक्तिकरण हेतु सरकार द्वारा अपनाई गई मुख्य कार्यनीतियों में शामिल हैं :

- महिला समाख्या
- प्रकार्यात्मक साक्षरता हेतु राष्ट्रीय साक्षरता मिशन
- सर्व शिक्षा अभियान
- अनौपचारिक शिक्षा

महिला साक्षरता बढ़ाने के उपाय–

- अध्यापिकाओं की कमी दूर करना।
- नारी शिक्षा पाठ्यक्रम में विभिन्नीकरण की आवश्यकता को पूर्ण करना।
- सहशिक्षा संस्थाओं में नारियों के रहन–सहन एवं खेल–कूद का उचित प्रबंध किया जाना चाहिये।
- नारी समस्या के समाधान हेतु परामर्शदाता की नियुक्ति की जानी चाहिये।
- महिलाओं के लिए अलग विज्ञान, तकनीक, मेडिकल एवं इन्जिनियरिंग कॉलेज होने चाहिये।

निम्न महिला साक्षरता दर वाले जिलों पर विशेष ध्यान–

2001 की जनगणना के अनुसार देश के 45 जिलों की महिला साक्षरता दर 30 प्रतिशत से कम है। इसलिए निम्न महिला साक्षरता से निपटना राष्ट्रीय साक्षरता मिशन के लिए अत्यंत चिंता का विषय है और इसलिए सुधार करने के लिए 45 निम्न महिला साक्षरता जिलों को लक्षित करने का निर्णय लिया गया। चूंकि इनमें से अधिकांश जिले उत्तर प्रदेश, बिहार, उड़ीसा और झारखंड में संकेंद्रित हैं इसलिए महिला साक्षरता को प्रोत्साहित करने के लिए इन जिलों में विशेष कार्यक्रम शुरू किए गए हैं।

उत्तर प्रदेश में त्वरित महिला साक्षरता कार्यक्रम–

उत्तर प्रदेश के 8 जिलों में महिला साक्षरता दर को बढ़ाने के लिए 15–35 आयु वर्ग में 25 लाख निरक्षर महिलाओं को कवर करने के वास्ते त्वरित महिला साक्षरता परियोजना नामक एक विशेष परियोजना शुरू की गई है। ये जिले हैं: महाराजगंज, सिद्धार्थनगर, बलरामपुर, गोंडा, श्रावस्ती, बहराइच, रामपुर और बदायुं। कार्यक्रम को 97 स्वयंसेवी संगठनों के माध्यम से कार्यान्वित किया गया।

बिहार में महिला साक्षरता–

बिहार में महिला साक्षरता कार्यक्रम को, पहले चरण में 13 निम्न महिला साक्षरता जिलों में कार्यान्वित किया गया जिसमें 15–35 आयु वर्ग को 24.03 लाख महिलाओं को कवर किया गया। ये जिले थे: पश्चिमी चंपारण, पूवी चंपारण, शिवहर, सीतामढ़ी, सुपौल, अररिया, किशनगंज, पूर्णिया, मधेपुरा, सहरसा, खगारिया, बांका और जमुई। परियोजनाओं को पंचायतीराज कार्यकर्ताओं, महिला स्वयंसेवी अध्यापकों और महिला स्वयंसेवी समूहों की सक्रिय भागीदारी के साथ संबंधित जिलों की जिला साक्षरता समिति के तत्वावधान में कार्यान्वित किया गया।

प्रमुख विशेषताएं–

– विशेष महिला साक्षरता कार्यक्रम, चालु संपूर्ण साक्षरता अभियान पीएलपी कार्यक्रमों के साथ–साथ, जिन्हें मिशन द्वारा पहले ही

मंजूर किया जा चुका था, जिला साक्षरता समितियों द्वारा कार्यान्वित किए गए।

- विशेष महिला साक्षरता कार्यक्रम जनवरी 2003 में शुरू हुए और दिसंबर 2003 में संपन्न हो गए।
- जिला साक्षरता समितियों ने अध्यापिकाओं, महिला सामाजिक संस्थाओं, महिला ओर वाल विकास अधिकारियों व जिले के अन्य महिला अधिकारियों के प्रतिनिधियों के साथ, जिला, ब्लाक और पंचायत स्तर पर महिला समितियां गठित की थी।
- किशनगंज और अररिया जैसे अल्पसंख्यक बहुल क्षेत्रों में मुस्लिम जनसचुदाय के बीच साक्षरता को प्रोत्साहित करने के लिए इमामों से अपील की गई।
- परियोजना के कार्यान्वयन के दौरान, एस.आर.सी. और दीपायन द्वारा नियमित रूप से देखरेख की गई।
- चुनिंदा महिला साक्षरता केंद्रों में पूरक पठन सामग्री वितरित की गई।
- दस दिन के लिए रिहायशी शिक्षण शिविरों के अंतर्गत लगभग 2,000 निरक्षर महिला पी.आर.आई. को कवर किया गया।
- प्रत्येक जिले से 200 उत्कृष्ट महिला स्वयंसेवी अध्यापकों का चयन किया गया और उन्हें स्वसहायता समूहों के गठन में दस परिक्षाणार्थियों के रूप से प्रशिक्षित किया गया।
- एक निश्चित पाठ्यक्रम में व्यावसायिक प्रशिक्षण प्रदान करने के वास्ते 300 उत्कृष्ट महिला स्वयंसेवी अध्यापकों के एक अन्य समूह को चुना गया है। अभी तक 6 जिलों में व्यावसायिक प्रशिक्षण कार्यक्रम का पहला दल प्रशिक्षित कार्यक्रम का पहला दल प्रशिक्षित किया गया है।
- 13 जिलों में महिला साक्षरता कार्यक्रम परियोजनाओं का मूल्यांकन किया गया है। 13 जिलों में से 8 जिलों के परिणाम 60 प्रतिशत से ऊपर रहे (पचिमी चंपारण 98 प्रतिशत, पूर्वी चंपारण 90 प्रतिशत, खगरिआ 61 प्रतिशत और सीतामढ़ी 60

प्रतिशत) 4 जिलों का परिणाम 60 प्रतिशत से कम रहा तथा एक जिले के परिणाम की प्रतीक्षा है।

उड़ीसा में त्वरित महिला साक्षरता कार्यक्रम–

उड़ीसा में 9 जिलों को, जहां महिला साक्षरता दर निम्न है, त्वरित महिला साक्षरता कार्यक्रम के लिए विशेष परियोजना के अंतर्गत कवर किया गया है। ये जिले हैंः कोरापुट, नवरंगपुर, मलकनगिरी, रायगढ़, कालाहांडी, गजपति, सोनपुर और नौपाड़ा।

कार्यक्रम को 15–35 आयु वर्ग में 10.43 लाख निरक्षर महिलाओं को कवर करते हुए 117 स्वयंसेवी संगठनों के एक नेटवर्क द्वारा कार्यान्वित किया जा रहा है। परियोजना के कार्यान्वयन पर निगरानी रखने के लिए राज्य संसाधन केंद्र, भुवनेश्वर, नोडल एजेंसी हैं।

झारखंड में विशेष महिला साक्षरता कार्यक्रम–

विशेष महिला साक्षरता कार्यक्रम झारखंड में 5 निम्न महिला साक्षरता जिलों में कार्यान्वित किया जा रहा है। ये जिले हैंः पाकुर, साहिबगंज, गिरिडीह, गरहवा ओर गोड्डा। कार्यक्रम को पंचायतीराज संस्थानों/महिला सामाजिक कार्यकर्ताओं आदि की सक्रिय भागीदारी के साथ संबंधित जिले की जिला साक्षरता समितियों के तत्वावधान में कार्यान्वित किया जा रहा है।

कार्यक्रम के अंतर्गत 15–35 आयु वर्ग की लगभग 5 लाख निरक्षर महिलाओं को कवर किया जा रहा है। इन जिलों में महिला साक्षरता कार्यक्रमों की निगरानी और संसाधन सहायता प्रदान करने के वास्ते एशियाई विकास अनुसंधान संस्थान, पटना के तत्वावधान में एक विशेष संसाधन–सह–सहायता समूह अगस्त 2003 में गठित किया गया था।

महिलाओं के सशक्तिकरण पर साक्षरता कार्यक्रमों का प्रभाव

- घरेलू बचत और जमा राशि पर पहुँच बढ़ी।
- शैक्षिक समानता में वृद्धि हुई।
- आत्म–विश्वास एवं व्यक्तित्व के विकास में वृद्धि हुई।
- स्वास्थ्य और स्वच्छता में वृद्धि हुई।

- सामाजिक जागरुकता की मुख्य बातें उजागर हुईं।
- स्त्रियों की परिवार में प्रतिष्ठा बढ़ी।
- स्कूलों में पंजीकरण में वृद्धि हुई।
- लिंग समानता एवं महिला सशक्तिकरण का विकास हुआ।
- महिलाएँ उद्यमकर्ता बनीं।

6

साक्षरता अभियान के सन्मुख बाधाएं

साक्षरता की स्थिति का अवलोकन करने से स्पष्ट होता है कि आधारभूत ढाँचे की सुविधाओं के व्यापक विस्तार के बावजूद सभी को बुनियादी साक्षरता 'सबके लिए शिक्षा' एवं 'पूर्ण साक्षर भारत' का लक्ष्य अभी तक पूरा नहीं हुआ है। चूंकि दिल्ली में चल रहे साक्षरता अभियान के कारण साक्षरता का प्रतिशत निरन्तर बढ़ा है। परन्तु निरक्षरों की संख्या अभी भी काफी अधिक है। साक्षरता अभियान के सन्मुख बाधाएं निम्नलिखित हैं–जिनका शीघ्र समाधान किया जाना चाहिए।

जनसंख्या की वृद्धि दर में तीव्रता फलस्वरूप संसाधनों की कमी–

दिल्ली राज्य में हर वर्ष दो लाख लोग रोजगार की तलाश में आते हैं जिनमें से अधिकतर निरक्षर होते हैं। दिल्ली राज्य की अपनी आबादी लगभग 1 करोड़ 30 लाख से ऊपर पहुँच चुकी है। अतः इतनी अधिक जनसंख्या की तुलना में यहाँ पर संसाधन और शैक्षिक आधारभूत ढाँचे में काफी अंतर है, इसमें प्राईमरी स्कूल भवन, पुस्तकालय, प्रयोगशालाएं आदि की कमी हैं।

प्रारंभिक शिक्षा सभी को दिलाने में असफलता–

सभी बच्चों को स्कूलों में दाखिला नहीं मिलता जिसके कारण बच्चों में निरक्षरता बढ़ती है। यद्यपि कानूनी दृष्टि से यह अनिवार्य है फिर भी

विद्यालयों के पास भवन, फर्नीचर, अन्य जरूरी सामान की कमी धन के अभाव में रहती है। साक्षरता अभियान भी इन्हीं आर्थिक समस्याओं की बाधाओं का सामना कर रहा है।

अपव्यय एवं अवरोधन–

साक्षरता अभियान को अपव्यय एवं अवरोधन संबंधी बाधाओं का सामना, स्कूलों के समान करना पड़ता है। साक्षरता केन्द्रों के पास धन की कमी के कारण पर्याप्त भवन, श्याम पटट् पीने का पानी, शौचालय, अध्यापकों की कमी हमेशा बनी रहती है अतः ऐसी दशा में नवसाक्षर बच्चे एवं निरक्षर साक्षरता केन्द्रों में साक्षर बनने से पूर्व ही विभिन्न कारणों के चलते पढ़ना बीच में ही छोड़ देते हैं तथा पुनः निरक्षरों की संख्या में आ जाते हैं।

बहुत से नवसाक्षर साक्षरता केन्द्रों में निर्धारित लक्ष्यों तक पहुँचने में नियमित निर्धारित समय से अधिक समय लेकर साक्षरता की पुस्तकों को, प्रवेशिकाओं को पूरा करते हैं। सीखने की क्षमता में भिन्नता के कारण भी यह अधिक समय लगाकर सीखते हैं इससे अवरोधन होता है।

आर्थिक कारण–

साक्षरता अभियान को यहाँ निरक्षरों की निर्धनता की बाधाओं का सामना करना पड़ रहा है। बहुत से अभिभावक साक्षरता के महत्व को महसूस नहीं करते। वह अपने निरक्षर बच्चों को साक्षरता केन्द्रों में भेजने के बजाय घरों में, दुकानों, कारखानों, खेतों में छोटे–मोटे काम धंधे पर भेज कर धन कमाना पसंद करते हैं। इससे अभिभावकों की आय में वृद्धि होती है। अतः यहाँ पर भूख शिक्षा से अधिक महत्वपूर्ण बन जाती है। यद्यपि साक्षरता केन्द्रों में पढ़ने वाले नवसाक्षरों को निःशुल्क शिक्षा प्रदान की जाती है लेकिन निरक्षर अभिभावक इससे लाभ उठाने की जगह अपनी आर्थिक स्थिति पर ज्यादा ध्यान देते हुए अपने निरक्षर बच्चों को छोटे–मोटे काम धंधे में लगाए रखते हैं।

सामाजिक कारण–

सामाजिक कठिनाईयों के कारण निरक्षरता की समस्या और भी खराब हुई है जिससे महिलाओं की साक्षरता और उनके शैक्षणिक विकास

में और अधिक रूकावट पैदा हुई है। कुछ माता–पिता लड़कियों की शिक्षा के पक्ष में नहीं है। वह लड़कियों के लिए उचित नहीं मानते वह अपनी लड़कियों को घर की चार दीवारी में रखते हैं तथा उन्हें विद्यालय अथवा साक्षरता केन्द्रों में पढ़ने के लिए नहीं भेजते। बहुत से अभिभावक सह–शिक्षा का विरोध करते हैं वह इसे नैतिक आचरण के विरुद्ध मानते हैं। भारतीय समाज की कुरीति बाल विवाह जैसी सामाजिक कुप्रथा आज भी प्रचलित होने के कारण लड़कियों में शिक्षा स्तर कम बना हुआ है। इन सामाजिक कारणों के चलते ही आज भी निरक्षरता, अंधविश्वास, बीमारी, आदि की बुराईयों की जड़ नारी को शिक्षा न देने के कारण ही पनपती एवं विकसित होती दिखाई देती है।

शिक्षा को निरर्थक मानना–

बहुत से माता–पिता लड़कों के लिए भी शिक्षा को निरर्थक मानते हैं उनके अनुसार शिक्षा न तो उन्हें नौकरी पाने योग्य बनाती है और न ही माता–पिता के व्यवसाय को अपनाने योग्य बनाती है। यह देखा गया है कि किसानों के बच्चे अपने माता–पिता के पैतृक व्यवसाय कृषि को अपनाने से इन्कार करते हैं तथा शिक्षा पाने के बाद हल चलाने से इंकार करते हैं। अतः ऐसी दशा में अभिभावक बच्चों को स्कूल या साक्षरता केन्द्रों में भेजने के स्थान पर अपना पैतृक काम–धन्धा सिखा कर उन्हें अपने पैरों पर खड़ा करना ज्यादा मुनासिब समझते हैं।

शैक्षणिक कारण–

साक्षरता केन्द्रों में पढ़ाए जाने वाले विषय एवं पुस्तके निरक्षरों को आकृष्ट करने में पूर्णतः सफल नहीं हो पाती हैं। यहाँ पढ़ने वाले नवसाक्षरों के मध्य आयु एवं मानसिक योग्यताओं में भी अंतर होता है। अतः निरसता के कारण इन साक्षरता केन्द्रों में निरक्षर पढ़ना उचित नहीं समझते।

अन्य विकास ऐजेन्सियों के साथ समन्वय का अभाव-सरकार की अन्य विकास ऐजेन्सियों जैसे कृषि, पशुपालन, स्वास्थ्य, परिवार कल्याण, बैंकिंग, डाक व तार तथा सहकारी वानिकी, आदि के साथ बहुत कम संबंध रहता है। प्रशिक्षकों को प्रशिक्षण देने हेतु एक दो–बार व्याख्यान देने के

अलावा इनका कोई अधिक संबंध साक्षरता अभियान से नहीं बनाया जा सका है।

अपर्याप्त एवं असमान शिक्षा-साक्षरता अभियान में प्रमुख घटकों जैसे साक्षरता, जागरूकता, प्रसार तथा कार्यात्मकता पर आनुपातिक रूप से उचित ध्यान नहीं दिया जाता।

ग्रामीण क्षेत्रों में साक्षरता हेतु सुविधाओं की कमी-इसके कारण यहाँ के बच्चे साक्षरता केन्द्रों में पढ़ने नहीं आ पाते।

अभिप्रेरणा की कमी-सरकार द्वारा चलाई गई निःशुल्क साक्षरता योजना तथा अन्य कदमों के बावजूद साक्षरता से लाभान्वित होने वाले नवसाक्षरों तथा कर्मठ साक्षरता कर्मियों में अभिप्रेरणा अपेक्षाकृत कम रही। अतः इस कार्य में पूर्ण सफलता नहीं मिल सकी।

ग्रामीण समुदाय की अप्रर्याप्त भागीदारी-साक्षरता अभियान कार्यक्रम के स्थान पर ग्रामीण समुदाय में प्रौढ़ शिक्षा को थोड़ी–बहुत प्राथमिकता दी जाती है क्योंकि इसके लाभों को न तो मापा जा सकता है और न ही अल्प समय में इसके लाभ सामने आते हैं। ग्रामीण समुदाय में कार्यक्रम लोकप्रिय नहीं हो पाते तथा इसके समानान्तर चलने वाले रोजगार संबंधी या आमदनी पैदा करने वाले, कृषि, स्वास्थ्य, सफाई आदि के अन्य कार्यक्रम अधिक लोकप्रिय होते हैं।

कम उपस्थिति-कई साक्षरता केन्द्रों में प्रत्येक केन्द्र पर पढ़ने के लिए नामांकित नवसाक्षरों में से उपस्थिति औसत से कम रही है। अधिकतर स्त्रियाँ घर के कामों के कारण साक्षरता केन्द्रों में नही पहुँच पातीं।

बालकों और माता-पिता को उचित प्रोत्साहन का अभाव-निरक्षर बालकों एवं अभिभावकों को साक्षरता के महत्व से उचित ढ़ंग से प्रोत्साहित नहीं किया जाता अतः इस कारण साक्षरता केन्द्रों में निरक्षरों की संख्या में कमी है।

माता पिता की अज्ञानता-माता–पिता साक्षरता के महत्व से अनभिज्ञ होने के कारण बच्चों को शिक्षा दिलाने के प्रति गंभीर नहीं होते।

ग्रामीण लोगों का आर्थिक पिछड़ापन-बहुत से अभिभावक ग्रामीण क्षेत्रों में लड़कियों को पढ़ाने के स्थान पर खेती–बाड़ी के कामों में

लगाकर रखते हैं तथा अपने आर्थिक पिछड़ेपन को दूर करने में जुटे रहते हैं।

साक्षरता केन्द्रों में वातावरण का प्रेरक न होना-राक्षरता केन्द्रों में पढ़ने वाले निरक्षरों को पढ़ने में आनन्द प्राप्त नहीं होता।

माता-पिता की निर्धनता-निर्धन अभिभावक बच्चों को पढ़ाने के स्थान पर उन्हें छोटे–मोटे काम धंधे में लगा कर अपनी आर्थिक स्थिति का सुधरने का प्रयत्न करते हैं।

ग्रामीण क्षेत्रों में लड़कियों की शिक्षा के प्रति उचित सामाजिक भाव का अभाव-यह लोग लड़कियों की शिक्षा को विभिन्न सामाजिक कारणों के चलते उचित नहीं मानते।

वित्तीय स्त्रोतों का अभाव–अधिकांशतः निरक्षर गरीबी के कारण अपने बच्चों को शिक्षा दिलाने में असमर्थ महसूस करते हैं।

अध्यापकों का अभाव-साक्षरता अभियान हेतु स्वयंसेवी शिक्षित कार्यकर्त्ताओं एवं अध्यापकों की कमी के कारण भी यह कार्यक्रम पूर्णतः सफल नहीं हो पाया है।

साक्षरता अभियान के सन्मुख प्रौढ़ निरक्षरों को साक्षर बनाने में कई बाधाएं–प्रकट हो रही हैं जिनके कारण प्रौढ़ों की पढ़ाई–लिखाई में बाधा आ रही है। प्रौढ़ों की सीखने की प्रक्रिया पर सामाजिक, शारीरिक तथा मनोवैज्ञानिक तत्वों का बहुत असर पड़ता है जो कि निम्नलिखित हैं–

हीन भावना–अक्सर निरक्षर प्रौढ़ अपने प्रति गलत धारणा रखते हैं। यह सोचते हैं कि इस उम्र में वह पढ़–लिख नहीं सकते। वह समझते हैं कि पढ़ना–लिखना बहुत मुश्किल काम है। प्रौढ़ किस्मत या होनी के सिद्धांतों को मानते हैं। साथ ही आगे बढ़ने में झिझकते हैं, पहल करने में कतराते हैं। प्रौढ़ व्यक्ति उम्र के इस हिस्से में पढ़ने–लिखने को व्यर्थ, निरर्थक समझते हैं।

अंगों में शिथिलता आना (लिखने में कठिनाई)–लिखना सीखने में अक्सर प्रौढ़ों को परेशानी होती है क्योंकि उनके हाथ की नाड़ियाँ एवं मांसपेशियाँ सख्त हो चुकी होती हैं। उन्हें बारीक काम की आदत नहीं होती है। खास तौर पर उंगलियों में सख्ती और शरीर में विभिन्न अंगों पर

काबू न होने के कारण लिखते समय अक्सर झटके या गति पर नियंत्रण खो देना आम बात है।

सामाजिक तत्व–अधिकतर अन्य पिछड़ी जातियाँ, जनजातियाँ, अनुसूचित जनजातियाँ और महिलाएं जिन्हें साक्षरता का ज्ञान नहीं होता, वह अपने भाग्य को ही अपनी सब समस्याओं का कारण मानती है। इसके अलावा समाज में पुरुषों का सर्वोत्तम स्थान होने के कारण औरतों की शिक्षा पर बेजां रोक लगाई जाती है। आम तौर पर महिलाओं को घर की चार दीवारी तक सीमित रखा जाता है। और यह सोचा जाता है कि अगर लड़की पढ़–लिख जाएगी तो बिगड़ जाएगी। यदि लड़की में खुद सोच पाने या तय कर पाने की क्षमता पैदा हो जाएगी तो वह मनमानी करेगी। परदे का रिवाज, समाज में बदनामी का डर, जात–पात का खतरा और ऊँच–नीच वाले विचार भी साक्षरता की प्रक्रिया में रूकावट पैदा करते हैं।

शारीरिक कमजोरी–बढ़ती हुई आयु के साथ–साथ व्यक्ति की शारीरिक और मानसिक ताकत में कमजोरी आती है। इसके अतिरिक्त इस प्रकार की सामाजिक स्थिति भी पैदा हो सकती है जो पढ़ने–पढ़ाने की प्रक्रिया में विपरीत प्रभाव डालती है और विभिन्न प्रकार की कठिनाईयाँ उत्पन्न करती है। लगभग 40 वर्ष की आयु के बाद देखने सुनने और दूसरी शारीरिक शक्तियों में कमी आने लगती है। जिसके कारण पढ़ाई–लिखाई की प्रक्रिया प्रभावित होने लगती है।

कम सुनना–सुनने की शक्ति भी उम्र के साथ–साथ कम होती जाती है। जो लोग ऐसे कारखानों फैक्ट्रियों आदि में काम करते हैं जहाँ बहुत ज्यादा शोर रहता है, उनकी सुनने की ताकत कम हो जाती है। शिक्षक को ऐसे शिक्षार्थियों की पहचान करके उन्हें आगे बैठाना चाहिए। कक्षा में स्पष्ट और ऊँची आवाज में बातचीत करना चाहिए।

आँखों का कमजोर होना–आमतौर पर 40 साल के बाद आँखें कमजोर होने लगती हैं और ऐसी स्थिति में पढ़ने–लिखने में कठिनाई उत्पन्न होने लगती है। ऐसी अवस्था में साक्षरता कर्मी शिक्षक नवसाक्षर शिक्षार्थी को मन्दबुद्धि वाला समझ सकता है। और असली परेशानी को वह

नजर अंदाज कर सकता है। अतः शिक्षक को प्रौढ़ों को पढ़ाते समय वास्तविक कारणों को समझना चाहिए।

मनोवैज्ञानिक तत्व—ध्यान केन्द्रित रखने में कठिनाई (ध्यान का बाँटना) आम तौर पर निरक्षर प्रौढ़ अपना आवश्यक कार्य छोड़कर पढ़ने आते हैं। पढ़ते समय इनका ध्यान दैनिक जीवन की कठिनाईयों, समस्याओं में भटक जाने का खतरा रहता है।

साक्षरता अभियान के सन्मुख संसाधनों के संग्रहन के बाधाएं—

साक्षरता अभियान के तहत् संसाधनों के संग्रहण, एवं इनकी उपलब्धता की कमियाँ दृष्टिगोचर होती है। साक्षरता अभियान के सन्मुख एक बाधा है जिसे गंभीरतापूर्वक हल किया जाना चाहिए।

यद्यपि साक्षरता अभियान हेतु पाठ्यपुस्तकें, पैंसिले, श्यामपट्ट, कापियाँ, हाजिरी रजिस्टर, इत्यादि तरह–तरह की सहायक सामग्री निःशुल्क साक्षरता कक्षाओं को चलाने हेतु नवसाक्षरों, स्वंयसेवी एवं शिक्षित अनुदेशकों के लिए क्षेत्रीय समन्वयकों के माध्यमों से वितरित की जाती है। परन्तु इन सहायक सामग्री का अभाव भी विभिन्न जिलों के साक्षरता केन्द्रों में अक्सर देखने को मिलता रहता है।

इसका कारण है कि विभिन्न जिलों के उपशिक्षा निदेशकों, एवं अन्य अधिकारियों के आदेश पर ही यह सामग्री मुख्यालय अथवा दिल्ली के विभिन्न मण्डलीय शिक्षा एवं प्रशिक्षण संस्थानों से उपलब्ध हो पाती है। जबकि जो नवसाक्षर इन सहायक सामग्रियों का प्रयोग करते हैं वह कई बार तो कई–कई दिन एवं सप्ताह तक इन सहायक पाठ्य सामग्रियों का प्राप्त करने हेतु इंतजार करते रहते हैं लेकिन सरकारी कार्य की रफ्तार कई बार इतनी धीमी हो जाती है कि इससे नवसाक्षरों, स्वयंसेवी कर्मठ कार्यकर्त्ताओं, अनुदेशकों, सरकारी, गैर सरकारी साक्षरता कर्मियों को भारी हताशा का सामना करना पड़ता है।

कई बार स्टाक में सहायक सामग्री के समाप्त होने एवं नई सहायक सामग्री के आने तक लम्बे समय के व्यवधन के कारण नवसाक्षरों के मन में साक्षर बनने के उत्साह में कमी आने लगती है। कई बार सहायक

सामग्री के स्टाक पर ताला लगा रहता है। स्टाक से सहायक सामग्री वितरित करने वाले साक्षरता कर्मी भी गैर–हाजिर पाए जाते हैं अथवा किन्ही विशेष कार्यों में संलग्न होने के कारण पाठ्य सामग्री वितरित नहीं कर पाते जिससे इस सामग्री को आकर प्राप्त करने वाले व्यक्ति को काफी हताशा होती है और वह इस कार्य को स्वयं करने का इच्छुक नहीं बना रह पाता।

साक्षरता का वातावरण तैयार करने हेतु विभिन्न इलैक्ट्रोनिक माध्यमों जैसे रेडियो, टी.वी. एवं आधुनिक प्रचार के साधनों फिल्मों, साक्षरता चित्रहार, गीतमाला, वीडियो पर साक्षरता कार्यक्रम इत्यादि समय पर न मिल पाने के कारण साक्षरता प्रचार–प्रसार कार्यक्रम को भारी धक्का पहुँचता है इससे कर्मठ साक्षरताकर्मियों के उत्साह में कमी आती है।

कभी–2 साक्षरता के प्रचार–प्रसार हेतु पोस्टर, चार्ट, अपील, नारे, वाद–विवाद प्रतियोगिताओं का आयोजन साक्षरताकर्मी करते हैं। लेकिन ठीक समय पर इसके लिए पर्याप्त सुविधाओं का अभाव मिलता है जिसके कारण इन कार्यक्रमों के आयोजन का उद्देश्य भंग हो जाता है।

दिल्ली राज्य में साक्षरता अभियान के तहत् कुछ मूलभूत साधनों की अनिवार्यता होनी अत्यंत आवश्यक है जैसे–नवसाक्षरों के पढ़ने हेतु साक्षरता केन्द्र में उचित बैठने की व्यवस्था, हवा, पानी, प्रकाश का उचित प्रबंध, शिक्षण में सहायक सामग्री जैसे कापी, पुस्तकें, स्लेटें, श्यामपट्ट, चाक एवं टाट पट्टी, दरी इत्यादि जिनके अभाव में कोई भी न तो पढ़ सकता है और न ही पढ़ा सकता है।

इस प्रकार विभिन्न संसाधनों की कमी के कारण साक्षरता अभियान को द्रुत गति से चलाना अत्यंत कठिन कार्य सिद्ध हो रहा है। इन कमियों में सुधार लाकर ही इस कार्यक्रम को निर्धारित लक्ष्य तक पहुँचना संभव है।

प्रचार एवं मीडिया के सहयोग की कमी–साक्षरता अभियान के सन्मुख बाधाओं में प्रचार एवं मीडिया भी एक महत्वपूर्ण कारक है। साक्षरता अभियान के लिए विभिन्न संप्रेषण माध्यमों के जरिए बड़े पैमाने पर निरक्षरों को इस कार्यक्रम से जोड़ने की रणनीति बनाई गई हैं। जनता को इस कार्यक्रम में सम्मिलित करने के लिए यद्यपि विभिन्न प्रकार के प्रचार एवं

मीडिया साधनों का सहारा साक्षरता अभियान के तहत् लिया जा रहा है लेकिन इन सब के बावजूद भी लक्ष्य को अभी तक प्राप्त नहीं किया जा सका है। इसमें निम्नलिखित बाधाएं हैं–

इलैक्ट्रोनिक माध्यम–इसके अंतर्गत आने वाले साधन जैसे टी.वी., रेडियो इत्यादि का इतने बड़े पैमाने पर उपयोग अभी तक नहीं किया जा सका है जितना इन माध्यमों का प्रयोग होना चाहिए था।

यद्यपि टी.वी., रेडियो इत्यादि इलैक्ट्रोनिक माध्यम आज के आधुनिक युग में घर–घर तक जा पहुँचे हैं। दिल्ली जो कि देश की राजधानी है वह इन इलैक्ट्रिोनिक साधनों का प्रयोग दिन–प्रतिदिन अपने मंनोरंजन, ज्ञान–वर्द्धन एवं अन्य दैनिक सूचनाओं की प्राप्ति में करती है लेकिन साक्षरता अभियान में इलैक्ट्रोनिक माध्यमों का पूर्ण उपयोग करना अभी तक संभव नहीं हो पाया है इसका कारण इन संचार माध्यमों हेतु साक्षरता अभियान के लिए प्रेरणादायी कार्यक्रमों के निर्माण की कमी होना है। इसके अलावा फिल्में, केवल नैटवर्क, इंटरनैट, कम्प्यूटर, ई–मेल इत्यादि आधुनिक इलैक्ट्रोनिक संचार माध्यमों का प्रयोग 'साईबर सीटी' के रूप में पनप रही आधुनिक दिल्ली में इस कार्यक्रम के तहत् नहीं हो पाया है।

लोक माध्यम–इसके तहत् नाटक, कठपुतली, नृत्य, नुक्कड़ नाटक आदि का प्रयोग भी बहुत बड़े पैमान पर, संपूर्ण दिल्ली में नहीं किया जा सका है। लोक माध्यमों के तहत् अन्य विधाएं जैसे साक्षरता गीत–कव्वाली, नृत्य इत्यादि का नवनूतन प्रयोग भी इस साक्षरता अभियान के अंतर्गत नहीं किया गया है।

प्रकाशन माध्यम–इसके अंतर्गत साक्षरता हेतु प्रेरणादायक पुस्तकें, रंगीन चार्ट, पोस्टर, पर्चे, अपील, नारे इत्यादि का प्रयोग भी बड़े पैमाने पर नहीं किया जा सका है। शिक्षाप्रद, प्रेरणा प्रदायक पुस्तकों जिनमें नवसाक्षरों के अनुभव जो कि साक्षर बनने के बाद उनके निजी जीवन में बदलाव को व्यक्त करते हैं उनकी कमियाँ दृष्टिगोचर होती है।

साक्षरता प्रचार–प्रसार हेतु नवसाक्षरों के लिए नई–नई तरह की प्रतियोगिताओं के आयोजन में काफी कमियां रही हैं जैसे 'तत्काल लेखन', निजी अनुभव पर आधारित सफलता की कहानियाँ, साक्षरता के महत्त्व पर

वाद–विवाद, भाषण पोस्टर, नारे–लेखन, इत्यादि की कमियाँ भी साक्षरता अभियान में देखने को मिली हैं।

आधुनिक युग में 'प्रेस' के तहत् समाचार पत्र जो कि राज्य के निर्माण एवं लोकतंत्र का चौथा स्तंभ माना जाता है उसमें इस कार्यक्रम की उपलब्धियों, कमियों, के बारे में कुछ ज्यादा समाचार प्रकाशित नहीं हो पाये है। राष्ट्रीय स्तर के सभी बड़े समाचार पत्रों में साक्षरता अभियान के प्रति नीरसता का भाव व्याप्त रहा है। इन समाचार पत्रों में साक्षरता संबंधी समाचार बहुत ही कम प्रकाशित होते हैं जिसके कारण आम जनता को इस कार्यक्रम के बारे में कुछ खास जानकारी नहीं मिल पाई है। जैसे इस निःशुल्क कार्यक्रम में कोई भी शिक्षित स्वयंसेवी कार्यकर्त्ता सम्मिलित होकर अपने आस–पास के निरक्षरों को साक्षर बनाकर अपने नैतिक उत्तरदायित्व का निर्वाह कर सकता है। दिल्ली सरकार, भारत सरकार द्वारा इस कार्यक्रम हेतु अथक प्रयास किए जा रहे हैं इसकी जानकारी भी प्रचार–प्रसार माध्यमों द्वारा बहुत कम दी जा रही है। यदि प्रचार–प्रसार के माध्यम, मीडिया इसका सही ढ़ंग से प्रचार–प्रसार करें तो यह कार्यक्रम अत्यंत तीव्र गति से आगे बढ़ सकता है।

साक्षरता के पश्चात् शिक्षा की न्यूनतम–साक्षरता के पश्चात् उत्तर साक्षरता की वर्तमान सुविधाएं अप्रर्याप्त है। प्रेरको को पर्याप्त रूप से अभिप्रेरित नहीं किया जाता। केन्द्र से दूरी, आवागमन के साधनों का अभाव साक्षरता अभियान के सन्मुख मुख्य बाधा है। पुस्तकालयों में पुस्तकें, पत्रिकाएं इत्यादि का पूर्ण उपयोग नहीं हो पाता। ग्रामवासियों तथा प्रेरकों के बीच समन्वय का अभाव होना भी एक बड़ी बाधा है। नवसाक्षरों हेतु साक्षरता के पश्चात् उत्तर साक्षरता अव्यवस्थित है तथा संपूर्ण साक्षरता के लिए विषयवस्तु पूरी तरह तैयार नहीं पाई जाती।

साक्षरता अभियान के समक्ष चुनौतियाँ

– भारत में अभी भी करोड़ों की संख्या में निरक्षर है जो कि अक्षर ज्ञान से दूर जीवन के बहुत से कार्यों में आत्म निर्भर नहीं हैं। इस तादात में निरन्तर बढ़ोतरी होती जा रही है क्योंकि लाखों

लोग दूसरे राज्यों से हर साल यहाँ रोजगार की तलाश में दिल्ली आते हैं जिनमें से अधिकांशतः निरक्षर होते हैं। जिससे यहाँ महत्वपूर्ण संसाधनों जैसे–स्कूल, पुस्तकालय, प्रयोगशाला, आवास एवं अन्य जीवन उपयोगी वस्तुओं की कमी हो जाती है। यह अभियान सभी निरक्षरों को साक्षर बनाकर 'पूर्ण साक्षर दिल्ली' के उद्देश्य को प्राप्त करने में सफल नहीं हो सका।

– कर्मठ साक्षरताकर्मी, वालिंटियर, अनुदेशकों की कमी बनी रही। ग्रामीण क्षेत्रों एवं पुर्नवास बस्तियों में कुछ साक्षरता केन्द्रों के संचालन हेतु शिक्षकों, अनुदेशकों, कार्यकत्ताओं एवं शिक्षण सामग्री इत्यादि की कमी दिखाई दी। इस साक्षरता मिशन को सभी लोगों का विशेषतः शिक्षितजन/स्वयंसेवी कार्यकर्त्ताओं तथा गैर सरकारी/सरकारी स्वयं सेवी संस्थाओं का पूर्णतः सहयोग नहीं मिल पाया। ज्यादातर पढ़े–लिखे पैसे वाले कालिजयट शिक्षित वर्ग के व्यक्ति इस कार्य हेतु जुड़ना नहीं चाहते। वे खेलों और टी.वी. प्रोग्राम्स, फिल्मों आदि में अपना समय गंवाते हैं। साक्षरता कार्य के लिए इनके पास सदैव समय का अभाव रहता हे। इसमें सरकारी विकास ऐजेन्सी जैसे कृषि, विकास, पशु–पालन, स्वास्थ्य व परिवार कल्याण, बैंकिंग, डाक व तार, सरकारी वानिकी इत्यादि के साथ कम संबंध बना रहा है, यह एक जुट होकर कार्य नहीं कर सकीं। स्वयं सेवकों का चयन भी ठीक ढंग से नहीं हो पाया। साक्षरताकर्मियों को प्रर्याप्त प्रशिक्षण नहीं मिल पाया। कई बार कार्यकर्त्ताओं एवं संचालकों में आपसी तालमेल का अभाव मिला। नियमित बैठकों का आयोजन नहीं हुआ।

– बहुत से छोटे–छोटे निरक्षर बच्चे एवं स्त्रियाँ गरीबी के कारण धन कमाने के छोटे–छोटे काम–धंधे में संलिप्त रहकर निरक्षर बनी रहती है। भारत में पुरूषों की तुलना में महिलाओं की निरक्षरता की समस्या और भी गंभीर है। बहुत से अभिभावक विशेषतः लड़कियों, स्त्रियों की शिक्षा को ज्यादा महत्व नहीं

देते। वह इन्हें घर की चार दीवारी में बंद रखना चाहते हैं। सहशिक्षा को यह नैतिक आचरण के विरुद्ध मानते हैं। भारतीय समाज में बाल विवाह की कुरीति के कारण लड़कियों की शिक्षा का स्तर कम बना हुआ है। महिला साक्षरता कर्मियों/स्वयंसेवी कार्यकर्त्ताओं की कमी रही है। समाज में पुरुष प्रधानता के कारण काफी संख्या में महिलाऐं अशिक्षित रही हैं। बहुत से अभिभावक लड़कों के लिए भी शिक्षा को निरर्थक मानते हैं वह शिक्षा को रोजगार उन्मुखी नहीं मानते। इसलिए बच्चों को स्कूल या साक्षरता केन्द्रों में भेजने की जगह पैतृक काम–धन्धा सिखाकर उन्हें पैरों पर खड़ा होना सिखाते हैं।

– साक्षरता अभियान के दौरान पूर्णतः वातावरण का निर्माण नहीं हो पाया। इस कार्यक्रम की लम्बी समयावधि होने से इसमें शिथिलता आई। कहीं–कहीं निरक्षर पढ़ने को तैयार रहे, परन्तु पढ़े–लिखे व्यक्तियों की तरफ से शिकायतें आई कई साक्षरता केन्द्रों में शिक्षण प्रक्रिया का वातावरण प्रेरणादायक नहीं होता। निरक्षरों को साक्षर बनने की प्रेरणा व रूचि में कमी कारण बहुत से नवसाक्षरों को आनन्द प्राप्त नहीं होता अतः वह पढ़ाई छोड़ देते हैं। कई साक्षरता केन्द्रों में मूलभूत सुविधाओं जैसे बैठने की उचित व्यवस्था, शुद्ध पानी, हवा, प्रकाश इत्यादि का उचित प्रबंध नहीं होता। पिछड़ी एवं पुर्नवास बस्तियों में साक्षरता की जगह रोजगारमूलक, धन संबंधी आमदनी बढ़ाने वाले, कृषि, स्वास्थ्य, सफाई इत्यादि जैसे कार्यक्रमों को लोक प्रियता मिलती है इस अभियान में प्रायः इन विषयों की कमी रही। जन जागरूकता उत्पन्न करने एवं वातावरण निर्माण के लिए स्वास्थ्य कार्यशालाओं, निःशुल्क हैल्थकैम्प, स्वास्थ्य जांच शिविर इत्यादि का प्रयोग पूर्णतः नहीं हो पाया।

– इस कार्य हेतु पाठ्यपुस्तकें, पैंसिलें, श्यामपट्ट, कापियाँ, हाजिरी रजिस्टर इत्यादि अनिवार्य शिक्षण सामग्री जो कि निःशुल्क

वितरीत की जाती है, कई बार इनकी कमी देखने में आई। शिक्षण सामग्री भण्डार प्रायः मुख्यालय में होते हैं जो कि विभिन्न मण्डलीय शिक्षा एवं प्रशिक्षण संस्थान होते हैं। कभी–कभी साक्षरताकर्मी शिक्षण सामग्री को लेने हेतु जाते हैं तो उन्हें यह समय पर नहीं मिल पाती जिसके कारण नवसाक्षरों के मन में साक्षर बनने का उत्साह कम अथवा भंग हो जाता रहा है। साक्षरता केन्द्रों में पढ़ाये जाने वाले विषय एवं पुस्तकें सभी निरक्षरों को साक्षर बनाने हेतु आकृष्ट करने में पूर्णतया सफल नहीं हो पाई है। पुनर्वास बस्तियाँ एवं साधनहीन समुदाय के निरक्षरों को इस कार्य से पूर्णतः जोड़ा नहीं जा सका। साक्षरता केन्द्रों से दूरी, आवागमन के साधनों का अभाव, ग्रामबस्तियों एवं निरक्षरों का साक्षरता प्रेरकों के बीच सामंजस्य का अभाव दिखाई दिया।

– इस साक्षरता अभियान में बहुत से प्रौढ़ स्त्री–पुरूष लज्जा व शर्म के कारण संकोचवंश, हीन भावना की वजह से अधिक उम्र में पढ़ना ठीक नहीं समझते। प्रौढ निरक्षरों को अपना ध्यान केन्द्रित करने में कठिनाई का सामना करना पड़ता है। कई साक्षरता केन्द्रों में नामांकित नवसाक्षरों की उपस्थिति औसत से कम पाई गई। प्रौढ़ निरक्षरों की शारीरिक, मानसिक ताकत में अधिक उम्र के कारण कमजोरी आ जाती है जो कि शिक्षण प्रक्रिया में बाधा डालती है। जैसे–कम सुनायी देना, कम दिखाई देना, अंगों में स्थिलता आदि साक्षरता केन्द्रों में प्रौढ़ एवं अन्य नवसाक्षरों के मध्य आयु तथा मानसिक योग्यताओं में भी अंतर होता है। अतः वह नीरसता के कारण पढ़ना उचित नहीं समझते। गरीब तथा पिछड़ी निरक्षरों की बस्तियों के बच्चे एवं व्यक्ति अपने अभाव, गरीबी के करणों को नहीं समझते। वह साक्षरता के महत्व से अनभिज्ञ होने के कारण इस अभियान में सम्मिलित नहीं होते।

निरक्षता उन्मूलन की असफलता के कारण

व्यक्तिगत एवं सामाजिक परिवेश से जुड़े कारण–

- नियमित रोजगार के अभाव में भूमिहीन कृषकों एवं मजदूरों को रोजगार की तलाश में बीच में ही पढ़ाई छोड़ कर गांव के बाहर पलायन करना पड़ता है।
- सामाजिक रीति–रिवाज एवं शादी–विवाह की व्यस्त्ता, विशेषकर आदिवासी क्षेत्रों में सामाजिक अभियान की अवरोधक होती है जहाँ पूरे घर के सदस्य इन अवसरों पर संबंधियों के यहाँ चले जाते हैं जिससे केन्द्र की निममितता में अवरोध होता है।
- अधिकांश निरक्षर परिवार ऐसे है जिनका सारा समय परिवार की न्यूनतम आवश्यकताओं को जुटाने में ही खर्च होता है।
- महिलाओं में साक्षरता का प्रतिशत कम होने के कारण ग्रामीण क्षेत्रों में महिला स्वयं सेवियों का अभाव रहा है। समाज में व्याप्त रूढ़िवाद और पर्दा प्रथा के कारण पुरूष स्वंय सेवकों के केन्द्र में न तो स्वयं महिलाएं जाना चाहती हैं, और न ही उनके परिवार के लोग उन्हें भेजना चाहते हैं।
- लम्बे समय तक राज्य एवं व्यवस्था के प्रति उदासीन रहने के कारण निरक्षरों का एक बड़ा वर्ग साक्षरता की उपयोगिता को महसूस नहीं करता।
- 40 वर्ष के आस–पास के निरक्षरों में दृष्टि दोष आ जाने के कारण पढ़ने में बाधा आ जाती है।
- हमारे समाज में रूढ़िवाद, अंधविश्वास एवं सामाजिक परम्पराएं तथा रीति–रिवाज भी साक्षरता अभियान के अवरोधक हैं।
- सामाजिक व सांस्कृतिक ढांचे में प्रौढ़ शिक्षा का चलन न होने से साक्षरता के लिए सामाजिक दबाव नकारात्मक है।
- अधिक उम्र के निरक्षर कम उम्र के स्वयं सेवकों से पढ़ने में अपमान समझते हैं।
- समाज का अभिजात्य वर्ग जन साधारण की साक्षरता को अपने लिए हितकर नहीं मानता है। अतः ऊपरी तौर पर बात करते

हुए भी मन से साक्षरता की सफलता के लिए प्रयास नहीं करता है।

- आजीविका के लिए दैनिक कार्यों की व्यस्त्ता एवं थकान के कारण निरक्षरों को साक्षरता के उपलब्ध स्त्रोतों के लाभ न उठा पाने की स्थिति में है।

रोजगार परक शिक्षा का अभाव–

आज शिक्षा प्राप्त करने से अधिक कठिन कार्य पढ़–लिख कर रोजगार प्राप्त कर लेना है। यद्यपि सरकार द्वारा अनेक व्यवसाय परक ऋण योजनाएं चलाई जा रही हैं लेकिन पर्याप्त जानकारी, व भ्रष्टाचार के कारण युवक–युवतियों को उसका पूर्ण लाभ नहीं मिल पा रहा है। कितने ही पढ़े–लिखे ग्रेजवेट युवक रिक्शा–चलाते, ठेला चलाते, मजदूरी करते देखे जा सकते हैं। इसीलिए माता पिता को यह भय रहता है कि यदि धन शिक्षा में व्यय कर दिया गया और नौकरी भी नहीं लगी तो व्यवसाय के लिए धन कहां से आएगा।

पुश्तैनी धन्धों के डूबने का डर–

माता–पिता को यह डर है कि यदि बालक पढ़–लिख गए तो नौकरी के मिलने पर पुश्तैनी धंधा छोड़कर शहर या कस्बे में बस जाएंगे या तो उन्हें अपना पैतृक स्थान छोड़कर नौकरी के लिए दूसरी जगह जाना पड़ेगा। जिसके फलस्वरूप जब उन्हें पुश्तैनी धंधा संभालने के लिए किसी सहारे की जरूरत होगी तो उनका अपना सहारा कहीं दूर होगा।

ड्राप आऊट समस्या–

- साक्षरता अभियान के प्रबंधकीय, प्रशासकीय एवं परियोजना के विभिन्न पक्षों से संबंधित कमियां एवं त्रुटियां जिनके कारण निरक्षर ड्राप आऊट होते हैं।
- निरक्षरों के व्यक्तिगत एवं सामाजिक परिवेश से संबंधित कारक।

प्रबंधकीय, प्रशासकीय व क्रियान्वयन से संबंधित त्रुटियाँ–

- साक्षरता हेतु वातावरण की निरंतरता बनाए रखने का अभाव।

– साक्षरता संबंद्ध व प्रशासकीय ढांचे में व्याप्त भ्रष्टाचार भी इस प्रक्रिया में अवरोधक है। यहां तक कि निरक्षरों को दी जाने वाली अध्ययन सामग्री तक को बेच दिया जाता है।
– पूर्णकालिक अमले का चयन गम्भीरता पूर्वक व सावधानी से न होना भी साक्षरता अभियान में अवरोधक है।
– केन्द्रों पर स्वयं सेवकों व निरक्षरों में मैचिंग–बैचिंग में सहमति न लेना।
– सदृढ़ मानीटरिंग (अनुश्रवण) तंत्र का अभाव–ड्राप आऊट हुए निरक्षरों को मुख्य धारा में लाने का प्रयास न कर पाना।
– साक्षरता हेतु ग्राम से लेकर जिले तक त्रिस्तरीय ढांचे में आपसी तालमेल का अभाव। प्रायः यह देखने में आया कि वित्त उप–समिति को छोड़कर अधिकांश समितियां नाम मात्र की सक्रिय हैं। साक्षरता अभियान में वरिष्ठ प्रशासनिक अधिकारियों का तो सहयोग प्राप्त होता है किंतु मैदानी स्तर पर क्षेत्रीय कर्मचारियों का सहयोग नगण्य है।
– समय पर साक्षरता संबंधी सामग्री केन्द्र पर उपलब्ध न हो पाना।
– लोगों को अभियान से जोड़ने के लिए कई असंगत या खोखले प्रलोभन दिए जाते हैं जिनकी सम्पूर्ति न होने के कारण स्वयं सेवकों ने केन्द्र लगाना बंद कर दिया।
– विशेष प्रशिक्षण व्यवस्था व प्रणाली का अभाव।

जागरूकता की कमी–

व्यक्ति साक्षरता को भार या अनावश्यक न मानकर इसे उपयोगी, उत्पादक या प्रगति को जोड़ते हुए इसके लाभों से परिचित कराना होगा। व्यक्ति की प्रगति के साथ शिक्षा को जोड़ना होगा। साक्षरता के प्रति समाज में स्वयं उत्साह का संचार हो। इन योजनाओं का पूरा परिणाम न मिल पाने का कारण बहुत कुछ भ्रष्टाचार भी हैं। प्रौढ़ शिक्षा या अनौपचारिक शिक्षा जैसी परियोजनाओं की पूर्णतया सफलता न हो पाने के कारण

समाज में जागरूकता की कमी होना है। साक्षरता की दर बढ़ाने के लिए समाज की सोच बदलने और जागरूकता लाने के लिए करना होगा।

भावात्मक रूप से अलगाव–

नौकरी के कारण माता–पिता व बेटे–बेटियों में कुछ दूरियां बढ़ जाती हैं कभी–कभी वे पारिवारिक समस्याओं को दूर करने से जी चुराते देखे जाते हैं। माँ बाप सोचते है कि बेटा–बेटी पढ़ते–लिखने के बाद छोटे भाई–बहन को पढ़ाएगे या उनकी देखभाल करेंगे। लेकिन उनका यह सपना सच नहीं हो पाता और कभी–कभी वह पढ़ाई के लिए ऋण के कारण पूंजी या खेत अथवा मकान आदि भी गंवा बैठते हैं।

सुविधाओं का अभाव–

अशिक्षा के कारण ही ग्रामीण कृषि व्यवसाय से जुड़े परिवारों की यह धारणा बन गई है कि परिवार बड़ा होना चाहिए ताकि खेती के कामकाज को सहुलियत हो सकें। यह बात भी महत्वपूर्ण हैं कि गांव के लोग अपने बच्चों को उचित शिक्षा नही दिला पाते। कारण चाहे उनकी गरीबी का ही, आस–पास स्कूलों का अभाव, परिस्थितियों का होना या सरकार की उपेक्षाओं का शिकार होना हो। आज भी कई गांव ऐसे देखने को मिलेंगे, जहां आवागमन का समुचित प्रबंध नहीं है, प्राथमिक विद्यालय नहीं है। बिजली की व्यवस्था नहीं है, शुद्ध पेय जल उपलब्ध नहीं है। भला ऐसी विषम परिस्थिति एवं विवशता में एक माता–पिता से कैसे कोई अपेक्षा कर सकता है कि वे बच्चों की अच्छी शिक्षा उपलब्ध कराएगें। निरक्षरता के चलते ही आज के गाँव में किसान और मजदूर वर्ग के लोग यह मानते हैं कि उनके यहाँ जितनी ज्यादा संताने होगी उतना ही परिवार आर्थिक, सामाजिक, शारीरिक रूप से मजबूत होगा। बच्चे काम में हाथ बटाएंगे और अंत में उन्हें काफी सुख मिलेगा। प्रारंभ से ही भारत एक कृषि प्रधान देश रहा है और आज भी अधिकार गाँवों में किसान खेती की पुरानी प्रणाली एवं उपकरणों का प्रयोग करते हैं। इस कार्य में ज्यादा लोगों की आवश्यकता होती है। उन्हें आधुनिकतम तकनीकें उपलब्ध नहीं कराने एवं इनके प्रयोग के प्रति जागरूकता के अभाव के लिए हमारी सरकार काफी हद तक जिम्मेदार है।

माता-पिता का अशिक्षित होना–

अनेक बार धन की कमी माता पिता का आलसी होना; माँ द्वारा पुत्री से घर–गृहस्थी के कार्य करवाना पिता द्वारा खेती या अन्य व्यवसाय संबंधी कार्य करवाना बाजार से समान मंगवाना इस कार्य में होने वाली रुकावटें हैं। निरक्षर माता–पिता न तो शिक्षा का महत्व समझते हैं, न ही शिक्षा से प्राप्त होने वाली उपलब्धियों का ज्ञान उन्हें होता है। कभी–कभी वह शिक्षा प्राप्ति में आने वाली समस्याओं से भी घबराते हैं।

7

साक्षरता अभियान की सफलता हेतु उपाय

भारत में राष्ट्रीय साक्षरता मिशन ने इस निरक्षरता को समाप्त करने के लिए प्राथमिक शिक्षा व प्रौढ़ शिक्षा कार्यक्रम में सक्रिय योगदान दिया है। संयुक्त राष्ट्र संघ की संस्था यूनेस्को ने साक्षरता के विकास के लिए अनेक कार्य किए है, जैसे प्रौढ़ साक्षरता का कार्यक्रम शुरू करना, प्राथमिक शिक्षा का सर्वजनीकरण/सर्वव्यापीकरण आदि। इस मिशन में करोड़ो निरक्षर प्रौढ़ो, विशेषकर महिलाओं को, जिन्हें परम्परागत रूप से ही शिक्षा से ही वंचित रखा गया है बुनियादी साक्षरता कौशल प्रदान करने की दिशा में महत्वपूर्ण प्रगति की है। निरक्षरता की समस्या से उबरने के लिए राष्ट्रीय एवं अन्तर्राष्ट्रीय स्तर पर विभिन्न संगठन कार्य कर रहे हैं। इन सबमें निम्नलिखित प्रयास उल्लेखनीय हैं–

1. इनसेट व उपग्रहों के माध्यम से कार्यक्रम प्रसारित किए जा रहे हैं।
2. रात्री विद्यालय और पुस्तकालय बड़ी संख्या में खोले जा रहे हैं।
3. 'प्रत्येक पढाँए एक', 'सबको शिक्षा' जैसे कार्यक्रमों द्वारा सक्रिय योगदान दिया जाता है।
4. रेडियो और दूररर्शन द्वारा विभिन्न कार्यक्रमों का प्रसारण किया जा रहा है।

5. नाट्य मडल नुक्कड़ नाटक, नौटंकी आदि द्वारा भी साक्षरता के महत्व का प्रचार–प्रसार किया जा रहा है।
6. विभिन्न संस्थाएं एवं स्वयं सेवी संगठन कार्य कर रहे हैं।
7. जनपद, तहसील, ग्राम आदि विभिन्न स्तरों समितियों का निर्माण कर प्रशिक्षण कार्यक्रम चलाए जाते हैं।
8. नारों और सूक्तियों के द्वारा जन मानस में चेतना लाई जा रही है।

सुझाव–

1. नारों, सुक्तियों, कविताओं, गानों, रैलियों, पोस्टरों के माध्यम से समाज में जन–जागृति लाना।
2. नाटक, नौटंकी तथा अन्य कला प्रदर्शनियों आदि के द्वारा अनपढ़ लोगों में शिक्षा के प्रति रूझान उत्पन्न करना।
3. साक्षरता की जागृति लाने से सम्बन्धित विभिन्न फिल्में, टेलीफिल्में, सीरियल आदि बनाकर गांवों और निरक्षर जनता वाले क्षेत्रों में उनका प्रदर्शन कर लोगों में पढ़ने के प्रति रूचि उत्पन्न करना।
4. विभिन्न समाज सेवी संगठनों जैसे एन.सी.सी एवं एन.एस.एस. को छात्रों द्वारा अनपढ़ों को पढ़वाकर।
5. निरक्षरों के बीच जाकर उन्हें निरक्षरता हेतु होने वाली हानियों तथा साक्षरता से होने वाले लाभ के बारे में बताकर पढ़ाने हेतु प्रेरित करना।
6. लोगों की साक्षरता कार्यक्रमों में भाग लेने के लिए प्रेरित करना।
7. व्यापक प्रचार–प्रसार, सम्मेलन, ग्रेष्ठियों, जत्थों, चर्चा मण्डलों द्वारा।

साक्षरता अभियान में शिक्षकों की भूमिका

कई बार ऐसी धारणा बनी है कि इस अभियान में शिक्षकों को मजबूरन कार्य करना पड़ता है। लेकिन यह सच है कि इस अभियान में जबरदस्ती या अंकुश का कोई स्थान नहीं है। शिक्षा विभाग का यह मानना

है कि शिक्षकों की भागीदारी एवं प्रेरणा से एवं स्वयं नियन्त्रण से ही सम्भव है। इन गुणों की उपलब्धता शिक्षा वर्ग की भागीदारी वांछनीय है, लेकिन साक्षरता में शिक्षकों की महत्वपूर्ण भागीदारी होनी चाहिए साक्षरता अभियान के अर्न्तगत सूचनाएँ उपलब्ध कराने एवं उसे संचालित करने में प्रमुख भूमिका शिक्षकों की रही है।

शिक्षक और छात्र निरक्षरता निवारण के बुनियादी कार्य का हाथ में लेकर अपने समाज को साक्षर बनाकर उन्हें प्रतिष्ठित कर शोषण से मुक्त करवा सकते हैं। साक्षर और निरक्षर के संबंध में भारत में विसंगति व्याप्त है, कि जो निरक्षर है, वे तो जीवन के मूल्यों के प्रति भी सजग है। उनमें मानवीयता है, संवेदना है तथा वह मानव को मानव के रूप में समझते हैं। साक्षर व्यक्ति जीवन मूल्यों से बहुत दूर चला गया तथा स्वयं तक सीमित हो गया है। यह साक्षर व्यक्ति अक्षर की शक्ति का दुरूपयोग कर रहा है जबकि साक्षरता अभियान में दोनों स्तरों पर कार्य होना चाहिए। निरक्षरों को अक्षर ज्ञान देने के साथ–साथ साक्षरों को भी मानव मूल्यों का ज्ञान कराना होगा।

यदि साक्षरता अभियान में शिक्षक, छात्र, पढ़ा–प्रत्येक संवेदनशील परम्परागत शिक्षा के संदर्भों को सोच के साथ जोड़ते हैं, तो वह निश्चित रूप से इन अभियानों में एक रचनात्मक योगदान दे सकेंगे। यदि हम केवल इस भरोसे बैठे रहे कि सरकार द्वारा यह अभियान चलाया जा रहा है। इसमें केवल सरकार की जिम्मेवारी बनती है कि वह हमारे बीच के निरक्षर लोगों को साक्षर बनाए तो हमारे परस्पर सहयोग के बिना यह अभियान मझधार में रह जाएगा।

साक्षरता अभियान को पूर्णतया करने की दृष्टि से शिक्षकों का महत्वपूर्ण दायित्व यह भी उभर कर सामने आता है कि भावी पीढ़ी निरक्षर रहकर 15–35 आयु वर्ग में प्रवेश न करें। इस कार्य के लिए शिक्षक को अपनी भूमिका विद्यालय भवन की चार दीवारी के सीमित दायरें से बाहर निकलकर अपने क्षेत्र के सभी बालक–बालिकाओं को विद्यालय में लाने के लिए परिवर्तित करनी होगी, तभी आज के बच्चे कल के निरक्षर व्यस्क नहीं बन सकेंगे। इस कार्य हेतु उस क्षेत्र की प्रगति की जिम्मेवारी जिन शिक्षक

बंधुओं की है वे इस बारे में स्थानीय जन प्रतिनिधियों एवं सामान्य जन को अधिक इस प्रगति से अवगत कराते रहें ताकि परस्पर अधिक विश्वास की भावना पैदा हो सके। इसके द्वारा कई प्रकार के शंकाओं को उत्पन्न होने से रोकने में सहायता मिलेगी। यह भी सत्य है कि जहाँ भी अध्यापकों को अनिवार्यता के साथ भूमिका में लगाया गया है, वहां इसके वांछित परिणाम नहीं मिले हैं। इसके चलते शिक्षकों एवं अन्य वर्गों के बीच दूरी कायम हुई है। जहाँ अनिवार्यता अभियान के लिए नकारात्मक प्रभाव छालती है, वहीं स्वः प्रेरणा का अभाव शिक्षकों की सकारात्मक भूमिका पर समाज को प्रश्न चिन्ह लगाने के लिए तत्पर करेगा। इस प्रकार का कोई प्रश्न चिन्ह न लगे, यही सबकी विशेषकर शिक्षा विभाग की कामना है।

कार्यात्मक ज्ञान इस अभियान का एक आवश्यक अंग है। कार्यात्ककता को केवल छन्दों में नहीं जोड़ा जाना चाहिए। कार्यात्मकता में लोक व्यवहार भी सम्मिलित है। यदि शिक्षक एवं छात्र जीवन में स्वयं इसका आदर्श प्रस्तुत करें तो वे इसे स्थगित कर सकते हैं। इसका एक उदाहरण है गिनी बिसाऊ (अफ्रीका) के एक शिक्षक पाऊलों फेरे ने साक्षरता को कार्यात्मकता से जोड़ कर इस देश को साक्षर बनाने में महत्त्वपूर्ण भूमिका निभाई है। साक्षरता का यह अभियान आकड़ों तक सीमित न रहे। इसके व्यवहारिक पक्ष की ओर विशेष ध्यान दिए जाने की आवश्यकता है।

प्रजातांत्रिक प्रणाली में शिक्षित तथा जागरूक नागरिक ही समाज तथा देश के विकास में सक्रिय भूमिका निभा सकता है। वस्तुतः प्रजातांत्रिक समाज में रहने वाले प्रत्येक व्यक्ति में यह क्षमता होनी चाहिए कि वह सही समय में सही निर्णय ले सकें। भारत में जन साधारण व्यक्ति साधारण पुस्तकें पठ्य सामग्री खरीदने में असमर्थ है। यदि नव साक्षरों को पढ़ाने के लिए ग्रंथ उपलब्ध नहीं कराए गए तो वह उनके साक्षर बनने से कोई भी लाभ प्राप्त नहीं होगा और वह पुनः निरक्षरों की श्रेणी में लौट आएगा। अतः यदि हमें देश का सर्वोत्तमुखी प्रतिभा का विकास करना है तो शैक्षिक, सांस्कृतिक, औद्यौगिक तथा राजनैतिक जागरण के लिए सक्रिय प्रयास करना आवश्यक है। अतः किसी भी राष्ट्र देश, प्रान्त एवं प्रदेश के सर्वागीण विकास के लिए शिक्षकों का विशेष महत्व है।

दूरदर्शन के माध्यम से साक्षरता का प्रचार-प्रसार

जिस प्रकार छोटा बालक खेलते–कुदते हुए बहुत कुछ सीखता है, जितना वह देखकर अनुभव करके सीखता है, उतना वह बता पाने पर नहीं सीख पाता। इसी प्रकार अशिक्षित व्यक्ति को भी यदि सीधे पढ़ाना आरम्भ कर दिया जाए तो वह उतनी रूचि नहीं लेगा, लेकिन तस्वीरों को देखकर मनोरंजन करते हुए ही दूरदर्शन से अनायास ही वह ज्ञान प्राप्त कर लेता है। कृषि संबंधी विभिन्न समस्याओं का समाधान भी दूरदर्शन द्वारा किया जा सकता है। किसानों को भी इससे विशेष जानकारी प्रदान की जाती है ताकि वह कृषि उपकरणों, तकनीकों, खाद और बीजों का प्रयोग कर सके। आजकल दूरदर्शन पर उच्च शिक्षा के कार्यक्रम भी दिखाए जा रहे हैं जिससे अन्य विद्यार्थियों को आशातीत लाभ पहुंचा है, यह सर्व सुलभ है बिना किसी कठिनाई से दूररर्शन शिक्षा व ज्ञान के क्षेत्र में अपनी महत्वपूर्ण भूमिका निभा सकता है। इसलिए सरकार को दूरदर्शन को और सशक्त माध्यम के रूप में प्रस्तुत करना चाहिए। क्योंकि एक ही समय में जितने विशाल स्तर पर दूरदर्शन के माध्यम से लोगों को जानकारी दी जा सकती, उतनी सुलता अन्य किसी भी माध्यम के द्वारा नहीं है। प्रत्येक अक्षर के साथ कुछ न कुछ नवीन व रोचक प्रसंग होता है जिससे हर वर्ग का व्यक्ति नया सीखने की उत्सुकता दिखाता है। निःसन्देह दूरदर्शन ने भारतीय जन–मानस को साक्षर करने में महत्वपूर्ण भूमिका निभाई है और आगे भी इस के प्रसार को बढ़ाने की आवश्यकता है। निरक्षरता को दूर करने में दूरदर्शन की भूमिका सर्वोपरि है।

लेखकों तथा कवियों की भूमिका महत्त्पूर्ण

संसार से अज्ञानता के अंधेरे को दूर रखने का कार्य कवियों ने आज तक बखूबी निभाया है और आगे निकट भविष्य में भी असंख्य भारतवासियों की नजरें, उनका सहयोग पाने के लिए उनकी ओर उठी रहेगी। उनकी सशक्त लेखनी का सबल पाकर लाखों निरक्षर और अबोध जन शिक्षा रूपी मशाल के निकट आने में सक्षम हो जाएंगे और एक दीपक दूसरे को प्रज्जवल्लित करता जाएगा तथा क्षणों में ही व्याप्त अज्ञानता के बादल छूट जाएंगे एवं ज्ञान की वर्षा होने लगेगी। जिस प्रकार स्वतंत्रता प्राप्ति संघर्ष

में लेखक और कवियों ने कलम से तलवार का काम लिया था वैसे ही प्रयास आज निरक्षरता रूपी दानव से मुक्ति पाने हेतु किए जाए समाज में हर वर्ग को शिक्षित करने के लिए एवं प्रेरित करने क लिए लेखकों की कलम महत्वपूर्ण भूमिका निभा सकती है। इन लेखों और कविताओं के माध्यम से जनमानस में चेतना और उत्साह भरा हो सकता है। जोश से पूर्ण इन कविताओं को सुनकर भारतवासी अपने आपको पहुंचाने और साक्षर होने को प्रेरित हो जाए।

स्वयं सेवी संस्थाओं से सहायता

देश में अनेक स्वयं सेवी संस्थाएँ कार्य कर रही हैं ऐसी संस्थाओं को चाहिए कि किसी गांव या नगर की किसी स्लम बस्ती को गोद लेकर साक्षरता अभियान को सफल बनाए।

नुक्कड़, नाटकों का प्रचार एक अन्य माध्यम

प्रत्यक्ष नाटक को देखकर और उसके परिणामों को देखकर दर्शक सचेत हो जाता है और जीवन को सच्चाई को इतने करीब से देखकर अपने जीवन की दिशा को बदलने का प्रयास करता है। सार्वजनिक स्थानों पर इसका प्रभाव विशेष रूप से अनुकूल होता है, कहीं भी बाजार में, घरों या मोहल्लों के आस–पास, बाग–बगीचे के नजदीक नुक्कड़ नाटक मण्डली अपना ध्यान लोगों की ओर आकर्षित करती है और राहगीरों को रूकने पर मजबूर कर देती है। जिन स्थानों पर दूरदर्शन के द्वारा शिक्षा का प्रसार नहीं हो सकता वहाँ नुक्कड़ नाटकों की भूमिका शुरू होती है। हाल ही में विभिन्न समाज सेवी संस्था इस ओर तेज कदम उठा रही है।

सरकार को केवल इन नाटकों को प्रोत्साहित करने की आवश्यकता है और इनका आयोजन करने वाली संस्थाओं को उचित सुविधा देना सरकार का कर्तव्य है। इन नाटकों को थोड़ी सी और मेहनत के द्वारा सुलझा हुआ रूप दिया जा सकता है। तथा इन्हें समाज सेवी संस्थाओं से जोड़ने पर और भी अधिक लाभ होने की सम्भावना स्पष्ट दिखाई देती है। स्वास्थ्य संबेधी जानकारीः एड्स जैसे भयानक रोग की जानकारी के लिए नुक्कड़ नाटकों का आयोजन होता है। इसी प्रकार शिक्षा संबंधी जानकारी

देने के लिए नुक्कड़ नाटक विशेष रूप से कारगर हो सकते है। अशिक्षा के कारण होने वाली कठिनाईयों को दर्शाकर उनके परिणामों को दिखाकर लोगो को शिक्षा ग्रहण करने के लिए प्रेरित किया जा सकता है। इन नाटकों पर कोई विशेष व्यय भी नहीं होता है और न ही किसी विशेष प्रकार के आयोजन की आवश्यकता होती है।

सेवा निवृत लोगों का सहयोग

सेवानिवृत पैंशन भोगी लोग भी इस कार्यक्रम में सहयोग कर सकते हैं। बशर्ते वह दुबारा नौकरी न कर रहा हो।

राजनैतिक दलों की भूमिका

देश के सभी राजनैतिक दलों का साक्षरता अभियान को सफल बनाने में सहायता करनी चाहिए। यही नहीं, उन्हें अपने चुनाव घोषणा पत्रों में भी इसका स्पष्ट उल्लेख करना चाहिए।

यदि अशिक्षा रूपी दानव पर विजय पानी है तो दूरदर्शन और प्रौढ़ शिक्षा केन्द्र इसमें महत्वपूर्ण भूमिका निभा रहे हैं। उनके कार्यक्रमों में समय–समय पर बदलाव करके एवं उन्हें मनोरंजक बनाकर अधिक से अधिक लोगों को अपनी ओर आकृष्ट किया जाना चाहिए। विशेष रूप से महिलाओं को इस अनुष्ठान में शामिल किया जाए ताकि शिक्षित नारी पूरे परिवार की शिक्षा। यदि एक तरफ वैज्ञानिक अधिक फसल उगाने में सफल हो जाते हैं तो दूसरी तरफ अज्ञानता के कारण निरन्तर बढ़ रही जन संख्या के द्वारा उसके सारे प्रयास विफल हो जाते हैं। इसलिए जितनी आवश्यकता आज वैज्ञानिक उन्नति की है, उतनी ही जन मानस में चेतना का संचारन करके उन्हें साक्षर बनाने की है। इस महत्वपूर्ण अनुष्ठान में समाज के प्रत्येक वर्ग को आहुति देने की योगदान देने की आवश्यकता है। यदि हम सम्पूर्ण समाज को शिक्षित करना चाहते हैं, तो हर वर्ग, हर आयु के जन मानस को साक्षर बनाने के लिए दृढ़ संकल्प लेना होगा।

विभिन्न धार्मिक पुस्तकों का सरल भाषा में अनुवाद करके उन्हें अशिक्षित जन–मानस तक पहुंचाया जाए। स्वयं सेवी संस्थाओं और

संगठनों को सरकार का पूरा सहयोग मिले। उचित पुरस्कार दिए जाए जिससे अन्य लोग भी इस क्षेत्र में अपनी सुविधाएं प्रस्तुत करने का प्रोत्साहित हो सकें। मातृभाषा में सरल भाषा का प्रयोग करके, सरल शब्दावली में शिक्षा प्रद कहानी साहित्य का निर्माण किया जाए। ताकि प्रारम्भिक शिक्षा को प्राप्त करने वाले मनोरंजन के साथ–साथ शिक्षा भी ग्रहण कर सकें।

समाज में आधे–अधूरे लोगों का शिक्षित होना, उसकी उन्नति में बाधा डालता है। जितनी ही उसकी प्रगति होती है, शिक्षा के अभाव में उसके साथ वह पिछड़ कर भी रह जाता है। भारत में जहाँ एक ओर एक मनुष्य चाँद पर जा पहुँचा है और दूसरा निरक्षर व्यक्ति घर की दहलीज पार नहीं कर पाता। इस स्थिति को समझने और सामझाने की आवश्यकता है। उसके कारणों पर यदि हम प्रकाश डालेंगे तो अशिक्षा को आगे पाएंगे। समाज में इस प्रकार की चेतना जागृत करने की अत्यन्त आवश्यकता है। सामान्य जन तो शिक्षा के लाभों से परिचित करवाकर उन्हें साक्षर बनाना प्रत्येक भारतवासी का कर्त्तव्य है। यदि समाज में सभी दिशाओं में साक्षरता का प्रचार–प्रसार करना है। तो उसके लिए विशेष रूप से योजनाबद्ध होना पड़ेगा। प्रत्येक वर्ग एवं आयु के मनुष्य को धैर्य और संयम से प्रेरित करना होगा तभी हम एक ज्ञानवान समूह का संगठन कर सकेंगे। निःसन्देह शिक्षा मनुष्य में सद्‌गुणों का अर्विभाव करती है। अशिक्षित व्यक्ति पशु तुल्य है। इस महत्वपुर्ण कार्य में राजनैतिक दल अमूल्य योगदान प्रदान कर सकते हैं।

ग्राम पंचायतों का उत्तरदायित्व

बेरोजगार शिक्षित युवाओं के इस काम में लगाए तथा उन्हें इन्हीं योजनाओं के अर्न्तगत मिलने वाली अनुदान राशि में से उनका वेतन दें। यदि आवश्यकता पड़े, तो गांव वासियों से कर के रूप में आर्थिक सहायता प्राप्त कर लें। ग्राम पंचायतों को चाहिए कि वे जवाहर योजना तथा अन्य मदों से मिलने वाली अनुदान राशि में से कुछ धन साक्षरता के प्रचार–प्रसार में लगाये।

छात्रों के माध्यम से शिक्षा का प्रसार

ऐसी विभिन्न संस्थाओं और संगठनों की एक प्रतियोगिता का भी आयोजन करना चाहिए ताकि प्रतिस्पर्धी के कारण प्रत्येक संगठन अधिक से अधिक लोगों को साक्षर बना सकें एवं सामान्य जानकारी का प्रसार करें, तथा जीवन के उच्च स्तर की ओर उनका मार्ग दर्शन करें। इससे काफी हद तक निरक्षरता के अभिशाप से मुक्ति पाई जा सकती है। सरकार को छात्रों के संगठनों को शिक्षा का प्रचार–प्रसार करने के लिए प्रेरित करना चाहिए ताकि वे अपने खाली समय में अवकाश के दौरान, योजनाबद्ध तरीकों से गरीब लोगों की बस्तियों में जाकर और उन्हें शिक्षा के लाभों से अवगत कराए एवं शिक्षा ग्रहण के लिए प्रोत्साहित करें, विशेष रूप से महिलाओं को, स्वास्थ्य संबंधी जानकारी भी अवश्य दे, तथा निरक्षर बालकों की शिक्षा पर भी बल दें।

अध्यापकों एवं छात्रों का सहयोग

ग्रीष्म अवकाश में अध्यापक एवं छत्र अपने पास–पड़ौस में रहने वाले अनपढ़ मजदूरों तथा अशिक्षितों को पढ़ा सकते हैं। सबके लिए साक्षरता अभियान को सफल बनाने के लिए छात्रों और अध्यापकों की भूमिका महत्वपूर्ण हो सकती है।

सरकारी प्रयास

जन–जन तक शिक्षा का प्रकाश पहुंचाने के लिए आंगन वाड़ी, प्रौढ़ शिक्षा योजना, सबके लिए शिक्षा योजना, झुग्गी झोपड़ियों के मजदूरों के लिए योजना तथा अन्य कार्यक्रम बनाए जाने चाहिए तथा इन कार्यक्रमों को सफल बनाने के लिए केन्द्र राज्य सरकारों को धन उपलब्ध कराए। अपने देश के सभी लोगों को साक्षर तथा शिक्षित बनाने के लिए तथा अपने देश से अज्ञान एवं अंधकार को मिटा कर उज्जवल प्रकाश फैलाने के लिए सरकार को कठोर प्रयास करना चाहिए।

संयुक्त राष्ट्र की भूमिका

सम्पूर्ण मानव जाति को साक्षर बनाने के लिए साक्षरता अभियान के अंर्तगत संयुक्त राष्ट्र संघ को चाहिए कि वह निर्धन एवं पिछड़े देशों को

अनुदान के रूप में आर्थिक सहायता तथा मार्ग दर्शन प्रदान करें। इस कार्य में संयुक्त राष्ट्र संघ की महत्वपूर्ण भूमिका हो सकती है।

सम्पूर्ण साक्षरता अभियान का ढाँचा व्यवहारिक पक्ष पर आधारित है तथा इसके मुख्य लक्षण निम्नलिखित हैं–

1. सफलता अभियान, क्षेत्रवार, जन भागीदारी के साथ स्वयं सेवी भावना से चलाया जाने वाला परिणामोन्मुख, समयबद्ध क्रिया कलाप है। जिसमें लक्ष्य प्राप्ति तक सभी घटक कार्य करते हैं।
2. सम्पूर्ण साक्षरता कार्यक्रम नहीं अभियान है। जिस का अर्थ है लक्ष्य पर सभी को सहमति, चाहे वे किसी भी समाज, जाति, धर्म, लिंग, शिक्षा व्यवसाय एवं किसी भी आयु वर्ग के हों
3. अभियान हर वर्ग के स्वैच्छिक सहयोग से चलाया जाता है। इससे जुड़ा व्यक्ति, एक जूट होकर लक्ष्य प्राप्ति हेतु दृढ़ संकल्पित होता है।
4. अभियान में लक्ष्य प्राप्ति हेतु समयबद्ध व चरणबद्ध कार्यक्रम होते हैं।
5. शासकीय, अशासकीय, स्वयं सेवी तंत्र को एक जूट होकर कार्य करते हैं।
6. इसमें जनभागीदारी का प्रमुखता दी जाती है। तथा इससे सम्बन्धित सभी लोगों में उत्साह एवं प्रतिब्रद्धता होती है।
7. कागज में लिखा है तो सच होगा की मान्य कहावत साक्षरता के महत्व का स्पष्ट करती है।

साक्षरता अभियान के व्यवहारिक मुख्य लक्षण

1. दैनिक जीवन में किए जा रहे कार्यो की दक्षताओं को विकसित करने का प्रसास साक्षरता में सम्मिलित है।
2. स्पष्ट लक्ष्य, चरण बद्ध अभिप्रण, प्रशिक्षण और शिक्षण की व्यवस्था करना।
3. लक्ष्य है शत प्रतिशत बच्चे पाठशाला जाए। 15–35 आयु वर्ग के समस्त निरक्षरों को साक्षर बनाना।

4. सामाजिक जागरूकता का अर्थ जानना, समझना, वैयक्तिक, सामुदायिक एवं समाज को प्रभाषित करने वाले मुद्दों पर सोच विकसित करना।
5. सीखने के लिए वातावरण का निर्माण एवं साक्षरता की मांग बढ़ाना।
6. अपने अधिकारों एवं कर्त्तव्यों के प्रति जागरूकता, अपने बदहाली के कारणों को समझने एवं उनसे मुक्ति के लिए प्रयास करना।
7. स्थानीय उपलब्ध संसाधनों का एकत्रीकरण एवं प्रयोग।
8. सभी को (शासकीय, अशासकीय, स्वयं सेवी संस्थए, जन प्रतिनिधि) सामूहिक शक्ति से कार्य करना।
9. संशयवाद को आशावाद में बदलने का दृढ़ संकल्प।
10. सभी के प्रत्यक्ष, अप्रत्यक्ष सहयोग से समाज की सक्रिय भागीदारी बढ़ाना।
11. दक्ष प्रबंधन, सूचना व्यवस्था, निरीक्षण व मूल्यांकन की व्यवस्था करना।
12. राष्ट्रीय एकता, पर्यावरण जिसमें जन, जंगल, जमीन, जीव, जल के संरक्षण की पंचमुखी क्रान्ती, महिला–पुरूष समानता, छोटा परिवार, राजनैतिक, सामाजिक, आर्थिक, सांस्कृतिक मूल्यों के संदेश पहुँचाना, समझना एवं प्रेरित करना।
13. साक्षरता का अर्थ पढ़ने–लिखने व समझने की दक्षता का प्राप्त करना।
14. साक्षरता की परिधि में अक्षर ज्ञान, अंक ज्ञान के साथ कार्यात्मक एवं जागरूकता, तीनों सम्मिलित है।
15. सामूहिक क्रिया शीलता क साथ लोक आधारित जन अभियान को बढ़ावा देना।
16. सीखने सिखाने की नई पद्धति आई.पी.सी.एल द्वारा शिक्षण कार्य।
17. ज्यादा से ज्यादा पढ़ने वाले तैयार करना ताकि निरन्तरता बनी रहे।
18. अत्यधिक प्रतिबद्धता एवं उत्पादकता।

साक्षरता अभियान की सफलता के लिए ढांचागत सुझाव

साक्षरता अभियान की सफलता के लिए ढांचा गत स्तर पर कुछ व्यवहारिक सुझाव है।

1. नव साक्षर साहित्य निर्माण की चुनौति ली जानी चाहिए।
2. स्वयं सेवकों एवं निरक्षरों का उत्साह एवं अभिप्रेरण बनाए रखने हेतु सतत् रूप से प्रेरणा–दायी कार्यक्रम का संचालन।
3. अनुदेशकों के समान की अवहेलना पर अंकुश रखना।
4. स्कूली बच्चों के माध्यम से साक्षरता का काम किया जाए।
5. सूचना केन्द्रों की स्थापना जहाँ व्यक्ति को अपनी आवश्यकता–नुसार विकास कार्यक्रमों तथा साक्षरता अभियान विषयक जानकारी मिल सकें।
6. लोगों से जोड़ने वाले रूचिकर विषयों का अभाव समाप्त हो।
7. निरक्षर जन मानस की रूचियों में ही साक्षरता की संभावनाओं को तलाश करनी होगी ताकि अभियान में उदासीनता या नीरसता न आ पाए।
8. अभियान से जुड़े ऊपरी व्यक्ति व कार्यकर्त्ताओं स्वयं सेवकों के साथ समय–समय पर सम्पर्क करके केन्द्र की समस्याओं को जाने व ठोस हल प्रस्तुत करें।
9. पब्लिक सैक्टर का उपयोग।
10. मिशन द्वारा समय पर धन उपलब्ध कराना।
11. लक्षित समूहों के लिए विशेष कार्यक्रम व साहित्य तैयार किया जाना चाहिए, जैसे व्यवसाय पर आधारित तेंदुपत्ता, बीड़ी कामगार, खेतीहर मजदूर आदि।
12. साक्षरता अभियान को विकास कार्यक्रमों के साथ–साथ समय–समय पर सम्पर्क करके केन्द्र की समस्याओं को जानें व ठोस हल प्रस्तुत करें।
13. अभियान के कार्यकर्त्ताओं को अभियान से जुड़े बुनियादी सवालों का जवाब देने हेतु कुशल प्रशिक्षण दिया जाए।
14. कुशल मानीटरिंग तंत्र विकसित करना।

15. सतत् शिक्षा केन्द्रों को कम्यूनिटी लर्निंग सेंटर की तरह विकसित किया जाए।
16. स्वयं सेवकों को विशेष प्रोत्साहन।
17. स्वयं सेवी लोगों के सरकारी करण पर रोक।
18. निरक्षरों व स्वयं सेवकों के सम्पर्क व तालमेल हेतु अभिप्रेरण का सतत प्रयास।
19. महिला समस्या जैसे कार्यक्रमों की संरचना का उपयोग।
20. समितियों का कुशलतापूर्वक गठन व संचालन।
21. अभियान से जुड़े ऊपरी व्यक्ति व कार्यकर्त्ताओं स्वयं सेवकों के साथ समय–समय पर सम्पर्क करके केन्द्र की समस्याओं को जाने व ठोस हल प्रस्तुत करें।
22. असंगत व झूठे प्रलोभनों के स्थान पर अभियान की वास्तविक समझ विकसित करना। इसके लिए जरूरी है कि साक्षरता के प्रति स्वयं सेवकों की अवधारणा स्पष्ट हो। साक्षरता का दर्शन केवल खाना पूर्ति न होकर उसे जनता के लिए दिन प्रतिदिन की समस्याओं से निजात पाने के साधन के रूप में देखा जाना चाहिए।
23. व्यवहारिक प्रशिक्षण की व्यवस्था।
24. साक्षरता अभियान का उत्सवीकरण।
25. टारगेट (लक्ष्य) की तुलना में साधनों का उचित आंकलन।
26. पूर्णकालिक कार्यकर्त्ताओं का चयन निश्चित पारदर्शी प्रक्रिया के माध्यम से सावधानी पूर्वक किया जाना चाहिए।
27. स्वयं सेवकों के प्रशिक्षण की विद्या सरल व रोचक बनानी होगी।
28. अभिजात्य वर्ग को अभियान से जोड़ने का प्रयास।
29. स्वास्थ्य, वाटर शेड आदि के माध्यम से साक्षरता का कार्य सम्पन्न किया जाए।
30. रोटेशन मॉडल पर काम किया जाना चाहिए।

सीखने की कोई उम्र नहीं होती है सुशिक्षित व्यक्ति ही स्वयं, समाज स्वराज्य, स्वराष्ट्र व संसार का भला–बुरा, उचित–अनुचित समझाकर सही

दिशा में कदम उठा पाने में समर्थ हो सकता है। हमारा देश नव निर्माण की जिस प्रक्रिया और दौर से गुजर रहा है। उसमें प्रत्येक व्यक्ति अपनी सक्रिय सहभागिता निभा सकता है। किंतु इस सहभागिता की भावना का विकास साक्षरता व शिक्षा के बल पर किया जा सकता है। हमें विश्वास है कि हम समय के साथ इस सच्चाई को समझते हुए साक्षरता व शिक्षा के बल पर देश को नयी दिशा देने के लिए तत्पर होगें और विश्व का ज्ञानार्जन के क्षेत्र में नए आयाम स्थापित कर सकेंगे। तभी भारत को शिक्षा के सन्दर्भ में खोई प्रतिष्ठा पुनः प्राप्त हो. सकेगी शिक्षा के संदर्भ में किए जा रहे क्रान्तिकारी प्रयोग को सफल बनाने की दिशा में कड़ा परिश्रम और आत्म मंथन करना जरूरी है। हमें निष्ठा और लगन से कार्य करना होगा, तभी हम अपने राष्ट्र की परिस्थिति और आवश्यकता के अनुरूप देश के नागरिक तैयार कर सकेंगे। सदियों से चले आ रहे निरक्षरता और गरीबी जैसे अभिशाप को साक्षरता व ज्ञान के वरदान से ही दूर किया जा सकता है। शिक्षा और ज्ञानार्जन के लिए आयु का बंधन कभी बाधक नहीं हुआ करता है। ज्ञान और विवेक को जागृत करने में इसलिए साक्षरता की भूमिका को अहम माना जाता है। साक्षरता के सोपान के बल पर ही ज्ञान की ऊँची मंजिल पर चढ़कर हम अपने देश के विकास परिदृश्य को सही रूप में देख सकेंगे एवं अशिक्षा, अज्ञानता, अव्यवस्था, अस्वस्थता, अस्थिरता, आबादी की आंधी और अपराधी प्रवृति पर अंकुश लगा सकेंगे।

साक्षरता के प्रति लोगों में रूचि उत्पन्न करना असंभव सा लगता है। प्रौढ़ शिक्षा या अनौपचारिक शिक्षा जैसी योजनाओं का उद्देश्य समाज के उन वंचित लोगों को साक्षर बनाना है जो किन्हीं कारणों से निरक्षर है और अब किसी विद्यालय आदि में भी शिक्षा ग्रहण नहीं कर सकते हैं। समाज में इस हालत में तभी संभव है, जब इस बदलाव के लिए जरूरतमंद शामिल हो। समाज में दबे, कुचले, पिछड़े और शिक्षा से वंचित लोगों को साक्षरता अभियान में सक्रिय सहयोग के लिए प्रेरित करना पहला उद्देश्य होना चाहिये। साक्षरता के लाभ के प्रति उन्हें जागरूक बनाना चाहिये। साक्षरता का प्रतिशत बढ़ाने हेतु अभियान के रूप में कार्य करने की आवश्यकता है। समाज में शिक्षा के प्रति लोगों में जागरूकता लाने का

सर्वप्रथम प्रयास करना चाहिए। समाज में जब तक शिक्षा के प्रति स्वअभिरूचि उत्पन्न होगी तब तक समस्त साक्षरता योजनाएं अपेक्षित परिणाम नहीं प्रदान कर पाएगी। गरीब तथा निर्धन लोगों के लिए दो समय का भोजन अर्जित करना भी कठिन है। शिक्षा पर भूख हावी है। ऐसे में साक्षरता के प्रति लोगों में रूचि उत्पन्न करना असंभव सा लगता है। वंचित लोगों के मन में यह भाव जाग्रत करने चाहिये कि उनकी समस्त समस्याओं का निवारण साक्षरता द्वारा ही संभव है। साक्षरता अभियान में स्कूलवय (16–14) के सभी बच्चे स्कूल में प्रवेश लें और अपनी पढ़ाई पूरी करें, विशेषकर (15–35) वर्ष आयु वर्ग एवं और अधिक आयु वर्ग के लिए शिक्षा के दरवाजे हमेशा खुले रखने होंगे। साक्षरता अभियान के मुख्य बल महिलाओं, अनुसूचित जाति जनजाति, अल्पसंख्कों एवं पिछडों पर केन्द्रित होना चाहिए। (15–35) आयु वर्ग के निरक्षरों को साक्षरता अभियान में सक्रिय भाग लेने के लिए आर्थिक लाभ को भी साथ जोड़ना होगा क्योंकि भारत जैसे विकासशील देश में प्रौढ़ लोगों को अपनी दैनिक आवश्यकताओं की पूर्ति हेतु कठोर परिश्रम करना होता है। जिससे ये व्यक्ति शिक्षा के अन्य क्रियाकलापों में कोई रूचि नहीं रख पाते हैं। राष्ट्रीय परियोजनाओं में युवा वर्ग के लिए आर्थिक सुरक्षा की नीतियों को समाहित करते हुए भौतिक उत्थान का प्रयास करना चाहिये। स्कूल बच्चों के लिए उनके परिवार और अभिभावकों को इस कार्य में पूर्ण सहयोग देने का प्रयास करना होगा। अभिभावक मजबूरियों के कारण अपने बच्चों को विद्यालय भेजने अपेक्षा घर के कार्यों को नियोजित करने के लिए विवश होते हैं। इस ओर ध्यान देते हुए शैक्षिक सामग्री की उपलब्धता एवं समुचित पौष्टिक आहार की व्यवस्था आर्थिक नियोजन में ही राष्ट्र की ओर से सुनिश्चित करने का प्रयास करना चाहिये। छोटे बच्चों का स्कूल बहुत दूर न हों इसके लिए लगभग प्रति किलोमीटर पर एक स्कूल होना चाहिये।

साक्षरता अभियान की सफलता के लिए व्यवहारिक सुझाव–

1. समितियों का कुशलता पूर्वक गठन करना व संचालन करना।
2. वान्टियर शिक्षक के प्रशिक्षण की व्यवस्था।
3. स्वयं सेवकों को विशेष प्रोत्साहन।

4. अभियान के कार्यकर्ताओं को कुशल प्रशिक्षण देना।
5. नवसाक्षर के लिए साहित्य निर्माण को चुनौति पूर्वक लिया जाना चाहिए।
6. निरक्षरों व स्वंय सेवकों के सम्पर्क व तालमेल हेतु अभिप्रेरण का सतत् प्रयास।
7. लोगों से जोड़ने वाले रूचिकर विषयों को सम्मलित करना।
8. कार्यकर्त्ताओं का चयन पारदर्शी प्रक्रिया के माध्यम से किया जाना चाहिए।
9. स्वयं सेवकों का उत्साह एवं अभिप्रेरण निरन्तर बनाऐ रखने हेतु सतत् रूप से प्रेरणादायी कार्यक्रम का संचालन।
10. कुशल मानीटरिंग तंत्रों की तैनाती करना।
11. अभियान में उदासीनता या नीरसता न आए इसके लिए निरक्षर जन मानस की रूचियों का ध्यान रखना चाहिए।
12. अभियान का देशव्यापी उत्सवीकरण।
13. अभियान केन्द्रों की समस्याओं को जाने व ठोस हल प्रस्तुत करें।
14. व्यवहारिक प्रशिक्षरण की व्यवस्था।
15. लक्ष्य की तुलना में साधनों का उचित आकलन।
16. मिशन के लिए उचित समय पर धन उपलब्ध करना।

सूचना केन्द्रों की स्थापना जहाँ साक्षरता अभियानों की विषयक जानकारी मिल सके।

साक्षरता के लिए सर्वप्रथम लोगों (समाज) में जागरूकता लानी होगी समाज में जब तक शिक्षा के प्रति स्वअभिरूचि उत्पन्न नहीं होगी तब तक समस्त साक्षरता योजनाएं अपेक्षित परिणाम नहीं प्रदान कर पाएगी गरीब तथा निर्धन लोगों के लिए दो समय का भोजन अर्जित करना भी कठिन है। शिक्षा पर भूख हावी है। समाज में दबे, कुचले, पिछड़े और शिक्षा से वांछित लोगों को साक्षर बनाना है उन्हें साक्षरता अभियान में सक्रिय सहयोग के लिए प्रेरित करना पहला उद्देश्य होना चाहिए। साक्षरता अभियान में स्कूलवय (6–14) के सभी बच्चें स्कूल में प्रवेश लें और अपनी पढ़ाई

पूरी करें, विशेषकर (15–35) वर्ष आयु वर्ग के निरक्षरों और अधिक आयु वर्ग के लिए शिक्षा के दरवाजे हमेशा खुले रखने होंगे। साक्षरता अभियान का मुख्य बल महिलाओं, अनुसूचित जाति, अल्पसंख्यकों एंव पिछड़ों पर केन्द्रित होना चाहिए।

जाति, जन जाति

स्कूलवय बच्चों के लिए विद्यालय उपस्थिति की निरन्तरता बनाऐ रखने के लिए उनके परिवार और अभिभावकों के इस कार्य में पूर्ण सहयोग देने के प्रयास करना होगा। अभिभावकों के इस कार्य में पूर्ण सहयोग देने का प्रयास करना होगा। अभिभावक मजबूरी वश बच्चों को विद्यालय भेजने की अपेक्षा घर के कार्यों में नियोजित करने के लिए विवश होते हैं। अभिभावक बच्चों को शैक्षिक सामग्री उपलब्ध करा पाने में असमर्थ होते हैं। (15–35) आयु वर्ग के निरक्षरों को साक्षरता अभियान में भाग लेने के लिए आर्थिक लाभ को भी साथ जोड़ना होगा। राष्ट्रीय परियोजनाओं के लिए आर्थिक लाभ को भी साथ जोड़ना होगा। राष्ट्रीय परियोजनाओं में युवा वर्ग के लिए आर्थिक सुरक्षा की नीतियों को समाहित करते हुए भौतिक उत्थान का प्रयास करना चाहिए।

साक्षरता अभियान की सफलता हेतु कार्यनीतियाँ

हाल में किए गए अनुमान के अनुसार देश ने, जैसे कि सकल नामांकन अनुपात में बताया गया है सार्वजनिक नामांकन के समीप की स्थिति को हासिल कर लिया था, तथापि विशिष्ट आयु जनसंख्या की भागीदारी की दृष्टि से अभी भी राष्ट्रीय नामांकन अनुपात में काफी अंतर आया है फिर भी, देश के सभी भागों में न्यून नामांकन अनुपात मे काफी अंतर है। फिर भी, देश के सभी भागों कई राज्यों में यह दर 80 से भी अधिक है। परम्परागत रूप से अविकसित राज्यों जैसे मध्य प्रदेश आदि में 79.2 का ऊंचा राष्ट्रीय नामांकन अनुपात पाया जाता है। फिर भी बिहार, जम्मू तथा कश्मीर, नागालैंड, राजस्थान, उत्तर प्रदेश तथा पश्चिमी बंगाल जैसे कुछ राज्यों के सामने गंभीर समस्या जिस पर तत्काल ध्यान देने की आवश्यकता है। 1991 तथा 1999 के बीच स्कूल छोड़ने वालों की दर में

अत्यधिक कमी पाई गई। लड़कियों के मामले में यह अधिक स्पष्ट है। क्योंकि प्राथमिक स्तर (1 से 5) पर इसमें 48 प्रतिशत से घटकर 39 प्रतिशत का परिवर्तन हुआ। यदि यही प्रवृति रही तो वर्ष 1999 में 10 में से स्कूल जाने वाली लड़कियों पाँच वर्ष तक कक्षाओं से जुड़ी रहेंगी यह भी देखा गया है कि लड़कियाँ तथा लड़कों के बीच का अन्तर कम हो रहा है यद्यपि उच्च प्राथमिक स्थिति बहुत उत्साहजनक है नहीं है।

लगातार बढ़ती हुई जनसंख्या के साथ सबको प्राथमिक स्कूलों को अत्यधिक विस्तार किया गया है। अनुमान के अनुसार गांवों में रहने वाली 95 प्रतिशत ग्रामीण जनसंख्या के लिए 82600 कि मी के दायरे में उच्च प्राथमिक स्कूल है। इस समय प्राथमिक स्कूलों में 150 मिलयन बच्चें नामंकित है जबकि 1997 में अनुमान्तः 35 मिलयन बच्चे स्कूलों से अलग थे। वर्ष 2005 तक इनकी संख्या 40 मिलियन के आसपास हो जायेगी।

अंशकालीन और वैकल्पिक स्कूलों की स्थापना

यह सिद्ध है कि स्वास्थ्य और शारीरिक पौष्टिकता के विषय में पर्याप्त ध्यान दिए बिना बच्चों का शैक्षिक विकास नहीं हो सकता। इसी दृष्टि से तमिलनाडु सरकार ने एक दशक से भी पहले सभी स्कूल जाने वाले बच्चों के लिए स्वास्थ्यवर्धक भोजन का कार्यक्रम प्रारम्भ किया। स्कूल में बच्चों की भागीदारी पर बनी इस स्कीम पर महत्त्वपूर्ण प्रभाव पड़ने से भारत सरकार द्वारा 1995 से सभी राज्यों में दोपहर के भोजन का राष्ट्रीय कार्यक्रम लागू किया गया है।

लड़कियाँ हमेशा वंचित रह जाती हैं। इस विषय पर विचार करते हुए लड़कियों की सामाजिक–भावात्मक एवं शैक्षिक आवश्यकताओं की पूर्ति के लिए नये–नये प्रयास किए जा रहे हैं। जिसे ध्यान में रखते हुए राज्य तथा केन्द्र सरकार ने इसमें यागदान दिया। सबसे पहले अध्यापक पदों को भरने की गति को कम कर दिया। ओ.बी. पदों को, जिनका धन केन्द्र सरकार ने दिया था, भरने के बाद दूसरे राज्य सरकारों द्वारा मूलभूत शर्तों को पूरा किए बिना ही नये स्कूल खोले तीसरा और सबसे महत्त्वपूर्ण कारण है अध्यापकों की तैनाती में विवेक का प्रयोग न किया जाना। अध्यापकों की तैनाती एवम् स्थानांतरण राजनैतिक संबंधों एवम् अध्यापकों

के प्रभाव पर निर्भर करता है। राज्य स्तरीय औसत टी पी आर से वस्तुस्थिति का पता नहीं चलता। क्या शिक्षा प्रशासन व्यवस्था में अध्यापक की नियुक्ति किए जाने की नीति को लागू रखा जाए न किसी विशेष स्कूल में अध्यापक की नियुक्ति की जानी चाहिए इस विषय पर बार–बार बहस होती है परन्तु अध्यापकों की तैनाती एवम् स्थानांतरण पर केन्द्रीय नियंत्रण इतना अधिक शक्तिशाली राजनैतिक हथियार है कि कोई भी राज्य इस समस्या पर विचार करने की भी कमी है। प्रत्येक स्कूल को पर्याप्त साजों समान तथा मानवीय संसाधन प्रदान करने के प्रश्न का निर्धारण स्कूल के आकार और स्थान के अनुसार किया जाना चाहिए। उदाहरणार्थ, अनेक स्कूल छोटी बस्तियों में चलते हैं जहाँ एक दिन में 20–25 से अधिक बच्चे नहीं आते। ऐसे स्कूलों में पढ़ाई–लिखाई की सामग्री जैसे रंग, स्लेट, ड्राईंग तथा लेखन सामग्री छोटे बच्चों के लिए खेल सामग्री की अधिक आवश्यकता है, किसी अतिरिक्त क्लास रूम या अतिरिक्त अध्यापक की आवश्यकता नहीं होती। इसी प्रकार चार या पाँच अध्यापकों वाले तथा 200 ये अधिक पढ़ने वाले बच्चों के स्कूल में केवल पढ़ाई सामग्री की एक किट देने से स्कूल की शिक्षा का स्तर नहीं सुधारेगा इन परिस्थितियों में ओ बी स्कीम के समान सम्पूर्ण भारत के लिए समाधान के मूल्यों की पुनः जाँच किया जाना अनिवार्य है।

भागीदारी परक स्कूल में सूक्ष्म योजना बनाना

एक अन्य प्रमुख प्रयास जिससे शिक्षा के दायरे में अधिक बच्चों के लाने में सफलता मिलती दिखाई दी है वह है भागीदारी स्कूल तैयार करना और सूक्ष्म नियोजन जैसा राजस्थान के लोक जुम्बिस परियोजना द्वारा बताया गया है यह डी.पी.ई.पी तथा अन्य सबके लिये शिक्षा परियोजनाओं के अन्तर्गत देश के कई भागों में नियन्त्रित किया जा रहा है।

जिला योजना

प्राथमिक स्कूलों में बच्चों के नामांकन और उपस्थिति बढाने और अन्त–क्षेत्रीय विषमता को कम करने के लिए जिस तीसरी रणनीति का सहारा लिया जा रहा है वह है विकेन्द्रित नियोजन इस तथ्य को समझते

हुए प्रत्येक राज्य के भीतर बड़े पैमाने पर विषमताएं हैं। और राज्य स्तर की योजनाओं से स्थानीय समस्याओं का पूरा निवारण नहीं हो पायेगा। डी.पी. ई.पी ने जिससे अन्तर्गत 200 से अधिक जिले आते हैं न प्राथमिक शिक्षा योजना के लिए जिला विशेष दृष्टिकोंण अपनाया है।

लोग जुम्बिश में स्कूल नक्शा

लोक जुम्बिश कार्यकर्त्ता तथा स्थानीय एनजीओ समाज के लोगों के साथ जो गाँव की शिक्षा में सुधार लाना चाहते हैं उनके आपसी तालमेल बनाना शुरू करते हैं। इन सदस्यों को प्रेरक दल कहा जाता है। जिन्हें नक्शे बनाने के कार्य को छोटा सा प्रशिक्षण दिया जाता है। यह कार्य वे लोक जुम्बिश कार्यकर्त्ताओं या एन.जी.ओ के साथ करते हैं। लोक जुम्बिश की "स्कूल नक्शे" की तकनीक जनता जनता को शिक्षा के लिए प्रेरित करने की कार्य के विशेष योगदान के विषय में है। नक्शा तैयार करना ऐसा कार्य है जिसमें प्रत्येक घर को छोटे नक्शे पर दिखाया जाता है। छोटे संकेतों द्वारा प्रत्येक घर के 5–14 आयु वर्ग के सदस्य के स्कूली शिक्षा की स्थिति दर्शायी जाती है। सारी प्रक्रिया से समाज के लोगों में मेलजोल बढ़ाने का अवसर मिलता है। यह नक्शा तैयार हो जाता है तो यह देखना आसान हो जाता है कि किस घर को विशेष सहायता और गाँव में स्कूली शिक्षा की आवश्यकताओं के विषय में चर्चा की जाती है। प्रेरक दल तथा स्थानीय समाज के नक्शे का आंकड़ो के आधार पर प्रस्ताव तैयार करते हैं।

प्रस्ताव सामान्य दो विषयों में होता है। नये स्कूलों तथा अनौपचारिक शिक्षा केन्द्रों तथा विद्यमान सुविधाओं में सुधार की आवश्यकता ये प्रस्ताव ब्लाक स्तर समीति को भेजे जाते हैं। जिसे स्वीकृत करने का अधिकार होता है। स्कूल का नक्शा तकनीक सामान्य, अशिक्षित ग्रामीण को भी सर्वेक्षण तथा प्रस्ताव तैयार करने, जो महत्त्वपूर्ण क्षमता, निर्माण प्रक्रिया है। ये कार्य में भागीदार बनता है। प्रस्तावों पर शीघ्र अनुवर्ती कार्यवाही से समाज में विश्वास की भावना पैदा होती है। यद्यपि काम अभी शेष है देश के विभिन्न भागों में गहन प्रयोगों से अधिक से अधिक बच्चों की स्कूल लाने तथा प्राथमिक शिक्षा क्रम को पूरा होने तक उन्हें स्कूलों में बनाये

रखने के लिए तैयार की गई रणनितियों में महत्त्वपूर्ण परिणाम दर्शाये हैं। इस विषय में निम्नलिखित बिंदुों पर विशेष ध्यान देने की आवश्यकता है यद्यपि इन रणनितियों और विशेष उपायों के स्पष्ट परिणाग लम्बी अवधि के सामने आएंगे।

परम्परागत दूरी वाले नियम में संशोधन परम्परापगत दूरी तथा जनसंख्या आकार नियम में संशोधन तथा छोटी बस्तियों में प्राथमिक शिक्षा सुविधाएं प्रदान करने का निर्णय में बहुत सार्थक परिणाम पैदा किए हैं जैसा कि मध्य प्रदेश का कुछ सीमा तक आंध्र प्रदेश के आंकड़ों से पता चलता है जहां पहाड़ी और आदिवासी क्षेत्रो में छोटी बस्तियों में लोगों का अधिक अनुपात निवास करता है। इससे यह तथ्य स्पष्ट होता है कि नामांकन केवल स्कूल की वास्तविक दूरी के साथ–साथ प्रायः सामाजिक तथा सांस्कृतिक दूरियों के कारण भी होता है।

स्कूली शिक्षा के लिए स्थानीय मांग को सामने लाना

स्कूली शिक्षा के लिए स्थानीय मांग पैदा करने तथा विभिन्न समूदायों तथा समाज के बीच स्पष्ट दूरी को समाप्त करने की सहायता मिली। इससे "आपूर्ति आधारित से मांग आधारित" दृष्टिकोण शिक्षा सुविधाएं प्रदान करने की दृष्टि से तैयार हुआ 1990 के दशक में अनेक राज्यों में अनेक स्थानीय समाजिक संस्थाएं जैसे ग्राम शिक्षा समिति मातृ, अध्यापक संघ तथा स्थानीय प्रमुख दल और स्त्री दल की स्थापना के लिए कई राज्यों में महत्त्वपूर्ण प्रयास किए गए।

''साक्षरता अभियान'' के सफलतापूर्वक क्रियान्वयन हेतु मुख्यतः कार्यनीतियाँ अपनाई जा सकती हैं।

- साक्षरता अभियान को द्रुत गति से चलाया जाये तथा इसमें गैर सरकारी संगठनों एवं सिटिजन मिशन की मदद ली जाये। यह अभियान अधिक कुशल अनुशासित व वैज्ञानिक तरीकों से निर्देशित होना चाहिए।
- जनता एवं शिक्षित लोगों से स्वयंसेवी कार्यकर्त्ता, पर्यवेक्षकों (सुपरवाईजर) एवं अनुदेशक निरीक्षकों के रूप में योगदान देने की अपील करते हुए इन्हें प्रेरित, आमंत्रित व प्रोत्साहित किया

जाये। सम्मिलित विभिन्न संरकारी/स्वयं सेवी संस्थाओं में तालमेल के पहलु पर नजर रखने वाली कार्यकारी समिति बनाई जाये जो कि विभिन्न ऐजेन्सियों के बीच तालमेल एवं सामंजस्य रखते हुए गैर सरकारी संगठनों के काम–काज में आने वाली रूकावटों को दूर करें। साक्षरता केन्द्रों को सुचारू व नियमित रूप से चलाने तथा नये केन्द्र खोलने के लिए निकटवर्ती क्षेत्रों के लोगों के साथ संपर्क बनाया जाये। इस कार्य के लिए निःस्वार्थ भावना से प्रेरित, ओत–प्रोत, कर्त्तव्यनिष्ठ, कर्मठ व्यक्तियों, साक्षरता कर्मियों को खोजकर सम्मिलित किया जाये। यदि स्वयंसेवी कार्यकर्त्ताओं में शिक्षकों की संख्या अधिक हो तो बहुत अच्छा रहेगा क्योंकि वे समाज में विशेष स्थान प्राप्त, शिक्षा से जुड़े होने के कारण शिक्षण कार्य को अधिक कार्यकुशलता से पूर्ण कर सकते हैं।

– साक्षरता से जुड़े विचारों के आदान–प्रदान के लिए कार्यशालाएं आयोजित की जायें। इस क्षेत्र की उपलब्धियों को उजागर करने के लिए वार्षिक प्रदर्शनी लगाई जाये। समय–समय पर साक्षरता रथ यात्रा, साक्षरता मेले, साक्षरता स्वास्थ्य मेला, निःशुल्क हैल्थ कैम्प, गीत संगीत, नृत्य इत्यादि का आयोजन किया जये। लोक माध्यमों जैसे नाटक, कठपुतली, नृत्य, नुक्कड़ नाटक आदि तथा प्रकाशन माध्यम के तहत् प्रेरणादायक पुस्तकें, रंगीन चार्ट पोस्टर, पर्चे, अपील, नारे इत्यादि का प्रयोग अभियान के प्रचार–प्रसार हेतु किया जाये। इससे लोगों की दिलचस्पी व जागरूकता बढ़ेगी। इस कार्य में प्रेरणा जागृति हेतु विभिन्न स्थानीय मातृ भाषाओं जैसे उर्दू, पंजाबी, गुजराती व अन्य भाषाओं का प्रयोग किया जाये ताकि इन भाषाओं को समझने वाले लोग सरलता व सुगमता से साक्षर बन सकें। उत्तर साक्षरता कार्यक्रम के तहत् हस्तशिल्प, लघु व कुटीर उद्योगों, हथकरघा व दस्तकारी की जानकारी, ट्रेनिंग नवसाक्षरों को उपलब्ध कराई जाये। ताकि वे इन कार्यों में कार्यकुशल बनकर

कुछ काम धन्धे करके धन कमा सकें। इस कार्य में प्रैस (मीडिया) राष्ट्रीय व क्षेत्रीय समाचार पत्र–पत्रिकाएं, दूरदर्शन तथा निजी चैनल जैसे आधुनिक प्रचार–प्रसार के साधन अहम् भूमिका निभा सकते हैं, इनकी मदद लेने के प्रयास किए जायें।

- इसमें कार्यरत् स्वयं सेवकों एवं अन्य संगठनों से इस साक्षरता अभियान को और अधिक कारगर तथा प्रखर बनाने का अनुरोध किया जाये। इस कार्य में आने वाली बाधाओं की पहचान कर उसे तुरन्त दूर किया जाये। स्वयंसेवी साक्षरता कर्मियों की विशेष टीम तैयार की जाये जो कि कठिनाईयों को सूचीबद्ध करें एवं इनका समाधान खोजें। सभी कार्यकर्त्ताओं में सामंजस्य बिठाया जाये। इनकी समस्याओं को शीघ्र दूर किया जाये। इस कार्य हेतु और अधिक संगठित, सफल, सार्थक प्रयास निरन्तर किए जायें। इस कार्य में सम्मिलित शिक्षित जनों को पूर्ण कर्मठता, ईमानदारी, सद्भावना, उत्साह, सच्ची लगन मेहनत, टीम भावना एवं कर्त्तव्यनिष्ठा के साथ काम करने हेतु प्रोत्साहित किया जाये। इनका पंजीकारण करके पहचान पत्र उपलब्ध कराया जाये। साक्षरता बिग्रेड टीम का गठन साक्षरता कार्य में शिक्षित लोगों को प्रेरणा प्रदान करने, उनमें नेतृत्व गुण विकसित करने, कार्यक्रम के सम्मुख उत्पन्न कठिनाईयों की जानकारी प्राप्त करने एवं समाधान खोजने के लिए किया जाये। साक्षरता कर्मियों को पूर्णतः कटिबद्ध एवं सदैव तत्पर रहकर यह कार्य करना चाहिए। अपने समय का कुछ भाग निरन्तर साक्षरता केन्द्रों की प्रगति देखने अन्य लोगों/संस्थाओं को इससे जोड़ने हेतु किया जाये।
- साक्षरता अभियान मूल रूप से स्वेच्छा से चलने वाला अभियान है। इसमें दबाव से कोई कार्य नहीं करवाना चाहिए। इस कार्य में भागीदारी हेतु समाज के लोगों को आमन्त्रित एवं प्रोत्साहित करने के लिए सभी संभव, सार्थक व संगठित प्रयास निरन्तर सफलतापूर्वक किए जाने चाहिए।

- साक्षरता अभियान समिति के तत्वाधन में संचालित इस साक्षरता अभियान में विभिन्न सरकारी, प्रशासनिक इकाईयों व जनता के लोग साथ–साथ काम करते हैं। इसमें सरकारीकरण की समस्या भी आ जाती है अर्थात इसमें प्रौढ़ शिक्षा निदेशालय, राज्य संदर्भ केन्द्र SRC/एस.आर.सी., शिक्षा निदेशालय के तहत् अधिकारी, अध्यापक व छात्र इत्यादि इसमें ज्यादा सक्रिय रहे हैं। जिसके कारण यांत्रिकता आ जाती है, इसे दूर करने का प्रयास करना चाहिए। जनता के द्वारा इस कार्य में भाग लेने हेतु पहल करने एवं नेतृत्वशीलता को उभारने के प्रयत्न किये जाने चाहिए।
- साक्षरता अभियान में उत्तर साक्षरता के स्तर तक आते–आते संगठन में उत्साह कमजोर पड़ जाता है। और ठहराव की स्थिति आ जाती है। इसके लिए संगठन में पूरी जीवन्तता बनाए रखने के लिए इस सतत् गतिशील बनाये रखा जाये और आवश्यकता पड़ने पर वैकल्पिक नेतृत्व को उभारा जाना चाहिए।
- साक्षरता अभियान में वातावरण का निर्माण सर्वाधिक महत्वपूर्ण पहलू है। सामान्यता सांस्कृतिक कार्यक्रमों, नुक्कड़ नाटकों, लोक माध्यमों को वातावरण निर्माण का माध्यम मान लेना व इनसे केवल मंनोरंजन होना माना जाता है। ऐसी समस्याओं को दूर करके वातावरण निर्माण की गतिविधियों को स्तत् व सक्रिय बनाना आवश्यक है।
- साक्षरता अभियान में पाठ्य एवं प्रशिक्षण सामग्री एक कमजोर बिंदु है। उनके प्रक्रियाओं के बाद शिक्षण प्रक्रिया बेहद कमजोर हो जाती है तथा इसे ज्यादा समय तक स्थाई नहीं रखा जा सकता है। प्राईमरों का उपदेशात्मक होना, चित्रों व अक्षरों का सुंदर व सफाई से न छपा होना, प्रशिक्षण सामग्री का अभाव या उसका उपयोग न किया जाना, इनका अच्छा व गुणात्मक नहीं होना, ये ऐसे कारण हैं, जिनको दूर करके, निरक्षरों को पढ़ने के प्रति प्रेरित किया जा सकता है।

- साक्षरता अभियान में प्रशिक्षण एक महत्वपूर्ण कार्यक्रम है। इसमें स्वयं सेवकों को प्रर्याप्त प्रशिक्षण की आवश्यकता है इसमें स्वयं सेवकों के शैक्षिक रूप से कमजोर होने के कारण विशेष प्रशिक्षण की आवश्यकता होती है। उन्हें प्रशिक्षण में सीखने वालों की रूचि को बनाए रखने का प्रशिक्षण, प्रौढों के साथ उनकी अपनी समझदारी का आदर करना, प्रौढ़ों के साथ भावात्मक रूप से जुड़ने, आदि की जानकारी देना आवश्यक है।
- प्रशिक्षण कार्यक्रम में अप्रर्याप्त रूप से प्रेरित अथवा प्रशिक्षित मुख्य स्त्रोत व्यक्ति, मास्टर प्रशिक्षकों का अप्रर्याप्त प्रशिक्षण, प्रर्याप्त संख्या में स्त्रोत व्यक्तियों व मुख्य स्त्रोत व्यक्तियों का न होना, प्रशिक्षण के बाद मास्टर प्रशिक्षकों का मूल्यांकन न होना, सही प्रकार से मास्टर प्रशिक्षकों का चयन न होना, मास्टर प्रशिक्षक व स्वयं सेवकों का सही अनुपात में न होना, आई.पी.सी.एल. का सही प्रशिक्षण न देना आदि कमियों को दूर करके इस कार्यक्रम को प्रभावशाली बनाया जा सकता है।
- साक्षरता अभियान में प्रबोधन के द्वारा मात्र केन्द्रों व शिक्षार्थियों, नवसाक्षरों की संख्या एकत्र करने का कार्य ही मान लिया जाता है। इसमें कार्य करने वाले पूर्णकालिक साक्षरताकर्मियों की स्वेच्छा का ध्यान नहीं रखा जाता है। उन्हें सुविधाएं व यात्रा भत्ता नहीं दिया जाना, प्रशिक्षण की कोई भी अनुकूल जानकारी नहीं देना, पूर्णकालिक कर्मचारियों को प्रशासन का अप्रर्याप्त सहयोग इत्यादि कारणों से प्रबोधन कार्यक्रम मात्र औपचारिकता पूरी करने वाला हो जाता है। इसके लिए प्रबोधन की नीति बनाई जाये व बैठकों और समीक्षकों का कार्यक्रम बनाकर इनका निवारण करने का प्रयास किया जाये।
- साक्षरता अभियान का अंतिम चरण मूल्यांकन से संबंधित है। मूल्यांकन के समय विद्यालयी माहौल नहीं होना चाहिए तथा प्रर्याप्त समय दिया जाना चाहिए। मूल्यांकन के द्वारा वातावरण

निर्माण द्वारा पड़ने वाले सामाजिक प्रभाव प्रशिक्षण द्वारा पड़ने वाले प्रभाव, अभियान से जुड़े स्वयं सेवकों, संगठनों, महिलाओं में आए आत्म विश्वास व परिवर्तनों का अध्ययन तथा संपूर्ण दिल्ली में आए परिवर्तन यथा टीकाकरण, अल्पबचत, छात्रों का नामांकन व छोटा परिवार आदि का अध्ययन भी विस्तृत मूल्यांकन के द्वारा किया जाना चाहिए। मूल्यांकन के समय गुणात्मकता की तरफ भी ध्यान दिया जाना चाहिए।

उपरोक्त सुझावों को मानकर दिल्ली व देश में शत्–प्रतिशत् साक्षरता के लक्ष्य को प्राप्त करके इस साक्षरता अभियान को पूर्णतः सफल बनाया जा सकता है।

भारत में साक्षरता अभियान कार्यक्रम का मूल्यांकित विश्लेषण

हमारे बच्चे स्कूलों में कितना सीखते हैं ?

इस पक्ष की समीक्षा करने वाले अधिकतर लेखक उल्लेख करेंगे कि शिक्षा पर राष्ट्रीय नीति–1986 तथा तत्पश्चात राष्ट्रीय स्तर पर शिक्षण के न्यूनतम स्तर के विनिदेशों ने सभी सम्बन्धित पक्षों का ध्यान गुणवक्ता के प्रश्न की ओर दिलाया। कहा जा सकता है कि न्यूनतम शिक्षण स्तर विभिन्न आलोचनात्मक विचारों के आलावा इस कार्य ने सम्पूर्ण देश के योजनाकारों तथा सीखने वालों की उपलब्धि की ओर नीति निर्माताओं तथा प्रशंसकों और व्यवसदियों का ध्यान केन्द्रित करने के लिए महत्त्वपूर्ण भूमिका अदा की। परन्तु क्या इस विचार का प्रभाव अध्यापकों के पढ़ाने की शैली तथा बच्चों की शिक्षा के तरीके पर पड़ा ? इस पर कोई अध्ययन नहीं किया गया है। न्यूनतम शिक्षण स्तर के प्रकाशन के पश्चात् क्रियान्वित की गई सभी परियोजनाओं उक्त विनिर्देशों के थोक में सहमत हुई तथा शिक्षण के परिणामों के परिमापन पर केन्द्रित दिखाई देती है न कि शिक्षण क्षमता की संकल्पना को रेखांकित करने वाले सिद्धांत का अध्यापकों द्वारा आत्मसात करने पर न्यूनतम शिक्षण स्तर के प्रकाशन पर अनेक चर्चाएं और भाषण भी हो चुके हैं। परन्तु गुणक्ता सुधारने के उपायों में न्यूनतम शिक्षण स्तर की भूमिका पर कोई स्पष्ट निर्णय नहीं लिया गया। सबसे

पहले, विद्यार्थी की उपलब्धि को नापने के लिए इस्तेमाल किए गए परीक्षण अत्यधिक अनियमित हैं। इन परीक्षणों में 40 या 60 प्रतिशत अंक प्राप्त कर लेने से ही मौलिक ज्ञान और कूशलता में निपुणता का प्रभावंशाली रूप से पता नहीं चलता। क्या गुणवत्ता में सुधार केवल बाहरी परीक्षण कार्यक्रमों के माध्यम से ही किया जा सकता है ? वस्तुतः ई एफ ए परियोजना के माध्यम से गुणवत्ता सुधारने के सभी प्रयत्नों के दौरान स्कूल तथा इसके प्रकार्यों में सुधार पर बहुत कम ध्यान दिया जाता है। मुख्यतः ध्यान ब्लाक और जिला स्तर पर केन्द्रीकृत अध्यापक प्रशिक्षण दिलाने पर रहता है। मूल समस्या या कोई समाधान नहीं निकाला जाता–क्या शिक्षा की गुणवत्ता सुधर सकती है यदि स्कूलों में प्रभावी सुधार न किया जाए ? पिछले दशक में अनेक राष्ट्रीय तथा राज्य स्तरीय परीक्षण करवाने के पश्चात् क्या हम जानते हैं कि हमारे बच्चे सरकारी स्कूलों में कितना और क्या सीख रहे हैं? "हम इस विषय में इतना ही जानते हैं जितना हम पहले ही जानते थे। स्पष्ट कारण है कि हम पूरी तरह यह नहीं जानते कि स्कूलों में क्या पढ़ाया जाता है और कैसे पढ़ाया जाता है।

अपने व्यवसाय की दृष्टि से अध्यापकों में कितनी योग्यता है ?

शिक्षा आयोग (1964–66) में लिखा–"हमारे देश का भाग्य कक्षा के कमरों में तैयार होता है।" स्पष्टतः अध्यापक ही भाग्य के निर्माण की प्रक्रिया का संचालक है। स्कूल पद्धती के विस्तार के साथ ही वह समय समाप्त हो चुका है। जब शिक्षा को कुछ ही व्यक्तियों के ग्रहण करने के लिए माना जाता था। यह भी एक नौकरी का अवसर माना जाता है। इससे अध्यापक शिक्षा बहुत महत्त्वपूर्ण कार्य बन चुकी है। देश में इस महत्त्वपूर्ण कार्य को कैसे अंजाम दिया जा रहा है ? पद्धति के विस्तार के विभिन्न सामाजिक–आर्थिक परिवेश के लोग शिक्षण व्यवसाय के क्षेत्र में आए। वास्तव में पिछले वर्षों में जन सामान्य की अध्यापक की प्रतिष्ठा बहुत गिर चुकी है। इसी संदर्भ में, प्राथमिक स्कूल अध्यापक की वर्तमान प्रतिष्ठा को कैसे बताया जा सकता है। 1990 के दशक में अध्यापक प्रशिक्षण के संस्थानों तथा गुणवत्ता सुधार व्यवस्था के नियमन की दृष्टि से विस्तृत गतिविधियाँ सामने आई। ASE, CTE, Diets, BRC, तथा CRC के रूप में

अध्यापक शिक्षा प्रशिक्षण संस्थान खोलने तथा मजबूती प्रदान करने के लिए भारी मात्रा में निवेश किया गया। इन कार्यों का देश में अध्यापक शिक्षा की स्थिति पूरे प्रभाव को आंकना बहुत मुश्किल है यद्यपि प्रारंभिक सुख का आभास अब धीरे धीरे संदेहास्पद होने लगता है। परन्तु कुछ पक्षों में विशेषतः सेवा दौरान प्रशिक्षण के विषय में अभी भी उत्साह बना हुआ है।

प्रौढ़ शिक्षा की दिशाहीनता—राष्ट्रीय साक्षरता मिशन ने हमेशा दावा किया है कि साक्षरता अभियान अपने आप में कार्य का अंत नहीं है। यह लोगों के लिए नए अवसर खेल कर उनके जीवन स्तर को सुधारने के प्रयास का केवल प्रारंभ है। इस विषय में वस्तु स्थिति के साक्ष्य क्या संकेत करते हैं। इस विषय में वस्तु स्थिति के साक्ष्य क्या संकेत करते हैं ? संसार के अन्य स्थानों के सफल कार्यों के अनुरूप राष्ट्रीय साक्षरता मिशन ने भी साक्षरता कार्यक्रमों को लिखने पढ़ने की निपुणता हासिल करने के माध्यम से आगे आर्थिक तथा सामाजिक परिप्रेक्ष्य से प्रभावी रूप से जोड़ा है। कुछ दस्तावेजों में लोगों को अपने तथा अपने समाज को आत्मनिश्चय का अधिकार देने के सक्षम बनाने जैसे भारी भरकम उद्देश्यों को भी सामने रखा है। परन्तु जब वास्तविक कार्य निर्धारण पर आते हैं तो शिक्षणार्थियों को साक्षरता तथा अंकगणित की क्षमता प्रदान करने से आगे की गतिविधियाँ महत्वहीन हो जाती हैं और रणनीति का पूर्ण साक्षरता अभियान, साक्षरता–पश्चात् अभियान तथा सतत शिक्षा कार्यक्रम के क्रम से परिभाषित किया जाता है। राष्ट्रीय साक्षरता मिशन ने अपना कार्य 10 वर्ष से अधिक पहले केन्द्र आधारित दृष्टिकोण की अपेक्षा अभियान की शक्ल में शुरू किया।

8

भारत के साक्षरता अभियान का मूल्यांकन

स्वीकृति से पूर्व

– परियोजना का पूर्व मूल्यांकन

सलाहकारों/विशेषज्ञों का निम्नलिखित जानकारी हेतु आगमन

– गैर सरकारी संगठनों से प्राप्त संसाधन आलंब की सीमा

– तैयारी की स्थिति

– अन्य प्रारम्भिक कार्य

– जिलाधीश की प्रतिबद्धतर

स्वीकृति के पश्चात्

निम्नलिखित के माध्यम से प्रगति का अनुवीक्षण--

– राज्य प्रौढ़ शिक्षा/जन शिक्षा निदेशालय के माध्यम से राज्य/केन्द्र प्रशासित क्षेत्र की समेकित रिपोर्ट को मंगवा कर और उसका अध्ययन करके।

– राज्य प्रौढ़ शिक्षा/जन शिक्षा निदेशालय में हर महीने बुलाई जाने वाली जिला साक्षरता समितियों के सचिवों की बैठकों के माध्यम से।

– राज्य स्तरीय मासिक अनुवीक्षण बैठकों की कार्यवाही द्वारा।

– 2 पेज के जिला प्रोफार्मा के आधार पर जिलों के साक्षरता अभियानों की प्रगति का हर महीने राज्य स्तर पर समालोचनात्मक पुनर्विलोकन करके।

स्थल मूल्यांकन

– सलाहकारों द्वारा
– नामांकित मूल्यांकन ऐजेन्सियों द्वारा
– गैर सरकारी व्यक्तियों द्वारा
– अधिकारियों द्वारा

पुनरावलोकन बैठकें

– राष्ट्रीय स्तर पर
– राज्य/के.प्र. क्षेत्र स्तर पर

साक्षरता अभियान का मूल्यांकन

समवर्ती मूल्यांकन–

– यह कार्यक्रम का शीघ्रता से किया गया मध्यकालीन मूल्यांकन है जिसके उद्देश्य हैं–
  – अभियान में सुधार लाने हेतु उपचारी कार्यों की युक्ति की खोज करना और सुझाव देना।
  – कार्यक्रम की सफलताओं और कमजोरियों की जानकारी प्राप्त करना।
– यह मूल्यांकन नामांकित शिक्षार्थियों के 50 प्रतिशत अथवा उससे अधिक के द्वारा प्रवेशिका–1 को पूरा कर लेने के तुरन्त पश्चात् किया जाता है।

रीतियाँ–

– समवर्ती मूल्यांकन की एक मार्गदर्शिका का निर्माण किया गया है जिसे सभी सम्बन्धित व्यक्तियों/संस्थाओं को भेज दिया गया है।

– साक्षरता अभियान वाले जिले, राज्य प्रौढ़ शिक्षा निदेशालय को मूल्यांकन ऐजेन्सी के नामांकन के लिए आवेदन करते हैं।
– मूल्यांकन ऐजेन्सियों को राष्ट्रीय साक्षरता मिशन द्वारा समवर्ती मूल्यांकन हेतु निर्धारित सामान्य मार्गदर्शक सिद्धान्तों का पालन करना पड़ता है।
– राज्य प्रौढ़ शिक्षा निदेशालय के पास मूल्यांकन ऐजेन्सियों की एक नामिका होती है।

अन्तिम/बाह्य मूल्यांकन

परियोजना के अंत में शिक्षण के प्रतिफलों के मूल्यांकन हेतु–

रीतियाँ–

– शिक्षण के प्रतिफल के मूल्यांकन हेतु दवे कमेटी के माडल का अनुसरण किया जाता है।
– यह राष्ट्रीय साक्षरता मिशन द्वारा नामित बाह्य मूल्यांकन एजेन्सी द्वारा किया जाता है।
– न्यूनतम सेम्पल–5 प्रतिशत या दस हजार शिक्षार्थी, जो भी कम हो।
– राष्ट्रीय साक्षरता मिशन ऐसी ऐजेन्सियों की एक नामिका तैयार करता है।
– पंजीकृत शिक्षार्थियों के 60 प्रतिशत द्वारा जब प्रवेशिका–III पूरी/लगभग पूरी कर ली जाती है तब यह मूल्यांकन किया जाता है।

प्रश्न पत्र में साक्षरता के विभिन्न कौशलों के अंक परिमाण–

– पढ़ना : 40 अंक
– लिखना : 30 अंक
– अंकगणित : 30 अंक
– व्यवच्छेदन बिन्दु
    – प्रत्येक कौशल में 50 प्रतिशत
    – कुल अंकों का 70 प्रतिशत

सम्पूर्ण साक्षरता अभियान/उत्तर साक्षरता कार्यक्रम/सतत् शिक्षा कार्यक्रम के अन्तिम मूल्यांकन की मार्गदर्शिकाएँ तैयार कर ली गई हैं तथा सभी सम्बन्धित व्यक्तियों/संस्थाओं को भेज दी गई हैं।

साक्षरता अभियान के महत्वपूर्ण प्रभाव एवं उपलब्धियां

भारत में चलाए जा रहे सर्व–साक्षरता अभियान के फलस्वरूप प्राथमिक स्तर पर दाखिले में सुधार हुआ है। प्राथमिक विद्यालयों में बच्चों की संख्या एवं उपस्थिति आश्चर्यजनक रूप से बढ़ गई है। पढ़े–लिखे माता–पिता अपने बच्चों को स्वयं ही स्कूल में पढ़ने भेजते हैं। माँ–बाप के पढ़े लिखे होने की वजह से उनके बच्चों की पढ़ाई बीच में छुटने का खतरा भी कम हो गया है। स्कूलों में उनके बच्चे पढ़ाई लिखाई में भी अच्छे होते हैं। क्योंकि माता–पिता पढ़ाई में उनकी मदद कर सकते हैं। इसलिए नियमित रूप से पढ़ाई जारी रखने वालों की संख्या में वृद्धि देखी गई है।

- व्यक्ति और समुदायों में पारिस्थितिक समस्याओं के बारे में गहरी आस्था और स्थायी चेतना पैदा हो गई है।
- घरेलू सफाई की सुधरी हुई आदतों के फलस्वरूप नवसाक्षरों में घरेलू वातावरण को अधिक साफ–सुथरा और कीटाणु मुक्त रखने की कहीं अधिक इच्छा जागृत हुई है।
- सामाजिक, सांस्कृतिक और भाषायी एकीकरण और सांप्रदायिक सद्भाव को बढ़ावा मिला है।
- महिलाओं में आत्म–निर्भरता पैदा हुई है एवं उनका व्यक्तित्व निखरकर सामने आया है। साक्षरता के कारण महिलाऐं सामाजिक और कानूनी अधिकारों के प्रति जागरूक हुई है। आमदनी बढ़ाने वाले कई हुनर सीखने की वजह से वे आत्मनिर्भर बन गई है और उनके जीवन स्तर में सुधार आया है। समाज और परिवार में उनकी बात सुनी जाने लगी है। उन्नति के कामों में वह मर्दों के साथ कन्धे से कन्धा मिलाकर आगे बढ़ने के काबिल हो गई हैं। इससे समाज में बदलाव आने की संभावना ज्यादा बढ़ गई है।

- साक्षरता के कारण शिशु मृत्यु दर में कमी आई है। बाल टीकाकरण में सुधार आया है। माताऐं अपने बच्चों की देखभाल के प्रति ज्यादा जागरूक बन गई हैं। टीकाकरण का संदेश अधिक लोगों ने स्वीकार किया है और इसके वास्तविक कार्यान्वयन में सुधार हुआ है।
- अंधविश्वास और सामाजिक बुराईयों में सुव्यवस्थित ढ़ंग से सुधार आया है। निन्दनीय सामाजिक बुराईयाँ जैसे--दहेज प्रथा, बाल विवाह, भीख मांगना, शराब पीना इत्यादि को जोरदार विरोध हो रहा है, इन्हें नियन्त्रित किया गया है।
- समुदायों को अपने कार्यक्रम स्वयं बनाने, लागू करने और उनका मूल्यांकन करने का मौका दिया गया है। जिससे वे अपने जीवन का रास्ता तय करने और उस पर चलने के अपने प्रयासों में आत्म निर्भर हो गए हैं और उन्हें अधिकार मिल गए हैं।
- व्यक्तियों में निजी स्तर पर आत्म–सम्मान और आत्म–निर्भरता कई गुना बढ़ गई है।
- सबसे निचले स्तर के ढ़ांचों जैसे ग्राम शिक्षा समितियों को सुदृढ़ बनाया गया है। जिससे सामाजिक और सामुदायिक जुटाव अधिक प्रभावी हो गया है।
- परिवार कल्याण कार्यक्रमों में काफी वृद्धि देखने में आई है।
- इस साक्षरता अभियान के कारण महिलाओं को बहुत लाभ मिला है। इन्हें सामाजिक अधिकार मिल रहे हैं। इससे महिलाओं में नव आत्मविश्वास पैदा हुआ है, और स्वधारणा सुधरी है। साक्षरता के कारण महिलाऐं अपने बच्चों को टीके लगवाने और उनकी देखभाल के लिए जागरूक हुई है। साक्षरता फोरम में महिलाओं को साक्षरता के साथ–साथ आवश्यक जानकारी भी मिलती है। माताओं को गर्भावस्था के दौरान अपनी और बच्चों की देखभाल, बच्चे के लिए माँ के दूध का महत्व, टीकों की आवश्यकता और दस्त इत्यादि आने पर क्या इलाज करना

चाहिए। इन सब के बारे में जानकारी मिलती है। साक्षर माताऐं अपने बच्चों को टीके लगवाना पसंद करती है।

- आर्थिक स्थिति में सुधार आया है। शिक्षा और आर्थिक स्थिति में सीधा संबंध है। निरक्षरता के कारण पहले लोग गरीबी, अज्ञानता और पोषण का शिकार होते हैं। आमतौर से वे अपने अधिकारों से अनभिज्ञ होते हैं। उनकी उन्नति के लिए योजनाएं बनाई जाती हैं। परन्तु अनपढ़ होने के कारण वे उनकी पूरी जानकारी हासिल नहीं कर पाते और उसका लाभ नहीं उठा पाते। लेकिन अब साक्षरता के कारण जनता अपने लिए बनाई गई योजना से लाभ उठाकर आर्थिक स्तर ऊँचा उठा रही है।
- छोटा परिवार–सुख का आधार, छोटे परिवार की आवश्यकता, उसके लाभ और आदर्श को स्वीकार किया जाने लगा है। इस कारण जन्मदर में कमी आई है।
- साक्षरता का चुनाव व देश की राजनीति पर सीधा प्रभाव परिलक्षित दृष्टिगोचर होता है।
- नवसाक्षरों में आत्मविश्वास की भावना जग गई है। अपनी जानकारी बढ़ाने की इच्छा पैदा हो गई है, बाहरी दुनिया के बारे में अधिक जानने की ललक पैदा हो गई है और अंधविश्वासों, दकियानुसी विचारों और सामाजिक तथा धर्मिक दोनों प्रकार की मर्तान्धता से बचने की इच्छा जाग गई है।
- समुदायों को सुदृढ़ता प्राप्त हुई है, उनमें नई एकजुटता आ गई है, और ग्रुप कार्यवाही की क्षमता पैदा हो गई है।
- नई तकनीक, औजार एवं उपायों द्वारा ऊपज में बढ़ोत्तरी हुई है। खेती–बाड़ी तथा व्यापार की उन्नति का सीधा संबंध वहाँ काम करने वालों की शिक्षा तथा प्रशिक्षण से होता है। एक पढ़ा–लिखा किसान ऊपज बढ़ाने में विशेषकर सहायक सिद्ध हो सकता है। वह नई तकनीक आसानी से समझ सकता है और उन्हें अपना कर समद्ध हो सकता है। वह नई तकनीक आसानी से समझ सकता है। और उन्हें अपना कर ऊपज में बढ़ोत्तरी करने में समर्थ बन जाता है।

- कला–जत्था और लोकगीतों तथा नाटकों के कार्यक्रम गानों की आडियो–कैसेट, समूह गानों, आदि के फलस्वरूप सांस्कृतिक पुर्नजागरण हो गया है जिससे लोक परम्परा पुनर्जीवित हो गई है।
- इसके कारण पूरे देश में परियोजनाओं को मंजूरी देने की भारी माँग पैदा हुई है। इस तरह धन के आबंटन में वृद्धि की माँग है।

नवसाक्षरों में मन में सरकारी तथा गैर सरकारी संगठनों के प्रोत्साहन से साक्षरता अभियान के प्रति जोश व उत्साह पैदा हुआ है अब वे निम्नलिखित बातों पर ध्यान देने लगे हैं–

- नवसाक्षर अब अपनी योग्यता एवं साम्यर्थनुसार अपने जीवन को सकारात्मक दिशा में बढ़ाने के कार्य करने लगे हैं।
- नवसाक्षर अब दैनिक जीवन में आने वाली नित्–नई समस्याओं को स्वयं सुलझा कर, दूसरों पर निर्भर रहने की मनोवृत्ति को त्याग रहे हैं।
- नवसाक्षर अब यह महसूस करने लगे हैं कि वास्तव में साक्षरता ही उनकी आने वाली पीढ़ियों के भविष्य के लिए लाभकारी है। और इसी से इनकी समस्याऐं कम होगी।
- नवसाक्षरों का दृष्टिकोण अब वैज्ञानिक बनने लगा है। उनके सोचने–समझने का ढंग वैज्ञानिक बन गया है। अब वह अंधविश्वास, पुरानी गलत मान्यताओं को विरोध कर सकारात्मक दिशा में बढ़ने का प्रयास करने लगे हैं।
- नवसाक्षर अब सरकार व अन्य लोगों के द्वारा चलाई गई कल्याणकारी योजना के बारे में समझने एवं उसका लाभ उठाने का प्रयत्न करने लगे हैं।
- साक्षरता अभियान के कारण नव साक्षर समाज में अपने स्थान, मान–सम्मान को पहचानने लगे हैं।
- नवसाक्षर अब यह अनुभव करते हैं कि साक्षरता से ही उनके जीवन और परिवार की उन्नति के लिए नए–नए अवसर प्राप्त हो सकते हैं।
- नवसाक्षर अब विभिन्न समस्याओं पर सलाह व सुझाव भरे अपने विचारों को प्रकट करने लगे हैं।

- वह पढ़–लिख कर ही परेशानियों से जूझ पाएंगे। पढ़–लिखकर ही वह अपनी भलाई के कार्य कर सकते हैं।
- नवसाक्षर अब अशिक्षा अज्ञानता के कारण अपने विरुद्ध हो रहे सामाजिक, आर्थिक और कानूनी शोषण को पहचानने लगे हैं अब वे इसके विरुद्ध संघर्ष करने के प्रयास करने लगे हैं।
- नवसाक्षर अब साक्षरता से मिलने वाले लाभों से अपने अभावों को दूर कंरने की बात सोचते हैं।

भारत के जिन क्षेत्रों में संपूर्ण साक्षरता अभियान आरंभ किया गया था उनमें से अधिकांश ने बुनियादी साक्षरता प्राप्ति का पहला चरण पूरा कर लिया है। अब वे उत्तर साक्षरता एवं सतत् शिक्षा कार्यक्रमों को क्रियान्वित कर रहे हैं। क्षेत्रवार साक्षरता परियोजनाओं के अलावा राष्ट्रीय साक्षरता मिशन ने आरंभ से ही अपनी दूसरी योजनाओं के अंतर्गत छोटे पैमाने पर शुरू की गई साक्षरता परियोजनाओं के माध्यम से निरक्षरता उन्मूलन प्रयासों को बढ़ावा दिया है। दूसरी योजनाओं में उदाहरणार्थ स्वयंसेवी संस्थाओं को सहायता की योजना, ग्रामीण कार्यात्मक साक्षरता आदि शामिल हैं।

भारत में साक्षरता अभियान के फलस्वरूप यहाँ कि आम जनता में शिक्षा के मूल्य को पहचान लेने और उसके प्रति जागरूक हो जाने से सभी के लिए प्राथमिक शिक्षा की अत्यधिक मांग पैदा हो गई है। इसके कारण औपचारिक व अनौपचारिक शिक्षा के लिए दाखिलों में बहुत ही वृद्धि हुई है। इस वृद्धि का श्रेय संपूर्ण साक्षरता अभियान को ही जाता है।

इस साक्षरता अभियान में 5 वर्ष से अधिक की आयु वाले बच्चों व प्रौढ़ लोगों को शामिल किया गया है। भविष्य में प्रौढ़–निरक्षरों में वृद्धि उतनी ही कम होने की उम्मीद है जिस हद तक संपूर्ण साक्षरता अभियान अपने लक्ष्य तक प्रभावकारी तरीके से पहुँचेगा। किसी क्षेत्र में संपूर्ण साक्षरता अभियान सम्पत्ति पर विस्तारित अनौपचारिक शिक्षा के माध्यम से उत्तर साक्षरता और सतत् शिक्षा केन्द्रों के जरिये नवसाक्षर, बच्चों की शिक्षा की भावी जरूरतें पूरी करने का प्रस्ताव है।

नवसाक्षरों में कौशल विकास कार्यों का ज्ञानार्जन-साक्षरता अभियान की उपलब्धियों में उत्तर साक्षरता के तहत् नवसाक्षरों की वैचारिक क्षमता, आवश्यकता, जीवन स्तर सुधार हेतु व्यवसायिक कौशलों का विकास किया

जिनमें शामिल है–बढ़ईगिरी, कढ़ाई, बुनाई कसीदाकरी, बैंकिंग और व्यवसायिक कला इत्यादि का विकास किया जिनमें नवसाक्षरों में आमदनी का नया मार्ग प्रशस्त हुआ।

नवसाक्षरों में जीवन प्रवीणता का ज्ञान–

साक्षरता कार्यक्रम में पढ़ने वाले नव साक्षरों के भीतर जीवन प्रवीणता का ज्ञान जैसे प्रजनन, स्वास्थ्य देखभाल, बाल जीवन, सुरक्षित मातृत्व तथा एच.आई.वी. (एड्स), सफाई इत्यादि की जानकारी दी जाती है। इसके कारण यह इन जीवन प्रवीणता जानकारी को अपनाने लगे हैं।

लिंग समानता के प्रति सकारात्मक दृष्टिकोण का विकास–

साक्षरता अभियान के कारण पुरुष–स्त्री के बीच लिंग असमानता में कमी आई है। देहाती क्षेत्रों में जहाँ कार्यक्रम से लाभाविन्त लोगों में 90 प्रतिशत महिलाएं हैं वहाँ लड़के–लड़की के बीच भेदभाव कम हुए हैं अब लड़की शिक्षा, स्वास्थ्य एवं अन्य जरूरतों के प्रति दृष्टिकोण विकसित हुआ है।

यद्यपि भारत में चलाये जा रहे साक्षरता अभियान को कहीं कम अथवा कहीं अधिक सफलता मिली है। फिर भी इसके माध्यम से उल्लेखनीय प्रगति हुई है। इसका सकारात्मक प्रभाव सभी क्षेत्रों में दिखाई पड़ता है।

– इसके कारण शिशु मृत्यु दर में कमी आई है। बाल टीकाकरण कार्यक्रम में सुधार आया है। माताएँ अब अपने बच्चों की देखभाल के प्रति ज्यादा जागरूक हो गई है। मातृ सुरक्षा, बच्चों के स्वास्थ्य, छोटे एवं सीमित परिवार की धारणाओं को बल मिला है। गर्भावस्था के दौरान, अपनी और बच्चों की देखभाल, बच्चों के लिए माँ के दूध का महत्व, बाल टीकाकरण की आवश्यकता, परिवार कल्याण कार्यक्रम को महत्व प्राप्त होने लगा है। बच्चों के स्वास्थ्य व इसमें सुधार (हाईजीन) का ज्ञान अच्छे स्तर पर प्राप्त हुआ है।
– महिलाओं पुरुषों में जनसंख्या शिक्षा, स्वास्थ्य शिक्षा, प्रर्यावरण की शिक्षा की जानकारी प्राप्त हुई है। अब वह अपने विरुद्ध हो रहे अत्याचारों का विरोध करने लगे हैं। मुस्लिम व पिछड़े क्षेत्रों तथा अन्य सभी वर्गों की निरक्षर महिलाएँ अब साक्षरता अभियान

के माध्यम से शिक्षा पाकर आत्मनिर्भर एवं आत्मविश्वासी बनने लगी है। इनका व्यक्तित्व निखरकर सामने आया है। इनके जीवन स्तर में सुधार आया है। महिलाएं अब सामाजिक और कानूनी अधिकारों के प्रति जागरूक हो गई है।

– नवसाक्षर अब वह वातावरण में अनुकूलन बनाने, सामंजस्य स्थापित करने अपने अधिकारों निर्वहन एवं कर्तव्यों के पालन करने में समर्थ बन गए हैं। इससे नवसाक्षरों के चरित्र निर्माण व नैतिक विकास संभव हो पाया है उनमें सामाजिक भावना, कर्तव्य पालन की भावना, आत्मविश्वास, आत्म निर्णय लेने की क्षमता का विकास हुआ है। वे समाज के उपयोगी सदस्य बन गए हैं। इनमें अपनी आवश्यकताओं की पूर्ति करने की क्षमता पैदा हो गई है। वह साक्षरता केन्द्रों में विभिन्न तरह के व्यवसायिक कार्यों में कुशलता प्राप्त करते हुए अपना जीवनयापन कर रहे हैं। इन्हें विभिन्न क्षेत्रों का कार्य कुशल, व्यवहारिक ज्ञान प्राप्त हुआ है।

– जनता को साक्षरता केन्द्रों से स्वास्थ्य की देखभाल, जनशिक्षा, स्वास्थ्य मेलों, स्वास्थ्य हैल्थ कैम्पों, स्वास्थ्य के प्रति जन–जागरूकता बढ़ी है। जनता में स्वास्थ्य के प्रति जागरूकता बढ़ी है। साक्षरता और स्वास्थ्य परस्पर संबंधित है। साक्षरता के मूल में साक्षरता की अहम् भूमिका है। स्वयंसेवी संस्थाओं एवं कार्यकर्त्ताओं में नव उत्साह पैदा हुआ है।

– साक्षरता अभियान के फलस्वरूप प्राथमिक स्तर पर दाखिले में सुधार आया है। प्राथमिक विद्यालयों में बच्चों की संख्या एवं उपस्थिति आश्चर्यजनक रूप से बढ़ गई है। माँ–बाप के पढ़े–लिखे होने की वजह से उनके बच्चों की पढ़ाई बीच में घुटने का खतरा भी कम हो गया है। अभिभावक साक्षरता के महत्व को पहचानने लगे हैं अतः बच्चों की पढ़ाई में मदद करते हैं इसलिए नियमित रूप से पढ़ाई जारी रखने वालों की संख्या में वृद्धि देखी गई है।

– नवसाक्षरों के व्यक्तिगत विकास में सहायता मिली है जिससे राष्ट्रीय विकास की गति तीव्र हुई है, नव साक्षरों ने अपने

प्रगतिशील विकास प्रक्रिया को आगे बढ़ाया है। इनका सर्वांगीण विकास, नैतिक विकास चरित्र निर्माण इत्यादि संभव हो पाया है। इनको कार्यात्मक साक्षरता प्राप्त होने लगी है। इन्हें सामाजिक चेतना, तालमेल की स्थापना की महत्वपूर्ण जानकारी प्राप्त हुई है।

- नवसाक्षर अब अपने परिवार, गाँव, समाज एवं राष्ट्र की उन्नति में महत्वपूर्ण योगदान देने लगे हैं। अब वह अपनी योग्यता एवं सामर्थ्य अनुसार अपने जीवन की छोटी–छोटी कठिनाइयों को स्वयं सुलझाने में समर्थ हो गए हैं। लाभान्वित नवसाक्षर स्वयं उचित निर्णय लेने लगे हैं। तथा अंधविश्वासों व पुरानी गलत मान्यताओं को विरोध कर अपने जीवन को सकारात्मक दिशा में आगे बढ़ाने का प्रयत्न करने लगे हैं।
- इससे निरक्षरों को अक्षर ज्ञान के साथ–2 सामाजिक जागरूकता लाने और सामाजिक बुराईयों को समाप्त करने की सीख मिली है। अब वह साक्षरता के महत्व से परिचित होने लगे हैं उनमें जन–जागरूकता आई है।
- इसके माध्यम से दिल्ली राज्य में लाखों की संख्या में निरक्षर व्यक्ति साक्षर बनाए जा सके हैं। इसके द्वारा वर्ष 1994–97 के दौरान लगभग 4 लाख 47 हजार निरक्षरों को साक्षर बनाया गया।
- अब नवसाक्षर समाज में अपने स्थान, मान सम्मान को पहचानने लगे हैं, अब वह साक्षरता से मिलने वाले लाभों और अपने अभावों को दूर करने की बात सोचने लगे हैं।
- इससे नवसाक्षरों से नया आत्मविश्वास उत्पन्न हुआ है। अब वे दैनिक जीवन में पेश आने वाली कठिनाईयों को सुलझाने में समर्थ बनकर आत्मनिर्भर हो गए हैं। अब वह अभाव के कारणों, निरक्षरता के कलंक को दूर करने हेतु साक्षर बनने पर जोर देने लगे हैं।
- राष्ट्रीय साक्षरता मिशन भारत सरकार की सर्वेक्षण रिपोर्ट के अनुसार दिल्ली में इससे 9.7 प्रतिशत साक्षरता दर बढ़ी है। वर्ष 1991 में यह दर 75.3 प्रतिशत थी जो कि 1997 में बढ़कर 85 प्रतिशत हो गई।

- नवसाक्षरों के मन में घर एवं आस–पड़ौस में सफाई, वातावरण को स्वस्थ एवं स्वच्छ रखने की प्रवृति पैदा हुई है। स्वच्छता एवं अन्य सामाजिक समस्याओं को निराकरण साक्षरता से ही संभव है। इस बात का ज्ञान आम लोगों, निरक्षरों तक पहुँचा है। समाज के व्यक्ति और समुदायों में स्वच्छता, पारिस्थितिक संतुलन बनाए रखने में रूचि पैदा हुई है।
- महिलाएं दस्तकारी, हस्तकला इत्यादि के कार्य सीख कर अपने परिवार की आय बढ़ाकर आर्थिक स्थिति सुधारने में मदद करने लगी है। उनमें स्वधारणा सुधरी है। उन्नति के कामों में वह मर्दों के साथ कन्धे से कन्धा मिलाकर आगे बढ़ने के काबिल हो गई हैं।
- नवसाक्षर अब अपने छोटे–छोटे बच्चों को पढ़ने के लिए प्रेरित करने लगे हैं। बच्चों की पढ़ाई संबंधी छोटी–छोटी कठिनाई को दूर करने लगे हैं। इससे ट्यूशन के रूप में खर्च होने वाले धन की बचत होने लगी है। प्रौढ़ नवसाक्षर अपने बच्चों की प्रगति को जानने एवं समझने लगे हैं तथा अपने समय का सदुपयोग निरक्षरों की साक्षर बनाने में करने लगे हैं।
- साक्षरता अभियान के कारण समाज में फैले अंधविश्वासों, निन्दनीय सामाजिक बुराईयों जैसे दहेज प्रथा, बाल विवाह, भीख मांगना, शराब पीना इत्यादि का जोरदार विरोध होने लगा है।
- साक्षरता अभियान सभी छोटे–बड़े निरक्षर लोगों, स्त्री–पुरूषों को निःशुल्क साक्षर बनाते हैं तथा इससे लाभान्वित होने वाले नव साक्षर शिक्षा प्राप्ति के साथ–साथ अन्य कार्य भी कर सकते हैं।

9

डकार सम्मेलन-साक्षरता अभियान नियोजन की नवीन अवधारणा

डकार कार्य संरचना (यूनेस्को, 2000) उप–शीर्षक है–'अपनी सामूहिक वयनबद्धताएं पूरी करना'। 2000 में विश्व शिक्षा मंच के बाद से डकार वचन बद्धताएं अनेक सरकारों द्वारा उधृत, प्रतिपादित एवं संवर्धित की गई हैं। सभ्य समाज की संस्थाओं द्वारा इनका जोरदार ढंग से समर्थन किया गया है तथा संयुक्त राष्ट्र की एजेंसियों, विश्व बैंक तथा देशों के महत्त्वपूर्ण एवं प्रभावी समूहों यथा जी–8 द्वारा इन्हें अनुमोदित किया गया है।

अपेक्षाकृत अधिक सरलता से व्यापक वचनवद्धताएं की जा सकती हैं। लेकिन उनका अनुपालन ज्यादा कठिन है। जैसा कि 1990 में जोमेतियन में विश्व शिक्षा सम्मेलन के बाद गुजरे दशक से पता चलता है (लिटिल और मिलर, 2000; टोरेस, 1999) । तथापि जोमेतियन सम्मेलन से अलग हटकर डकार कार्य संरचना में ऐसे कार्यों का उल्लेख है जो तात्कालिकता की भावना भरने और जवाबदेही का माहौल सृजित करने के लिए अभिकल्पित हैं। इनमें से कुछ प्रमुख कार्य समयबद्ध हैं। इन सभी के लिए सशक्त राजनीतिक वचनबद्धता और सुविचारित, सुप्रबन्धित, एवं सुरक्षित ढंग से वित्तपोषित रणनीतियों की आवश्यकता है। इनमें से 12 का

कार्य संरचना में विस्तार से उल्लेख है कारगर नियोजन पर विशेष बल दिया गया है।

डकार नियोजन के लक्ष्य

डकार कार्यवाही रूपरेखा—सबके लिए शिक्षा सबकी सामूहिक वचनबद्धता को पूरा करना डकार विश्व शिक्षा मंच डकार, सेनेगल, 26–28 अप्रैल 2000 को पारित। हम इसके द्वारा एकत्रित रूप से स्वयं को निम्नलिखित लक्ष्यों की प्राप्ति के लिए प्रतिज्ञा करते हैं।

- शिक्षा की गुणवत्ता के सभी पक्षों में सुधार तथा सभी की उत्कृष्टता सुनिश्चित करना ताकि सभी द्वारा स्पष्ट शिक्षा परिणाम विशेषत साक्षरता, अंकगणित तथा अनिवार्य जीवन निर्वाह दस्तकारी कुशलता में प्राप्त किए जा सके।
- वर्ष 2005 तक प्रौढ़ साक्षरता के स्तर में विशेष रूप से महिलाओं से स्तर 50 प्रतिशत सुधार के लक्ष्य को प्राप्त करना तथा सभी प्रौढ़ व्यक्तियों के लिए दस्तकारी शिक्षा प्राप्त होनी चाहिए।
- 2005 तक प्राथमिक तथा माध्यमिक शिक्षा में लिंग भेद को समाप्त करना तथा 2015 तक लिंग समानता के लक्ष्य को प्राप्त करना जिसमें लड़कियों को पूरी तथा समान शिक्षा तथा अच्छे स्तर की मौलिक शिक्षा उपलब्ध कराना।
- विस्तृत प्रारंभिक बाल्यावस्था देखरेख तथा शिक्षा का विस्तार तथा सुधार, विशेषतः सर्वाधिक गरीब तथा उपेक्षित बच्चों के लिए।
- सुनिश्चित करना कि सभी युवा व्यक्तियों तथा प्रौढ़ों को ज्ञानार्जन आवश्यकताएँ उपयुक्त तथा समान रूप से जीवन यापन के लिए दस्तकारी शिक्षा प्राप्त होनी चाहिए।

डकार घोषणा के पश्चात्, भारत ने दूसरी देशों के सहयोग से डकार में किए गए संकल्पों को पूरा करने के लिए युनेस्को के मार्गदर्शन में विस्तृत राष्ट्रीय कार्य योजना की प्रक्रिया शुरू की है। भारत जैसे विभिन्नता

वाले देश में राष्ट्रीय कार्य योजना तैयार करना आसान नहीं है। इन लक्ष्यों के विषयों में विभिन्न राज्य अलग–अलग परिस्थितियों में हैं, इन अन्तर्राज्यीय विभिन्नताओं को ध्यान में रखते हुए प्रभावशाली राष्ट्रीय योजना तैयार की जानी चाहिए।

दूसरे, इस योजना को सामायिक संगठनों का सापेक्ष महत्त्व भी झलकना चाहिए जो पूरे देश में बड़े पैमाने पर शैक्षिक गतिविधियों में लगी हुई है,

तीसरे, लक्ष्यो के निर्धारण, निर्माण तथा कार्यनीति तैयार करने के लिए व्यावसायिक आधार होना चाहिए। इसी दृष्टि से विभिन्न राज्यों में सरकारी नेतृत्व नया गैर–सरकारी संगठनों के सापेक्ष महत्त्व को स्पष्ट करने के लिए चार संगीय परामर्श बैठकें आयोजित की गईं। छह डकार लक्ष्यों के संदर्भ में उनके अनुरूप इस योजना के लिए आधारभूत सूचनाएं तैयार करने की प्रक्रिया में है।

यह भी प्रस्ताव है कि सभी गैर सरकारी संगठनों के प्रतिनिधियों तथा व्यावसायिकों के साथ मिलकर राष्ट्रीय परामर्श की प्रक्रिया शुरू की जाऐगी ताकि वर्ष के अंत तक तैयार की जाने वाली राष्ट्रीय योजना में समाज के सभी लाभान्वित होने वाला वर्गो की चिंताओं तथा महत्त्व को दर्शाया जा सके।

इनके लिए डकार कार्य की रूपरेखा को उसी संदर्भ में देखा जाएगा क्योंकि भारत इसको स्वीकार करने वाला देश है स्पष्ट है कि कार्य रूपरेखा के सभी लक्ष्यों में समाज के उपेक्षित वर्ग की आवश्यकताओं पर ध्यान केन्द्रित करने के लिए जोर दिया गया है डकार घोषणा में दक्षिणी एशिया क्षेत्र के देशों के सामने इसकी समस्या की व्यापकता को भी पहचाना है तथा उप–सहारा अफ्रीका के साथ–साथ दक्षिण एशिया को भी राष्ट्रीय तथा वैश्विक स्तर पर व्यापक कार्यवाही के लिए प्राथमिकता क्षेत्र घोषित किया है।

निःसंदेह, देश के भीतर भिन्न–भिन्न परिस्थितियों को ध्यान में रखते प्रभावशाली राष्ट्रीय योजना तैयार करना वास्तविक बौद्धिक चुनौति है तथापि, अन्तर्राष्ट्रीय सचुदाय के आदेश पर तैयार की गई कार्य योजना

आमतौर पर केवल इच्छा का सुचक वक्तव्य बन कर रह जाती है प्रभावशाली योजना तैयार करने तथा इसे वास्तविकता में कार्यरूप देना मुख्यतः दो तत्वों पर निर्भर करता है।

– देश के द्वारा इन लक्ष्यों के विषय में अन्तर्राष्ट्रीय प्रतिबद्धताओं को पर्याप्त रूप से राष्ट्रीय स्तर के प्रस्तावों में स्थान दिया जाये। यह महत्त्वपूर्ण है क्योंकि इनसे देश की राष्ट्रीय या राज्य सरकारों के विधमान प्रयासों से जुड़े हुए हैं।

विशेषतः सर्व शिक्षा अभियान के संदर्भ में यह अधिक महत्त्वपूर्ण हो जाता है। वास्तविक परिणति न केवल लक्ष्यों के वक्तव्य में निहित है अपितु इसे वास्तविक स्थानीय कार्यवाही के रूप में देखा जाना चाहिए। इसके अलावा, लक्ष्यों की प्राप्ति के लिए तैयार की गई सरकार व्यवस्थाओं को भी अन्तर्राष्ट्रीय संकल्पों के अनुरूप होना चाहिए।

– महत्त्वपूर्ण पूर्वापेक्षा जिससे किसी कार्य योजना की विश्वसनीयता प्रबल होती है वह है राष्ट्रीय नेतृत्व की राजनैतिक प्रतिबद्धता तथा तय किए गए लक्ष्यों के प्रति समाज का वास्तविक समर्थन यद्यपि प्राथमिक शिक्षा तथा साक्षरता गतिविधियों के पक्ष में उच्च राजनैतिक तथा सामाजिक लाभबंदी है परन्तु क्या ये गतिविधियाँ देश द्वारा तय किए गए लक्ष्यों तथा उद्देश्यों की प्राप्ति के लिए पर्याप्त है। वैसे तो, औपचारिक स्तर पर राजनैतिक सरकार न देश के प्रत्येक नागरिक के लिए प्राथमिक शिक्षा को मौलिक अधिकारों में रखते हुए इनके लक्ष्यों के प्रति अपनी वचन बद्धता हेतु इच्छा व्यक्त कर दी है परन्तु प्रश्न यह है कि देश की राजनैतिक कार्यसूची में शिक्षा को सर्वप्रथम स्थान कब मिलेगा?

इस तथ्य को सिद्ध करने के लिए बहस की कोई जरूरत नहीं है कि भारत सभी के लिए मौलिक शिक्षा तक पहुंचने के अपने प्रयासों में अल्प बढ़ोतरी दृष्टिकोण से लक्ष्य की प्राप्ति नहीं कर सकता जैसा कि पिछले पचास वर्षों में स्थिति रहीं है ये प्रयास अधिक ठोस तथा प्रगति अधिक तेज होनी चाहिए यदि सभी नागरिकों को बेहतर मूलभूत शिक्षा के मौलिक

अधिकार के लिए अगली नयी वचनबद्धता तथा लोगों की सामाजिक–आर्थिक आकांक्षाओं को पूरा करना है इसके लिए राजनैतिक तथा सामाजिक प्रयत्नों के माध्यम से एक विशाल आंदोलन की आवश्यकता है जो "सभी के लिए बेहतर शिक्षा।" के लक्ष्य के साथ समाज के सभी वर्गों को सामान्य विचारधारा के मंच पर ला सके जैसा कि सर्व शिक्षा अभियान में तथा डकार इस घोषणा में उल्लेख किया गया है।

विश्व शिक्षा मंच ने शिक्षा पर एचआईवी/एड्स के प्रभाव को कम करने के लिए उपाय ढूंढने तथा इस महामारी से लड़ने की शिक्षा रणनीति विकसित करने सम्बन्धी अत्यावश्यकता को रेखांकित किया। इसमें यह भी कहा गया कि संघर्षरत या पुर्निर्माण के दौरे से गुजर रहे देशों पर विशेष ध्यान देने की जरूरत है। इस के दूसरे भाग–एचआईवी/एड्स के लिए नियोजन के तहत ऐसे नियोजन विकास की जांच की जाएगी जो एचआईवी/एड्स ग्रस्त व्यक्तियों तथा संकट, संघर्ष एवं आपात स्थिति से जुझने वाले व्यक्तियों की परिस्थितियों के प्रति क्रियाशील हो।

संरचना में नीति विकास एवं नियोजन चुनौतियों के एक ऐसे सेट का उल्लेख है जो विशेष रूप से तो नहीं लेकिन मुख्य रूप से सरकारों से सम्बन्धित है। यह अनेक्षित है कि अधिकतम 2002 तक देशव्यापी राष्ट्रीय सबके लिए शिक्षा कार्य योजनाएं तैयार कर लें या उन्हें सुदृढ़ कर लें। इसमें इस बात का स्पष्ट उल्लेख है कि अगर सबके लिए शिक्षा लक्ष्यों को प्राप्त करना है तो स.लि.श. संबंधी योजना को विस्तृत शिक्षा सेक्टर, गरीबी न्यूनकरण और विकास संरचनाओं के साथ समेकित किया जाना चाहिए जिससे यह सुनिश्चित हो कि स.जि.शि. पर उतना ध्यान दिया जाए और इसे उतनी प्राथमिकता मिले जितनी इसके लिए बजट भी आवंटित हो। संरचना में इस बात का भी स्पष्ट उल्लेख है कि जो शिक्षा अवसरों से वंचित है उनकी मांगें एवं आवश्यकता अवश्य पूरी की जानी चाहिए। अन्त में, इसमें बात की जोरदार ढंग से वकालत की गई है कि सबके लिए शिक्षा वादा करने के लिए अभिकल्पित रणनीतियों के निर्माण, कार्यान्वयन और मानीटरिंग में नागरिक समाज को घनिष्ट रूप से शामिल किया जाना चाहिए।

ये चुनौतियां न तो नई हैं और न ही सीधी–साधी हैं फिर भी अगर स.लि.शि को वास्तविकता का रूप देना है तो इन चुनौतियों को अवश्य ही दूर किया जाना चाहिए। इस अध्ययन के पहले भाग–'क्या नियोजन की चुनौतियों का सामना किया जा रहा है–इस बात का अन्तरिम आकलन शामिल है कि सबके लिए शिक्षा सम्बन्धी नियोजन की चुनौतियों का किस हद तक सामना किया गया है। सरकारों ने कार्य संरचना के प्रति अपनी वचनबद्धता की किस तरह से व्याख्या की है? क्या वे बुनियादी शिक्षा को अधिक प्राथमिकता और महत्त्व दे रही है? क्या वंचित एवं हाशिए पर ढकेले गए बच्चों के नियोजन में शामिल होने का प्रमाण हैं? क्या नियोजन लैंगिक अनुक्रियाशील हैं? इस बात की जांच की गई है कि सबके लिए शिक्षा सम्बन्धी नियोजन के लिए किस हद तक व्यापक दृष्टिकोण अपनाया गया है, साथ ही इस बात का भी आकलन किया गया है कि क्या डकार 2002 के लक्ष्य प्राप्त कर लिए गए हैं या प्राप्त कर लिए जाएंगे। गरीबी न्यूनकरण रणनीति कागजात (पी आर एस पी) में सबके लिए शिक्षा लक्ष्यों की प्राप्ति पर दिए गए बल का विश्लेषण किया गया है तथा सबके लिए शिक्षा के प्रति राष्ट्रीय वचनबद्धता के सूचक के रूप में नागरिक समाज की भागीदारी के महत्व को देखते हुए नियोजन में नागरिक समाज की भागीदारी की मात्रा एवं स्वरूप का प्रारम्भिक आकलन भी किया गया है।

अन्तिम भाग–विश्वसनीय नियोजन, विश्वसनीय योजनाएं–के तहत विश्वसनीय योजना की अवधारणा की जांच की गई है। अपने सबके लिए शिक्षा कार्यक्रमों को कार्यान्वित एवं बनाए रखने में देशों की मदद करने की प्रक्रिया में निधियन एजेंसियों और अन्य पार्टनरों से सम्बिन्धित पूर्वाक्षाओं को परिभाषित करने के लिए डकार में इस शब्द का प्रयोग हुआ है। डकार के बाद से विश्वसनीय योजना की अवधारणा को कार्य संरचना में वर्णित इस वचनबद्धता से घनिष्ठतापूर्वक जोड़ा गया है, 'ऐसे एक भी देश के सामने संसाधनों के अभाव को सबके लिए शिक्षा की प्राप्ति में आड़े नहीं आने दिया जाएगा जो इस लक्ष्य के प्रति गम्भीरता से प्रतिबद्ध हो।'

10

सर्व शिक्षा अभियान करेगा भारत का कल्याण

प्रस्तावना

सूचना और संचार के इस युग में अनपढ़ रहना विकास के मार्ग में बहुत बड़ी बाधा है। इससे केवल व्यक्ति के विकास पर ही प्रतिकूल प्रभाव नहीं पड़ता है अपितु राष्ट्र के विकास के मार्ग भी अवरूद्ध होता है। राष्ट्र के सभी लोगों को पूर्णतः साक्षर बनाने की तात्कालिक आवश्यकता को महसूस करते हुए सरकार जंहा एक ओर 'सर्व शिक्षा अभियान; के माध्यम से प्राथमिक शिक्षा को सर्वसुलभ बनाने के लिए प्रयासरत है वहीं दूसरी और राष्ट्रीय साक्षरता मिशन ने 2005 तक 75 प्रतिशत की पोषणक्षम प्रभाव सीमा को प्राप्त करने का लक्ष्य भी रखा है। तथापि, सरकार द्वारा किए जा रहे ये प्रयास तभी पूरे हो सकते हैं जब इनमें समाज के सभी वर्गों अर्थात् सरकारी एजेंसियों, गैर–सरकारी संगठनों, धार्मिक और सांस्कृतिक निकायों, छात्र तथा युवा संगठनों, जन–प्रचार माध्यमों तथा व्यापारी वर्ग की समन्वित और संगठित भागीदारी हो। जब तक समाज के सभी वर्ग मिलकर इस दिशा में काम नहीं करेंगे तब तक भारत के सभी व्यक्तियों को साक्षर बनाने का स्वप्न अधूरा ही रहेगा।

सर्व शिक्षा अभियान की योजना प्रारम्भिक शिक्षा के सर्वसुलभीकरण के निमित मिशन पद्धति अपनाए जाने के संबंध में अक्तूबर 1998 में

आयोजित राज्य शिक्षा मंत्रियों के सम्मेलन की सिफारिशों का परिणाम है। सर्व शिक्षा अभियान की योजना का आरंभ भारत सरकार ने 2001 में किया।

सर्व शिक्षा अभियान कार्यक्रम के अंतर्गत सहायता नौवीं योजना के दौरान केंद्र और राज्य सरकार की बीच 85 अनुपात 15 की भागीदारी के आधार पर थी, दसवीं योजना के दौरान यह 75 अनुपात 25 के आधार पर है और इसके बाद 50 अनुपात 50 के आधार पर होगी।

देश के 6 से 14 वर्ष आयु वर्ग के प्रत्येक बच्चे को वर्ष 2010 तक प्रत्येक दशा में कक्षा 1 से 8 तक अनिवार्य शिक्षा उपलब्ध कराने के एक महत्वाकांक्षी लक्ष्य को लेकर केन्द्र सरकार द्वारा वर्ष 2000–2001 के बजट में सर्व शिक्षा अभियान के क्रियान्वयन की घोषणा की गयी थी। पुनः वर्ष 2001–2002 के बजट में इस अभियान के प्रति सरकार द्वारा प्रतिबद्धता दर्शाये जाने से प्राथमिक शिक्षा के सार्वजनीकरण की दिशा में पुनः एक बार आशा का संचार हुआ है। अभियान के भली–भांति संचलन हेतु वित्तीय संसाधनों की पर्याप्त आपूर्ति हेतु 9000 करोड़ रूपये का अतिरिक्त बजट के प्रति वर्ष इस अभियान पर व्यय किये जाने का लक्ष्य निर्धारित किया गया है। इस महत्वपूर्ण अभियान के अन्तर्गत प्राथमिक शिक्षा की अनिवार्यता के साथ–साथ उसके उपयोगी होने पर भी पूरा–पूरा ध्यान दिया जायेगा। अगले 10 वर्षों के अन्दर निर्धारित आयु वर्ग के सभी बच्चों को निःशुल्क और अनिवार्य शिक्षा की समचित व्यवस्था किये जाने हेतु इस अभियान के अन्तर्गत केन्द्र सरकार के साथ–साथ सभी राज्य सरकारों का भरपूर सहयोग प्राप्त किये जाने हेतु सभी व्यवस्थाएं सुनिश्चित की गयी हैं। इस प्रकार इस अभियान के अन्तर्गत सभी राज्य सरकारों की समुचित भागीदारी से देश के 14 वर्ष तक की आयु के सभी बच्चों को संतोषजनक निःशुल्क और गुणवत्तापरक समयबद्ध समेकित शिक्षा देने के प्रयास करने पर विशेष जोर दिया गया है।

कार्यक्रम में समूचा देश शमिल किया गया है, सिवाय गोवा राज्य के। 2004–05 के दौरान अभियान के अंतर्गत 598 जिलों की वार्षिक कार्ययोजनाएं अनुमोदित की गई। इस कार्यक्रम में ऐसी बस्तियों में नये स्कूल स्थापित करना, जहां कोई स्कूली सुविधाएं मौजूद नहीं हैं तथा

अतिरिक्त कक्षाओं, शौचालयों, पेयजल अनुरक्षण अनुदान तथा स्कूल सुधार अनुदान के प्रावधान के माध्यम से स्कूल के मौजूदा बुनियादी ढांचे को सुदृढ़ बनाने का प्रयास किया जाएगा।

कार्यक्रम के तहत अपर्याप्त शिक्षक वाले मौजूदा स्कूलों में अतिरिक्त शिक्षक उपलब्ध कराए जाएंगे। मौजूदा अध्यापकों की क्षमता गृहण प्रशिक्षण, अध्यापन–अधिगम सामग्री और शैक्षणिक अनुसमर्थ तंत्र विकसित करके बढ़ाई जाएगी। सर्व शिक्षा अभियान का कमजोर वर्गों की लड़कियों और बच्चों पर विशेष ध्यान है। कार्यक्रम के अधीन इन बच्चों के लिए निःशुल्क पाठ्यपुस्तकों सहित अनेक प्रोत्साहन योजनाएं हैं। सर्व शिक्षा अभियान ग्रामीण क्षेत्रों में भी कंप्यूटर–आधारित शिक्षा प्रदान करना चाहता है।

उल्लेखनीय है कि विश्व के सबसे बड़े लोकतंत्र होने का गौरव प्राप्त होते हुए भी हमारे देश में अशिक्षा की विभीषिका हमारे माथे पर एक कलंक है। यद्यपि पिछले 56 वर्षों में इसे मिटाने के लिए अनेक प्रयास भी किये गये, लेकिन स्थिति में आशातीत परिवर्तन नहीं हो सका है। इस संबंध में हमारी यह एक अजीब बिडम्बना रही है कि देश में साक्षरता दर में निरन्तर वृद्धि होने के बावजूद वर्ष 1991 तक निरक्षरों की संख्या में निरन्तर वृद्धि परिलक्षित हुई है। स्वतन्त्रता प्राप्ति के बाद पहली बार वर्ष 2001 की जनगणना के अनुसार देश में निरक्षरों की संख्या में कमी आई है। वर्ष 2001 की जनगणना के आंकड़ों के अनुसार अभी भी देश में निरक्षरों की संख्या 34 करोड़ के करीब है, जबकि आजादी के समय देश में निरक्षरों की संख्या 30 करोड़ से भी कम थी। साक्षरता के धीमी प्रगति और निरक्षरों की संख्या में कमी न आ पाने के पीछे जो प्रमुख कारण रहा, वह स्पष्ट है कि जिस गति से हमें इस दिशा में प्रयास करने चाहिए थे, वह नहीं किये जा सके। साक्षरता योजनाओं की प्रभावशीलता और विश्वसनीयता उपयुक्त स्तर की नहीं बन पायी। शिक्षा के व्यापक प्रसार के लिए वर्ष 1950 में भारतीय संविधान में नीति निर्देशक तत्वों के अंतर्गत यह व्यवस्था की गयी थी कि राज्य 10 वर्षों के भीतर 6 से 14 वर्ष तक के बच्चों के लिए निःशुल्क और अनिवार्य शिक्षा की व्यवस्था करेगा अर्थात् देश के सभी बच्चे कम से कम 8वीं कक्षा तक की शिक्षा अवश्य प्राप्त कर सकेंगे। यह समय सीमा कालान्तर में 1960 से बढ़ाकर 1972, तत्पश्चात् 1976 तथा

पुनः 1990 कर दी गयी। 1986 में राष्ट्रीय शिक्षा नीति में 8 वर्षीय अनिवार्य शिक्षा की एमयावधि का विभाजन करके 1990 तक पांचवी कक्षा तथा 1995 तक आठवीं कक्षा तक की शिक्षा को सर्वसुलभ बनाने का लक्ष्य निर्धारित किया गया। वर्ष 1992 में इस समय–सीमा को पुन': बढ़ाकर वर्ष 2000 तक निश्चित किया गया और अब 'सर्व' शिक्षा अभियान' नामक नये कार्यक्रम के अन्तर्गत इसे और भी आगे बढ़ाते हुए वर्ष 2110 तक इस लक्ष्य को प्राप्त करने का लक्ष्य निर्धारित किया गया है। इससे साफ जाहिर है कि पूर्व में जितनी प्राथमिकता प्राथमिक शिक्षा को दिया जाना अपेक्षित था, वहां संभव नहीं हो पाया।

ज्ञातव्य है कि देश में प्राथमिक शिक्षा की सर्वव्यापकता और सर्वसुलभता हेतु इसे मौलिक अधिकारों में समाहित कराने हेतु सर्वोच्च न्यायालय को भी हस्तक्षेप करना पड़ा। वर्ष 1993 में उन्नीकृष्णन केस पर अपना ऐतिहासिक फैसला देते हुए सर्वोच्च न्यायालय ने यह स्वीकार किया कि शिक्षा का अधिकार प्रत्येक भारतीय नागरिक का मूल अधिकार है और इसलिये इसे मूल अधिकारों में सम्मिलित किये जाने हेतु सरकार को निर्देश भी जारी किये गये। इस संबंध में वर्ष 1997 में 83वां संविधान संशोधन बिल भी राज्यसभ में प्रस्तुत किया गया, जिसके द्वारा प्राथमिक शिक्षा को बच्चों का मौलिक अधिकार बनाना और संविधान सम्मत इसकी समुचित व्यवस्था सुनिश्चित करना सरकार का दायित्व निर्धारित किये जाने का प्रावधान है। अब सरकार सर्व शिक्षा अभियान के माध्यम से इस लक्ष्य की पूर्ति हेतु प्रयासरत है। यही कारण है कि अब इसे 93वें संविधान संशोधन के रूप में संसद से परित कराया जा चुका है।

सर्वशिक्षा अभियान के प्रमुख लक्ष्य–देश में सभी बालकों को प्राथमिक शिक्षा की समुचित व्यवस्था किए जाने हेतु सरकार द्वारा पूर्व में यों तो अनौपचारिक शिक्षा योजना (1979) आपरेशन ब्लेक बोर्ड योजना (1987), बेसिक शिक्षा परियोजना (1993), जिला प्राथमिक शिक्षा कार्यक्रम (1994) मध्यान्ह भोजन योजना (1995), गारंटी शिक्षा योजना (1999) जैसी कई महत्वपूर्ण योजनायें और कार्यक्रम संचालित किये गये हैं और इनका कई क्षेत्रों में काफी अनुकूल प्रभाव भी दृष्टिगोचर हुआ है। सर्वशिक्षा अभियान

से कई प्रकार के उद्देश्यों की पूर्ति की सम्भावनायें व्यक्त की गई हैं। संक्षेप में सर्वशिक्षा अभियान के निम्नांकित उद्देश्य निर्धारित किये गये हैं।

सर्व शिक्षा अभियान के लक्ष्य

- 2003 तक 6–14 वर्ष के सभी बच्चे स्कूल में हों।
- 6–14 वर्ष आयु के सभी बच्चे 2007 तक पांच वर्षों की प्रारम्भिक शिक्षा पूरी कर लें।
- 6–14 वर्ष आयु के बच्चों को 2010 तक आठ वर्षों की प्रारम्भिक शिक्षा की ओर ध्यान केंद्रित करना।
- जीवन के लिए शिक्षा पर बल देते हुए संतोषजनक स्तर की प्रारम्भिक शिक्षा की ओर ध्यान केंद्रित करना।
- प्राथमिक स्तर पर 2007 तक तथा प्रारम्भिक स्तर पर 2010 तक लड़के और लड़कियों के बीच अंतराल और सामाजिक वर्ग विशेषताएं समाप्त करना तथा
- 2010 तक यह सुनिश्चित करना कि सभी बच्चे शिक्षा जारी रखें।
- देश में 6 से 14 वर्ष की आयु वर्ग के सभी बच्चों को कक्षा 1 से 8 तक की निशुल्क एवं अनिवार्य शिक्षा की वर्ष 2010 तक समुचित व्यवस्था करना।
- वर्ष 2010 की समाप्ति तक इन सभी बच्चों की उपयोगी एवं समुचित गुणवत्ता और संस्कार युक्त शिक्षा प्रदान करना।
- वर्ष 2010 तक प्रत्येक दशा में बालक और बालिकाओं में शैक्षिक असमानता और सामालिक भेदभाव मिटाने के लिए सभी व्यवस्थाएं सुनिश्चित करना।
- 6 से 11 वर्ष तक की आयु के सभी बच्चों को प्रत्येक दशा में कक्षा 1 से 5 तक की पांच वर्ष की प्राथमिक शिक्षा वर्ष 2007 तक प्रदान करना।
- 6 से 14 वर्ष तक की आयु के बच्चों को 8 वर्ष की उच्च प्राथमिक स्तर तक की शिक्षा पूर्ण कराना।
- प्रारम्भिक स्तर पर सभी बच्चों को जीवनोपयोगी और समाजपयोगी समुचित स्तर की शिक्षा व्यवस्था किया जाना।

- प्राथमिक तथा उच्च प्राथमिक स्तर तक की (कक्षा 8 तक की) शिक्षा पूर्ण करने तक प्रत्येक दशा में सभी ऐसे बच्चों को विद्यालय में अध्ययरत रखना।
- सभी अवशिष्ट बच्चों को वर्ष 2003 तक 'स्कूल शिक्षा गारंटी केंद्र' की उपलब्धता सुनिचित करना।
- वर्ष 2003 तक एस सभी बच्चों को जो स्कूल में ड्राप–आउट हो गये हैं को वैकल्पिक स्कूल 'बैंक टू स्कूल' शिविर की उपलब्धता सुनिश्चित करना।
- प्राथमिक शिक्षा के मौजूदा ढांचे का समुचित प्रकार से उपयोग करते हुए इस अभियान के माध्यम से शिक्षा संबंधी सभी प्रयासों को एकसूत्र में बांधते हुए इसे अधिक क्रियाशील बनाना।

इस अभियान में समुदाय की सहभागी बनाने की इच्छा शमिल है। पंचायतीराज संस्थानों के परामर्श से, तैयार की गई ग्राम शिक्षा योजनायें, जिला प्रारम्भिक शिक्षा योजनाओं का आधार बनेंगी। अभियान में लड़कियों, अनुसूचित जातियों और अनुसूचित जनजातियों, कठिन परिस्थितियों में रहे अन्य बच्चों की शैक्षिक आवश्यकताओं पर विशेष बल देते हुए सारा देश कवर किया गया है।

मानव संसाधन विकास मंत्रालय ने प्रधानमंत्री की अध्यक्षता में एक राष्ट्रीय साक्षरता मिशन की स्थापना की है।

दसवीं योजना के दौरान सर्व शिक्षा अभियान के लिए आवंटन किया गया है। वर्ष 2003–04 के दौरान अभियान के अंतर्गत कुल व्यय 3,617. 91 करोड़ रूपये था। 2004–05 के लिए बजट नुमान 3,057.08 करोड़ रूपये और संशोधित अनुमान 5,079.58 करोड़ रूपये है।

उपरोक्त लक्ष्यों की पूर्ति हेतु सभी आवश्यक व्यवस्थाएं सुनिश्चित किये जाने हेतु सर्वशिक्षा अभियान के लिए केन्द्र और राज्य सरकारों को मिलजुलकर सम्मिलित रूप से प्रयास करना होगा। इसके साथ–साथ इसकी सफलता के लिए त्रिस्तरीय चुनी हुई पंचायतों और स्वयंसेवी संगठनों का भी सहयोग प्राप्त किया जाना अपहरिहार्य होगा, तभी इस महत्वपूर्ण अभियान को सफलता हासिल हो सकती है। यह अभियान अपने निर्धारित उद्देश्यों को निर्धारित समयवधि में प्राप्त कर सके, इसलिए इसे

जनता के बीच ले जाकर उनके प्रमुख कार्यक्रम के रूप में संचालित किये जाने के लिए सभी आवश्यक प्रबन्ध पहले से ही करने होंगे। सर्व शिक्षा अभियान भलीभांति क्रियान्वित हो सके और अपने निर्धारित उद्‌देश्यों को प्राप्त करने में सफल हो, इसके लिए सरकार द्वारा कुछ विशेष व्यवस्थाएं भी निर्धारित की गई हैं। इन विशेष व्यवस्थाओं के आधार पर इस महत्वपूर्ण अभियान की निम्नांकित विशेषताएं रेखांकित की जा सकती हैं–

सर्व शिक्षा अभियान की विशेषताएँ

(1) यद्यपि 'सर्व शिक्षा अभियान' को केन्द्र द्वारा पोषित किया गया है लेकिन इसके सभी राज्यों में क्रियान्वयन को सभी राज्य सरकारों ने अपनी सहमति और पूरी प्रतिबद्धता प्रदर्शित की है।

(2) विभिन्न राज्य सरकारों द्वारा इस अभियांन को स्थानीय समुदायों के सहयोग से क्रियान्वित करने का निर्णय लिया गया है। जिसमें पंचायती राज संस्थाओं, जनजातिय परिषदों, स्वयंसेवी संगठनों का भरपूर सहयोग प्राप्त किया जाना निर्धारित किया गया है।

(3) इस महत्वाकांक्षी अभियान के माध्यम से स्कूली पद्धति के कार्य निष्पादन में सुधार तथा समुदाय आधारित होने से अधिक गुणवत्तायुक्त होना संभावित है।

(4) इस अभियान के प्रति राष्ट्रीय प्रतिबद्धता दर्शाने की दृष्टि से प्रधानमंत्री की अध्यक्षता में एक राष्ट्रीय सर्वशिक्षा अभियान मिशन स्थापित किया गया है, इसके उपाध्यक्ष मानव संसाधन विकास मंत्री बनाये गये हैं।

(5) प्रत्येक राज्य में सर्वशिक्षा अभियान के माध्यम से प्राथमिक शिक्षा को जन–जन तक पहुंचाने के लिए प्रत्येक राज्य में राज्य स्तरीय कार्यान्वयन सोसाइटीस के गठन की व्यवस्था की गयी है। केन्द्र सरकार द्वारा सभी राज्यों में सोसाइटी गठित भी हो गई हैं। इस सोसाइटीज के अध्यक्ष सामान्य मुख्यमंत्री/शिक्षामंत्री बनाये गये हैं।

(6) सर्व शिक्षा अभियान के अन्तर्गत प्रत्येक जिले द्वारा भी एक प्राथमिक शिक्षा योजना तैयार करने की व्यवस्था रखी गई है

ताकि विभिन्न जिलों द्वारा अपनी आवश्यकताओं और संसाधनों के सापेक्ष व्यावहारिक योजना बनाना और उसका क्रियान्वयन संभव हो सके।

(7) इस अभियान के अन्तर्गत महिला–पुरूष शैक्षिक और सामाजिक असमानता और अंतर को समाप्त करने की परिकल्पना भी की गयी है। इससे सदियों से चले आ रहे लिंगभेद को समाप्त करने की दिशा में यह प्रयास अति सार्थक हो सकेगा।

(8) इस महत्वपूर्ण अभियान को मार्च 2002 तक पूरे देश में लागू कर दिया गया है ताकि वर्ष 2010 तक 8 वर्ष की सार्वभौमिक प्राथमिक शिक्षा का लक्ष्य समय पर पूरा किया जाना संभव हो सके।

(9) इस अभियान के अंतर्गत अनुसूचित जाति, अनुसूचित जनजाति, अल्पसंख्यकों, विकलांगों तथा वंचित वर्ग के बच्चों की सहभागिता पर विशेष रूप से बल देना तय किया गया है। इससे अभी तक शैक्षिक दृष्टि से पिछड़े इन वर्गों को पर्याप्त प्रतिनिधित्व मिलने की संभावनायें हैं।

(10) सर्व शिक्षा अभियान में विशेषकर वंचित वर्गों और शैक्षिक दृष्टि से पिछड़ी हुई बालिकाओं के लिए शिक्षा की पक्की व्यवस्था सुनिश्चित किया जाना निर्धारित किया गया है।

सर्व शिक्षा अभियान (स.शि.अ.), स्कूली प्रणाली के सामुदायिक–स्वामित्व के माध्यम से प्रारम्भिक शिक्षा के सार्वजनीकरण की दिशा में एक प्रयास है। यह समूचे देश में स्तरीय बुनियादी शिक्षा की मांग की पूर्ति के लिए अपेक्षित कार्यवाई है। साथ ही (स.शि.अ) कार्यक्रम, मिशन पद्धति से सामुदायिक–स्वामित्व व्यवस्था के अंतर्गत स्तरीय शिक्षा की व्यवस्था के जरिए सभी बच्चों की मानवीय क्षमताओं में सुधार लाने का एक प्रयास भी है।

सर्व शिक्षा अभियान से तात्पर्य–

– केन्द्रीय, राज्य और स्थानीय सरकार के बीच एक सुनिश्चित सामूहिक भागीदारी है।

- प्रारम्भिक स्कूलों के प्रबन्ध में पंचायती राज्य संस्थानों, स्कूल प्रबन्ध समितियों, ग्राम और शहरी मलिन बस्ती स्तर की शिक्षा समितियों, अभिभावक–अध्यापक संघों, माता–अध्यापक संघों, जनजातीय स्वायत्त परिषदों तथा अन्य मूलभूत स्तरीय तंत्रों को प्रभावी रूप से सहयोजित करने का एक महत्वपूर्ण प्रयास है।
- सार्वजनिक प्रारम्भिक शिक्षा के लिए एक निश्चित समय सीमा सहित यह एक कार्यक्रम है।
- राज्यों को, प्रारम्भिक शिक्षा की स्वयं अपनी परिकल्पना विकसित करने का एक महत्वपूर्ण अवसर प्रदान किया गया है।
- समूचे देश में स्तरीय बुनियादी शिक्षा की मांग की पूर्ति के लिए अपेक्षित कार्रवाई, सुनिश्चित की गई है।
- बुनियादी शिक्षा के माध्यम से सामाजिक न्याय को बढ़ावा देने का एक सुनहरा अवसर प्रदान किया गया है।
- समूचे देश में सार्वजनीन प्रारम्भिक शिक्षा के लिए राजनीतिक इच्छाशक्ति की एक अभिव्यक्ति है।

सर्व शिक्षा अभियान संचालन के उद्देश्य–

सर्व शिक्षा अभियान का लक्ष्य 6 से 14 वर्ष तक की आयु वर्ग के सभी बच्चों को 2010 तक उपयोगी और प्रासंगिक प्रारम्भिक शिक्षा प्रदान करना है। साथ ही स्कूलों के प्रबन्ध में समुदाय की सक्रिय सहभागिता सहित सामाजिक, क्षेत्रीय और लैंगिक विषमताओं को पाटने का एक दूसरा उद्देश्य भी है।

सर्व शिक्षा अभियान शैशवकालीन देखभाल और शिक्षा का महत्व स्वीकार करता है और वह 0–14 वर्ष आयुवर्ग को एक अटूट क्रम के रूप में मानता है। महिला और बाल विकास विभाग द्वारा किए जा रहे प्रयासों के समर्थन के लिए, आईसीडीएस केन्द्रों में अथवा गैर–आईसीडीएस क्षेत्रों में विशेष स्कूल–पूर्व केन्द्रों में स्कूल–पूर्व अध्ययन की सहायतार्थ सभी प्रयास किए जाएंगे।

उपयोगी और प्रासंगिक शिक्षा, एक ऐसी शिक्षा प्रणाली की आकांक्षा को व्यक्त करती है जो पृथक्कारी न हो और सामुदायिक एकता को बढ़ावा

देती हो इसका प्रयोजन यह है कि बच्चों को अपने प्राकृतिक वातावरण के बारे में ऐसे ढंग से समझने और उसके बारे में निपुणता प्राप्त करने का अवसर प्रदान करना है ताकि वे अध्यात्मिक और भौतिक, दोनों दृष्टियों से अपनी मानवीय क्षमता का अधिकतम लाभ उठा सकें। यह अनिवार्यतः एक ऐसी मूल्य आधारित शिक्षा होनी चाहिए जो कि बच्चों को मात्र स्वार्थपूर्ति के प्रयोजनों की बजाय एक दूसरे के कल्याण के लिए विभिन्न कार्य करने का अवसर प्रदान करती हो।

सर्व शिक्षा अभियान के महत्वपूर्ण निम्नलिखित उद्देश्य निर्धारित किए गए हैं–

– 2010 तब शत्–प्रतिशत बच्चों को शिक्षा में बनाए रखना सुनिश्चित किया गया है।
– जीवन के लिए शिक्षा पर बल देते हुए संतोषजनक स्तर की प्रारम्भिक शिक्षा पर विशेष ध्यान देना सुनिश्चित किया गया है।
– सभी बच्चों द्वारा 2007 तक पांच वर्षों की प्राथमिक स्कूल शिक्षा पूरी करने का प्रावधान सुनिश्चित किया गया है।
– 2003 तक सभी बच्चे स्कूल, शिक्षा गारंटी केन्द्र, वैकल्पिक केन्द्र, वैकल्पिक स्कूल, "वापिस स्कूल चलो" शिविर में शामिल किए गए हैं।
– सभी बच्चों द्वारा 2010 तक आठ वर्षों की प्रारम्भिक स्कूली शिक्षा पूरी करना अनिवार्य बनाया गया है।
– प्राथमिक स्तर पर 2007 तक और प्रारम्भिक स्तर पर 2010 तक सभी लैंगिक और सामाजिक विषमताओं को पाटना सुनिश्चित किया गया है।

कार्यान्वयन के लिए कार्यतंत्र क्यों और मार्गदर्शिका क्यों नहीं?

– व्यापक राष्ट्रीय मानदण्ड अपनाकर योजना को व्यावहारिक और सार्थक प्रक्रिया बनाना।
– व्यापक राष्ट्रीय मानदण्डों के आधार पर स्थानीय आवश्यकता आधारित आयोजनों को बढ़ावा देना।

– राज्यों को समग्र कार्यतंत्र के भीतर स्थिति विशिष्ट मार्गदर्शी सिद्धान्त तैयार करने का अवसर प्रदान करना।

राज्यों और संघ शासित क्षेत्रों के जिलों को स्थानीय विशिष्टता सहित शिक्षा की योजना बनाने को बढ़ावा देना।

राष्ट्रीय परिप्रेक्ष्य में उद्देश्य व्यक्त किए गए हैं हालांकि ऐसी अपेक्षा की जाती है कि विभिन्न जिले और राज्य स्वयं अपनी–अपनी स्थितियों में और अपनी–अपनी समय–सीमा के भीतर सार्वजनीकरण का लक्ष्य प्राप्त कर लेंगे। बल इस बात पर रहेगा कि जहां तक संभव हो विभिन्न कार्यनीतियों के जरिए स्कूल न जा सकने वाले बच्चों को मुख्यधारा में शामिल किया जाए और 6–14 वर्ष आयु वर्ग के सभी बच्चों को आठ वर्ष की स्कूली शिक्षा मुहैया कराई।

प्रमुख बल, लैंगिक और सामाजिक विषमताओं को पाटने और सभी बच्चों को आठ वर्ष की स्कूली शिक्षा पूरी करवाने पर रहेगा। आशा है कि इस ढांचे के भीतर शिक्षा प्रणाली को इस प्रकार प्रासंगिक बनाया जाएगा कि बच्चे और अभिभावक अपने प्राकृतिक और सामाजिक वातावरण के अनुसार स्कूली प्रणाली को उपयोगी और रुचिपूर्ण पाएंगे।

सर्व शिक्षा अभियान एक कार्यतंत्र एवं कार्यक्रम की महत्वपूर्ण भूमिका में–

सर्व शिक्षा अभियान (स.शि.अ.) के दो पहलू हैं :

– यह एक ऐसा कार्यक्रम भी है जिसमें प्रारम्भिक शिक्षा के सार्वजनीकरण के लक्ष्य की प्राप्ति के विभिन्न महत्वपूर्ण क्षेत्रों के सुदृढ़ीकरण के लिए बजट प्रावधान शामिल हैं।

– यह प्रारम्भिक शिक्षा योजनाओं के कार्यान्वयन के लिए एक विस्तृत अभिसारी कार्यतंत्र उपलब्ध कराता है।

यद्यपि प्रारम्भिक शिक्षा के क्षेत्र में राज्य और केन्द्रीय योजनाओं से सभी निवेश स.शि.अ. के कार्यतंत्र के एक अंग के रूप में परिलक्षित होंगे किन्तु कुछ वर्षों के भीतर व सभी स.शि.अ. कार्यक्रम में शामिल हो जाएंगे। एक कार्यक्रम के रूप में यह प्रारम्भिक शिक्षा के सार्वजनीकरण (यूईई) के लिए अतिरिक्त संसाधनों का परिचायक है।

सर्व शिक्षा अभियान के सफलतापूर्वक क्रियान्वयन हेतु मुख्य कार्यनीतियाँ–

संस्थागत सुधार–एसएसए के एक अंग के रूप में केन्द्रीय और राज्य सरकारें आपूर्ति प्रणाली में सुधार लाने के लिए सुधार लाएंगी। राज्यों को अपनी मौजूदा शिक्षा प्रणाली का एक वस्तुनिष्ठ मूल्यांकन करना होगा और मौजूदा शिक्षा प्रणाली में ये क्रियाकलाप शामिल होंगे। शैक्षिक प्रशासन, स्कूलों में उपलब्धि स्तर, वित्तीय मुद्दे, विकेन्द्रीकरण और सामुदायिक स्वामित्व, राज्य शिक्षा अधिनियम की समीक्षा, अध्यापकों की तैनाती और अध्यापकों की भर्ती की तर्कसंगत व्यवस्था, अनुश्रवण और मूल्यांकन, बालिकाओं, अनुसूचित जातियों/अनुसूचित जनजातियों तथा अन्य वंचित समूहों की शिक्षा की स्थिति, निजी स्कूलों और ईसीसीई सम्बन्धी नीति। प्रारम्भिक शिक्षा के लिए आपूर्ति प्रणाली में सुधार लाने के प्रयोजन से कई राज्य पहले ही कई बदलाव ला चुके हैं।

– **अध्यापकों की भूमिका**–एसएसए अध्यापकों की महत्वपूर्ण और केन्द्रीय भूमिका स्वीकार करता है और उनकी विकासात्मक जरूरतों पर बल दिए जाने का पक्ष पोषण करता है। अध्यापकों की शैक्षिक और व्यावसायिक गुणवत्ता विकसित करने के लिए ये सभी क्रियाकलाप किए गए हैं–अर्हताप्राप्त अध्यापकों की भर्ती, पाठ्यचर्या सम्बन्धी सामग्री के विकास में सहभागिता के माध्यम से अध्यापको की उन्नति के अवसर, क्लासरूम प्रक्रिया पर बल और अध्यापकों के लिए नवाचारी संस्थानों के दौरे।
– **पूर्ण पारदर्शिता सहित समुदाय आधारित अनुश्रवण**–इस कार्यक्रम में एक सचुदाय आधारित अनुश्रवण प्रणाली होगी। शैक्षिक प्रबन्ध सूचना प्रणाली (ईएमआईएस) सूक्ष्म योजना और सर्वेक्षणों से प्राप्त समुदाय–आधारित जानकारी के साथ स्कूल स्तरीय आंकड़ों का तालमेल करेगी। इसके अलावा, प्रत्येक स्कूल को समुदाय के साथ प्राप्त हुए अनुदान सहित समूची जानकारी का आदान–प्रदान करने के लिए प्रोत्साहित किया जाएगा। इस प्रयोजन के लिए प्रत्येक स्कूल में एक सूचना–पट लगाया जाएगा।

- **जिला प्रारम्भिक शिक्षा योजनाएं**—एसएसए कार्यतंत्र के अनुसार प्रत्येक जिला प्रारम्भिक शिक्षा क्षेत्र में किए जाने वाले तथा आवश्यक सभी निवेशों को दर्शाते हुए एक समग्र तथा अभिसारी दुष्टिकोण अपनाते हुए एक जिला प्रारम्भिक शिक्षा योजना तैयार करेगा। एक संदर्श योजना होगी जो कि यूईई के लक्ष्य की पूर्ति के लिए अनेखातया अधिक लम्बी समय—सीमा के क्रियाकलापों को कार्यतंत्र उपलब्ध कराएंगी। साथ ही एक वार्षिक कार्य—योजना और बजट भी होगा जो वर्ष के दौरान किए जाने वाले प्राथमिकतापूर्ण क्रियाकलापों को सूचीबद्ध करेगा। संदर्श योजना एक गतिशील दस्तावेज भी होगा जिसमें कार्यक्रम कार्यान्वयन के दौरान सतत रूप से सुधार करने की व्यवस्था होगी।
- **गुणवत्ता पर बल**—एसएसए प्रारम्भिक स्तर पर शिक्षा को बच्चों के लिए उपयोगी और प्रासंगिक बनाने पर बल देता है और इस प्रयोजन के लिए वह पाठ्यचर्या में सुधार, बाल—केन्द्रित क्रियाकलाप और प्रभावी अध्यापन—अधिगम कार्यनितियां तैयार करने पर विशेष बल देता है।
- **दीर्घकालिक विश्लेषण**—सर्व शिक्षा अभियान इस आधार वाक्य पर टिका है कि प्रारम्भिक शिक्षा का वित्तपोषण दीर्घकालिक होना चाहिए। इस प्रयोजन के लिए केन्द्रीय और राज्य सरकारों के बीच वित्तीय भागीदारी को लेकर एक दीर्घकालीन परिप्रेक्ष्य अपनाना होगा।
- **मुख्य धारा के शैक्षिक प्रशासन में सुधार**—इसके लिए संस्थागत विकास, नए दृष्टिकोणों के समावेशन तथा लागत प्रभावी और कारगर पद्धतियां अपनाकर मुख्यधारा के शैक्षिक प्रशासन में सुधार लाना होगा।
- **परियोजना-पूर्व चरण**—पूरे देश में एसएसए एक सुनियोजित परियोजना—पूर्व चरण के साथ शुरू किया जाएगा जिसमें आपूर्ति और अनुश्रवण प्रणाली के सुधार के निमित क्षमता विकास के प्रयोजन के लिए बहुत बड़ी संख्या में हस्तक्षेपकारी

उपायों की व्यवस्था है। इन हस्तक्षेपकारी उपायों में इस आशय के प्रावधान शमिल हैं, परिवारिक सर्वेक्षण, समुदाय–आधारित सूक्ष्म योजना और स्कूल मानचित्रण, सामुदायिक नेताओं का प्रशिक्षण, स्कूल स्तरीय क्रियाकलाप, सूचना प्रणाली स्थापित करने के लिए सहयोग, कार्यालय उपकरण, निदानात्मक अध्ययन आदि।

– **सामुदायिक स्वीकृति**–कार्यक्रम के लिए प्रभावी विकेन्द्रीकरण के जरिए स्कूल–आधारित हस्तक्षेपकारी उपायों की सामुदायिक स्वीकृति जरूरी होगी। महिला समूहों, वीईसी सदस्यों और पंचायती राज्य संस्थानों के सदस्यों को सहयोजित करके इस काम का बढ़ावा दिया जाएगा।

– **संस्थागत क्षमता निर्माण**–एसएसए में एनआईईपीए/एनसीईआरटी/एनसीटीई/एससीईआरटी/एसआईईएमएटी/डीआईईटी जैसे राष्ट्रीय, राज्य और जिला स्तरीय संस्थानों के लिए प्रमुख क्षमता निर्माण की भूमिका सौंपने की बात सोची गई है। गुणवत्ता नें सुधार की दृष्टि से संसाधन व्यक्तियों और संस्थानों की एक समर्थनकारी सहायता प्रणाली जरूरी है।

– **विशेष समूहों पर बल**–अनुसूचित जातियों/अनुसूचित जनजातियों, अल्पसंख्यक समूहों, शहरी वंचित बच्चों, अन्य सुविधाविहीन समूहों के बच्चों तथा विशेष आवश्यकताओं वाले बच्चों के समावेशन और सहभागिता पर बल दिया जाएगा।

– **समुदाय के प्रति जवाबदेही**–एसएसए में अध्यापकों, अभिभावकों और पीआरआई के बीच सहयोग और साथ ही समुदाय के प्रति जवाबदेही और पारदर्शिता की बात सोची गई है।

– **बालिकाओं की शिक्षा को प्राथमिकता**–बालिकाएं विशेष रूप से अनुसूचित जातियों, अनुसूचित जनजातियों और अल्पसंख्यकों की बालिकाओं की शिक्षा सर्व शिक्षा अभियान के प्रमुख सरोकारों में से एक होगी।

– **योजना की इकाई के रूप में बस्ती**–एसएसए योजना की इकाई के रूप में बस्ती सम्बन्धी योजना तैयार करने के लिए

समुदाय आधारित दृष्टिकोण पर कार्य करता है। जिला योजनाएं तैयार करने का आधार बस्ती आधारित योजनाएं होंगी।

सर्व शिक्षा अभियान में सुनिश्चित सरकारी-निजी भागीदारी–

सर्व शिक्षा अभियान इस तथ्य को स्वीकार करता है कि प्रारम्भिक शिक्षा की व्यवस्था अधिकांशतः सरकारी और सरकारी सहायता प्राप्त स्कूलों द्वारा की जाती है। देश के कई भागों में निजी गैर–सहायता प्राप्त स्कूल भी हैं जो प्रारम्भिक शिक्षा प्रदान करते हैं। गरीब परिवारों के लोग देश के कई भागों में निजी स्कूलों द्वारा ली जाने वाली फीस देने की स्थिति में नहीं होते। ऐसे निजी स्कूल भी हैं जो अपेक्षातया साधारण फीस लेते हैं और जहां गरीब बच्चे भी पढ़ते हैं। कुछ स्कूलों में असन्तोषजनक आधारित सुविधाएं होती हैं और उनके अध्यापकों को कम वेतन दिया जाता है। सरकारी–निजी भागीदारी के क्षेत्रों का पता लगाने के प्रयास किए जाएंगे। मध्याह्न भोजन योजना और डीपीईपी के नमूने पर सर्व शिक्षा अभियान में सरकारी, स्थानीय निकाय और सरकारी सहायता प्राप्त स्कूल शामिल किए जाएंगे। यदि निजी क्षेत्र किसी सरकारी, स्थानीय निकाय अथवा निजी सहायता प्राप्त स्कूल शामिल किए जाएंगे। यदि निजी क्षेत्र किसी सरकारी, स्थानीय निकाय अथवा निजी सहायता प्राप्त स्कूल के निष्पादन में सुधार लाना चाहता है तो इस सम्बंध में राज्य नीति के विस्तृत प्रतिमानों के भीतर भागीदारी निर्मित करने के प्रयास किए जाएंगे। राज्य नीतियों के अंतर्गत, निजी गैर–सहायता प्राप्त संस्थानों को संसाधन सहयोग प्रदान करने के लिए डी आईईटी तथा अन्य सरकारी, अध्यापक प्रशिक्षण संस्थानों का प्रयोग किया जा सकता है परंतु इस आशय से होने वाला अतिरिक्त खर्च इन निजी निकायों द्वारा वहन करना होगा।

सर्व शिक्षा अभियान, करेगा भारत का कल्याण

साक्षरता का संक्षिप्त इतिहास–

मानव की विकास यात्रा में शिक्षा की भूमिका सर्वाधिक महत्वपूर्ण हैं शिक्षा मनुष्य की बृद्धि को तीक्ष्ण करती है, उसकी कार्य क्षमता को बढ़ाती है, उसे दूसरों के अनुभव से लाभ उठाना सिखाती है और उसकी आर्थिक

समृद्धि को बढ़ाती है, उसे दूसरों के अनुभव से लाभ उठाना सिखाती है और उसकी आर्थिक समृद्धि में योगदान करती है। भारतीय संस्कृति में विद्या धन को सर्वोत्तम धन माना गया है, जिसे न तो कोई छीन सकता है और न चुरा सकता है।

भारत में अनादिकाल से मानव जीवन में शिक्षा को सर्वाधिक महत्वपूर्ण स्थान दिया जाता रहा है। प्राचीनकाल में बच्चों को शिक्षा प्राप्त करने के लिए विद्धानों, ऋषियों–मुनियों के आश्रम में भेज दिया जाता था। फिर गुरूकूलों का प्रचलन हुआ। गुरूकूलों के बाद की परम्परा में देश के कोने–कोने में विद्या केन्द्र अथवा विश्वविद्यालय में जैसे नालन्दा और तक्षशिला विशेष रूप से प्रसिद्ध रहे। जहां विश्व के अनेक देशों के छात्र अध्ययन करने आते थे।

मुसलमानों के शासनकाल में भी पठन–पाठन को यह परम्परा जीवित रही। दिल्ली और दक्षिण के मुसलमानों ने अनेक स्थानों पर मदरसों की स्थापना की। इन मदरसों में छात्रों से कोई शुल्क नहीं लिया जाता था और निःशुल्क भोजन एवं आवास सुविधा दी जाती थी। इसी के साथ स्थानीय राजाओं और जमींदारों के आश्रम में पाठशलाएँ और संस्कृत विद्यालय भी चलते थे।

अंग्रेजों ने भी देश में अपना राज स्थापित करने के बाद शिक्षा को बढ़ावा दिया। उन्होंने प्रारम्भ में अरबी, फारसी और संस्कृत की शिक्षा पर ध्यान दिया। फिर उन्होंने सारे देश में अंग्रेजी शिक्षा को बढ़ावा दिया। उनके शासनकाल में देश में अनेक विश्वविद्यालयों और उच्च शिक्षा संस्थाओं की स्थापना की गई।

यह शिक्षा देश के लिए सुविधा सम्पन्न वर्गों को उपलब्ध थी। समाज का निर्धन और पिछड़ा वर्ग इस शिक्षा से वंचित था। गोपाल कृष्ण गोखले और मदन मोहन मालवीय जैसे कुछ भारतीय नेताओं ने समय–समय पर बच्चों के लिए अनिवार्य निःशुल्क प्रारम्भिक शिक्षा व्यवस्था प्रारम्भ करने की माँग की, लेकिन तत्कालीन अंग्रेज सरकार ने इस दिशा में कोई ठोस पग नहीं उठाए।

हमारे संविधान निर्माता शिक्षा के महत्व से परिचित थे, वे यह भी समझते थे कि जब तक जनता के सभी वर्गों को शिक्षा के यज्ञ में

सम्मिलित नहीं किया जायेगा देश की सर्वतोन्मुखी उन्नति नहीं हो सकती। अतः उन्होंने संविधान के निदेशक तत्वों में राज्य से यह अपेक्षा की कि संविधान लागू होने के दस वर्ष के भीतर 6 से 14 वर्ष के सभी बच्चों के लिए अनिवार्य और निःशुल्क प्रारम्भिक शिक्षा (अनुच्छेद 15) के अन्तर्गत प्रदान की जाये, परंतु खेद का विषय है कि स्वतंत्रता के बाद संसाधनों की कमी की आड़ में इस दिशा में विशेष कुछ संभव नहीं हो पाया है।

राष्ट्रीय शिक्षा नीति के तहत् प्रयास

देश में अनिवार्य और निःशुल्क प्रारम्भिक शिक्षा प्रारम्भ करने की ओर पहली बार 1956 की राष्ट्रीय शिक्षा नीति में ध्यान दिया गया। 1990 में जोयटीन सम्मेलन में सभी के लिए शिक्षा का प्रस्ताव विश्व घोषणा पत्र के रूप में जारी किया गया। इसमें शिशुओं की देखभाल संबंधी शिक्षा, प्रारम्भिक शिक्षा, किशोरों की शिक्षा, प्रौढ़ों की शिक्षा, स्त्री–पुरूषों में समानता और शिक्षा की गुणवत्ता में सुधार संबंधी विषयों की भी चर्चा थी। इस अन्तर्राष्ट्रीय घटना और देश में शिक्षा की बढ़ती माँग के फलस्वरूप 1982 में सरकार अन्य मिशन प्रारम्भ कर चुकी थी। इस मिशन ने अपने क्षेत्र में उल्लेखनीय कार्य किया। इसी के साथ केन्द्र सरकार ने राज्य सरकारों के सहयोग से संबंधी दायित्वों को पूरा करने के लिए अनेक पग उठाए।

उद्देश्य पूर्ति हेतु संविधान संशोधन–

संसद के दोनों सदनों द्वारा संविधान 93वाँ संशोधन विधेयक पास करने और राष्ट्रपति द्वारा 12 दिसम्बर 2002 को उस पर अपनी सहमति देने के बाद 14 वर्ष तक के सभी बच्चों के लिए अनिवार्य निःशुल्क शिक्षा प्राप्त करने का मार्ग प्रशस्त हो जाता है। इस समय 6–14 वर्ष की आयु के 20–21 करोड़ बच्चों में से 60 प्रतिशत स्कूल जा रहे हैं। लेकिन असली समस्या उनके नियमित रूप से स्कूल जाने की और कुछ समय बाद पढ़ाई छोड़ देने की है। लगभग 8 करोड़ बच्चे जो स्कूल नहीं जा रहें उनमें लगभग 50 प्रतिशत कुछ समय बाद पढ़ाई छोड़ देते हैं। पढ़ाई छोड़ने और स्कूल न जाने के मुख्य कारण हैं गरीबी, अज्ञानता, और माँ–बाप की बच्चों को घर या खेल के काम में लगाने की इच्छा आदि।

संविधान में 13वाँ संशोधन परित होने के बाद इस विषय में केन्द्र और राज्यों का दायित्व बहुत बढ़ जाता है। अतः इस दायित्व को निभाने के लिए केन्द्र सरकार ने नौंवी योजना के अन्त में नवम्बर 2002 में सर्व शिक्षा अभियान मिशन प्रारम्भ किया। इसमें समाज के साथ भागीदारी करके शिक्षा व्यवस्था में सुधार करने स्कूल छोड़ने वाले और स्कूल न जाने वाले बच्चों की समस्याओं का समाधान करने के प्रावधान हैं। सन् 2010 तक 14 वर्ष तक के सभी बच्चों को अनिवार्य निःशुल्क प्रारम्भिक शिक्षा उपलब्ध करानी इसका लक्ष्य है। इस अभियान के अन्तर्गत लड़कियों, अनुसूचित जातियों, अनुसूचित जनजातियों और पिछड़े एवं दुर्गम क्षेत्रों में रहने वालों की शिक्षा पर विशेष बल दिया जायेगा।

सर्व शिक्षा अभियान का उद्देश्य इस वर्ष के अंत तक 6 से 14 वर्ष तक के सभी बच्चों को प्रारम्भिक पाठशालाओं, शिक्षा गारंटी स्कीम केन्द्रों, वैकल्पिक स्कूलों और स्कूलों में वापसी शिविर (बैंक टू स्कूल) में भर्ती कराना है, सन् 2010 तक सभी बच्चों को कक्षा आठ तक की शिक्षा दी जाएगी तथा संतोषजनक गुणवत्ता वाली शिक्षा प्रदान करने और जीवन निर्वाह योग्य बनाने वाली शिक्षा पर जोर दिया जायेगा और सन् 2010 तक उच्च प्रारम्भिक स्तर तक सभी सामाजिक एवं स्त्री–पुरूष संबंधी भेदभाव की समाप्ति पर बल दिया जायेगा।

एक महत्वपूर्ण महान संकल्प

सर्व शिक्षा अभियान एक महान संकल्प और चुनौती भरी योजना है। इसे लागू करने में अनेक तरह की कठिनाइयाँ आ रही हैं जैसे कि साधनों, शिक्षकों और पाठशालाओं के भवनों आदि की कमी, शिक्षकों के प्रशिक्षण की समस्या, राज्यों और ग्रामीण परिवारों की उदासीनता आदि। योजना के अंतर्गत सभी प्रारंभिक पाठशालाओं का भवन होना चाहिए, उसमें पर्याप्त संख्या में शौचालय, पीने के पानी की सुविधा, बिजली, खेल का मैदान और प्रत्येक अध्यापक के लिए एक कमरा होना चाहिए। सर्व शिक्षा अभियान मिशन के अध्यक्ष प्रधानमंत्री हैं। शिक्षा मंत्री मिशन के उपाध्यक्ष हैं। प्रधानमंत्री और शिक्षामंत्री दोनों इस अभियान को सफल बनाने में व्यक्तिगत रूचि ले रहे हैं। वह जिस किसी राज्य में अभियान के कार्यान्वयन में

शिथिलला देखते हैं तत्काल उस राज्य के मुख्यमंत्री को पत्र लिखकर कार्य में तेजी लाने का अनुरोध करते हैं।

महान उद्देश्य की पूर्ति हेतु भारत शिक्षा कोष का निर्माण

सरकार ने शिक्षा क्षेत्र में भारतीय मूल के विदेशियों, अनिवासी भारतीयों और देश के सभी वर्गों का सहयोग प्राप्त करने के लिए भारत शिक्षा कोष स्थापित किया है। इस कोष में कोई भी व्यक्ति अंशदन कर सकता है। कोष व्यक्ति की इच्छानुसार शिक्षा को बढ़ावा देने में व्यय की जाएगी।

यद्यपि सामाजिक, आर्थिक विकास के सभी सूचक अर्थात् अर्थ व्यवस्था की विकास दर, जन्म दर, बाल मृत्यु दर और साक्षरता दर सभी एक दूसरे से घनिष्ठ रूप से जुड़े हैं साक्षरता दर अन्य सूचकों के उतार–चढ़ाव को मुख्य रूप से प्रभावित करता है। साक्षरता बढ़ाने के साथ बाल मृत्यु दर, कन्या भ्रूण हत्या की दर, बाल विवाह करने की दर और आर्थक विकास दर में तेजी से परिवर्तन आता है।

यही कारण है कि सरकार सर्व शिक्षा अभियान को इतना महत्व और प्राथमिकता प्रदान कर रही है। शिक्षा मंत्रालय के कार्यदल के लिए 50 हजार करोड़ रूपये देने की माँग की थी। इसमें से 17 हजार करोड़ रूपये दिये जा चुके हैं। सरकार ने आश्वासन दिया है कि अभियान के लिए धन की कमी नहीं होने दी जाएगी। अब सरकार ने शैक्षिक रूप से पिछड़े क्षेत्रों में बालिकाओं को शिक्षित करने की योजना को और तेज करने का निर्णय किया है। सरकार ने कहा है कि दी गई राशि में से 1067.70 करोड़ रूपये पिछड़े क्षेत्रों में लड़कियों की शिक्षा को बढ़ावा देने पर व्यय किए जाएँ।

सर्व शिक्षा अभियान का महत्वपूर्ण प्रभाव

दसवीं योजना के पहले दो वर्षो में सर्व शिक्षा अभियान का कार्य शिक्षा क्षेत्र में महत्वपूर्ण गतिविधियों से युक्त रहा है। इन दो वर्षों में इस बात को सुनिश्चित करने पर विशेष जोर रहा है कि विद्यालय न जाने वाले सभी बच्चों को विद्यालयों की मौजूदा बुनियादी सुविधाओं को सुधारा जाये और विभिन्न कारणों से विद्यालय से बाहर गए बच्चों को मुख्यधारा से

बाहर रह गए बच्चों को मुख्य धारा में लाने के लिए वैकल्पिक कार्ययोजनाओं को तैयार किया जाएः

अभियान के इन सभी हस्तक्षेपों के परिणाम स्वरूप विद्यालय न जाने वाले बच्चों की संख्या 2004–05 के आरंभ के 2.3 करोड़ से घटकर 30 सितंबर, 2004 को 81 लाख (राज्यों/संघ राज्य क्षेत्रों के अनुमानों के अनुसार) हो गई।

उपयुक्त छात्र–शिक्षक अनुपात सुनिश्चित करने के लिए अभियान के अंतर्गत देश भर में तीन लाख से अधिक अतिरिक्त शिक्षक भर्ती किए गए।

देश में अधिकांश प्राथमिक शिक्षकों को वार्षिक रूप से 10 से 20 दिन की अवधि का सेवाकालीन प्रशिक्षण दिया जा रहा है। शिक्षक प्रशिक्षण कार्यक्रमों की अनुवर्ती कार्यवाई के रूप में प्राथमिक और उच्च प्राथमिक अध्यापकों तथा स्कूलों को शैक्षिक सहायता प्रदान करने के लिए ब्लाक और क्लस्टर स्तरों पर 60,000 से अधिक शैक्षिक संसाधन केंद्र स्थापित किए गए हैं।

संरचना में सुधार के लिए वर्ष 2004–05 से अंतिम दो वर्षों में 80,000 से अधिक नये स्कूल खोलने तथा लगभग 4.5 लाख से अधि शिक्षण कक्षों, लगभग 60,000 स्कूली इमारतों, एक लाख शौचालयों और 75,000 पेयजल सुविधाओं की व्यवस्था करके संरचना में सुधार करने की योजना है। शिक्षण और छात्रों की अध्ययन सामग्री विकसित करने हेतु अनुदान दिए जाते हैं। सभी शिक्षकों को 20 दिन का प्रशिक्षण दिए जाने तथा अनुसूचित जाति और अनुसूचित जनजाति के बच्चों और लड़कियों को निःशुल्क पाठ्यपुस्तकें वितरित किए जाएंगे। इसके आलावा, सभी स्कूलों को सिविल मरम्मत के लिए अनुरक्षण अनुदान तथा उपस्कर बदलने के अनुदान दिए जाते हैं। शिक्षा गारंटी स्कीम और सेतु पाठ्क्रमों जैसे वैकल्पिक शिक्षा उपायों के अंतर्गत लगभग 1.42 करोड़ बच्चे दाखिल किए जाने की संभावना है।

सर्व शिक्षा अभियान के तहत प्राप्त संचयी प्रगति

– 66,147 प्रारम्भिक स्कूल खोले गए।

- 17,454 नयी प्रारम्भिक स्कूल इमारतों और 33,777 अतिरिक्त कमरों का निर्माण हुआ।
- 3,10,506 अतिरिक्त अध्यापकों की नियुक्ति की गई, और
- प्रारम्भिक स्कूलों में अध्ययन करने वाली अनुसूचित जाति और अनुसाचित जनजाति के लगभग 6.15 करोड़ लड़कियों और बच्चों को 2004–05 में निःशुल्क पाठ्यपुस्तकें प्रदान की गईं।

संदर्भ ग्रन्थ सूची (Bibliography)

1. A.B., Shah and Susheela Bhan, Non-formal Education and the NAEP; R. Dayal, Oxford University Press, New Delhi, 1980.
2. A Journal of Administrative Reform Management in Government. Vol. XXV Nos. 2nd 3, New Delhi; Department of Administrative Reforms and Public Grievances, 1993.
3. A.L. Rahi, Adult Education (Trends & Issues); The Indian Publication, Ambala Cantt. India, 1994.
4. Ashok Mitra, The Status of Women Literacy and Employment; Allied Publishers Pvt. Ltd., Bombay, 1979.
5. C.L. Kundu, Adult Educational; Sterling Publishers Pvt. Ltd., New Delhi, 1984.
6. D. Rajendra Prasad, Adult Education; S.B. Nangia, Ashish Publishing House, New Delhi, 1991.
7. Dececoo, John P. and Crawford W. The Psychology of Learning and Instruction; New Delhi: Prentice Hall of India, 1977, Second Education.
8. Directorate of Adult Education. Hand Book for Developing IPCI Material New Delhi; Govt. of India, 1993.
9. Directorate of Adult Education. Terminology of Adult Education. Ministry of Human Resource Development. New Delhi, 1992.
10. Directorate of Adult Education. Evaluations of Total Literacy Campaign-Brief Findings, New Delhi : Ministry of Human Resource Development, Govt. of India, 1992.

11. Directorate of Adult Education. External Evaluation Report, TLC Bilaspur (M.P.) New Delhi; Ministry of Human Resources Development, 1993.
12. Dulali Nag (Editor) Gyan-Vigyan Sandesh, Vol. I No. IV. New Delhi. B. G. V. S., 1994.
13. Dulali Nag (Editor) Gyan-Vigyan Sandesh, Vol. I No. III. New Delhi, B.G.V.S. 1994.
14. Gordon G. Darkkenwald, Adult Education Sharan B. Merriam Foundations of Practice; Harper & Row Publishers, New York, 1982.
15. K. Sivadasan Pillai, Non-formal Education India. Criterion Publications, New Delhi, 1990.
16. Lokesh Koul Methodology of Educational Research; Vikas Publishing House Pvt. Ltd. New Delhi, 1984.
17. L. Robert Thorndike Ed) Educational Measurement; IInd Edition, Printed in the Limited States of America, America, 1971.
18. Dr. M.G. Mali, Adult Education in India; Deep & Deep Publications, New Delhi, 1984.
19. M.R Nimbalkar, Adult Education and its Evaluation System: (A Study to Goa); Mittal Publications, Delhi, 1987.
20. Michael J.A. Howe, Adult Learning; John Wiley & Sons Ltd. Chichester, 1977.
21. O.P. Sharma, Universal Literacy; Karkripa Publishers, New Delhi, 1994.
22. P.A. Reddy, Adult Education Programmes in India; Chugh Publications, Allahabad, India, 1990.
23. P.A. Reddy, Adult Education Programmes in India; Chugh Publications, Allahabad, India, 1992.
24. P.K. Sahoo, Open Learning System; Uppal Publishing House, New Delhi, 1994.
25. Parmeshwaran M.P. (Editor) Total Literacy Campaign-Training Curriculum. New Delhi. B.G.V.S. 1991.
26. Parmeshwaran. M.P (Editor), Total Literacy Campaign-A Guide Book, New Delhi: Bharat Gyan Vigyan Samiti.

27. R.N. Shrivastava:, Literacy; Kalinga Publications Delhi, (India), 1993.

28. S.C. Dutta, Adult Education in Third.

29. World; Criterion Publications, New Delhi, 1987, S.K. Gupta, Applied Statistics for Educational Research; K.M. Mittal for Mittal Publications. New Delhi, 1994.

30. S.N. Sharma, Ravi Prakash, Adult Education and Social Growth; Kanishka Publishers. Distributors, New Delhi) 1996.

31. Stephen N. Judy The ABCs of Literacy; Oxford University Press, New Delhi, 1980.

32. T.S. Sodhi Adult Education: (A Multidisciplinary Approach); B.D. Kataria & Sons, Ludhiana, 1986.

33. The Turing Point-Some thoughts on Adult Education; New Delhi Directorial of Adult Education; Govt. of India, 1992.

34. T.V. Rao, Anil Bhatt, Rama Rao Adult Education For Social Change; Manohar Publications. New Delhi, 1980.

35. Udai Pareek and G. Trivedi. Manual of the Socio-Economic Scale (Rural) Delhi : Nanasyan.

36. Victor Jesudason, Prodipto Rosy, Non-formal Education For T. A. Koshy Rural Women; Allied Publishers Private Ltd., New Delhi, 1981.

37: William Wiersma Research Methods in Educations: (An Introduction): Allyn and Bacon Inc., Massachusetts, 1986.

38. Directorate of Adult Education: An Encyclopaedia of Indian Adult Education, New Delhi, Govt. of India, 1999.

39. Directorate of Adult Education: Literacy in India Achievements and Challenges, New Delhi, Govt. of India-2002 (on behalf of the National Literacy Mission and UNESCO).

40. Directorate of Adult Education: Learning Society Compendium of Prize-Winning Essays-2002, 10-Jamnagar House, Shahjahan Road, New Delhi, Govt. of India-2001.

41. Impact of Non-formal Adult Education in the Asia Pacific Region. UNESCO Principal Regional Office for Asia and the Pacific. Bangkok, Thailand, 1997.

42. हेमलता तलसेरा, अनौपचारिक शिक्षाः (सिद्धान्त एवं व्यवहार); हिमांशू पब्लिकेशन, उदयपुर (राज.), 1998.

43. जे.पी. नाईक, अनौपचारिक शिक्षा राजस्थान प्रौढ़ शिक्षा समिति, जयपुर, 1978.

44. नंद किशोर आचार्य, अनौपचारिक शिक्षाः और विकास प्रासंगित प्रकाशन, नई दिल्ली, 1978.

45. वीरेन्द्र त्रिपाठी, अनौपचारिक शिक्षा, साक्षरता निकेतन प्रकाशन, लखनऊ, 1978.

46. साक्षरता तथ्य एक नजर में, राष्ट्रीय साक्षरता मिशन, प्रौढ़ शिक्षा निदेशालय, ब्लाक नं. 10, जाम नगर हाऊस, 2001.

47. सर्व शिक्षा अभियान (प्रारंभिक शिक्षा के सार्वजनिकरण के लिए कार्यक्रम), मानव संसाधन विकास मंत्रालय, प्रारंभिक शिक्षा और साक्षरता विभाग, भारत सरकार।

48. लिटरैसी रेट्स, एन एनालाईज बेस्ड् ऑन एन.एस.ओ. सर्वे 1998, राष्ट्रीयता साक्षरता मिशन, भारत सरकार, नई दिल्ली।

49. साक्षरता तथ्य एक नजर में, राष्ट्रीय साक्षरता मिशन, मानव संसाधन विकास मंत्रालय (शिक्षा विभाग) भारत सरकार, नई दिल्ली।

50. प्रशिक्षण संदर्भ पुस्तिका, मास्टर ट्रेनर्स, स्टेट रिसोर्स सेन्टर, जामिया मिल्लिया इस्लामिया, नई दिल्ली, जनवरी, 1995.

51. सम्पूर्ण साक्षरता अभियानों में समस्या समाधान, बीच में छोड़कर जाने वाले (प्रथम संस्करण) भारत ज्ञान विज्ञान समिति, नई दिल्ली, फरवरी, 1993.

52. सम्पूर्ण साक्षरता अभियान कुछ महत्वपूर्ण बातें, साक्षरता सर्वेक्षण, भारत ज्ञान विज्ञान समिति, नई दिल्ली, फरवरी, 1993.

53. सम्पूर्ण साक्षरता अभियान प्रशिक्षण पाठ्यक्रम, भारत विज्ञान समिति, नई दिल्ली।

54. सम्पूर्ण साक्षरता अभियान के लिए मॉनीटरिंग एवं मूल्यांकन, भारत ज्ञान विज्ञान समिति, नई दिल्ली।

55. समूपर्ण साक्षरता अभियान गाईड बुक, भारत ज्ञान विज्ञान समिति, नई दिल्ली।

56. सम्पूर्ण साक्षरता अभियान प्रशिक्षण रणनीति, भारत ज्ञान विज्ञान समिति, नई दिल्ली।

57. स्वैच्छिक संस्थाएं, साक्षरता के कार्य की भागीदार, प्रौढ़ शिक्षा निदेशालय, मानव संसाधन विकास मंत्रालय, शिक्षा विभाग, भारत सरकार, नई दिल्ली।

58. सबके लिए शिक्षा में संलग्न, स्वयं सेवक अनुदेशकों हेतु प्रशिक्षण मार्गदर्शिका, दिल्ली सर्व शिक्षा अभियान समिति, पुराना सचिवालय, शिक्षा निदेशालय, दिल्ली, अप्रैल, 1995.

59. अक्षर सैनिक, वर्ष–1, अंक–3, भारत ज्ञान विज्ञान समिति, नई दिल्ली, 1995.

60. ज्ञान विज्ञान संदेश, वर्ष–1, अंक–2, भारत ज्ञान विज्ञान समिति, नई दिल्ली, 1994.

61. अक्षर सैनिक (प्रवेशांक), भारत ज्ञान विज्ञान समिति, नई दिल्ली, 1994.

62. कार्यात्मक साक्षरता का जन कार्यक्रम (मार्गदर्शिका सिद्धान्त), प्रौढ़ शिक्षा निदेशालय, मानव संसाधन विकास मंत्रालय, शिक्षा विभाग, भारत सरकार, नई दिल्ली।

63. साक्षर भारत की ओर, राष्ट्रीय साक्षरता मिशन, प्रौढ़ शिक्षा निदेशालय, मानव संसाधन विकास मंत्रालय, शिक्षा विभाग, भारत सरकार, 10 जामनगर हाऊस, शाहजहाँ रोड, नई दिल्ली।

64. अन्तर्राष्ट्रीय साक्षरता दिवस, 8 सितम्बर, 1996, पृष्ठ संख्या 2 व 3.

65. मेरी किंताब, आई.पी.सी.एल. भाग 1, 2 व 3, स्टेट रिसोर्स सेन्टर, जामिया मिल्लिया इस्लामिया, नई दिल्ली, जुलाई 1991.

66. एन्यूवल रिपोर्ट 1996–97, स्टेट रिसोर्स सेन्टर, जामिया मिल्लिया इस्लामिया, नई दिल्ली, जुलाई 110025.

67. एन्यूवल रिपोर्ट 1997–98, स्टेट रिसोर्स सेन्टर, जामिया मिल्लिया इस्लामिया, नई दिल्ली, जुलाई 110025.

68. दिल्ली सर्व शिक्षा अभियान समिति, ब्रीफ रिपोर्ट, उत्तर–पश्चिम जिला हकीकत नगर, दिल्ली।

69. रूल्स एण्ड रेगुलेशन्स, दिल्ली सर्व शिक्षा अभियान समिति, पुराना सचिवालय, शिक्षा निदेशालय, दिल्ली।

70. सबके लिए शिक्षा, विश्व मॉनीटरिंग रिपोर्ट–2002, यूनेस्को पब्लिशिंग–राष्ट्रीय शैक्षिक योजना प्रशासन संस्थान (नीपा), 17–बी, श्री अरविन्द मार्ग, नई दिल्ली–110016.

राष्ट्रीय, क्षेत्रीय समाचार पत्र तथा पत्रिकाएं

71. "दि टाईम्स ऑफ इंडिया"–नई दिल्ली।

72. "दि हिन्दुस्तान टाईम्स"–नई दिल्ली।

73. "नवभारत टाईम्स"–नई दिल्ली।

74. "दैनिक जागरण"–नई दिल्ली।

75. "राष्ट्रीय सहारा"–नई दिल्ली।

76. "जनसत्ता"–नई दिल्ली।

77. "ब्रेक फास्ट न्यूज"–क्षेत्रीय समाचार पत्र।

78. "एक्शन इंडिया"–क्षेत्रीय समाचार पत्र।

79. "क्रान्ति वन्दना"–क्षेत्रीय समाचार पत्र।

80. "दिल्ली दरबार टाईम्स"–क्षेत्रीय समाचार पत्र।

81. शिक्षा का वैचारिक संदर्भ "शिक्षा दर्पण" पत्रिका–सितम्बर 1998, शिक्षा निदेशालय, दिल्ली सरकार द्वारा संचालित।

82. योजना 2005, प्रकाशन विभाग, ईस्ट ब्लॉक, आर.के. पुरम, नई दिल्ली।